名师精讲

古文观止 120篇

杜韦滨 倪银环 编译

全两册　上册

中国华侨出版社
·北京·

图书在版编目（CIP）数据

名师精讲古文观止120篇 / 杜韦滨, 倪银环编译. —
北京：中国华侨出版社, 2024.2（2024.3重印）
ISBN 978-7-5113-9099-8

Ⅰ.①名… Ⅱ.①杜… ②倪… Ⅲ.①《古文观止》
Ⅳ.①H194.1

中国国家版本馆CIP数据核字（2023）第235564号

名师精讲古文观止120篇

编　　译：杜韦滨　倪银环
出 版 人：杨伯勋
责任编辑：肖贵平
封面设计：王枭鹏
经　　销：新华书店
开　　本：787毫米×1092毫米　1/16开　　印张：30　　字数：568千字
印　　刷：三河市南阳印刷有限公司
版　　次：2024 年 2 月第 1 版
印　　次：2024 年 3 月第 2 次印刷
书　　号：ISBN 978-7-5113-9099-8
定　　价：88.00 元（全两册）

中国华侨出版社　　北京市朝阳区西坝河东里77号楼底商5号　　邮编：100028
发行部：（010）64443051　　传　真：（010）64439708
网　　址：www.oveaschin.com　　E-mail：oveaschin@sina.com

如发现印装质量问题，影响阅读，请与印刷厂联系调换。

献给莘莘学子的古文课本

如何使用本书

《古文观止》是我国古代流传下来最为知名的文章选集和语文课本。我国自古以来就有以选文读本作为语文教材的传统，至今语文教材还保持着文选型的编写形式。以模仿揣摩为学习的进阶方法，以前人的佳作为学习对象，语文教材的选文兼有课文、范文、例文等多种功能。

本书分为三章——"言说的故事　实用性交流""思想的力量　思辨性表达""情感的世界　文学性写作"。随着新课改的推广，为响应时代要求，本书编写人员通过调整，对每一篇选文都做了深入开发和精心设计，涉及翻译、注音、注释、题解、赏析五大方面。希望能通过它，继续为广大学生的语文学习服务。具体板块请详见下图。

节名

在章名之下，再根据每篇文章的属性，将每三篇归为一类，并以一个标题作为该类的总称，使学生一目了然。

章名

本书分为"言说的故事　实用性交流""思想的力量　思辨性表达""情感的世界　文学性写作"三章，将120篇古文较为平均地纳入这三大章中，对其进行切割，化大为小，以减轻学生的学习负担。

篇名

即每篇文章的名字，依照《古文观止》原书，不作改动。

题解

"题解"侧重于展示交流、表达或写作的具体情境,揭示作者(说者)在具体情境中如何达到某个具体目的。

原文

以目前可见的最权威、流传最广的版本为底本进行校对,以求最大限度保留古文原貌。

注音

本书为学生认真选出了他们认读困难和容易读错的字并加以注音,使得本书达到了无障碍阅读的程度。

赏析

"赏析"侧重于从语言的形式特点和表达效果两个方面开展分析,解读编选者的原意,渗透功能语言学和叙事学的基本知识。

成语

如果该篇文章中出现了流传至今且令人耳熟能详的成语,则将其摘出,附于文末,方便学生了解平时惯常使用的成语的最早出处。

作者或出处

有明确作者的直接标明作者姓名;没有明确作者或作者存疑的,则只标明本篇文章所处的文集的名称。

译文

译文严格按照高中语文教学和高考要求,按照字字落实、揭示句式语用的原则进行。

注释

精心注释,帮助学生积累文化常识,了解我国古代灿烂的文化,同时也为应对高考的考查重点做好平时积累。

草野小事

捕蛇者说

柳宗元

【题解】

本文是柳宗元被贬到永州以后写的。文中记叙了三代以捕蛇为业的蒋氏一家及其乡邻的悲惨遭遇,揭露唐代中期赋税、徭役的沉重,朝廷和官府的超经济掠夺,农村破产,农民生活极端困苦,指出赋敛之毒,甚于毒蛇猛兽,有力地控诉了封建统治者残酷剥削和迫害人民的罪行,表达了对劳动人民的深切同情。

永州之野产异蛇,黑质而白章,触草木尽死,以啮人,无御之者。得而腊之以为饵¹,可以已²大风、挛踠、瘘、疠³,去死肌,杀三虫⁴。其始,太医以王命聚之,岁赋⁵其二,募有能捕之者,当其租入,永之人争奔走焉⁶。

有蒋氏者,专其利三世矣。问之,则曰:"吾祖死于是,吾父死于

永州的郊野出产一种奇异的蛇,底子是黑色的,花纹是白色的。(它)触到草木,草木全都枯死,(它去)咬人,也没有谁能够抵御它。但是捕到它晾干做成药饵,可以用来治好麻风,手脚弯曲、颈部肿胀、毒疮,去除坏死的肌肉,杀死人体内的各种寄生虫。起初,太医奉皇帝的命令征集这种蛇,每年征收两次,招募能够捕捉这种蛇的人,(用蛇)抵他应缴的租赋,(于是)永州的人都争着去捕蛇。

有个姓蒋的人,独自享有捕蛇免租税的好处已经三代了。(我)问他,(他)便说:"我祖父死在(捕蛇)这件事上,我父亲

1. 腊:干肉,这里作动词用,指把蛇肉晾干。饵:糕饼,这里指药饵,即药引子。
2. 已:止,治愈。
3. 挛踠:四肢弯曲不能伸展。瘘:颈部肿胀。疠:毒疮。
4. 三虫:指人体内的寄生虫。古代道家把人的脑、胸、腹称为"三尸",虫人三尸,就会生病。
5. 赋:征收,敛取。
6. 焉:兼词,于之,在捕蛇这件事上,也可理解为语气词兼代词。

赏析

叙述事实平淡、客观,内中波澜起伏。从"异蛇"说起,带出"王命聚之",转入捕蛇当租,再由一个典型事例讲述其不幸,揭露主题的严肃性。中间一转,由"貌若甚戚者"变为"大戚""汪然出涕",转入与乡邻比较,才露出主旨。再改以铺张厉害的语言,极力描写催租的惨烈,以"又安敢毒耶?"轻轻作结。蛇与赋,时而对比、时而映衬,颠来倒去,用笔变化,语意暴露无遗。最后以议论说出主题和写作意图。强烈的批判激情和客观的记录态度,深沉激越的政治情绪与冷静理智的行文方式结合在一起,人其人其文,都可以说深邃!全文以他人叙述为主,自己简短评论为辅,只见孔子语作证,用"孰知"句点睛,抑扬起伏,婉转回旋,无限悲伤凄婉。"毒"字贯穿全篇,前后伏笔,"甚戚""大戚""余悲之""余闻而愈悲",增一二字,呼应收束,立言巧妙、结构精致。

成语

鸡犬不宁:形容搅扰得十分厉害,连鸡狗都不得安宁。

导　读

一、《古文观止》是优秀的语文教材

《古文观止》是我国古代流传下来最为知名的文章选集和语文课本。

综合《古文观止》的《原序》和《自序》，康熙三十三年（1694 年），浙江绍兴人吴楚材、吴调侯叔侄将他们在教学生涯中选辑批注的课文汇编定目，次年正式镌版印刷。吴楚材一生研习古文，好读经史。《原序》说他二十多岁时就在福州辅助老师教伯父之子学习古文。吴调侯也是嗜"古学"而"才器过人"。两人一生主要是在家乡一道教书。《古文观止》一书可以说凝聚了他们乃至广大古代语文教育者的经验和智慧。《自序》里借他人之口解释了将书命名为"观止"的缘由。"观止"二字，源于《左传》吴国公子季札对舞蹈《韶簫》的赞美，是说（事物）好到极点，达到无以复加的程度。

《古文观止》选文 222 篇，分为 12 卷，有不少是中国古代散文名篇，按时代先后排列，涉及多种常见的文体，能够大致呈现古代文章写作的演变脉络。有人将其誉为我国古代优秀的文学作品选读本，也有人将其誉为我国优秀的历代古文选读本。但也有人指出，以古代文学作品选文标准来衡量，《古文观止》不但漏选了很多佳作，而且入选了一些文学性薄弱的作品；而以历代古文选为标准来衡量，《古文观止》选文涉及的作家流派、文体风格不够全面，又选入了一些不符合古文标准的辞赋作品。《古文观止》固然是一部反映文学作品和古文写作的文章选集，但上面这些褒贬都忽略了《古文观止》的实质——正如编者的意图一样——《古文观止》是一本语文课本。从古人的记载看，《古文观止》的适用阶段应该在以"三、百、千"为代表的蒙学教材之后，在《四书》《古文辞类纂》之前，大约相当于现在的中学阶段。大概是和另一种语文教材——《千家诗》

同时使用，而《千家诗》和《唐诗三百首》所肩负的诗歌教育才是古人心中的文学教育。

我国自古以来就有以选文读本作为语文教材的传统，至今语文教材还保持着文选型的编写形式。以模仿揣摩为学习的进阶方法，以前人的佳作为学习对象，语文教材的选文兼有课文、范文、例文等多种功能。一篇课文可以融语言读写学习和文学审美、知识、道德等教育功能为一体。

明确根据语文教学的规律进行选文的文章选本，大约始于南宋吕祖谦的《古文关键》，为学习科考之文而编选并点评的文章选本，其出发点是示人门径，便于实用，语文教材的独特性就开始呈现出来。我国古代的语文教学发展到清代，日益成熟，历代文章批评家对文章读写的规律性认识不断深化，凝结在篇目的选定、文本的评点中。此类选本日渐增多，都对《古文观止》的产生具有重要的推动作用，其中最直接的影响来自略早于《古文观止》的林云铭编选的《古文析义》，该书共收文章 564 篇，其中 194 篇被《古文观止》选入，占后者篇目的 87.4%。至于《古文观止》各篇的批、注、评，更是吸收了《古文关键》以来诸家的批评文字，这可以直接从文句中看出。相比而言，《古文观止》的选目更为精当、慎重，评点更为妥帖、精准、深入、细致。从这个角度来说，称为"观止"并不为过。而从刊行到现在的流行程度来看，也证明了"观止"这个赞誉是立得住脚的。至今中小学语文教材的选文，乃至各种文言读本都仍然在很大程度上受到了《古文观止》的影响。可以说，《古文观止》是古代语文教材编写、读写学习规律，乃至语文教学经验的一个总结。

二、《古文观止》揭示了语文学习的奥秘

融汇《古文观止》选编评点中对于语文学习的认识后我们可以发现，它和最新颁布的语文课程标准的理念是相通的，这让《古文观止》在今天仍具有独特的价值。

一是《古文观止》的选目。从表面上看，它的选目就是简单按照时间顺序排列的。但如果深入观察就会发现，新的《普通高中语文课程标准》提出的"实用性阅读与交流""思辨性阅读与表达""文学阅读与写作"三个语文学习任务群的分类理念，已经在《古文观止》里得到了充分体现。南宋真德秀的《文章正宗》就将文章分成了"辞命""议论""叙事""诗赋"四类。可见，对语文实践活动中"实用性交流""思

辨性表达"和"文学写作"这一语文教学的规律，古人是有足够的认识的。《古文观止》大量选入了《左传》《国语》《战国策》的篇目，并不是出于简单的"崇古"心态，而是这三本书里有我国古代少有的实用性交流的典范文本。《古文观止》后半部分的篇目基本集中在"唐宋八大家"上，这也不仅是受到明清古文思想的影响，而是这些作品确实能展现"思辨性表达"的神采。按"实用性交流""思辨性表达"和"文学写作"的篇目分类，可以看出《古文观止》"文学写作"类篇目的数量最少，这其实是符合语文教学的阶段性本质要求的。

二是《古文观止》的批、注、评。这原被视为普通塾师的陈说俗见，琐碎浅陋。但正如上文所说，《古文观止》是一本语文教材，它的批、注、评承担的是对于语文读写规律的呈现，对文本妙处的精到揭示，而不是对文学审美特性的反映。今天的语文教育者如果能掌握一点功能语言学、叙事学的知识就会发现，《古文观止》的批、注、评侧重于对行文结构和语言组织的探究，是有启发性和实践性的。古人从自己的读写体会出发，融入了他们对于语言、文本的深入感受。既然《古文观止》的编选是高明的，那么能更深入展现编选者认识的批、注、评也应受到重视。这也是本书精心保留了"二吴"注的重要原因。

三、《古文观止》为新时代语文学习服务

随着新课改的推广，《古文观止》是高中阶段文言阅读的有益补充，这一点已经得到了不少师生的认同。《古文观止》应该响应时代，通过调整，继续为语文学习服务。

（一）本书在多方调研的基础上，将《古文观止》222 篇的选文减少到 120 篇。这是符合当下多数高中学生的学业承受范围的。删去的篇目有一些已经入选初高中语文教材，没有必要重复出现；有一些篇目的思想内容与学生生活过于脱节；还有一些篇目的语言文字过于古奥生僻。保留的 120 篇绝大多数是《古文观止》中的精华部分。

（二）本书打破了《古文观止》原有的按时间排列的方式，按照新课标提出的实用性、思辨性和文学性三种文本属性和交流、表达、写作三个分类标准，对 120 篇文本重新分类，并针对《古文观止》选文偏重司马迁和"唐宋八大家"的特点，结合新课标的教学理念，分为三辑。同时，对个别选文的篇名、用字或出处错误，参照当前教材或通行标准做

了调整和修订。

（三）本书对每一篇选文都做了深入开发和精心设计，涉及翻译、注音、注释、题解、赏析五大方面。市面上现在通行的《古文观止》，要不就是完全删去了原书编选者的批、注、评，丢掉了语文学习的门径；要不就是保持原书正文夹注的形式，很不便于学生阅读。译文严格按照高中语文教学和高考要求，按照字字落实、揭示句式语用的原则进行。译文放置在右栏，也与正文保持并排。这样，学生可以结合译文方便理解难词难句。本书还由高一新生选出他们认为认读困难的字和容易读错的字并加以注音，使得本书达到无障碍阅读的程度。本书采用了左文右译的两栏编排形式，就是希望在尽量便利阅读的同时，能够集中突出正文，方便学生诵读。本书还对正文中的文化常识做了精心注释，帮助学生通过阅读来积累文化常识，使其能够更加具体地了解我国古代灿烂的文化，培养其民族自豪感和爱国精神，并为其更广泛的阅读提供必要的知识，同时也是为应对高考的考查重点做好平时积累。本书还为每一篇选文撰写了"题解"和"赏析"。"题解"侧重于展示交流、表达或写作的具体情境，揭示作者（说者）在具体情境中如何达到某个具体目的。这符合新课标倡导的情境理念；"赏析"侧重于从语言的形式特点和表达效果两个方面开展分析，解读编选者的原意，渗透功能语言学和叙事学的基本知识。

最后说一说对学生使用本书的建议和希望。

建议每个星期拿出两个早／晚读的时间熟读一篇文本，在诵读的间歇可以"左顾右盼"，加深对字词和文句的理解，也给揣摩玩味和沉潜涵泳提供了良好的契机。在熟悉文本的基础上，再结合"题解"和"赏析"，进一步思考作者（说者）是如何在具体情境中创造性达成自己的交流、表达和写作目的的。

每个单元三篇选文，其中第三篇为拓展阅读篇目，供学有余力的学生学习。这样大致上一个星期学习一篇，可以使学生在不明显增加学业压力的情况下积少成多。学完本书，完成提升文言文阅读能力和语文综合素养的目的。

由于本书编者学识有限，能投入的时间精力也有限，本书肯定存在不足。诚恳希望得到广大师生的批评指正，以便日后进一步进行完善，为传播我国优秀传统文化、推动我国语文教育尽一份绵薄之力。

目 录

思想的力量 思辨性表达

言说的故事
实用性交流

交际之用　意在言外

郑伯克段于鄢^{yān}

《左传·隐公元年》

【题　解】

　　郑庄公面对母亲的嫌弃和母亲对弟弟的偏爱，以及弟弟的肆无忌惮、步步紧逼，表面上无可奈何、置之不理，内心却不断累积愤恨、暗藏杀机。达成目的之后，却又深感懊悔。最终与母亲重修旧好，让扭曲的感情得到了宣泄与融和。这对于理解人性中的"爱""孝"的复杂和丰富，很有启发意义。

　　初¹，郑武公娶于申²，曰武姜³，生庄公及共^{gōng}叔段⁴。庄公寤^{wù}生⁵，惊姜氏，故名曰寤^{wù}生，遂恶之。爱共叔段，欲立之。亟^{qì}请于武公，公弗^{fú}许。

　　及庄公即位，为之请制。公曰：

　　起初，郑武公从申国娶妻，名武姜，（武姜）生了庄公与共叔段。生庄公时难产，吓坏了姜氏，所以姜氏给庄公起名为"寤生"，于是讨厌他。（武姜）喜爱共叔段，想立他（为太子），多次向武公请求。武公不同意。

　　到了庄公即位，姜氏为共叔段请求把制邑（作为他的封地）。庄公说："制邑是险

---

1. 初：起初、当初，文中指追述郑伯克段于鄢之前的事。
2. 郑武公：名掘突，武是他的谥号。周宣王的弟弟姬友受封为郑桓公，后来传位给儿子郑武公。　申：国名，姜姓，国土在今河南南阳。
3. 武姜：武公之妻姜氏，武是丈夫的谥号，姜是自己的姓。
4. 共叔段：庄公之弟，名段。叔是长幼的次序，他因年少，排行在后，故称叔。后又因出逃到共地（今河南辉县），所以称共叔段。
5. 寤生：倒生。出生时胎儿脚先出来，是难产的一种。寤，同"牾"，逆，倒着。

"制[1]，岩邑也，虢叔死焉[2]。他邑唯命。"请京，使居之，谓之京城大叔[3]。祭仲[4]曰："都城过百雉[5]，国之害也。先王之制[6]：大都不过参国之一[7]；中五之一；小九之一。今京不度[8]，非制也。君将不堪[9]。"公曰："姜氏欲之，焉辟[10]害？"对曰："姜氏何厌之有[11]？不如早为之所，无使滋蔓[12]！蔓，难图[13]也。蔓草犹不可除，况君之宠弟乎！"公曰："多

要的地方，虢叔就死在那儿。其他地方我都照办。"（姜氏）请求京邑，（庄公就）让（共叔段）住在那儿，（人们）称他为京城太叔。祭仲（对庄公）说："城市的城墙超过三百丈，那会成为国家的祸害。先王的制度：大的城规模不得超过国都的三分之一，中等的不得超过五分之一，小的不得超过九分之一。现在京邑不遵守规范，违反了制度。您将会难以承受。"庄公说："姜氏要这么做，怎么能避开祸害呢？"（祭仲）回答说："姜氏有什么满足的时候呢？不如早点给他（安排个）地方，不要让（他的势力）滋长蔓延，蔓延开来，就难以对付了。蔓延的野草，尚且不能除掉，何况是您受宠的弟弟呢？"庄公说："做多了不义的事，一定会自己栽跟头。

---

1. 制：地名，今河南荥阳汜水西，一名虎牢，又名成皋。制地原为东虢属地。据《竹书纪年》所载，东虢被郑所灭，土地并入郑国。

2. 虢叔：东虢国君。焉：兼词，介词兼指示代词，相当于"于是""于此"。

3. 京城大叔：《左传》杜预注："公顺姜请，使段居京，谓之京城大叔，言宠异于群臣。"顾颉刚在《史林杂识·太公望年寿篇》中说："古人用太叔，本指其位列之在前，叔段之称太叔，以其为庄公第一个弟弟也。"这里称为太叔，乃特见其地位之尊宠。京，郑国地名，今河南荥阳东南。大，通"太"。

4. 祭仲：郑大夫，字足，又称"祭仲足"或"祭足"。其祖先在"祭"（今河南中牟之祭亭）担任封人，后以"祭"为姓。

5. 都：都邑，泛指一般城邑。　城：指城墙。　雉：量词，高一丈、长三丈称一雉。《周礼·冬官·考工记》中写："匠人营国，方九里，谓天子之城，诸侯礼当降杀，则知公七里，侯伯五里，子男三里，以此为定说也。"郑庄公是侯伯，国都应该是五里，每面长约九百丈，合计三百雉。下文说"大都不过参国之一"，可见普通城邑不能超过百雉，超过了就有僭越之罪，成为国家的危害。

6. 先王之制：先王的法度。先王，前代的君王，有认为是指周朝开国君主周文王、周武王。

7. 国：国都，这里的"国"与前文的"都"相对举。　参国之一：国都的三分之一，"参"同"叁"，下文"五之一""九之一"，是类似说法。

8. 不度：不合乎制度规定，"度"这里作动词。

9. 不堪：受不了。堪，承受。

10. 辟：同"避"，逃避。

11. 何厌之有：有什么时候会满足？宾语前置。厌，通"餍"，满足。

12. 滋蔓：这里指共叔段势力增长，土地扩大。滋，增长。蔓，蔓延。

13. 图：谋划，对付。

行不义必自毙[1]。子姑待之。"

既而大叔命西鄙、北鄙贰于己[2]。公子吕[3]曰:"国不堪贰[4],君将若之何[5]?欲与大叔,臣请事之;若弗与,则请除之,无生民心。"公曰:"无庸[6],将自及。"大叔又收贰[7]以为己邑,至于廪延[8]。子封曰:"可矣。厚将得众。"公曰:"不义不昵,厚将崩。"

大叔完聚[9],缮甲兵,具卒乘,将袭郑[10],夫人将启之。公闻其期,曰:"可矣!"命子封帅车二百乘[11]以伐京。京叛大叔段,段入于鄢[12]。公伐诸鄢。五月辛丑,大叔出奔共。

你暂且等着吧!"

不久,太叔命令西部、北部的边境城邑从属于庄公也从属于自己。公子吕(对庄公)说:"国家不能忍受这种两属的情况,您打算怎么办?如果要(把郑国)送给太叔,请您允许我侍奉他;如果不给他,就请除掉他,不要使百姓产生依附之心。"庄公说:"不用(除掉他),(他)将会自己招来(祸殃)。"太叔又把两属的地方收归自己(独占),(领土)扩展到廪延。子封说:"可以(动手)了。土地扩大,势力雄厚将会得到更多的百姓。"庄公说:"(他)不合道义,(百姓)就不会亲附他;土地扩大、势力强大,反而会垮台。"

太叔修葺城墙,屯聚粮食,制造铠甲、兵器,准备步兵、战车,将要偷袭郑国都,姜夫人打算开城门(接应)。庄公听说太叔起兵的日期,说:"可以了!"命令子封率领二百辆战车用来攻打京邑。京邑的人背叛太叔。太叔段逃到鄢。庄公又追击他(一直)到鄢。五月辛丑日,太叔逃亡到共地。

---

1. 毙:跌倒,倒下。
2. 鄙:边境。这里指边境地区。 贰:动词,两属,就是"既属于……又属于……"的意思。
3. 公子吕:郑大夫,字子封。
4. 贰:有二心,不专一,这里是指背叛国君。
5. 若之何:奈何、怎么办。
6. 无庸:不用。庸,同"用"。
7. 贰:这里指两属的地方。
8. 廪延:地名,指今河南延津北。
9. 完聚:就是完城郭,聚粮食。"完""聚"这里作动词。
10. 袭:偷袭。《左传·庄公二十九年》:"凡师有钟鼓曰伐,无曰侵,轻曰袭。"《白虎通·诛伐篇》:"袭者何谓也,行不假途,掩人不备也。" 郑:这里指郑国国都。
11. 乘:战车。春秋时期,战车在战争中普遍运用,杜预据古兵书《司马法》认为战车一乘甲士三人,步兵七十二人。杨伯峻先生根据《左传》中其他关于战车的相关记载,认为战车一乘步兵十人。
12. 鄢:指今河南鄢陵北。

书曰[1]："郑伯克段于鄢。"段不弟[2]，故不言弟。如二君，故曰克。称郑伯，讥失教也，谓之郑志。不言出奔，难之也。

遂寘姜氏于城颍[3]，而誓之曰："不及黄泉[4]，无相见也！"既而悔之。颍考叔为颍谷封人[5]，闻之，有献于公。公赐之食，食舍肉[6]。公问之，对曰："小人有母，皆尝小人之食矣，未尝君之羹[wèi]，请以遗之。"公曰："尔有母遗，繄[7]我独无！"颍考叔曰："敢问何谓也[8]？"公语之故，且告之悔。对曰："君何患焉[huàn]？若阙[9]地及泉，隧[10]而相见，其谁曰不然？"公从之。公入而赋："大隧之中，其乐也融融。"姜出而赋：

史书上写："郑伯克段于鄢。"段的行为不像个做弟弟的，所以不说"弟"。像是两个国家的国君（打仗），所以叫"克"。称呼庄公为"郑伯"，是讥刺他没有尽教导的责任，说这是他本来的意图。不说"出奔"，是难以明说其中缘故。

（庄公）于是把姜氏安置在城颍，并发誓说："不到黄泉，不再见面！"不久，（庄公）又后悔了。颍考叔是颍谷主管疆界的官，听说这件事，就进献礼物给庄公。庄公赏赐他食物。（他）吃时留下肉。庄公问他，（他）回答说："我有母亲，（她）都尝过我孝敬的食物了，没有尝过您（赏赐）的肉羹，请允许我把（这）留给她。"庄公说："你有母亲（可以）留给她（敬奉），唉，独独我没有啊！"颍考叔说："请问您说的是什么意思？"庄公告诉了他原因，并且告诉他自己的悔意。（颍考叔）回答说："您有什么可担心的呢？如果挖地见到了泉水，再打一条隧道在里面相见，谁能说这不对呢？"庄公听从了他的话。庄公进入隧道，赋诗说："大隧里面，（母子见面，）多么快乐啊。"姜氏走

---

1. 书曰：指《春秋》经文的记述。以下为释经文字，解释经文为何如此记述，就是所说的"书法"。
2. 不弟：不像个弟弟。也有说"弟"同"悌"，为弟之道。
3. 寘：同"置"，放置，安顿。 城颍：地名，今河南临颍西北。
4. 黄泉：地下的泉水。常用来指死后埋在地下。
5. 颍考叔：人名。 颍谷：就是城颍之谷，地名，今河南登封西南。 封人：管理边疆的地方长官。
6. 肉：这里指带汁的肉食，就是下文之羹。
7. 繄：句首语气词，无实义。
8. 敢问何谓也：请问（这话）是什么意思？ "何谓"与下文"何患"都是宾语前置。
9. 阙：同"掘"，挖掘。
10. 隧：地道，这里作状语，是"在地道中"的意思。

"大隧之外，其乐也泄泄。"遂为母子如初。

君子曰[1]："颍考叔，纯孝也。爱其母，施及庄公。《诗》曰：'孝子不匮，永锡尔类[2]。'其是之谓[3]乎！"

出隧道，赋诗说："大隧外面，（母子相见，）多么舒畅啊。"从此，母子相处就像从前一样。

君子说："颍考叔是孝道纯正的人。敬爱他的母亲，又扩大影响到庄公。《诗经》上说：'孝子的孝心无穷尽，永远影响和感化同类人。'说的就是这样的情况吧！"

---

1. 君子曰：《左传》作者对所记历史事件发表的评论或意见，往往用"君子曰"表达出来。
2. 这里引用的诗句见今本《诗经·大雅·既醉》。锡，同"赐"。
3. 其是之谓：其，表示推测语气的副词，大概，也许；"是之谓"，宾语前置；是，代词，这里指颍考叔；之，结构助词，表示宾语前置，无实义。

赏　析

言为心声。郑庄公的意愿是全文的核心，他的话语则是他心声的流露。简单的几句话，隐藏着深深的积怨。祭仲、子封的进谏所以无效，在于他们只注意到礼制、局势、危害等方面，即使使用了铺陈、比喻和激将法等技巧也无济于事；而颍考叔之所以能劝说成功，正在于把握了郑庄公内心的变动，而将心比心、由己及人的表达更能引发对方的心灵感触。《左传》作者最后高度肯定颍考叔的，就是这份基于同情的善意理解。

公子重耳对秦客
（chóng）

《礼记·檀弓下》

【题 解】

晋国公子重耳因父亲晋献公逼迫而流亡在外。公元前 651 年，晋献公死，秦穆公派人到重耳处吊丧，寻找插手晋国的继位人选的机会。跟随重耳的子犯认为自身条件不具备，只能塑造道德形象，不应谋求个人利益，于是重耳礼貌地回绝了秦使。《礼记》记叙这个故事是倡导礼制，但生动的故事总能给人以更丰富的解读空间。

晋献公[1]之丧，秦穆公使人吊公子重耳[2]，且曰："寡人闻之：'亡国恒于斯，得国恒于斯。'虽吾子俨（yǎn）然在忧服之中，丧亦不可久也，时亦不可失也，孺子[3]其图之。"以告舅犯[4]。舅犯曰："孺子其辞焉。丧人无宝，仁亲以为宝。父死之谓何？又因以为利，而天下其孰能说（shuō）之？孺子其辞焉。"

公子重耳对客曰："君惠吊亡

晋献公死了，秦穆公派人慰问公子重耳，并且说："我听说过这样的话：'失去国家常在这个时候，得到国家也常在这个时候。'虽然您庄重、恭敬，在居忧服丧之中，失位（流亡）的日子不可太久，时机也不可错过啊，你应该考虑一下！"（重耳）把（此事）告诉了舅父子犯。子犯说："你必须辞谢他。失位（流亡）的人没有什么宝贵的东西，把仁爱思亲当作宝。父亲死去是何等重大悲痛的事？又借（此机会）用来图谋私利，天下还有谁能说你无罪呢？你必须辞谢他啊。"

公子重耳答复秦使说："贵国国君施加

---

1. 晋献公：春秋时晋国（姬姓）国君，名诡诸。
2. 秦穆公：春秋时秦国（嬴姓）国君，名任好。娶晋献公的女儿为夫人。 公子：国君之子，除世子外均称公子。 重耳：晋献公之妾狐姬所生，就是后来春秋五霸之一的晋文公。晋献公宠幸骊姬，骊姬为了将自己的儿子立为世子，进谗言使得晋献公将自己的各个公子都赶出晋国，其中重耳当时逃亡到狄国。
3. 孺子：幼儿、儿童。这里是对天子、诸侯、世卿的继承人的称呼，也就是对重耳的称呼。
4. 舅犯：重耳的母舅狐偃，字子犯，随重耳逃亡。

臣重耳，身丧父死，不得与于哭泣之哀，以为君忧。父死之谓何？或敢有他志，以辱君义？"稽颡而不拜[1]，哭而起，起而不私[2]。

子显[3]以致命于穆公。穆公曰："仁夫，公子重耳！夫稽颡而不拜，则未为后[4]也，故不成拜。哭而起，则爱父也。起而不私，则远利也。"

恩惠慰问我亡臣重耳，我失位出亡在外，父亲死了，不能与（亲人）同在灵前守丧哭泣，让（这）成为贵国君主的忧虑。父亲死去是何等重大悲痛的事？我怎么敢有其他想法，来损辱君侯的高情厚义？"于是叩头碰地，却不行拜谢礼，哭着站起来，起来后就不再（与秦国使者）私下说话。

子显把（这些情况）向秦穆公汇报。穆公说："公子重耳真是仁人啊！（对使者）叩头而不拜谢，则（表明他）还没有做晋君的继承人，所以不行拜礼。哭着站起来，则（体现了）对亡父的挚爱之情。起来后不再（和使者）私下交谈，则是远离自己的利益。"

---

1. 稽颡：以头触地，表示极度哀痛。颡，额头。 不拜：按古丧礼，只有丧主（继承人）才能对宾客的吊唁行拜谢礼，就是先稽颡而后拜。晋献公并未立重耳为嗣，重耳只稽颡而不拜，表示自己不敢充当丧主，也就是向秦使表示自己无心谋求君位的意思。下文"不成拜"是同一个意思。
2. 私：指与秦使者私下说话。
3. 子显：秦国大夫公子絷的字。
4. 后：后嗣，继承人。

赏 析

　　本文是由四段话构成的多重对话，说话的内容和方式因人而异，却形成了一次有效的交流。子显看似句句替人设想，其实是在试探对方；子犯冷静分析客观因素，但主观态度鲜明强烈；重耳的话是全文的核心，他吸纳了子犯的主张，却没有使用子犯的话语；他面面俱到，陈述自身处境，表达对他人的感谢；即使拒绝也着眼于他人，恪守礼仪，滴水不漏。秦穆公想看出重耳的内心，却只能赞扬重耳。四段话都是各人内心的表达，但境界有高低。子犯抓住"仁亲以为宝"，高过子显的"时亦不可失也"。重耳身体力行礼仪规范，不忘"君惠""君忧""君义"，委婉得体，也高于秦穆公"爱父""远利"的猜测人心。因此，这个故事确实展现了儒家倡导的礼仪风范。但结合历史也可以看出，高明的政治家是善于利用礼制和话语来掩盖自己的真实目的和实现更大的利益的。

郑庄公戒饬守臣

《左传·隐公十一年》

【题　解】

　　齐、鲁、郑三国攻占许国后，齐、鲁让郑国统治许国。许国是郑国的邻国，郑庄公早有占有许国的想法。但当愿望变成了现实，郑庄公反而有很多心事。他把许国一分为二，在对派去统治许国的臣子的交代里，话说得吞吞吐吐，反复纠缠。言辞之外，有何居心，历来有不同的解读。

　　秋七月，公会齐侯、郑伯[1]伐许。庚辰，傅于许[2]。颍考叔取郑伯之旗蝥弧[3]以先登，子都[4]自下射之，颠。瑕叔盈[5]又以蝥弧登，周麾而呼曰："君登矣！"郑师毕登。壬午，遂入许。许庄公奔卫。齐侯以许让公。公曰："君谓许不共[6]，故从君讨之。许既伏其罪矣。虽君有命，寡人弗敢与闻。"乃与郑人。

　　秋季七月，鲁隐公会合齐侯、郑伯攻打许国。庚辰（七月初一），（军队）逼近许国城下。颍考叔拿着郑伯的"蝥弧"旗抢先登上城墙，子都从下面用箭射他，（颍考叔）坠落下来。瑕叔盈又举着"蝥弧"旗登上城墙，向四周挥动旗子大喊："国君登城了！"郑国的军队全部登上了（城墙）。壬午（七月初三），便攻入许国。许庄公逃亡到卫国。齐侯把许国的土地让给隐公。隐公说："您说许国不供奉，所以（我）跟随您来攻打它。许国已经服罪了。虽然您有这样的命令，我不敢领受。"于是把许国给了郑国人。

1. 公：鲁隐公。齐侯：齐僖公。郑伯：郑庄公。《左传》书中列举诸侯名称，是先本国国君（就是鲁国国君，因为《左传》是对鲁国史书《春秋》的解释），然后是盟主，再按爵位排列，所以这次战争虽然是郑国发起，但列名最后。公、侯、伯是这三个诸侯的爵位。周朝设立公侯伯子男五个等级的爵位，但东周后，诸侯势力增强，不少都自命谓公爵。
2. 许：姜姓国。指今河南许昌一带。
3. 蝥弧：旗名。
4. 子都：郑大夫公孙阏，字子都。在队伍出发前，颍考叔曾与公孙阏为争车而斗，公孙阏心中含恨，在作战时射死颍考叔。
5. 瑕叔盈：郑大夫。
6. 不共：不恭顺，指没有尽到诸侯对周天子的义务。共，同"恭"。

郑伯使许大夫百里[1]奉许叔以居许东偏,曰:"天祸许国,鬼神实不逞于许君,而假手于我寡人,寡人唯是一二父兄[2]不能共亿,其敢以许自为功乎?寡人有弟[3],不能和协,而使糊其口于四方[4],其况能久有许乎?吾子[5]其奉许叔以抚柔此民也,吾将使获[6]也佐吾子。若寡人得没于地[7],天其以礼悔祸于许,无宁兹许公复奉其社稷[8],唯我郑国之有请谒焉,如旧昏媾[9],其能降以相从也。无滋他族实[10]逼处此,以与我郑国争此土也。吾子孙其覆亡之不暇,而况能禋祀许[11]乎?寡人之使吾子处此,不惟许国之为,亦聊以

郑伯让许国大夫百里侍奉许叔,让(他)住在许国东部的偏远地方,说:"上天降祸给许国,鬼神确实对许国国君不满意,就借我的手(惩罚他),我有几个同姓臣子,不能同心协力,难道敢把(打败)许国作为自己的功劳吗?我有个弟弟,不能和睦相处,使他在四方奔走谋生,又怎么能长久地占有许国呢?你应该侍奉许叔来安抚这里的百姓,我准备派公孙获来辅佐您。如果我得到善终入土,上天施恩,懊悔对许国施加祸害,宁可(让)这许公再主持他的国家,只是我们郑国有个请求,就像老亲戚那样,大概(许国)能屈尊同意我的吧。不要使别族滋长势力,逼近、居住在这里,以致与我郑国争夺这块土地。(如果那样,)我的子孙连挽救自己的覆亡都来不及,更何况能祭祀许国呢?我让您住在这里,不仅是替许国打

1. 许大夫百里:许庄公的弟弟,百里是名,后即位为许穆公。

2. 父兄:父老兄弟。指同姓臣子。

3. 弟:指共叔段,其事见《郑伯克段于鄢》。

4. 糊其口:靠薄粥维持生活。形容生计艰难,勉强度日。 四方:这里指国外。

5. 吾子:二人谈话时对对方的敬称。后文此。

6. 获:公孙获,郑大夫。

7. 得没于地:得以善终,埋葬入地。

8. 无:句首助词,无实义。 宁:宁可。 社稷:社,土神。稷,谷神。古代帝王以土地、五谷为重,设坛祭祀,社稷后来代指政权或国家。

9. 昏媾:婚姻,姻亲。昏同"婚"。媾,结为婚姻。

10. 实:定居。

11. 禋祀许:就是替许国主持祭祀,是占有许国的意思。禋祀,祭祀。禋为祭天神之礼,把牺牲、玉帛放在柴上,点燃柴,借上升的烟气以告神。

固吾圉也。"乃使公孙获处许西偏，曰："凡而器用财贿[1]，无置于许。我死，乃亟去之！吾先君新邑于此[2]，王室而既卑矣，周之子孙日失其序[3]。夫许，大岳[4]之胤也。天而既厌周德矣，吾其能与许争乎？"

君子谓郑庄公"于是乎有礼。礼，经国家，定社稷，序[5]人民，利后嗣者也。许，无刑而伐之，服而舍之，度德而处之，量力而行之，相时而动，无累后人，可谓知礼矣"。

算，也是暂且凭此巩固我国的边疆。"于是派公孙获住在许国西部偏远的边境，对他说："凡是你的一切器用财物，不要放在许国。我死了，你就赶紧离开这里！我的先君在这里新建城邑，周王室已经衰微了，周的子孙一天一天丢掉了自己的世系班次。许国，是太岳的后代。上天既然已经厌弃周朝的气运，我哪里能和许国争夺呢？"

君子认为郑庄公"在这件事情上是有礼的。礼是治理国家，安定政权，使百姓有秩序、使后代获得利益的东西。许国不守法度就去攻打它，服罪了就赦免它，衡量自己的德行来处理问题，估量自己的力量来做事，看准时机才行动，不连累后人，可以说是懂得礼了"。

---

1. 而：同"尔"，你。贿：财物。金玉称货，布帛称贿。
2. 先君：指郑武公。郑庄公是郑武公的儿子。新邑：新建都城。郑原在陕西，武公东迁至新郑。
3. 序：同"绪"。绪是丝线的头，这里指前人的功业。
4. 大岳：太岳，上古官名，负责主持四岳的祭祀，是四方诸侯的领袖。
5. 序：这里作动词，排列顺序，意思是使人民有次序等级，不致混乱。

赏　析

言语的特征正是心态的特征。郑庄公先把占有许国归于天意，弱化自己的意愿，又提到团结国家的难度和自己的不足，对长期占有许国不抱幻想，希望统治许国的臣子能注意收拢民心、加强控制。为了在自己死后，许国还能站在郑国一边，不跟他国结盟，郑庄公告诫他的臣子要全面理解他的意图。即使对靠近郑国的那一半许国土地，郑庄公也因为时局动荡，告诫臣子不要作长期占有的打算，在他死后尽快放弃。这些话深谋远虑，说得推心置腹，心理少见的复杂，辞意少见的丰富，既有对许国的占有欲，又流露出对永久占有的怀疑。语句犹疑委婉，颇费捉摸。《左传》作者也正是看到了这一点，才肯定奸雄难得在此刻有对"以礼治国"的理解。另外，文章首段写郑军攻城事，着墨不多，但将激烈的战斗渲染得十分传神。"君登矣！"尤其传神点睛，使得说话人神情风采虎虎有生气。

言为心声　真情实感

介之推不言禄^{lù}

《左传·僖公二十四年》^{xǐ}

> **【题　解】**
>
> 　　在晋文公流亡时，介之推曾追随多年。当晋文公返国执政，众追随者争名夺利之际，介之推却和母亲一起隐居山林而死。介之推对待名利和自身有完整的看法，也离不开他母亲的支持。介之推对自我尊严的认识，对后世也是很有启发的。

　　晋侯赏从亡者[1]，介之推不言[2]禄，禄亦弗及。

　　推曰："献公之子九人，唯君在矣。惠、怀[3]无亲，外内弃之。天未绝晋，必将有主。主晋祀者，非君而谁？天实置之，而二三子[4]以为己力，不亦诬乎！窃人之财，犹谓之盗，况贪天之功以为己力乎？下义[5]其罪，上赏其奸；上下相蒙，难与

　　晋文公赏赐跟随他逃亡在外的大臣，介之推不说求封赏的话，封赏也就没有给予他。

　　介之推说："献公的儿子有九个，只有君侯还在世。惠公、怀公没有亲近的人，国内国外的人都抛弃了他们。上天没有灭绝晋国，必定会有君主。主持晋国祭祀的人，不是君侯又是谁？这实在是上天的安排，而那几个人却以为是自己的功劳，不也是骗人吗？偷别人的财物，尚且称之为盗，何况贪取上天之功劳把它当作自己的功劳呢？下面的人把罪过当作正义，上面的人对这种欺骗行为加以赏赐；上下互相欺蒙，这就难以和他

---

1. 晋侯：晋文公重耳。周天子最初封晋国国君为侯爵。　从亡者：跟随晋文公流亡在外的人，介之推是其中之一，曾在流亡时"割股奉君"。
2. 介之推：晋国贵族，又名介子推，之是语助词。　言：谈论，这里指向国君要求。
3. 惠：就是晋惠公夷吾，晋文公的弟弟。　怀：就是晋怀公圉，晋惠公的儿子。
4. 二三子：相当于"那几个人"，指跟随晋文公逃亡并得到赏赐的人。"子"是对人的美称。
5. 义：正义，这里是意动用法，"把……当作正义""认为……是正义"。

处矣。"

其母曰："盍¹ 亦求之？以死，谁怼²？"对曰："尤而效之，罪又甚焉！且出怨言，不食其食。"其母曰："亦使知之，若何？"对曰："言，身之文也。身将隐，焉用文之？是求显也。"其母曰："能如是乎？与汝偕隐。"遂隐而死。

晋侯求之不获。以绵上为之田³。曰："以志吾过，且旌善人。"

们相处了。"

介之推的母亲说："你何不也去求赏？（不求）而死，又怨谁呢？"（介之推）回答说："责备了他们而又效仿他们，罪就更大了。而且（我）说了怨言，不能再吃他的俸禄了。"他的母亲说："也让他知道这件事，怎么样？"（介之推）回答说："言语，是身体的纹饰。身体将要隐藏，怎还用得着纹饰？这样做是追求显达了。"他母亲说："（你）能像这样吗？我与你一起隐居。"于是隐居而死。

晋文公寻找他们，没找到，就把绵上的田作为介之推的供祭之田。（晋文公）说："用来记录我的过错，并且表彰好人。"

---

1. 盍：何不。
2. 谁怼：怨恨谁，疑问句宾语前置。怼，怨恨。
3. 绵上：介之推隐居的地方，今山西介休东南。田：私田，封地。

赏 析

"不言禄"是全篇纲领，分为两段言语。介之推所说"天功非人功"和"贪功不可为"两层意思，是对"言禄"的批评，虽未言己志，而"不言禄"的思想认识已现。其母三问"求之""知之""能如是"，指向求名、逐利和易悔的人之常情，介之推则以知行、言行、名实、始终当一致作答。从来知易行难，至此方知为人应信条始终、品行一体。两段言语看似平铺直叙，其实互为依托，丝丝入扣。其母功不可没，其问亦不可无。前一段滔滔不断，层层剖析，中间两个反问作一停顿，带出"天实置之"，批判时人顺理成章，颇有气势；后一段简问简答，句式干脆，分明是心意已决，退隐也是对现实的否定。全文以"不言禄，禄亦弗及"开头，以晋文公叹悔结尾，也带出了对滥赏不公的批评。

晏子不死君难

《左传·襄公二十五年》

【题 解】

因为争风吃醋，齐庄公在权臣崔杼家中被杀。晏子赶到崔杼家门外时，被问到要不要殉难、逃亡，晏子对此置之不理。晏子虽然还没有后来孟子的"民为贵，社稷次之，君为轻"的思想，但他敢于独立思考，基于个人经验和常识，拒绝愚忠。这一通谈话令人深思，当时就被史家肯定，至今依然有启发作用。

崔武子见棠姜[1]而美之，遂取[2]之。庄公通[3]焉，崔子弑[4]之。

晏子[5]立于崔氏之门外，其人曰："死[6]乎？"曰："独吾君也乎哉？吾死也？"曰："行乎？"曰："吾罪也乎哉？吾亡也？"曰："归乎？"曰："君死，安归？君民[7]者，岂以陵[8]民，社稷是主[9]。臣君者，岂

崔武子看见棠姜，觉得她很美，就娶了她。齐庄公与她私通，崔武子杀了齐庄公。

晏子站在崔武子家门外，他的随从问他："（要为国君）死吗？"（晏子）说："只是我一个人的国君吗？我为什么要为他死？"（随从）说："逃亡吗？"（晏子）说："（他死）是我的罪过吗？我为什么要逃亡？"（随从）说："回去吗？"（晏子）说："国君死了，我回到哪里去？作为百姓的君主，难道是要让他的地位凌驾于百姓之上吗？应当是要他主持国家的政事。作为国君

---

1. 崔武子：崔杼。齐国执政的大夫。 棠姜：齐国棠邑大夫的妻子。
2. 取：同"娶"，娶妻。
3. 庄公：齐庄公。 通：私通。
4. 弑：子杀父、臣杀君为弑。
5. 晏子：晏婴，字平仲，齐国大夫，在齐灵公、庄公、景公三朝为官。
6. 死：这里是"为国君殉难"的意思。
7. 君民：作为民众君主的人。
8. 陵：凌驾于……之上。
9. 社稷是主：就是"主社稷"，主持国家政务。和下文"社稷是养"都是宾语前置，"是"是宾语前置的标志，无实义。

为其口实[1]，社稷是养。故君为社稷死，则死之；为社稷亡，则亡之；若为己死，而为己亡，非其私昵[2]，谁敢任之[3]？且人有君[4]而弑之，吾焉得死之？而焉得亡之？将庸何[5]归？”门启而入，枕尸股而哭。兴，三踊[6]而出。人谓崔子："必杀之！"崔子曰："民之望也，舍之得民。"

的臣下，难道是为了自己的俸禄吗？是要他保护国家。所以国君为了国家而死，（臣子）就（应该）为他而死；国君是为了国家而逃亡，（臣子）就跟随他逃亡；如果国君是为自己个人而死，或者是为自己个人而逃亡，不是他最宠爱亲近的人，谁敢承担这责任？况且人家是享有国君（宠爱）反而杀了国君，我怎么能为他而死？又怎么能为他逃亡？但我又能回到哪里去呢？"（崔家）打开门，晏子进去，把齐庄公的尸体放在自己的大腿上号哭。站起来，跳脚三次后才出来。有人对崔武子说："一定要杀了他！"崔武子说："他是人民敬仰的人，放过他，可以得到民心。"

---

1. 口实：这里指俸禄。
2. 私昵：为个人宠爱的人。
3. 任之：承担君难，这里有陪死、陪亡的意思。
4. 人有君：庄公是由崔杼立为国君的，崔杼得到庄公的宠信，所以说"人有君"。人，指崔杼。有君，得到国君的宠信。
5. 庸何：同义连用，哪里。
6. 三踊：跳了三下，表示哀痛。踊，跳跃。

赏　析

　　晏子用批判性思维对待他人的提问，通过质疑发现提问本身的问题。他首先对自己殉难的必要性提出质疑，然后不认为自己有罪需要逃亡，同时又认为自己有不可逃避的义务。继而他抓住国君的意义和君臣的关系，通过自问自答来推动思考。国君不仅指地位，更意味着责任，正如臣子不只为拿俸禄，还要服务国家。他用假设深化思考，要先分辨国君是为何而死，再决定臣子自己的行动。只有亲信才跟国君有个人联结，何况这次国君是死于亲信之手。这段对话脉络清晰、井然有序、富有机趣、语带讥讽，批判国君荒淫、权臣弑君，具有鲜明的独立思考精神和晏子的个人色彩。话里多为反问句、设问句和假设句，可以看出，是问题在推动晏子思考。通过质疑、追问和辨析，找出思考与判断的关键——"社稷"。

曾子易箦 ^{zé}

《礼记·檀弓上》

【题 解】

春秋战国之交，"礼崩乐坏"。儒家则把"礼"作为社会伦理规范和个人行为准则加以倡导。曾参是孔子的弟子，以孝著称。他在临终时更换不合身份的席子，实践了孔子"克己复礼为仁"的教导。《礼记》记叙了这个故事，宣扬曾参严守礼制，知行合一的精神。

曾子寝疾[1]，病[2]。乐正子春[3]坐于床下，曾元、曾申坐于足[4]，童子隅坐而执烛[5]。

童子曰："华而睆[6]，大夫之箦与[7]？"子春曰："止！"曾子闻之，瞿然曰："呼[8]！"曰："华而睆，大夫之箦与？"曾子曰："然。斯季孙[9]之赐也，我未之能易[10]也。元，

曾子卧病在床，病情严重。乐正子春坐在床下，曾元、曾申坐在（曾子）脚边，童子坐在角落里，手里拿着灯烛。

童子说："美好而光滑，是大夫用的席子吧？"子春说："别说话！"曾子听见了，惊讶地说："唉！"（童子又）说："美好而光滑，是大夫用的席子吧？"曾子说："是的。这是季孙氏的赏赐，我（因为病重）无法自己起来更换。曾元，（你扶我）起来，把席子

---

1. 曾子：名参，字子舆，春秋时鲁国人，曾点之子，孔子弟子。以至孝著称，传孔子之道，述《大学》，作《孝经》。后世称为宗圣。 寝疾：卧病在床。
2. 病：意为病重，垂危。
3. 乐正子春：子春是曾子的弟子，官任乐正。乐正，官名，乐师之长。
4. 曾元、曾申：都是曾参的儿子。 坐于足：指坐在曾参的脚边。
5. 童子：童仆。 隅坐：坐在墙角落。 烛：火炬，火把。
6. 华：华美。 睆：平整光滑。
7. 与：同"欤"，疑问语气词。
8. 呼：嘘气声，这里是曾参惊恐时发出的声音。
9. 斯：此，这，指竹席。 季孙：季孙氏，鲁国世代执掌国政的正卿（上大夫）。
10. 我未之能易：否定句宾语前置，"我未能易之"，意思是自己因病重而无法亲自换席子。

起易箦！"曾元曰："夫子之病革[1]矣，不可以变。幸而至于旦，请敬易之。"曾子曰："尔之爱我也，不如彼。君子之爱人也以德，细人之爱人也以姑息[2]。吾何求哉[3]？吾得正而毙[4]焉，斯已[5]矣。"举扶而易之，反席未安而没[6]。

换掉。"曾元说："您的病情严重，不可以移动。且等到天亮，（到时候）请允许我再小心地（把席子）换掉。"曾子说："你爱护我还不如童子。君子是以道德爱护别人，小人是以姑息迁就（爱护别人）。我还求什么呢？我能合于礼制而死，这就足够了。"（曾元）扶着抬起（他的身体）然后换了席子，他回到席子上还没躺安稳就去世了。

---

1. 革：同"亟"，危急。
2. 细人：小人。姑息：无原则地迁就。
3. 吾何求哉：疑问句宾语前置，"我求何哉"。
4. 得正而毙：死得合于礼。得，能够。正，正道，这里作动词，符合礼制。
5. 斯：连词，则，就。已：这里是"足够"的意思。
6. 反：同"返"，指返回更换了席子的床上。没：同"殁（mò）"，死。

赏 析

鲁国大夫季孙把礼制规定的大夫才能享用的华美席子，送给未曾做过大夫的曾参，是当时"礼崩乐坏"的表现。曾参了不起的地方在于知错就改。他的第一句话明白直接，态度鲜明。他和曾元的对话，通过比较"爱我"的不同，引出"德"的重要性和不容姑息的态度。末两句表白心意、语气坚决，展现了恪守礼法的高大形象。作者把曾参的行为放在临终之时这个特殊的情境中加以表现，使他的行为具有了震撼人心的力量。文本详细描写了当时的环境细节，营造了紧张的气氛。不同人之间的三组互动展现了各自的思想。童子的话重复两遍，语意轻重不同。曾元的话点出了曾参身体的危急，反衬出曾参的坚决。在场人物的言语神情，尤其是曾参的表情和语气，描写细密简练，"千载如在目前"。全文没有一句议论，全由曾参的人格力量来表达。

直言相劝　理直气壮

召公谏厉王止谤

《国语·周语上》

【题 解】

　　周厉王滥施暴政，引得国人怨声载道，他反而以监控和刑杀等高压手段压制对他的批评，造成恐怖局面和严峻形势。召公清醒地看到了潜在的危险，正言劝谏。文末"国人莫敢出言。三年，乃流王于彘"，这一精简的结尾，则为之提供了有力的事实佐证。让人说话还是堵人嘴巴，这是关系国家兴亡的大事，两千多年前的政治家对此就有清醒的认识。

　　厉王[1]虐，国人[2]谤王。召公[3]告曰："民不堪命矣！"王怒！得卫巫，使监谤者，以告，则杀之。国人莫敢言，道路以目。

　　王喜，告召公曰："吾能弭谤矣，乃不敢言。"召公曰："是鄣之也。防民之口，甚于防川。川壅而溃，伤人必多，民亦如之。是故为川者决之使导，为民者宣之使言。故

　　周厉王暴虐无道，国都的百姓指责他。召公告诉厉王说："老百姓已忍受不了你的政令了！"厉王很生气，找到一名卫国巫师，命（他去）监视指责自己过失的人。（卫巫）把（指责的人）报告（给厉王），就把指责的人杀掉。国都的百姓不敢再说话，在路上相遇时只用眼神示意。

　　厉王很高兴，告诉召公说："我能消除指责了，（百姓们）竟不敢说话了。"召公说："这是堵住嘴巴。封堵百姓的嘴巴，比堵塞江河的后果还要严重。江河被阻塞，一旦溃坝，伤人一定很多，百姓也像江河一样。因此治水的人疏通河道使河流通畅，治理百姓

---

1. 厉王：姬胡，西周第十代王，暴虐无道，后在"国人暴动"中被逐。
2. 国人：王畿之内的平民，这里泛指百姓。
3. 召公：召穆公姬虎，周王卿士。

天子听政，使公卿至于列士¹献诗，瞽²献典，史献书，师箴，瞍³赋，矇⁴诵，百工⁵谏，庶人传语，近臣尽规，亲戚补察，瞽、史教诲，耆、艾⁶修之，而后王斟酌焉。是以事行而不悖。民之有口也，犹土之有山川也，财用于是乎出；犹其有原隰衍沃⁷也，衣食于是乎生。口之宣言也，善败于是乎兴，行善而备败，所以阜⁸财用衣食者也。夫民虑之于心而宣之于口，成而行之，胡可壅也？若壅其口，其与⁹能几何？"

王弗听，于是国人莫敢出言。三年，乃流王于彘¹⁰。

的人要开导百姓使他畅所欲言。因而天子处理政务，让公、卿、大夫直到列士进献（讽谏的）诗，乐师进献（反映民意的）乐曲，史官进献（可资借鉴的）史书，少师献规箴，盲瞍献赋，盲矇献诵，各种手艺工人劝谏，百姓传达进谏之语，亲近大臣各尽规劝的职责，内外亲属补过察政，乐官和史官施以教诲，天子的老师修饬整理，然后天子对这些斟酌取舍。因此，施政行事就不会违背情理。百姓有嘴巴，如同大地有山川，财物由此产出；如同土地有平原、洼地、高低良田，衣食由此产生。（百姓）用嘴巴发表意见，（政事的）好与坏才能够显露，推行好的政令，防范坏的部分，这是用来增加财物、器用、衣食的治国方法。百姓在心里想的就会从嘴巴里说出，思考成熟后就会自然流露出想法，怎么可以堵塞呢？如果堵住他们的嘴巴，赞成而跟从您的又能有多少人呢？"

厉王不听，从此国都中的百姓没人敢说话。过了三年，（百姓）就把周厉王放逐到彘地去了。

---

1. 公卿至于列士：指大小官员。周朝官职分公、卿、大夫、士四级。列士，士的总称，分元士、中士、庶士。
2. 瞽：盲人，这里指乐师，古代乐师多由盲人担任。
3. 瞍：同"叟"，盲而无瞳仁的人。
4. 矇：盲而有瞳仁的人。两者都是瞽师的手下。
5. 百工：管理各种工匠的官员。
6. 耆、艾：年高之人。六十岁叫耆，五十岁叫艾，这里指朝中老臣。
7. 原：宽广平坦的土地。隰：低而潮湿的洼地。衍：低而平的土地。沃：有河水灌溉的肥沃的土地。
8. 所以：用来……的方法。阜：大，丰富，这里是形容词的使动用法。
9. 与：赞成，赞许。
10. 彘：晋地，今山西省霍州市东北。

赏　析

　　开篇七个字，即展现了矛盾的不可调和，局面剑拔弩张。召公第一次警告，换来周厉王一意孤行和更加严厉的镇压。"王怒""王喜"前后照应，足见暴君之昏聩。召公以"是鄣之也"一针见血，带出全文核心比喻——"防民之口，甚于防川"。先就"川"字，从王的角度说明"溃"的可怕和"宣"的必要。再由"天子听政"总领，全面描述广开言路之道，与"使民不敢言"形成尖锐反差。然后就"口"字，从民的角度比喻让人说话的好处，从反面说明不能"壅口"。连用两个反问做结，语重心长。整段话有讲道理，有讲利害，并且设喻说理贯穿始终融成一片，滔滔不绝、淋漓尽致、论证形象、逻辑性强，既有气势，又有说服力，能发人深省。词风纵横、简洁明快，句子大多三五字，句句掷地有声，读来有紧迫感，加强了语言的冲击力。文章对周厉王着墨不多，寥寥几笔就很传神。"王弗听""流王于彘"，说明下场是必然的。

臧僖伯谏观鱼

《左传·隐公五年》

【题 解】

　　想到远方去游玩，这本是一件稀松平常的小事，也是符合人之常情的。但鲁隐公的特殊身份让事情变得不同寻常。臧僖伯要在一件小事上讲道理，并且还是阻止国君做他想做的事，这样的进谏，该怎么说话为好？关于身份和责任的阐述，值得人深思。

　　春，公将如棠[1]观鱼者。

　　臧僖伯[2]谏曰："凡物不足以讲大事，其材不足以备器用[3]，则君不举焉。君，将纳民于轨、物者也。故讲事以度轨量[4]谓之轨。取材以章物采谓之物。不轨不物，谓之乱政。乱政亟行，所以败也。故春蒐、夏苗、秋狝、冬狩[5]，皆于农隙以讲事也。三年而治兵，入而振旅，归而饮至[6]，以数军实[7]，

　　春天，鲁隐公打算去棠地观看捕鱼。

　　臧僖伯进谏说："凡是一种东西，不值得用来演习祭祀和军事等大事，它的材料不足以用来制作器用，那么国君就不要去管它。国君是要把百姓纳入法度与礼制中去的人。因此，演习祭祀和军事来衡量法度叫作'轨'。选取材料来显示物的文采叫作'物'。不合乎'轨'，又不合乎'物'，就叫作乱政。乱政屡次发生，是国家败亡的原因。因此，春蒐、夏苗、秋狝、冬狩，都是在农闲时来演习军事的。过了三年，还要出兵演习，进入国都便整顿好军队，回来后到宗庙祭祖宴饮，清点军用器械及猎获的禽兽。展示车服旌旗的

1. 公：指鲁隐公。《春秋》和《左传》的体例，以鲁国国君纪年，书中鲁国国君都称"公"。 棠：鲁国地名。指山东鱼台东北。
2. 臧僖伯：鲁公子姬彄（kōu），封于臧，谥号僖，是鲁隐公的叔叔，也是他的大臣，以知书达礼而著称。
3. 器用：指祭祀所用的器具与军事物资。
4. 度轨量：衡量法度。度，衡量。
5. 春蒐、夏苗、秋狝、冬狩：对四季打猎的不同称呼。蒐，搜索，指猎取未怀胎的兽。苗，指猎取那些践坏庄稼的兽。狝，把兽杀死。狩，围猎，各种兽都能猎取。说明有组织的狩猎带有明显的军事演习的目的。
6. 饮至：诸侯朝拜、会盟、征伐完毕，回来在宗庙饮酒庆贺的一种仪式。
7. 军实：指车马、人数、器械及所缴获的物品。

昭文章¹，明贵贱，辨等列，顺少长，习威仪也。鸟兽之肉不登²于俎，皮革、齿牙、骨角、毛羽不登于器，则君不射，古之制也。若夫山林、川泽之实，器用之资，皂隶之事，官司之守，非君所及也。"

公曰："吾将略地焉。"遂往，陈鱼³而观之。

僖伯称疾不从。

书曰："公矢鱼于棠。"非礼也，且言远地也。

文采，表明贵贱，辨别等级，排列少长有序，这是演习威仪。鸟兽的肉不摆上祭器，皮革、牙齿、骨角、毛羽不盛入礼器，国君就不去射杀它们，这是古时候的制度。至于山林、河湖的物产，（把它们）取来做一般器物，是下等贱役的事，相关官吏的职责，不是国君应该参与的。"

隐公说："我打算巡视边境啊。"于是前往（棠地），陈列出各种捕鱼的工具而观赏。

臧僖伯声称有病，没有随行。

《春秋》说："隐公在棠地陈列捕鱼工具。"这是（说隐公的做法）不合礼法，并且点明（棠地）是离开国都很远的地方。

---

1. 昭文章：展示车服旌旗。文章，文采，指服饰、旌旗等的颜色花纹。
2. 登：升，上，指摆上。
3. 陈鱼：陈设渔具，就是让渔人张网捕鱼。

赏　析

臧僖伯抓住"君"字，由当事人的特殊身份切入，以"讲大事"贯穿整个议论，反复说明君主应做的事。臧僖伯将君主定位为"纳民于轨、物"，由这方面展开，正面陈述国君该做和不该做的事，虽未提到"观鱼"不合礼义，却句句都与之照应，使态度不言而明。隐公此行明明是为游玩，臧僖伯不直接点明，只说捕鱼是下等官吏所管的事，不符合国君的身份，避免了正面冲突，显示了"婉而讽""为尊者讳"的说话技巧。一段话以首句为纲，前后勾连，分别论述，层层深入，条理清晰，抓住要害，以小见大，议论一件平常小事却能揭示深刻道理。句句在理，说服力很强，鲁隐公只能另找借口作掩饰。言语郑重，堂堂正正，语言形式和观点内容之间配合一致，相得益彰。全文叙事极为简略，但以"将"字开头，以"遂"字呼应，写出了鲁隐公的执意任性。最后引《春秋》原文点出其"非礼"，总结全篇意思。

臧哀伯谏纳郜鼎
zāng　　　　jiàn　　gào dǐng

《左传·桓公二年》

【题 解】

宋国臣子弑君后为免遭讨伐，便送大鼎讨好鲁桓公。鲁桓公也是弑君上位，他不以为耻，更把贿赂之物放到太庙上炫耀。臧哀伯是在君王犯错后提出批评，但又不能直接批评贿赂双方，相当不易。这番话虽是说给统治者听的，但对普通人修身治家、自重自律也有重要意义。

夏四月，取郜大鼎于宋[1]。纳于大(tài)庙[2]，非礼也。

臧哀伯[3]谏曰："君人者，将昭(jiāng zhāo)德塞违，以临照[4]百官，犹惧或失之，故昭令德以示子孙。是以清庙[5]茅屋，大路越席(huó　tài gēng)[6]，大羹不致[7]，粢(zī)食不凿(shí zuò)[8]，昭其俭也。衮、冕、黻、珽(gǔn miǎn fú tǐng)[9]，

夏天四月，（鲁桓公）从宋国取得郜国的大鼎。（把它）安放在太庙里，（这）是不合礼法的。

臧哀伯进谏说："作为百姓的君王，应该宣扬美德堵塞邪恶，来为百官做表率，这样还担心有所缺失，所以要把美德明白地显示出来，用来教育子孙。因此，太庙使用茅草盖的屋顶房子，天子祭祀的车子用蒲草编织的席子，太古之羹不加调料，祭祀主食不用精米，这是表明节俭。礼服、礼帽、蔽膝、

---

1. 郜：国名。姬姓，在今山东成武东南。宋：国名。子姓。都城在今河南商丘。郜早被宋灭，郜鼎也归于宋。
2. 大庙：就是太庙，帝王的祖庙。这里指鲁国始祖周公之庙。
3. 臧哀伯：臧僖伯之子，名达，鲁大夫。
4. 临照：显示，示范。
5. 清庙：太庙，祖庙。因其肃穆清净，故称清庙。
6. 大路：天子祭祀时所用车。路，又作"辂"。越席：蒲草编的席子。
7. 大羹：肉汁。这里指用作祭祀的肉汁。　不致：不以酸、苦、辛、咸、甘五味调和，白煮而已。
8. 粢食：祭祀用的黍、稷等粮食。凿：细春，精加工。
9. 衮：天子及上公的礼服。　冕：大夫以上的人所戴的礼帽。　黻：用作祭服的蔽膝，用皮革制成。　珽：天子所持玉笏（hù）。

带、裳、幅、舄[1]，衡、紞、纮、綖[2]，昭其度也。藻、率、鞞、鞛[3]，鞶、厉、游、缨[4]，昭其数也。火、龙、黼、黻[5]，昭其文也。五色比象[6]，昭其物也。钖、鸾、和、铃[7]，昭其声也。三辰旂旗[8]，昭其明也。夫德，俭而有度，登降[9]有数，文、物以纪之，声、明以发之，以临照百官。百官于是乎戒惧，而不敢易纪律。今灭德立违，而寘其赂器于大庙，以明示百官。百官象之，其又何诛焉？国家之败，由官邪也。官之失德，宠赂章也。郜鼎在

玉笄，皮带、下衣、绑腿、鞋子，横簪、填绳、纽带、冕布（各不相同），这是来显示尊卑等级制度的。玉垫、佩巾、刀鞘、刀饰，革带、带饰、飘带、马鞅，这是表明尊卑等级的礼数。衣上所绘火、龙及图案，这是为了表明贵贱的文采。（车服器械上）用五色来模仿天地四方的形象，这是表明器物（都有本源）。车马旗帜上的钖、鸾、和、铃等铃铛，这是表明声音的。日、月、星画在旌旗上，是表示光明灿烂的。那美德，节俭而有法度，上下尊卑有礼数，用文采器物来表示它，用声音光彩来显现它，以（此）明示百官。百官在这时（就会）警戒和畏惧，不敢轻视纲纪法律。现在摒弃美德而摆设违礼的物品，把人家贿赂的器物放置在太庙里，来向百官公然展示。官员们仿效这种行为，又如何去责备他们呢？国家的衰败，是由于官吏的邪恶。官吏丧失道德，是由于受宠而贿赂公行。郜鼎放置在

---

1. 带：束腰用的大带。裳：古代上衣为衣，下衣为裳。幅：古人用布从脚背一直缠到膝盖，类似现在的绑腿。舄：一种双层底的鞋。古代单层底的鞋为履，双层底的鞋为舄。

2. 衡、紞、纮、綖：都是冠冕上的饰品。衡，把冠冕固定在发髻上的横簪。紞，线织的垂于冠旁，下悬填的带子。纮，把冠冕系在颌下的带子。綖，覆盖在冠冕上用布包裹着的板子。古人戴冠冕时，先用簪子别在发髻上，再用纮挽住，系在簪子的两端。

3. 藻：放玉器的垫子。用木板制成，外包皮革，上面绘有花纹。 率：佩巾，字亦作"帨（shuì）"。 鞞：刀鞘。 鞛：佩刀刀把处的装饰。

4. 鞶：是一种束腰的皮带。 厉：是鞶带下垂的部分。 游：同"旒"，是旌旗上的飘带。 缨：马鞅，马胸前的装饰品。

5. 火、龙、黼、黻：都是古代礼服上所绣的图案。"火"形作半环，如龙者为"龙"，黑白相间刺绣为一对斧头形的为"黼"，黑青相间刺绣为两个弓形相背的为"黻"。

6. 五色比象：指用青、黄、赤、白、黑五种颜色，在礼服上绘成山、龙、花、虫之象。比象，给出物象。古人以五种颜色象征天地四方，就是东青、南赤、西白、北黑、天玄、地黄。玄不为正色，故略去不称，仅称五色。

7. 钖、鸾、和、铃：都是古代装饰在车马旗上的响铃。钖，系在马额上。鸾，系在马嚼子或车衡上方。和，系在车前横木上的小铃。铃，系在旌旗上的小铃。

8. 三辰：指旌旗上的日、月、星图案。 旂旗：画龙或悬有铃的称旂，画熊虎的称旗。

9. 登降：就是增减，登为增，降为减，指尊者增其数，卑者减其数，指礼的变通。

庙,章孰（shú）甚焉[1]？武王克商,迁九鼎于雒（luò）邑[2],义士[3]犹或非之,而况将昭（zhāo）违乱之赂器于大庙,其若之何？"公不听。

周内史[4]闻之,曰:"臧孙达[5]其有后于鲁乎！君违,不忘谏之以德。"

太庙里,还有什么比这更明显的（贿赂）吗？周武王战胜商朝,把九鼎迁移到洛邑,忠义之士还有人认为他做得不对,更何况把明显违法乱纪的贿赂器物放置在太庙里,这怎么能行呢？"桓公不听。

周朝的内史听说了这件事,说:"臧孙达应该在鲁国有好的后代吧！国君违背（礼制）,（他）没有忘记用美德来劝阻。"

---

1. 章:同"彰",显著。孰:什么。甚焉:比这更甚。
2. 九鼎:相传为夏禹所铸,用来象征九州。鼎是礼之重器,夏商周都以此作为政权的象征。周灭商后,把九鼎迁移到雒邑（今河南洛阳）。 雒邑:东周都城所在。雒,同"洛"。
3. 义士:指伯夷、叔齐一类认为周不应灭商的人。
4. 内史:周朝官名。执掌书王命和占卜等事。
5. 臧孙达:就是臧哀伯,"哀伯"是谥号。臧哀伯的父亲臧僖伯曾谏阻鲁隐公去棠地观鱼,他本人又谏桓公"取郜大鼎于宋。纳于大庙",所以周内史有这样的感慨和希望。

赏 析

正如周朝史官所说的"谏之以德",臧哀伯从"德"这个高度展开议论。先正面立论,指出统治者的责任是以身作则、昭示德行、杜绝违背礼法的行为。为此,他非常详细地阐述了庙堂各种器物对应的德行,归结出"德"与"礼"的关系,提出节俭守礼能让百官遵守礼法的观点。再回到当下,指出炫耀贿赂会鼓励百官犯罪,并从三个方面分析其危害,以反问作结。一大篇说理正反对照,旁征博引,以事实服人,义正词严而不流于空泛。语言上利用排比,语调顺畅,词气滂沛。尤其是臧哀伯的批评只就礼器（鼎也是礼器）的含义和展示郜鼎这一行为作分析,就事论事,避免了人身攻击,虽然当时是没有办法的办法,但在批评人时这一点是很值得注意的。

言语机巧　借题发挥

子产坏晋馆垣

《左传·襄公三十一年》

【题 解】

　　子产陪郑简公去晋国受到冷遇，带去的礼物无法安置。子产命人把宾馆围墙拆了，触怒了晋国。子产先以保护礼物为由作辩白，再批评晋国失礼，使晋国反过来道歉。这种故意先激怒对方再反客为主的手段很高明，曾为其他辩士、说客仿效。

　　子产相郑伯[1]以如晋，晋侯以我丧故[2]，未之见[3]也。子产使尽坏其馆[4]之垣而纳车马焉。士文伯[5]让之，曰："敝邑以政刑之不修，寇盗充斥，无若诸侯之属辱在[6]寡君者何？是以令吏人完客所馆，高其闬闳[7]，厚其墙垣，以无忧客使。今

　　子产辅佐郑简公到晋国去，晋平公由于我国有丧事，没有接见郑简公。子产派人把晋国宾馆的围墙全部拆毁，让自己的车马进入。士文伯责备他，说："我国因为政事刑罚治理不善，盗贼到处都是，无奈诸侯的臣属屈尊问候我国国君，怎么办？因此命令官吏修缮宾客居住的馆舍，加高馆舍的大门，加厚馆舍的围墙，以便不让宾客使者担忧。如今您把它

---

1. 子产：就是公孙侨，字子产，春秋时期政治家，郑简公时为卿。郑伯：郑简公。
2. 晋侯：晋平公。我丧：指当时鲁襄公去世。"我"指鲁国，《春秋》是鲁国史书，《左传》是对《春秋》的解释，所以有这样的说法。
3. 未之见：否定句宾语前置，"未见之"。
4. 馆：接待外宾的馆舍。
5. 士文伯：名匄（gài），字伯瑕，晋国大夫，与同名为"士匄"的范宣子不是同一个人。
6. 无若：就是无奈。诸侯之属：诸侯的臣属。在：存问，问候。
7. 闬闳：闬是大门，闳是里巷的门，这里指馆舍的大门。

吾子坏之，虽从者[1]能戒，其若异客[2]何？以敝邑之为盟主，缮完葺[3]墙，以待宾客。若皆毁之，其何以共命[4]？寡君使匄请命。"对曰："以敝邑褊小，介于大国，诛求无时，是以不敢宁居，悉索敝赋，以来会时事[5]。逢执事之不闲，而未得见；又不获闻命，未知见时。不敢输币，亦不敢暴露。其输之，则君之府实[6]也，非荐陈[7]之，不敢输也。其暴露之，则恐燥湿之不时而朽蠹，以重敝邑之罪。侨[8]闻文公之为盟主也，宫室卑庳[9]，无观台榭[10]，以崇大诸侯之馆，馆如公寝；库厩缮修，司空以时平易[11]道路，圬人以时塓[12]馆宫室；

拆毁了，即使您的随从能够戒备，但别的国家的宾客怎么办？由于我国是盟主，所以修缮围墙，来接待宾客。如果全部拆毁围墙，那又拿什么来满足宾客的需求？我国国君派我来请问拆毁围墙的意图。"（子产）回答说："因为敝邑狭小，又处在大国之间，大国责求索要贡物又没有一定时间，因此不敢安居，搜索我国全部的财富，以便按时来朝会纳贡。正碰上执事没有空闲，而没能见到；又没得到指示，不知道什么时候召见。不敢把礼物呈献，也不敢让它放在露天。如果献上，这些东西就是贵国国君仓库中的财物，可是不经过朝见陈列在庭上的仪式，我们不敢奉献。如果让它们放在露天，又恐怕有时干燥有时潮湿东西会朽烂，以致加重了敝邑的罪过。我听说文公做盟主的时候，他的宫室低矮狭小，没有观、台、榭，用来把接待诸侯的馆舍造得高大宽敞，那时的宾馆像现在贵国国君的寝宫；仓库马厩都予以修理，司空按时修整道路，泥水匠

---

1. 从者：指跟随郑简公来的随从。
2. 异客：他国的宾客。
3. 完：修缮，"缮完葺"三字同义连言。也有说是"院"字，指围墙。
4. 共命：供应满足大家的需求。共，同"供"。
5. 时事：朝见聘问。
6. 府实：府库中的财产物品。
7. 荐陈：古时，客人向主人献礼，先陈列于庭，称为荐陈。
8. 侨：子产自称。
9. 庳：矮小。
10. 观：宫门两旁的高大建筑。台榭：平坦的高台为台，台上建有敞屋的为榭。
11. 司空：掌管土木的官员。平易：修理，整修。
12. 圬人：泥瓦匠人。塓：粉刷。

诸侯宾至，甸设庭燎[1]，仆人巡宫；车马有所，宾从有代，巾车脂辖[2]，隶人、牧、圉[3]各瞻其事；百官之属各展其物。公不留宾，而亦无废事，忧乐同之，事则巡之；教其不知，而恤其不足。宾至如归，无宁菑患[4]；不畏寇盗，而亦不患燥湿。今铜鞮[5]之宫数里，而诸侯舍[6]于隶人，门不容车，而不可逾越；盗贼公行，而夭厉[7]不戒。宾见无时，命不可知。若又勿坏，是无所藏币以重罪也。敢请执事：将何所命之？虽君之有鲁丧，亦敝邑之忧也。若获荐币，修垣而行，君之惠也，敢惮勤劳！"文伯复命。赵文子[8]曰："信。我实不德，而以隶人之垣以赢诸侯，是吾罪也。"使士文伯谢不敏焉。

按时粉刷宾馆；诸侯宾客到来，甸人在庭院中点起火烛照明，仆人巡视宾馆；车马有一定的地方安置，宾客的仆从有专人替代，管车的官给车轴加好油，管洒扫的隶人与养牛羊、管马的，都各自做好各自的事；百官们各自陈列各自的礼品。文公不让宾客滞留，并且也没有废弃礼节，和宾客同忧共乐，有意外的事发生就格外注意巡视；宾客不知道的事情就加以教导，宾客缺少的东西就加以接济。宾客到这里就好像回到家里一样，不顾虑灾祸；不怕盗贼，也不担心干燥潮湿。如今贵国的铜鞮别宫宽广数里，而让诸侯住在如同奴隶住的屋子里，大门进不去车，又有围墙阻隔使车不能越过；盗贼公开抢劫，而天灾又无法防止。没有一定的时间接见宾客，也不知道什么时候才发布召见我们的命令。如果还不拆毁围墙，就没有地方藏礼物，这样就更加重我们的罪过了。冒昧地请问执事：打算对我们有什么指示？虽然君王遇到鲁国的丧事，这也是我国的忧戚。如果能献上礼物，我们修好围墙回去，这是君王的恩惠，岂敢害怕辛勤劳苦！"士文伯回去报告执行命令的情况。赵文子说："确实如此。我们实在不好，用奴隶住的房子接待诸侯，这是我们的罪过啊。"于是派士文伯去向子产道歉，承认自己能力不足。

---

1. 甸：掌薪火之官称甸人。　庭燎：庭中照明的火烛。
2. 巾车：掌管车辆的官员。　辖：车轴两端的键。
3. 隶人：掌管客馆洒扫之事的人。　牧：放牧牛羊的人。　圉：养马的人。
4. 无宁：非但没有。　菑：同"灾"。
5. 铜鞮：晋国国君的离宫。故址在今山西沁县南。
6. 舍：房屋，名词作动词，住宿。
7. 夭厉：亦作"夭疠"，指瘟疫。
8. 赵文子：赵武，晋国大夫。

晋侯见郑伯，有加礼，厚其宴、好而归之。乃筑诸侯之馆。

叔向[1]曰："辞之不可以已也如是夫！子产有辞，诸侯赖之，若之何其释辞也？《诗》曰'辞之辑矣，民之协矣；辞之怿矣，民之莫矣'，其知之矣。"

晋平公接见郑简公，增加礼仪，厚加款待表示友好，然后送他们回去。于是就建筑接待诸侯的宾馆。

叔向说："辞令不能废弃就像这样吧！子产善于辞令，诸侯靠他（而得利），怎么能放弃辞令呢？《诗经》说'辞令融洽，百姓团结；辞令动听，百姓安定'，他大概懂得这个道理。"

---

1. 叔向：羊舌肸（xī），晋国大夫。

赏　析

开篇就奇峰突起，小国使臣竟敢拆毁馆舍围墙。晋国官员以围墙是保护宾客的好意来责问子产。全文主体是子产的大段辞令，思路绵密，措辞客气，针锋相对，一一回应，显然是早有准备，借机发挥。先说明郑国的恭敬，再以一个并行长句说出遇到的困难。作为回应，语气平和，表达清楚，用事实说话，谴责之意含而不露。然后先用大段文字层层铺叙晋文公待客的方方面面，显示其盛情，再对比当下的简陋，批评其轻慢。四字断句简洁明快，以问带责，委婉中露锋芒。最后表示愿意修补围墙，再次揶揄对方。理直而不激烈，责备而不严厉，尤其是关于晋文公的一大段铺叙，描写全面，语言工整，极有气势，借古讽今却礼貌得体，分寸拿捏极为巧妙得当。最后记叙叔向的赞扬，意蕴悠长。

子产却楚逆女以兵

《左传·昭公元年》

【题解】

　　楚国派人到郑国聘问、迎亲，郑国拒绝楚人带兵入城。楚国指责郑国不合礼仪，道理上无懈可击，使郑国陷于无言以对、十分不利的困境。郑国干脆在低姿态的外交辞令中捅破楚国阴谋，使自己的失礼行为变成正当的防卫措施。全文以两国使臣的问答展开，能感受到当时极其紧张的气氛。

楚公子围¹聘于郑，且娶于公孙段²氏。伍举为介³。将入馆，郑人恶之，使行人子羽⁴与之言，乃馆于外。

既聘，将以众逆。子产患之，使子羽辞，曰："以敝邑褊⁵小，不足以容从者，请墠⁵听命。"令尹使太宰伯州犁⁶对曰："君辱贶寡大夫围，谓围：'将使丰氏抚有而室⁷。'围布几筵⁸，告于庄、共⁹之庙而来。若

楚公子围到郑国聘问，并且迎娶公孙段氏的女儿。伍举做他的副使。楚国人将要进入郑都宾馆，郑国人厌恶他们，派行人子羽跟他们说，于是在城外住下。

聘问完成后，（楚国使者）准备带着大队人马（入城）迎亲。子产担心这事，派子羽去拒绝，说："因为我们国都窄小，不够用来容纳（你们这么多的）随从，请求（在城外）建墠，听取您的命令（成礼吧）。"令尹公子围让太宰伯州犁回答说："蒙你们国君赏赐我大夫公子围，对围说：'将让丰氏女儿嫁给你做妻子。'公子围设置了祭席，在庄王、共王的庙中祭告之后才来。如果在野

---

1. 公子围：楚共王之子。楚王郏敖（jiá áo）时为令尹，主管军事，后弑郏敖即王位，谥号灵王。
2. 公孙段：字子石，食邑在丰地，赐丰氏，郑国大夫。
3. 伍举：楚国大夫，是伍子胥的祖父。介：副使。
4. 行人：掌管朝觐聘问的官员。子羽：公孙挥，字子羽。
5. 墠：清扫地面以供祭祀之用。古代结婚，本应由男方到女方家的祖庙去行迎亲之礼，子产不愿意让公子围及其军队入城，便说要在郊外设一个墠场，代替丰氏之庙。
6. 令尹：指公子围。太宰：掌管宫廷内外事务、辅助国君治理国家的官员。伯州犁：楚国宗子，楚康王时任太宰。
7. 抚有而室：指将丰氏女子嫁给公子围。抚有，有，"抚"也是有的意思。室，结婚成家。
8. 布几筵：布置筵席。几，古人用以依凭身体的矮小桌子。筵，竹席。
9. 庄、共：楚庄王、共王，是公子围的祖父与父亲。

野赐之，是委君贶于草莽也；是寡大夫不得列于诸卿也。不宁[1]唯是，又使围蒙其先君，将不得为寡君老[2]，其蔑以复矣。唯大夫图之！"子羽曰："小国无罪，恃实其罪。将恃大国之安靖己，而无乃包藏祸心以图之？小国失恃，而惩诸侯，使莫不憾者，距[3]违君命，而有所壅塞不行是惧。不然，敝邑，馆人之属[4]也，其敢爱丰氏之祧[5]？"

伍举知其有备也，请垂櫜[6]而入。许之。

外赐恩给我，是把你们国君的恩赐抛弃在杂草丛中了；这也是让我大夫无法排在卿的行列中了。不仅如此，又使公子围欺骗了他的先君，将不能再做我国国君的大臣了，恐怕也无法回去复命了。请大夫好好考虑一下！"子羽说："小国没有罪过，依靠大国而不加防备就是罪过。（我们和楚通婚）打算依靠大国安定自己，可是（大国）恐怕包藏祸心前来图谋我国呢？我们小国失去了依靠，而使诸侯引起警戒，使（诸侯）没有不恨（楚国）的，拒绝、违抗你们国君的命令，而担心你们国君的命令阻塞不能通行。不然的话，我们郑国就是（贵国的）宾馆，怎么敢爱惜丰氏的宗庙？"

伍举知道郑国有了防备，请求倒挂空弓袋进城。（子产）答应了他们。

---

1. 不宁：不仅，非但。
2. 老：古时卿大夫的谦称。这里指大臣。
3. 距：同"拒"，抗拒。
4. 馆人之属：（就是楚国的）宾馆一样。馆人，馆舍。之属，之类。
5. 祧：祖庙。
6. 垂櫜：倒悬弓袋，表示里面没有兵器，没有用武的意思。櫜，装弓矢盔甲的口袋。

赏 析

这段对话，前者委婉，后者直接，各有其妙。伯州犁先说楚国的迎娶非常郑重，为楚军压境编借口，再指出郑国的做法严重伤害了己方，请郑国重新考虑。委婉中有强硬，客气里带威胁，明明以强凌弱，却说是蒙受委屈；明明别有用心，却只说占理的"迎娶"，抓住郑国理亏之处大做文章，让郑国难以辩白。子羽没有掉入对方设下的话题圈套，而是实话实说小国不能不提防大国，并直来直去说破楚国阴谋，使得对方无从置辩。表达上，注意外交辞令的特点：不说重话，不唱高调，善于使用虚拟语气，即使是说得最重的"包藏祸心"一句前面也加了"无乃"二字，或者是使用"其敢爱丰氏之祧"这样的问句。而且明明是保卫自己国家，却是一副替楚国考虑的样子。郑国打开天窗说亮话，楚国占不到便宜，只好将错就错。

子产告范宣子轻币

《左传·襄公二十四年》

【题 解】

范宣子贪财，要诸侯交大量贡品，诸侯怨声载道。郑大夫子产写了一封信，针对晋国讲究声誉与盟主地位的心理，晓以大义，又切中范宣子本身利害，使范宣子愿意减轻诸侯的贡献。这封信不仅为了郑国利益，而且出于善意，替人着想。而贪图贿赂的人必无好下场的道理，也值得人们借鉴与思考。

范宣子为政，诸侯之币重，郑人病之。

二月，郑伯[1]如晋。子产寓书于子西[2]，以告宣子，曰："子为晋国，四邻诸侯不闻令德，而闻重币。侨[3]也惑之。侨闻君子长（zhǎng）国家者，非无贿（huì）之患[4]，而无令名之难。夫诸侯之贿聚于公室，则诸侯贰（èr）。若吾子赖之，则晋国贰。诸侯贰，则晋国坏；晋国贰，则子之家坏，何没没（mò）[5]也！将焉用贿？夫令名，德之舆（yú）也；德，

范宣子执掌国政，诸侯（朝见晋国时的）贡纳的礼物加重了，郑国人担心这件事。

二月，郑简公前往晋国。子产寄信给子西，来告诉范宣子，（信中）说："您治理晋国，四邻各国没听说您的美德，却听说您加重贡物，我感到迷惑。我听说君子治理国家，不是担忧没有财物，而是担忧没有好名声。（如果）诸侯的财物都被收聚在晋国，那么诸侯就会叛离。如果您私自占有这些财物，那么晋国的人民就会叛离。诸侯叛离，那晋国就会崩坏；晋国人民叛离，那么您的家便会崩溃，您为什么如此执迷不悟？打算把这些财物用在哪里？好的声誉，是装载美德的车子；美德是国家的基础。有了根基，（国家）就不会崩坏，不应当致力于此吗？有德

---

1. 郑伯：郑简公。
2. 子产：就是公孙侨，字子产，郑简公时为卿。寓书：托人捎带书信。子西：公孙夏，郑国大夫。
3. 侨：子产自称。
4. 无贿之患：与下句"无令名之难"都是宾语前置，"患无贿"，"难无令名"。
5. 没没：同"昧昧"，昏聩，糊涂。

国家之基也。有基无坏，无亦是务乎！有德则乐，乐则能久。《诗》云，'乐只君子，邦家之基[1]'，有令德也夫！'上帝临女(rǔ)，无贰尔心[2]'，有令名也夫！恕(shù)思以明德，则令名载(zài)而行之，是以远至迩(ěr)安。毋(wú)宁[3]使人谓子'子实生我'，而谓'子浚(jùn)我以生'乎？象有齿以焚其身，贿也。"

宣子说(yuè)[4]，乃轻币。

就（能与人同）快乐，与人同快乐就能在位长久。《诗经》说'君子能与人同乐，这是国家的根基啊'，这是说有美好的德行啊！（又说）'上帝看顾你，你不要有叛离之心'，这是说有好名声啊！用宽厚体谅来弘扬德行，那么好名声就像车子一样装载了美好的德行远远传播，因此远方的人闻风而至，近处的人得到安宁。您是宁可让人对您说'您确实养活了我'，还是对您说'您榨取我来养活自己'呢？大象（因为）有了象牙而丧生，（就是因为象牙）是财物啊。"

范宣子很高兴，就减轻了诸侯贡纳的礼物。

---

1. 乐只君子，邦家之基：出自《诗经·小雅·南山有台》。只，句中助词，无实义。
2. 上帝临女，无贰尔心：出自《诗经·大雅·大明》。女，同"汝"，你。
3. 毋宁：宁，宁可。
4. 说：同"悦"。

赏　析

这封信以提出疑问开头，质疑范宣子对待美德、美名和钱财的态度，再提出自己的主张。然后先用两组整齐连贯的句子，分别指出聚敛钱财必有灾祸，美名美德可使国家避免衰败，并引用两句《诗》强调了美德和美名。最后设正反两个问题要求对方作出选择，并用大象因象牙而被杀作比喻警示范宣子。全文前有总纲；中间分开辨析；后有照应，末尾用譬喻，层层深入，节奏感强，有四五个转折，一节比一节精彩。描述"家坏"是威吓语气，令人畏惧；称颂"令名"是赞叹语气，让人向往。态度郑重恳切，话语亲切委婉，以严正的言辞辅以批评劝告，令人容易接受。

言语之中　用心良苦

祁奚请免叔向

《左传·襄公二十一年》

> ### 【题 解】
>
> 　　晋国贤臣叔向受牵连入狱，相信告老退休的祁奚能救自己。祁奚果然赶到京城为他说情，以国家利益为重打动了范宣子。叔向镇静大度，祁奚急公好义，尤其结尾一段，祁奚不居功，叔向不道谢，人物形象十分传神饱满。刘义庆《世说新语》中颇多此类神悠韵远的笔法，可能就是受本文影响。

栾盈[1]出奔楚。宣子杀羊舌虎[2]，囚叔向[3]。

　　人谓叔向曰："子离[4]于罪，其为不知[5]乎？"叔向曰："与其死亡若何？《诗》曰：'优哉游哉，聊以卒岁。'[6]知也。"

　　乐王鲋[7]见叔向，曰："吾为子

栾盈出逃到楚国。范宣子杀了羊舌虎，囚禁了叔向。

　　有人对叔向说："您遭了罪，恐怕是（由于自己）不明智吧！"叔向回答说："（虽然被囚禁，）比起死了的与逃亡的怎么样？《诗》中说：'自在啊逍遥啊，姑且以此度过岁月。'这就是明智啊。"

　　乐王鲋去见叔向，说："我替你请求（国

1. 栾盈：晋国大夫。他为与大臣范宣子争夺执政之位而发起叛乱，失利后逃亡。
2. 宣子：即范宣子，名匄，范文子士燮之子，谥号宣。晋执政大臣。春秋时期晋国政治家、军事家、法家先驱。
羊舌虎：晋国大夫。叔向的异母弟，栾盈同党。栾盈出逃后，与箕遗、黄渊等十人一起被杀。
3. 叔向：就是羊舌肸（xī），羊舌虎兄，晋国大夫。
4. 离：同"罹"，遭受。
5. 知：同"智"，明智。
6. 优哉游哉，聊以卒岁：所引诗为佚诗，现在的《诗经·小雅·采菽》有上句。叔向因为受弟弟牵连而下狱，所以用此诗表示自己不介入党争，优游卒岁是明智的行为。
7. 乐王鲋：晋国大夫。得到晋平公的宠爱。

请。"叔向弗应。出，不拜。其人皆咎叔向。叔向曰："必祁大夫[1]。"室老[2]闻之，曰："乐王鲋言于君无不行，求赦吾子，吾子不许。祁大夫所不能也，而曰必由之，何也？"叔向曰："乐王鲋，从君者也，何能行？祁大夫外举不弃仇，内举不失亲，其独遗我乎？《诗》曰：'有觉德行，四国顺之。[3]'夫子[4]，觉者也。"

晋侯[5]问叔向之罪于乐王鲋。对曰："不弃其亲，其有焉。"于是祁奚老矣，闻之，乘驲[6]而见宣子，曰："《诗》曰：'惠我无疆，子孙保之。[7]'《书》曰：'圣有谟勋，明征定保。[8]'夫谋而鲜[9]过、惠训不倦者，叔向有焉，社稷之固也，犹将十世[10]

君免你的罪）。"叔向没有回答。乐王鲋出去时，（叔向也）不拜谢送别。人们都责备叔向。叔向说："（能免我罪的）一定是祁大夫。"家臣首领听说了这话，说："乐王鲋对君王说的话没有不被采纳的，（他想去）请求赦免您，您不答应。祁大夫是没有能力做到这些的，您却说一定要由他去办，这是为什么呢？"叔向说："乐王鲋，是顺从君王的人，怎么能办得到？祁大夫举荐宗族外的人不摒弃仇人，举荐族内的人不回避亲人，他难道会单单遗弃我吗？《诗》中说：'有正直的德行，天下都会顺从。'祁夫子，就是一个正直的人。"

晋平公向乐王鲋问起叔向的罪过，乐王鲋回答说："他这人不会背弃自己的亲人，大概有和他弟弟同谋的事。"这时候祁奚已经告老在家，听说叔向被囚的消息，乘驿站的马车来见范宣子，说："《诗》说：'（文王、武王）赐给我们的恩惠没有边际，子子孙孙永远保持。'《尚书》说：'圣人有谋略功勋，应该明守信用安定他们。'谋划而少有过错，教诲别人不知疲倦，叔向是具备这种品格的，（他）是安定国家的栋梁啊，即使他的十代之后的子孙（有过错也要加以）宽

---

1. 祁大夫：即祁奚，又称祁黄羊，姬姓，名奚，字黄羊。晋国人，因食邑于祁（今山西祁县），遂为祁氏。他曾举荐仇人解狐及自己的儿子祁午，为时人称道。
2. 室老：家宰，宗族家臣的负责人。这里指羊舌氏家臣的首领。
3. 有觉德行，四国顺之：出自《诗经·大雅·抑》。觉，正直。
4. 夫子：对人的尊称，老先生。
5. 晋侯：晋平公。
6. 驲：古时驿站所用的车子。
7. 惠我无疆，子孙保之：出自《诗经·周颂·烈文》。
8. 圣有谟勋，明征定保：出自伪古文《尚书·胤征》。谟，谋略。征，证明。
9. 鲜：少。
10. 十世：指远代子孙。

宥之，以劝[1]能者。今壹[2]不免其身，以弃社稷，不亦惑乎？鲧殛而禹兴[3]，伊尹放大甲而相之[4]，卒无怨色；管、蔡为戮[5]，周公右[6]王。若之何其以虎[7]也弃社稷？子为善，谁敢不勉？多杀何为？"宣子说[8]，与之乘，以言诸[9]公而免之。不见叔向而归，叔向亦不告免焉而朝。

宥，用来勉励有才能的人。现在（仅为了羊舌虎）这一件事就使他自身也不能免罪，以致抛弃国家栋梁，不也糊涂吗？鲧被杀而他儿子禹被重用，伊尹放逐太甲而又做他的宰相，（太甲）始终没有（流露出）怨恨的脸色；管叔、蔡叔被杀，（他们的兄长）周公却辅佐成王。为什么要因为羊舌虎抛弃社稷之臣呢？您做了好事，谁敢不努力？多杀人干什么？"范宣子（听了很）高兴，和他一起乘车（入朝），把（这些话）向晋平公劝说而赦免了叔向。（祁奚）没有去见叔向就回去了，叔向也没有告诉祁奚（自己）得到赦免就去朝见（晋平公）。

1. 劝：鼓励。
2. 壹：指因羊舌虎这一件事。
3. 鲧殛而禹兴：鲧治水无功，舜流放了他，继用其子禹而成功。鲧，禹的父亲。殛，流放。
4. 伊尹放大甲而相之：伊尹为商汤之相。大甲，即太甲，是汤的孙子。太甲即位后荒淫无道，被伊尹放逐到桐宫三年，改过后才复位，伊尹做他的宰相，而太甲毫无怨言。
5. 管、蔡为戮：管叔、蔡叔与周公是兄弟，但管、蔡叛周帮助殷商的后裔武庚图谋复国，周公辅佐成王，平定叛乱，管叔、蔡叔二人被杀。为，被。
6. 右：同"佑"，赞助，辅佐。
7. 虎：羊舌虎。
8. 说：同"悦"，喜悦。这里意为赞同。
9. 诸：兼词，之于。

赏　析

　　乐王鲋先卖好是另有所图，后凭空诬陷是居心险恶。叔向前一段话表明心境坦然、不惊不忧；后一段话表现明于知人、心有灵犀。"弗应""不拜"和"不告免"无不显出叔向极高的人生境界。祁奚不顾年老力衰，急忙赶来，对范宣子据理力争。先后引用了《诗》《书》中的名言，说明要保护贤人，并称道古史中不记私仇、顾全大局的几个实例，提醒范宣子多杀无益。一番话引经据典，谈古论今，言辞纵横捭阖，道理剀切详明，令人心悦诚服。其中的引用和举例使说理变得生动、形象，避免了空发议论的枯索乏味。全文在塑造人物上巧妙地运用了反衬、烘托等手法，使人物形象相互映衬、鲜明生动。

杜蒉扬觯

《礼记·檀弓下》

【题 解】

在国家重臣葬礼期间，国君就饮酒作乐。厨师杜蒉采用巧妙而和缓的方式，启发国君认识到错误。《礼记》以此说明大臣葬礼期间国君不能饮酒作乐这个礼仪规矩。这件事《左传》也有记载。两相比较，《礼记》的不同在于增加了更多的情节、动作和表情，更具有戏剧性，更像是一个有意创作的完整故事。

知悼子[1]卒，未葬。平公[2]饮酒，师旷、李调[3]侍，鼓钟。杜蒉[4]自外来，闻钟声，曰："安在？"曰："在寝。"杜蒉入寝[5]，历阶[6]而升。酌曰："旷饮斯。"又酌曰："调饮斯[7]。"又酌，堂上北面坐饮之[8]。降，趋而出。

平公呼而进之，曰："蒉，曩者尔心或开予[9]，是以不与尔言。尔

知悼子死了，还没有下葬。晋平公饮酒，师旷、李调作陪侍，敲钟作乐。杜蒉从外面进来，听见钟声，就问："（君上）在哪里？"回答说："在寝宫。"杜蒉进入寝宫，登台阶而上，（到了席前），斟了杯酒说："师旷，喝了这杯。"又斟上酒说："李调，喝了这杯。"又斟上酒，自己在堂上面朝北跪坐，一饮而尽。便下台阶，快步走了出去。

平公喊他进来，说："蒉，刚才你心里或许是想开导我，所以没有和你说话。你罚师

---

1. 知悼子：春秋时晋国大夫，字伯夙，知朔的儿子，系出荀氏，也称荀盈。卒于鲁昭公九年（公元前533年），谥"悼"。

2. 平公：晋平公，名彪，公元前557年至公元前532年在位。

3. 师旷：晋国乐官，盲人，善辨声乐。就是下文所称"太师"。李调：晋平公的宠臣，就是下文所称"亵臣"。

4. 杜蒉：《左传》作"屠蒯"，晋平公的厨师，就是下文所称"宰夫"，主管国君膳食的小官。

5. 寝：寝宫。

6. 历阶：一个台阶一个台阶地登上去，脚步不停，形容急遽。

7. 饮斯：喝了这杯酒。带有命令口气。斯，此，这。

8. 堂上北面坐饮之：古时人君的位置朝南，臣子见君时则面向北。杜蒉北面而坐，以面向国君行臣礼。因为古时席地而坐，坐时两膝跪在席上，屁股坐在脚后跟上，屁股稍离开脚后跟就成为跪了，所以跪也叫坐。但坐不可以叫跪。

9. 曩：以往，过去。开予：开导我。

饮[1]旷，何也？"曰："子卯不乐[2]。知悼子在堂，斯其为子卯也大矣。旷也，太师[3]也。不以诏，是以饮之也。""尔饮调，何也？"曰："调也，君之亵臣也。为一饮一食忘君之疾，是以饮之也。""尔饮，何也？"曰："蒉也，宰夫也，非刀匕[4]是共，又敢与知防[5]，是以饮之也。"平公曰："寡人亦有过焉，酌而饮寡人。"杜蒉洗而扬觯。公谓侍者曰："如我死，则必毋废斯爵[6]也。"

至于今，既毕献，斯扬觯[7]，谓之"杜举"。

旷喝酒，是为什么呢？"（杜蒉）说："（每逢）子卯忌日，（君主）不得饮酒作乐。现在知悼子（的棺柩）还在堂上（没有下葬），这比子卯忌日更重要了。师旷是太师，不把（这个情况）告知（君上），所以罚他喝酒。""你罚李调喝酒，是为什么呢？"（杜蒉）说："李调是您宠幸的近臣。为贪图吃喝而忘记您的疾日，所以罚他喝酒。""你喝酒，又是为什么呢？"（杜蒉）说："我是个厨师，不专心拿着刀子、勺子来供给（饮食），还敢参与知谏诤防闲的事情，所以（罚自己）喝酒。"平公说："寡人也有过错，斟上酒罚寡人吧。"杜蒉把觯洗净，（斟上酒）高高举起（献给平公）。平公对侍者说："如果我死了，一定不要丢掉这个酒杯。"

直到现在，（晋国每逢国宴），（主人在）敬酒完毕之后，就举起觯，（人们把这个动作）称为"杜举"。

---

1. 饮：动词的使动用法，使……饮酒。

2. 子卯不乐：相传甲子日、乙卯日分别是古代暴君商纣和夏桀的忌日，两人都不得善终。古人认为这两个日子对国君不吉利，称作"疾日"（忌日）。逢疾日，国君不饮宴奏乐。

3. 太师：古代乐官之长。

4. 匕：羹匙。共：同"供"。

5. 与：参与。知防：知谏防闲，谏诤君上防范禁止不合礼法之事。

6. 爵：一种酒器。这里指觯。

7. 斯：连词，则，就。 觯：古时饮酒用的器皿。青铜制，圆腹、大口、圈足，形似尊而小，或有盖。是中国古代传统礼器中的一种，做盛酒用。流行于商朝晚期和西周早期。

赏　析

　　厨师是一个低微的身份，即使看到国君违反礼法饮酒作乐，也没有资格出手纠正。按照《左传》的记载，杜蒉是借敬酒的机会，用批评陪同国君喝酒作乐的乐师、宠臣和自己，来启发国君感悟。本文则做了不少改变，增添了敬酒过程的动作描写，如"历阶而升""堂上北面坐饮之""降，趋而出"，使经过更加具体生动，又删掉了敬酒时的话语，这样就制造了一个很大的悬念，引起晋平公好奇，从而主动来问。随着国君一步一步地询问，杜蒉一步步解释刚才的行为，将批评的意思放在解释中自然说出来，并且主动罚了自己酒，这样就极大地淡化了批评的意味。整个故事的基本内容没有不同，但是大量细节的改变，增加了故事的可信度和戏剧性。前有伏笔，后有照应，跌宕起伏，引人入胜，饶有趣味。

里革断罟匡君
gǔ kuāng

《国语·鲁语上》

【题解】

在动物生长繁衍的夏天，鲁宣公要用网捕鱼，大夫里革当场就把渔网割破，并语重心长地劝谏纠正鲁宣公的贪心。里革大胆果决，鲁宣公虚心改错，乐师存幽默含蓄，都令人印象深刻。捕猎和繁育并非简单对立，保护好动物资源需要用辩证思维来平衡。文中对节气变化和物候特征的认识蕴含着古人的智慧，至今仍值得学习。

宣公夏滥于泗渊[1]，里革断其罟[2]而弃之，曰："古者大寒降，土蛰[3]发，水虞于是乎讲罛罶[4]，取名鱼[5]，登川禽[6]，而尝之寝庙[7]，行诸国人，助宣气[8]也。鸟兽孕，水虫[9]成，兽虞于是乎禁罝罗[10]，猎鱼鳖

鲁宣公夏天在泗水的深处张设渔网捕鱼，里革割断他的渔网，并且把它扔掉，说："古时候，大寒过了，地下冬眠的动物都从土里钻出来，水虞在这时才整理大网、鱼篓捕捉，捕上大鱼，将鱼鳖一类的水产置于祭祀用的豆中，拿这些到寝庙里祭祀，把它推行到国都的百姓，这是为了帮助散发春天的阳气。鸟兽（开始）孕育，水生物发育长大，兽虞在这时禁止用网捕捉鸟兽，只刺取鱼鳖，

---

1. 宣公：鲁宣公姬倭，公元前 608 年至公元前 591 年在位。 滥：渍，这里指在水中安设捕网。 泗：泗水，发源于山东泗水，流至江苏。 渊：深水处。
2. 里革：鲁国大夫。 罟：捕鱼网。
3. 土蛰：地下冬眠的蛰虫。
4. 水虞：管理川泽水产捕捞事务的官员。 讲：布置，安排。 罛罶：捕大鱼的网篓。罛，大渔网。罶，捕鱼篓。
5. 名鱼：大鱼。
6. 登：把物品放在豆（一种高足食器）中。 川禽：鱼鳖之类的水产。
7. 尝：秋祭，《尔雅·释天》"秋祭曰尝"。以应时的新鲜食品率先祭供祖先尝新。 寝庙：宗庙。古代宗庙分两部分，后面停放牌位和先人遗物的地方叫"寝"，前面祭祀的地方叫"庙"，合称寝庙。又把始祖的庙称大寝，高祖以下的庙叫小寝。
8. 宣气：宣畅阳气。
9. 水虫：水中生物。
10. 兽虞：管理山林鸟兽捕猎事务的官员。 罝：捕兔网。 罗：捕鸟网。

以为夏槁[1]，助生阜[2]也。鸟兽成，水虫孕，水虞于是乎禁罝[3]罜麗，设阱鄂[4]，以实庙庖，畜[5]功用也。且夫山不槎蘖[6]，泽不伐夭[7]，鱼禁鲲鲕[8]，兽长麑麌[9]，鸟翼鷇卵[10]，虫舍蚳蝝[11]，蕃庶物也，古之训也。今鱼方别孕，不教鱼长[12]，又行网罟，贪无艺[13]也。"

公闻之曰："吾过而里革匡[kuāng]我，不亦善乎！是良罟也，为我得法。使有司藏之，使吾无忘谂[shěn][14]。"师存[15]侍，曰："藏罟不如置里革于侧之不忘也。"

并把它们制成夏天吃的干鱼，这是为了帮助鸟兽的繁殖。等到鸟兽长成，水生物又怀孕，水虞在这时禁止用小渔网（下水），只准设下陷阱捕捉禽兽，用来祭祀宗庙，款待宾客，这是为了储存物产，以备使用。而且上山不能砍伐新生的树枝，在水边不能摘取幼嫩的草木，捕鱼时禁止捕小鱼，要让小鹿和小麋等幼兽好好成长，（捕鸟时）保护雏鸟和鸟卵，（捕虫时）要放走（对人类有益的）蚳蝝等的幼虫，这都是为了使万物繁殖生长，这些是古人的教导。现在鱼类正在产子，不让它们生长，反而用渔网捕捉，实在是贪得无厌哪。"

宣公听了这番话后说："我有过失，里革匡正我，不是很好的吗？这是一张很好的网，让我得到了（古人治国的）方法。要让主管官吏把它收藏起来，使我不忘记里革劝谏的话。"乐师存侍立（在宣公身旁），说："保存渔网，不如把里革安置在身边，就更能不忘（规谏）了。"

---

1. 猎：刺取。槁：指鱼干。
2. 阜：生长。
3. 罝：小孔渔网。
4. 阱：捕兽的陷阱。鄂：埋有尖木桩的陷阱。
5. 畜：同"蓄"，储蓄，积蓄。
6. 槎蘖：砍取树木伐后重生的新枝。槎，砍伐。蘖，从被砍过的树上新生出的枝条。
7. 伐夭：伐取初生的植物。夭，新生的稚嫩小草。
8. 鲲鲕：指鱼苗。鲲，鱼子。鲕，破卵而出的小鱼、鱼苗。
9. 麑：小鹿。麌：小麋鹿。
10. 翼：成，长成。鷇卵：幼鸟与鸟蛋。鷇，刚出壳的雏鸟。
11. 蚳：蚁卵。蝝：未生翅的幼蝗。蚳蝝古时均可制酱。
12. 长：使动用法，使……存活，生长。
13. 艺：极限，限度。
14. 谂：劝告，规劝。
15. 师存：名字叫存的乐师。

赏 析

里革的话引古论今、夹叙夹议，主要说明渔网在各种天气物候下的"用"和"不用"的考虑。内容具体细致，不仅有鱼鳖，也涉及鸟兽，还提到了"蕃庶物也"的古训，使得不应在此时以网捕鱼的观点得到了充分阐明。这段话有丰富的物候学知识，对保育自然充满了忧患意识，对自然生态的深切关怀很有感染力。最后指出鲁宣公行为背后的贪心，使议论更加深刻，却点到为止。整段对话结构紧凑整齐，语句凝练简洁，句式灵活变换，整齐中有错落，自然中流露出情致。内容详略得当、层次分明。人物的动作、语言都极具个性。结尾乐师存的话画龙点睛，更突出了"匡君"的主题。

说的态度　各有巧妙

触詟说赵太后
zhé shuì

《国策·赵策四》

【题解】

赵国被秦军围攻，向齐国求救，齐国要求赵王弟弟长安君做人质。赵太后舍不得，大臣们劝谏也不听。触詟的劝谏不同在于能感受到赵太后的情绪：不是不明白，而是不愿意。他以老人和父母的身份讨论孩子的将来，这就能和赵太后产生共鸣。这个故事能启迪对军国大事、子女前途的思考，也是"站在对方立场"进行表达交流的典范。

赵太后新用事[1]，秦急攻之。赵氏[2]求救于齐。齐曰："必以长安君为质[3]，兵乃出。"太后不肯，大臣强谏。太后明谓左右："有复言令长安君为质者，老妇必唾其面[4]。"

左师触詟愿见[5]。太后盛气而

赵太后新近执政，秦国就加紧进攻赵国。赵国向齐国求救。齐国表示："一定用长安君作为人质，军队才能派出来。"太后不答应，大臣们竭力劝谏。太后明确地告诉身边近臣："有谁再说让长安君当人质的，老妇我一定把唾沫吐在他脸上。"

左师触詟希望拜见赵太后。太后满脸怒气地等着他。（触詟）一进宫门就用小

---

1. 赵太后：赵惠文王后，也就是赵威后。参见《赵威后问齐使》注。惠文王死，子孝成王年幼，由她执政。用事：掌权。
2. 赵氏：这里指赵国。氏，一般指姓氏，也可置于国名、爵位、官职之后，合为一个名称。这里是后一种用法。
3. 长安君：赵威后幼子的封号。 质：抵押品，这里指人质。当时诸侯间缔盟，常以对方君主的弟兄或子孙做人质，以为执行盟约的保证。
4. 唾其面：当其面吐唾沫，表示愤恨。
5. 左师：官名，也有说是复姓。《资治通鉴》胡三省注，称"左师"是"冗散之官，以优老臣者也"。 触詟：人名，赵国的左师。《史记·赵世家》及长沙马王堆汉墓出土帛书《战国纵横家书》写作"触龙"。《战国策》今本有"左师触詟愿见太后"句，可能刊刻时将"龙言"误合，以往不少选本写作"触詟"。

揖之[1]。入而徐趋[2]，至而自谢[3]，曰："老臣病足，曾不能疾走[4]，不得见久矣。窃[5]自恕，恐太后玉体之有所郄[6]也，故愿望见。"太后曰："老妇恃辇[7]而行。"曰："日食饮得[8]无衰乎？"曰："恃鬻[9]耳。"曰："老臣今者殊不欲食，乃自强步，日三四里，少益嗜[10]食，和[11]于身。"曰："老妇不能。"太后之色少解[12]。

左师公曰："老臣贱息[13]舒祺，最少[14]，不肖。而臣衰，窃爱怜之。愿令补黑衣[15]之数，以卫王宫，没死[16]以

步慢行，到了太后面前主动谢罪说："老臣的脚有毛病，竟然不能快走了，很久没能来拜见您了。我私下里自我原谅，然而担心太后贵体有不舒服的地方，因此希望能见到您。"太后说："我靠人用车子推着走。"（触詟）问："每天的饮食该不会减少吧？"（太后）说："就喝粥罢了。"（触詟）说："我近来特别不想吃东西，于是自己勉强步行，每天走三四里，稍微增加了一点食欲，身体也舒适些了。"（太后）说："老妇我做不到。"太后的神色稍微缓和了些。

左师公说："我那儿子舒祺，年纪最小，没什么出息。可是我老了，私下里疼爱他。希望您能让他在黑衣侍卫队里凑个数，来保卫王宫。（我）冒死把这个请求禀告您。"太后说："好吧。年龄多大了？"（左师公）

---

1. 气：指怒气。 揖：揖让，古代宾主相见的礼节。《史记》、马王堆帛书均写作"胥"。清人王念孙认为"揖"是"胥"的讹字。胥，同"须"，等待，从文义上看更贴切。

2. 徐趋：徐行，慢走。徐，慢。趋，小步快走。古人见尊长时，按礼节规定应当快步向前走，表示礼貌。触詟脚有病，走不快，只能装作"趋"的样子。

3. 谢：谢罪，道歉。

4. 曾不：根本不。曾，加强否定语气。走：跑。

5. 窃：表示自己想法的谦词。

6. 郄：同"隙"，空隙，欠缺，缺陷，这里指身体不舒服，有毛病的委婉说法。

7. 恃：依靠。 辇：靠人推拉前行的车。

8. 得：判断副词，用于动词谓语前作状语，表示行为是情理上应该进行的。可译为"应该""当"等。

9. 鬻："粥"的本字。

10. 少：稍微。 益：增加。 嗜：嗜好，喜欢的。

11. 和：适。

12. 解：同"懈"，松弛，消解。

13. 贱息：向他人说自己子女的谦称。息，后代，子女。

14. 少：年少，小。

15. 黑衣：战国时王宫卫士穿黑色军服，所以这里指代卫士。

16. 没死：冒死。臣对君的谦卑用语。

闻。"太后曰："敬诺。年几何矣？"
对曰："十五岁矣。虽少，愿及未填
沟壑[hè][1]而托之。"太后曰："丈夫[2]亦
爱怜其少[shào]子乎？"对曰："甚于妇
人。"太后曰："妇人异[3]甚。"对曰：
"老臣窃以为媪之爱燕后[4]贤于长安
君。"曰："君过矣，不若长安君之
甚。"左师公曰："父母之爱子，则为
之计深远。媪之送燕后也，持其踵[zhǒng][5]
为之泣，念悲其远也，亦哀之矣。已
行[xíng][6]，非弗思也。祭祀[jì sì]必祝之，祝曰：
'必勿使反[cháng][7]。'岂非计久长，有子孙
相继为王也哉？"太后曰："然。"

左师公曰："今三世[8]以前，至
于赵之为赵[9]，赵王之子孙侯者，

回答说："十五岁了。虽然年纪小，但我希望
趁自己还没死就把他托付给您。"太后说：
"男人也疼爱他的小儿子吗？"（左师公）
回答说："比女人还厉害。"太后说："女人
（对小儿子的偏爱）特别厉害。"（左师公）
回答说："我私下认为您爱燕后，胜过对长
安君。"（太后）说："您错了，我爱燕后远
不如爱长安君。"左师公说："父母爱子女，
就要为他们考虑长远。您送燕后（出嫁时），
紧跟在她身后，为她哭泣，惦念、悲怜她的
远嫁，也是够伤心的了。（她）走了以后，
（您）并非不想，每逢祭祀典礼时必定为她
祝福，祈祷说：'一定不要使（她）回来。'
这难道不是为她考虑长远有子孙相继当国
王吗？"太后说："是啊。"

左师公说："从现在算起，三代以前一
直上推到赵氏建立赵国的时候，赵王子孙
中封侯的，他们的继承人可有至今还保住

---

1. 填沟壑：死去的婉辞，自比为贱民奴隶，野死弃尸于溪谷沟壑。
2. 丈夫：古今异义，古时是男人的通称。
3. 异：特异，特别。
4. 媪：对老年妇女的尊称，这里指赵太后。燕后：赵太后之女，嫁燕国君主为王后。
5. 持其踵：抓住脚后跟。上古民俗，女儿出嫁，无论贵贱，母亲都要亲手给女儿穿上礼鞋。这里"持其踵"
就是赵太后在大门内给女儿穿鞋时所为。踵，脚后跟。
6. 行：出嫁。
7. 反：同"返"。古代诸侯的女儿出嫁别国，除非被废黜、夫死无子或遇亡国等特殊事件，一般不回娘家。
"必勿使反"，是赵太后祝愿女儿幸福，勿遇不祥之灾。
8. 三世：三代。父子相继为一世。
9. 赵之为赵：赵氏建立赵国，这里指赵立国之时。前"赵"指赵氏，周穆王赐造父以赵城，始有赵氏；后
"赵"指赵国。赵氏原是晋国大夫。公元前403年，赵烈侯与韩氏、魏氏三家分晋地，成为三个诸侯国。赵国
有现在的山西中部、陕西东北角、河北西南部等地。经赵武灵王至惠文王时，疆域又有所扩大。

其继[1]有在者乎？"曰："无有。"曰："微独[2]赵，诸侯有在者乎？"曰："老妇不闻也。""此其近者祸及身，远者及其子孙。岂人主之子孙则必不善哉？位尊而无功，奉[3]厚而无劳，而挟重器[4]多也。今媪尊长安之位，而封以膏腴（gāo yú）之地，多予之重器，而不及今令有功于国。一旦山陵崩（líng bēng）[5]，长安君何以自托于赵？老臣以媪为长安君计短也，故以为其爱不若燕后。"太后曰："诺。恣（zì）[6]君之所使之。"于是为长安君约车百乘（shèng）[7]质于齐，齐兵乃出。

子义[8]闻之曰："人主之子也，骨肉之亲也，犹不能恃无功之尊，无劳之奉，以守金玉之重（zhòng）也，而况人臣乎！"

封爵的吗？"（太后）说："没有。"（触詟）说："不单是赵国，其他诸侯国内还有继续存在的吗？"（太后）说："老妇我没有听说过。""这是他们近则灾祸危及自身，远则祸患落到他们的子孙身上。难道君主的子孙就一定不好吗？他们地位尊贵却没有功勋，俸禄优厚却没有劳绩，而拥有很多贵重的东西啊。如今您使长安君的地位尊贵，并把肥美的土地封给他，把大量珍宝赐给他，却不趁着现在让他为国立功。一旦您百年之后，长安君自己凭借什么在赵国立足存身呢？我觉得您老人家为长安君考虑得太短浅了，所以认为您对长安君的疼爱还比不上对燕后的疼爱。"太后说："好吧。就听凭您的意思支使他。"于是为长安君整治好百辆车子，到齐国做人质，齐国的军队就派出来了。

子义听到这件事，说："国君的儿子，是骨肉之亲，尚且不能依靠没有功勋的尊位、没有劳绩的俸禄，来守住他们的富贵地位，更何况是臣子呢！"

1.继：继承者。这里指继承侯位的人。
2.微独：不仅。微，不，非。
3.奉：同"俸"，俸禄。
4.重器：金玉珍宝，这里指象征国家权力和财富的器物，如钟鼎珍宝等。
5.山陵崩：古代说君主死亡的婉辞。山陵，比喻君主。崩，比喻君主死亡。这里是指赵太后死。
6.恣：听任，任凭。
7.约：备。乘：四马一车为一乘。
8.子义：赵国贤士。

赏　析

　　先用寥寥数笔，勾勒出赵太后面对强敌入侵与幼子为质两件大事时的焦躁心绪，然后细细描述触龙缓步入见、问候饮食的场景。先说老景，故意示弱，同病相怜，引发共情。再由"爱"字闲闲说起，似乎都是漫谈。触龙的话，处处避开"长安君"。直到太后问"爱怜少子"才进入话题，才显出从头到尾都不是闲话。"燕后"一段，是借客形主。大臣强谏，都为社稷，却忽视了长安君。触龙则专为长安君考虑，所以句句都能说到太后心坎上。"目送手挥，旁敲远击，绝不使直笔，绝不犯正面"，而隐含之意自然令人首肯。触龙忠厚老成与赵太后重情明理的性格特征互为映衬。"盛气而揖之""色少解""诺。恣君之所使之"写出了赵太后的心态转变。文末子义的一番感慨，加深了本文的政治主题。本文笔法细腻简洁，个人亲情与国家大义各得其宜。

颜斶说齐王
chù shuì

《国策·齐策四》

【题解】

春秋战国时，君王召见是士的进身良机。古代知识分子一般都渴望得到君王的信任与重用。齐人颜斶却从面见之始便自尊自爱，表现得不畏威权、不慕富贵、清高自赏，展示了士中隐者超凡脱俗的情怀、自律不阿的气节以及当时仰慕士人的社会风尚。本文通过记叙两人对话来表现和赞扬战国隐士的独立人格，亦使后人更为全面地了解了士人群体的不同风范。

齐宣王见颜斶[1]，曰："斶前！"斶亦曰："王前！"宣王不说（yuè）。左右曰："王，人君也；斶，人臣也。王曰'斶前'，斶亦曰'王前'，可乎？"斶对曰："夫（fú）斶前为慕势，王前为趋士[2]，与使斶为慕势，不如使王为趋士。"王忿（fèn）然作色曰："王者贵乎，士贵乎？"对曰："士贵耳，王者不贵。"王曰："有说（shuō）乎？"斶曰："有。昔者秦攻齐，令曰：'有敢去柳下季垄（lǒng）[3]

齐宣王召见颜斶，说："颜斶，到我跟前来！"颜斶（也对齐宣王）说："大王，到我跟前来！"齐宣王不高兴。左右大臣（对颜斶）说："大王，是人君；颜斶，是人臣。大王说'颜斶到我跟前来'，颜斶你也说'大王您过来'，行吗？"颜斶回答说："我上前是贪慕权势，大王上前是礼贤下士，与其让我做贪慕权势的人，不如让大王做礼贤下士的君主。"齐王气得脸上变色，说："当王的尊贵呢，还是士人尊贵呢？"（颜斶回答）说："士尊贵啊，做王的不尊贵。"（齐宣王）说："有说法吗？"颜斶说："有。从前秦国攻打齐国，下令说：'有敢

---

1. 齐宣王：田氏，名辟疆，齐威王之子，约公元前 319 年至公元前 301 年在位。 颜斶：齐国隐士。
2. 趋士：指礼贤下士。趋，接近，引申为重视。
3. 柳下季：就是柳下惠，展氏，名禽，字季，谥惠，柳下为其食邑。春秋著名贤士，鲁国大臣。 垄：坟墓。清人林云铭《古文析义》："《国策》原本'死士之垄'句下，尚反复数百言，皆斶之言，坊本俱删去。但警策奇崛，亦止有此数语，读之见其势险、其节短。洵不可多得之文。"

五十步而樵采者,死不赦。'令曰:
'有能得齐王头者,封万户侯[1],赐
金千镒。'由是观之,生王之头,曾
不若死士之垄也。"

宣王曰:"嗟乎!君子焉可侮哉?
寡人自取病[2]耳!愿请受为弟子。且
颜先生与寡人游[3],食必太牢[4],出必
乘车,妻子衣服丽都[5]。"颜斶辞去曰:
"夫玉生于山,制则破焉,非弗宝贵矣,
然太璞[6]不完。士生乎鄙[7]野,推选则禄
焉,非不尊遂[8]也,然而形神不全。斶
愿得归,晚食以当肉,安步以当车,
无罪以当贵,清净贞正以自虞[9]。"则
再拜而辞去。

君子曰:"斶知足矣,归真反璞[10],
则终身不辱。"

到离柳下惠坟墓五十步的地方去砍柴的,处
以死刑,决不赦免。'又下令说:'有能取得齐
王首级的,封为万户侯,赏黄金千镒。'由此
看来,活着的君王的首级,还不如已死贤士的
坟墓呢。"

齐宣王说:"哎呀!君子怎么可以侮辱
啊!寡人我自取其辱啊!希望先生您接受我
做您的弟子。只要颜先生和我交游,吃的一定
是太牢,出门一定乘车马,妻子儿女穿戴华美
艳丽的服装。"颜斶谢绝告辞说:"玉生在山上,
一雕琢就破坏了它,(加工后)并不是不宝
贵了,而是原本的璞玉不完整了。士人生长在
边野之地,一经推荐选拔就能做官,不是不尊
贵显达,而是(士的)形体和精神不能保持
完全。我颜斶情愿回去,晚点吃饭,可以抵得
上吃肉;慢步走路,可以抵得上乘车,(不做
官便)不会获罪,也可抵得上富贵;保持清净
生活与纯正节操来让自己快乐。"于是(向
齐王)拜了两拜,辞别而去。

君子说:"颜斶知道满足,回归本真,那
就终身不会蒙受羞辱了。"

---

1. 侯:古代公、侯、伯、子、男五等爵位的第二等。
2. 病:辱。
3. 游:交往。
4. 太牢:这里指馔肴丰盛美味。牢,祭祀用的牺牲。古代祭祀以一牛、一羊、一豕三牲为太牢,一羊、一豕二牲为少牢。
5. 丽都:华丽。
6. 太璞:玉的本质。璞,未雕琢的玉。
7. 鄙:边远的地方。
8. 遂:遂愿,称心,这里指在仕途上显达。
9. 虞:同"娱",乐。
10. 反:同"返",回归。璞:有写作"朴"。

赏 析

  故事全由对话组成，三次答话都采用"逆折"法：王欲屠前，屠偏欲王前；王自贵，不贵士，屠偏贵士，不贵王；王欲荣以太牢、乘车，屠偏不喜太牢、乘车。处处出人意料，却又句句振振有词。"起得唐突，收得超忽""精思绮论，妙绝古今"。全文以"士贵""王不贵"作中心，"柳下季垄"的对比虽然戏谑，却是有力证据，"玉生于山"一句比喻自尊自爱，贴切得体，表达了对屈节折腰、自我戕害的厌弃；"晚食以当肉"维护自由独立的尊严，写出清净自贞的可贵。结尾引述"君子曰"淡而有味、意味深长，隐含了对古往今来名利中人的批评。齐宣王前后态度的变化也颇有趣，先是傲慢，继而威吓，再又利诱，"颜先生与寡人游"数句，谦卑之中仍有势利笼络之意，并非单纯的折节请教。通篇行文简洁，字句精练，人物形象生动，读来饶有趣味。

范雎说秦王

(jū shuì)

《国策·秦策三》

【题　解】

范雎逃亡到秦国后给秦昭王上书，获得昭王接见。当时秦国有宣太后及其弟穰侯把持朝政，排挤外来人才。只有扳倒他们，范雎才有机会获取权力，施展才能。这就需要先摸清昭王的态度，赢得他的信任。昭王不满外戚专权是游说成功的根本原因，但范雎善于把握对方心态，因势利导，以及巧于说辩，直指要害的谈话"艺术"也功不可没。

范雎[1]至，秦王[2]庭迎范雎，敬执宾主之礼。范雎辞让。是日见范雎，见者无不变色易容[3]者。秦王屏[4]左右，宫中虚无人，秦王跪而进曰："先生何以[5]幸教寡人？"范雎曰："唯唯。"有间，秦王复请，范雎曰："唯唯。"若是者三。秦王跽[6]曰："先生不幸[7]教寡人乎？"

范雎来到秦国，秦王在宫廷迎接他，恭敬地行宾主之礼。范雎谦逊推让。这一天（秦王）召见范雎，看到（这个场面）的人没有不改变脸色（表示惊叹）的。秦王屏退身边侍从，殿中没有（其他）人，秦王跪着上前说："先生用什么来教导我呢？"范雎说："是是。"过了一会儿，秦王再次请教，范雎说："是是。"像这样反复了三次。秦王长跪道："先生不愿教导我吗？"

1. 范雎：战国时魏国人，字叔。《韩非子》及汉代石刻又作范且，或作范睢。因成功游说秦昭王而取代穰侯（魏冉，昭王的舅父）被拜为相，封应侯。他是秦国历史上继往开来的一代名相。
2. 秦王：秦昭王嬴则，秦武王异母弟。公元前306年至公元前251年在位。
3. 变色易容：改变常态。色，脸色。容，面容。
4. 屏：动词使动用法，使退避。
5. 何以：疑问句宾语前置，"以何"。
6. 跽：又称长跪，就是双膝着地，上身挺直。古人席地而坐，两膝着地，臀部贴在脚后跟上。臀部不贴脚后跟为跪，跪而挺身直腰为跽。在急切表示恳请、恭敬等心情时，取这种姿势。
7. 幸：敬辞，表示对方这样做使自己感到幸运。

范雎谢曰："非敢然也。臣闻始时吕尚之遇文王[1]也，身为渔父而钓于渭阳[2]之滨耳。若是者，交疏也。已一说而立为太师[3]，载与俱归者，其言深也。故文王果收功于吕尚，卒擅天下[4]而身立为帝王。即使文王疏吕望而弗与深言，是周无天子之德，而文、武无与成其王也。今臣，羁旅[5]之臣也，交疏于王，而所愿陈者，皆匡君臣之事、处人骨肉[6]之间，愿以陈臣之陋忠，而未知王心也，所以王三问而不对者是也。

"臣非有所畏而不敢言也，知今日言之于前，而明日伏诛[7]于后，然臣弗敢畏也。大王信行臣之言，死不足以为臣患，亡不足以为臣

范雎道歉说："不敢这样啊。我听说当初吕尚遇到周文王的时候，他是个在渭水北岸垂钓的渔父罢了。像这种情形，（他们的）关系是生疏的。不久（吕尚）一说文王，就被文王任为太师，乘车与（他）一同回去，这是由于他所说的话很深透啊。因此，周文王果然依靠吕尚取得成功，最终拥有天下，成为帝王。假使（当初）文王疏远吕尚而不和他深入交谈，这就是周室没有做天子的德行，而周文王、周武王也就没有帮助他们成就帝业的人了。而今的我，是个旅居异乡的人，和大王的交情很浅，可我要陈述的却是匡正君臣（关系）的事情，涉及与您有骨肉之情的人。我希望表达自己的愚忠，但我还不了解大王的心思，这就是大王您三问而我没有回答的原因。

"我不是有畏惧的事而不敢讲话，知道今天在（大王）面前说出来，明天就被杀了，可是我并不敢害怕。（如果）大王果真实行我的主张，死亡不足以成为我的祸患，流亡不足以成为我的忧虑。（即使）用漆涂身，变成癞

---

1. 吕尚：姜姓，吕氏，名望，字子牙，封于吕，武王尊他为尚父，故称吕尚，俗称姜太公。传说他垂钓于渭水之滨，周文王与他一见如故，便立为统率军队的太师。后佐武王灭纣。 文王：姬昌，商末周初周族领袖，商纣时为西伯，生前称周西伯或西伯昌。其子武王姬发灭商建周王朝，追谥姬昌为文王。
2. 渭阳：渭水北岸。阳，山南水北称阳，山北水南称阴。
3. 太师：商周之际高级武官名，军队的最高统帅。与后世作为太子的辅导官或乐师的"太师"，名同实异。
4. 擅天下：拥有天下，就是做了帝王。这是合周文王、武王事笼统言之。擅，拥有。
5. 羁旅：长期旅居他乡。
6. 骨肉：这里比喻秦昭王和其母（宣太后）等的关系。昭王是秦武王异母弟，武王无子，死后，诸弟争立。宣太后的异父弟魏冉掌握兵权，拥立十九岁的昭王即位，由宣太后当权，魏冉为相。
7. 伏诛：伏法，被杀死。

忧，漆身而为厉[1]，被发而为狂，不足以为臣耻。五帝[2]之圣而死，三王之仁而死，五霸之贤而死，乌获[3]之力而死，贲、育[4]之勇而死。死者，人之所必不免。处必然之势，可以少有补于秦，此臣之所大愿也，臣何患乎？

"伍子胥囊载而出昭关[5]，夜行而昼伏，至于菱水[6]，无以糊其口，膝行蒲伏[7]，乞食于吴市[8]，卒兴吴国，阖闾[9]为霸。使臣得进谋如伍子胥，加之以幽囚不复见，是臣说之行也，臣何忧乎？箕子、接舆[10]，漆

子，披头散发，成为狂人，（也）不足以成为我的耻辱。（像）五帝这样的圣人尚且死了，（像）三王这样的仁人尚且死了，（像）五霸这样的贤人尚且死了，（像）乌获这样的力士尚且死了，（像）孟贲、夏育这样的勇士尚且死了。死，是人必定不能避免的事。处在必有一死的情势下，能够对秦国稍有补益，这是我的最大心愿，我忧虑什么呢？

"伍子胥袋装车载逃出昭关，夜里赶路，白天躲藏，走到菱水，没有糊口的办法了，就跪着爬行，在吴地集市上讨饭，最终使吴国振兴，使吴王阖闾成为霸主。倘若我能够像伍子胥那样进献谋略，（即使）把我关进监牢，不能再见到（大王），这样我的这些主张实行了，我忧愁什么呢？箕子漆身犹生癞疮，接舆佯

---

1. 漆身：用漆涂身。古代一种刑罚。厉：生癞疮，癫疮。
2. 五帝：及下文"三王""五霸"，参见《苏秦以连横说秦》注。
3. 乌获：秦国大力士。秦武王爱好举重，所以宠爱乌获等力士，任用为官。乌获位至大官，年至八十多岁。
4. 贲、育：孟贲、夏育，均为战国时卫国著名勇士。孟贲，也有写作"孟奔"，相传能生拔牛角；夏育能力举千钧，都为秦武王所用。
5. 伍子胥：名员，字子胥，春秋时楚国人。楚平王杀其父兄，子胥奔吴，助阖闾夺得王位。吴王阖闾用其策，国力大盛，袭楚，五战连胜，攻入楚都。囊：口袋。昭关：在现今的安徽含山西北小岘山上。春秋时是吴、楚之界，两山对峙，因以为关。相传伍子胥逃离楚国时经过这里，楚国在关前遍悬通缉伍子胥的布告，子胥一夜急白了头，后让人将自己装在袋中，混出关外。
6. 菱水：就是溧水，今江苏西南部。这里指江苏溧阳一带。
7. 蒲伏：同"匍匐"。
8. 吴市：指今江苏溧阳。
9. 阖闾：就是吴王阖闾，名光，吴王夫差之父。
10. 箕子：商纣王的叔父，官太师，封于箕（今山西太谷东）。因劝谏纣王，被囚禁，披发佯狂为奴，周武王克商后得以释放。接舆：春秋时楚国人，姓陆名通。楚昭王时政令无常，躬耕以食，佯狂不仕。《论语·微子》中有他以唱《凤兮》歌劝孔子避世隐居的记载，《庄子·人间世》亦有类似记载。唐李白有"我本楚狂人，凤歌笑孔丘"之句。

身而为厉，被发而为狂，无益于殷、楚。使臣得同行于箕子、接舆，可以补所贤之主，是臣之大荣也，臣又何耻乎？

"臣之所恐者，独恐臣死之后，天下见臣尽忠而身蹶也，是以杜口裹足，莫肯即秦耳。足下上畏太后之严，下惑奸臣之态；居深宫之中，不离保傅之手；终身暗惑，无与照奸；大者宗庙灭覆，小者身以孤危。此臣之所恐耳！若夫穷辱之事，死亡之患，臣弗敢畏也。臣死而秦治，贤于生也。"

秦王跪曰："先生是何言也！夫秦国僻远，寡人愚不肖，先生乃幸至此，此天以寡人恩先生，而存先王之庙也。寡人得受命于先生，此天所以幸先王而不弃其孤也。先生奈何而言若此！事无大小，上及太后，下至大臣，愿先生悉以教寡人，无疑寡人也。"范雎再拜，秦王亦再拜。

狂披头散发，（却）对于殷朝、楚国没有益处。倘若我能和箕子、接舆一样，能够对我的贤明君主有所帮助，这是我的最大荣幸，我又有什么耻辱呢？

"我所担心的，只是怕我死了以后，天下（的贤士）见我因竭尽忠心却被杀，因而闭口不言，裹足不前，不肯再到秦国来了。您对上畏惧太后的威严，对下被奸臣的媚态迷惑；住在深宫里，离不开宫中保傅的手；一生糊涂迷惑，没有人帮助（您）洞察奸邪；（这样下去）大则宗庙毁灭，小则身处孤危。这是我担心的事啊！至于穷困受辱的事情，死亡流放的祸患，我是不敢畏惧的。我死了而秦国能治理好，（这）比我活着还好呢。"

秦王跪着说："先生这是说的什么话啊！秦国处在荒僻偏远的地方，我又愚昧无能，先生幸而到了这里，烦劳先生，从而使先王宗庙得以保存啊。我能够受到先生的教导，这是上天降福于先王而不肯抛弃他后人的缘故啊。先生怎么能说这样的话呢！朝廷之事，无论大小，上到太后，下到大臣，希望先生全都说出来教导我，不要怀疑我（的诚意）啊。"范雎拜了两拜，秦王也拜了两拜。

赏　析

　　面对秦昭王的询问，范雎故意态度冷淡，欲言又止，以增强昭王的求教之心。然后引述周文王重用吕尚的典故来鼓励昭王，以"言深""交疏"的为难来吸引昭王。接着说明自己"非有所畏而不敢言也"，在"臣何患乎""臣何忧乎""臣又何耻乎"的层层叙述中，引用古人事迹，委婉周密、酣畅淋漓，以自己的一片忠诚来打动昭王。最后通过忧惧天下贤人"杜口裹足""莫肯即秦"，忧惧"宗庙灭覆""身以孤危"来刺激昭王，并再次申明自己的忠心。极尽游说之能事，终于建立了双方互信，秦昭王表白说"事无大小，上及太后，下至大臣，愿先生悉以教寡人，无疑寡人也"。范雎言辞恳切、态度明朗。讲话的结构安排精心，承接转换，巧妙变化。多次恰当类比当下情况，有很好的解释性和启发性。回环吞吐又铺张扬厉的语言风格，与范雎胆识过人又谨慎精明的性格相得益彰。

说话艺术　恰如其分

鲁共公择言[1]

《国策·魏策二》

【题　解】

魏惠王时，魏国强盛，周边诸侯前来朝会。宴会酒酣之际，鲁共公受命敬酒。鲁共公自然了解魏惠王举行盛宴是为显示国力，享受繁华。鲁共公由眼前的美酒、美味、美女、美景说起古今往事，最后归为奉劝魏惠王不要沉溺其中。这些话虽然劝勉人，但与当时的气氛、主客的身份都很和谐，因此后人称赞鲁共公善于"择言"。

梁王魏婴（wèi yīng shāng）觞诸侯于范台[2]，酒酣（hān），请鲁君举觞。鲁君兴，避席[3]择言曰："昔者，帝女令仪狄（dí）[4]作酒而美，进之禹（yǔ），禹饮而甘之，遂疏仪狄，绝旨[5]酒，曰：'后世必有以酒亡其国者。'齐桓公夜半不嗛（qiè）[6]，易牙[7]

梁惠王魏婴在范台设酒宴请诸侯，酒兴正浓，梁惠王请鲁共公举杯祝酒。鲁共公站起身，离开座位，选好有益的话题，说道："从前，帝女叫仪狄酿酒，（仪狄酿造出的酒）十分醇美，就把酒进献给禹，禹饮了觉得味道甘醇，于是就疏远了仪狄，戒了美酒，说：'后世一定有因为美酒而使国家灭亡的。'齐桓公有一天半夜里不舒服，易牙

---

1. 择言：择善而言。即选择具有深刻意义的话。
2. 梁王魏婴：梁（魏）惠王（公元前 400—公元前 319 年），魏武侯之子，公元前 369 年至公元前 319 年在位。婴，《史记》作"罃"。 觞：酒杯，这里用作动词，设酒款待的意思。 范台：又称繁台、吹台，在今河南开封东南。
3. 避席：古人席地而坐，为表示敬意，离座起立，叫避席。
4. 仪狄：人名。晋张华《博物志》称系禹时人，是著名的酿酒师。
5. 旨：味美。
6. 嗛：同"慊"，快意，满足。
7. 易牙：即雍巫，字易牙，长于调味，受桓公宠幸，桓公死后，曾作乱。

乃煎、熬、燔[1]、炙，和调五味[2]而进之，桓公食之而饱，至旦不觉[3]，曰：'后世必有以味亡其国者。'晋文公得南之威，三日不听朝，遂推南之威[4]而远之，曰：'后世必有以色亡其国者。'楚王登强台而望崩山[5]，左江而右湖，以临彷徨[6]，其乐忘死，遂盟[7]强台而弗登，曰：'后世必有以高台、陂池亡其国者。'今主君之尊[8]，仪狄之酒也；主君之味，易牙之调也；左白台而右闾须[9]，南威之美也；前夹林而后兰台[10]，强台之乐也。有一于此，足以亡其国。今主君兼此四者，可无戒与？'梁王称善相属[11]。

就煎煮烧烤，调和五味进献给他，齐桓公吃得饱饱的，睡到第二天早晨还没醒，（他）说：'后世君主一定有因为贪吃美味而使国家灭亡的。'晋文公得到了美女南之威，一连三天没上朝听政，于是就推开南之威，疏远了她，说道：'后世君主一定有因为贪图美色而使国家灭亡的。'楚王登上强台眺望崩山，左边是长江，右边是大湖，（他）站在高处往下看，来回走动，快乐得忘记了死亡，于是就对着强台发誓不再登临，说：'后世君主一定有因为迷恋高台、池沼而使国家灭亡的。'现在君王您的酒杯里，就是仪狄酿造的美酒；君王的饮食，是易牙烹饪的美味；您左边的白台、右边的闾须，就是与南之威一样的美人；前面的夹林，后面的兰台，就是强台那样的山水之乐。这四种情况有一种，就足以灭亡他的国家。如今主君您兼有这四样，可以不警惕吗？'梁惠王连连称好。

---

1. 燔：烤。
2. 五味：甜、酸、苦、辣、咸五味。
3. 旦：晨，天亮。　觉：醒。
4. 南之威：略称南威，著名美女。
5. 楚王：所指不详。有的说是楚庄王，与齐桓公、晋文公等皆为春秋霸主。有的说是楚昭王。　强台：楚国台观名，即章华台。　崩山：或作京山、崇山、猎山、料山。　强台、崩山一带当是楚名胜区。
6. 彷徨：即"徘徊"，流连忘返的样子。
7. 盟：起誓。
8. 尊：酒器。
9. 白台、闾须：美女名。
10. 夹林、兰台：魏国游览名胜。
11. 相属：相连，指接连不断。

赏 析

　　祝酒词虽是场面话，但也不可流于俗套、客套。全文先概括宴饮场面，点出热闹气氛，为下文铺垫作交代，生发出全篇。鲁共公受命敬酒，"避席"以示郑重。祝酒词分两层：第一层以"昔者"领起，列举四位古代贤君对酒色淫逸存有戒心。每句都以古贤君为话题，内容都由事物的美好一面说起，引起贤君的警惕。以贤君为正面例子树立榜样，便于听者接受。所说事物都在宴会中出现，话语不因内容古老而生硬疏远。第二层将魏惠王与古代贤君作四方面比较，每句都以前述事物为话题，这样由上文连接而来，非常自然。一一指出这都是亡国之兆，希望魏惠王不可不知醒悟。这番话短小精悍，以祝酒词的形式，借鲜明对照，说出关乎兴亡的道理，含义深刻，劝讽有力。句式简练，结构严谨，文势贯通，前后对应，有繁有简，方面俱全，既有层次感，又似信手拈来，出口成章。

宋玉对楚王问

《文选》

【题 解】

　　宋玉才华出众，反不被人理解，连楚王也当面质疑他的品格。说自己的好话是不容易令人信服的。宋玉没有急于申辩，而是用多个故事和比喻，说明不合俗而俗不能知的道理，委婉得体地回答了君王的责难，令人信服地为自己正名，既间接嘲讽了怀疑者，又展示了自己广博的学识、宏大的气度与过人的才华，是历代应对之作的佳品。

　　楚襄王问于宋玉[1]曰："先生其有遗行与[2]？何士民众庶不誉[3]之甚也？"

　　宋玉对曰："唯，然。有之。愿大王宽其罪，使得毕其辞。

　　"客有歌于郢中者，其始曰《下里》《巴人》[4]，国中属而和者数千人；其为《阳阿》《薤露》[5]，国中属而和者数百人；其为《阳春》《白

楚襄王问宋玉说："先生或许有不检点的行为吧？为什么士人百姓不称赞你的情形会这么严重呢？"

宋玉回答说："嗯，是的。有这种情况。希望大王宽恕我的罪过，使我能把话说完。

"有一位在郢都唱歌的客人，他开始唱的是《下里》《巴人》，国都中聚在一起跟着唱的有几千人；当他唱《阳阿》《薤露》时，国都中聚在一起跟着唱的有几百人；当他唱《阳春》《白雪》时，都城中聚

1. 楚襄王：即楚顷襄王，名横，公元前298年至公元前263年在位。　宋玉：楚大夫。屈原弟子，也是屈原后著名的辞赋家，著有《九辩》等作品。
2. 其：用在谓语"有"之前，表示询问，相当于现代汉语的"大概""可能""或许"等。　遗行：可遗弃的行为，指有失检点的行为与作风。　与：同"欤"，疑问助词。
3. 不誉：不称赞，非议。
4. 《下里》《巴人》：楚国的民间歌曲，比较通俗低级。下里，乡里。巴人，指巴蜀的人民。
5. 《阳阿》《薤露》：两种稍为高级的歌曲。《阳阿》，古歌曲名。《薤露》，相传为齐国东部（今山东东部）的挽歌，出殡时挽柩人所唱。薤露是说人命短促，犹如薤叶上的露水，一瞬即干。

雪》，国中属而和者不过数十人；引商刻羽，杂以流徵¹，国中属而和者不过数人而已。是其曲弥高，其和弥寡。

"故鸟有凤而鱼有鲲。凤凰上击九千里，绝云霓，负苍天，足乱浮云，翱翔乎杳冥²之上；夫藩篱之鹦³，岂能与之料天地之高哉！鲲鱼朝发昆仑之墟，暴鬐于碣石，暮宿于孟诸；夫尺泽之鲵，岂能与之量江海之大哉！

"故非独鸟有凤而鱼有鲲也，士亦有之。夫圣人瑰意琦行⁴，超然独处；世俗之民，又安知臣之所为哉！"

集在一起跟着唱的不过几十人；当他高引商声，低吟羽声，夹杂流动的徵声，国都中跟着唱的就不过几个人罢了。他所唱的曲调越高雅，能相唱和的人就越少。

"所以鸟中有凤，鱼中有鲲。凤凰拍打双翅飞上九千里，穿越云雾，背负苍天，用脚拨乱浮云，飞翔在绝远的天空；那处在篱笆间的鸟，怎么能和凤凰鸟一样估量天地之高呢！鲲鱼清晨从昆仑出发，白天在碣石山畔曝晒鱼鳍，日暮时住宿在孟诸泽；那尺把深的小水塘中的小鲵鱼，怎么能与鲲鱼一样测量江海的深广呢！

"所以，不只是鸟中有凤凰，鱼中有鲲鱼，士人中也有俊杰啊。圣人有宏大的志向和美好的品德，超尘脱俗，卓尔不群；那些世俗之人，又怎么能了解我的行为呢！"

---

1. 商、羽、徵：五个音级中的三个。古代音乐有宫、商、角、徵、羽五个音级，相当于简谱中的1、2、3、5、6。
2. 杳冥：这里指绝远的天空。
3. 鹦：鹌鹑。
4. 瑰意琦行：宏伟的志向和美好的品行。

赏　析

楚王的问，虽然没直说质疑宋玉，但君王盛气凌人的口气却近乎责问。宋玉先说"唯，然。有之"三个不同的肯定，构成对话的过渡，缓和当时紧张气氛。然后避开正面回答，用两组别出心裁的比喻否定别人的批评，为自己辩护，婉转得体。"凤凰"和"鲲"的比喻，更突出自身志向高远和抱负不凡。最后以"圣人"为例回应问题，否定责问。结尾干净简练、气势豪迈。大意并不复杂，本文妙在把简单的意思，由一点不断衍生出多重陪衬，构成一个层次丰富的结构，从而作文写事，连类比物，贯串联络，由浅入深，由蓄而露，曲尽其妙，篇幅不长，意蕴深远。并且一问一答，从容散淡，比喻层出不穷，想象丰富，语言瑰丽，富于气势，引人入胜。其中"鲲"的典故化用自庄子的《逍遥游》。

唐雎说信陵君
（jū shuì líng）

《国策·魏策四》

【题 解】

公元前257年，魏国信陵君盗取兵符亲自率魏军击退秦军对赵国邯郸的围困。赵国举行隆重仪式，赵王亲自迎接，并说："自古贤人，未有及公子者也！"唐雎明于世故，在信陵君即将受到隆重的欢迎时，既希望他保持谨慎谦逊，又希望他在人生最高光的时刻能听得进忠告，因而正面诱导，泛论为主，话语不多，点到为止。

信陵君杀晋鄙（bǐ），救邯郸（hán dān），破秦人，存赵国，赵王自郊迎。唐雎[1]谓信陵君曰："臣闻之曰，事有不可知者，有不可不知者；有不可忘者，有不可不忘者。"信陵君曰："何谓也？"对曰："人之憎我也（zēng），不可不知也；我憎人也，不可得而知也。人之有德于我[2]也，不可忘也；吾有德于人也，不可不忘也。今君杀晋鄙，救邯郸，破秦人，存赵国，此大德也。今赵王自郊迎，卒然[3]（cù）见赵王，

信陵君杀了晋鄙，解救了邯郸，打败了秦军，保存了赵国，赵王亲自到邯郸城外迎接信陵君。唐雎对信陵君说："我听到过这样的话，事情有不可以知道的，有不可以不知道的；有不可以忘记的，有不可以不忘记的。"信陵君说："这话说的是什么意思呢？"（唐雎）答道："人家憎恨我，是不可以不知道的；我憎恨别人，是不可以知道的。人家对我有恩德，是不可以忘记的；我对别人有恩德，是不可以不忘记的。如今您杀了晋鄙，救了邯郸，击破秦军，保存了赵国，这是莫大的功德啊。现在赵王亲自到郊外来迎接您，您很快会见到赵王，希望您忘记这件

---

1. 唐雎：战国时代魏国著名策士。为人有胆有识，忠于使命，不畏强权，敢于斗争并敢于为国献身。据《新唐书》记载，唐雎是唐尧后裔，唐雎后裔有唐蒙和"唐氏三祖"等。
2. 德：恩德，好处。"有德于我"就是"对我有恩德"。
3. 卒然："卒"同"猝"，突然、急遽、匆促的样子。这里有"马上"的意思。

愿君之忘之也。"信陵君曰:"无

忌¹ 谨受教。"

事情!"信陵君说:"我无忌恭敬地领受您的教诲。"

---

1. 无忌:信陵君名无忌。

赏 析

　　唐雎与信陵君对话,先没头没脑地提出四个断语:"事有不可知者,有不可不知者;有不可忘者,有不可不忘者。"四语一出,引得信陵君疑惑不解,追问"何谓也"。可见唐雎说话很讲究方式,讲求抓对方的心理。唐雎解释疑问的这段话,前二句为宾,后二句为主,而后二句又以前句为宾,后句为主,最后引出这番话的主旨——"愿君之忘之也"。由此可见,前面的话是泛论,是为后面所要表达的正意作铺垫,最后这段话才落在实处。这种虚实结合的安排,使文气飘逸有致。文本篇幅至短,先从似乎不着边际的问题说起,最后点出主旨。有宾有主,先宾后主,以宾衬主,使全文宽缓从容。最后信陵君欣然接受——"无忌谨受教"一句,也体现了信陵君礼贤下士、察纳雅言的作风,同时也使文本更为完整。

一言兴邦　意味深长

展喜犒^{kào}师

《左传·僖^{xǐ}公二十六年》

【题　解】

齐桓公之子齐孝公即位，齐鲁两国缠斗数年。在敌强我弱，加上国内饥荒的不利情况下，趁齐国军队尚未入境，局势尚有回旋余地之时，以犒师为借口，展喜利用对方称霸的野心和虚荣心，通过一番称扬道义的外交辞令，使一场大战消弭于无形，言语机智有可以借鉴之处。

齐孝公伐我[1]北鄙^{bǐ}。公使展喜[2]犒师，使受命于展禽[3]。

齐侯未入竟[4]，展喜从之，曰："寡君闻君亲举玉趾^{zhǐ}[5]，将辱[6]于敝邑，使下臣犒执事[7]。"齐侯曰："鲁人恐乎？"对曰："小人恐矣，君子则否。"齐侯曰："室如县磬^{xuán qìng}[8]，野无

齐孝公攻打我国北方边境。鲁僖公派遣展喜去犒劳齐军，派他去展禽那儿去接受犒劳齐军的辞令。

齐孝公还没进入鲁国的边境，展喜（就出境）跟上他，说："我们国君听说您亲自出动大驾，将要屈尊来到我国，派我犒劳您的左右侍从。"齐孝公说："鲁国人害怕吗？"（展喜）回答说："小人害怕了，君子却不怕。"齐孝公说："你们家中空虚如悬磬，原

---

1. 齐孝公：齐桓公之子，名昭。我：指鲁国。
2. 公：鲁僖公。展喜：鲁国大夫。
3. 展禽：展喜的哥哥。名获，字子禽，谥号惠。据传食邑在柳下，又称柳下惠。
4. 竟：同"境"。这里指鲁国国境。
5. 亲举玉趾：尊称别人举止的敬辞。趾，泛指脚。
6. 辱：蒙受耻辱。和上句一起分别是恭维对方和表示自谦的话。
7. 执事：君王左右的办事人员，实际指齐孝公。古人为了尊敬对方，不直接指说，而说他左右的人来代指对方。
8. 室如县磬：县，同"悬"，挂。磬，同"磬"。磬是一种乐器，悬挂在架子上，中间高两边低，中间是空的。这里比喻百姓虽房舍高起，两檐低垂，但如同悬磬，内中空空。形容家中空无一物。

青草,何恃而不恐?" 对曰:"恃先王之命。昔周公、大公股肱[1]周室,夹辅成王。成王劳之,而赐之盟,曰:'世世子孙无相害也!' 载在盟府,太师[2]职之。桓公是以纠合诸侯,而谋其不协,弥缝其阙,而匡救其灾,昭旧职也。及君即位,诸侯之望曰:'其率桓之功!' 我敝邑用不敢保聚[3],曰:'岂其嗣世九年[4],而弃命废职?其若先君何?君必不然。'恃此以不恐。"

齐侯乃还。

野中没有菜蔬,凭借什么不害怕?"(展喜)回答说:"凭借着先王的命令。从前周公、姜太公是辅佐周王室的得力大臣,在左右辅佐周成王。成王慰劳他们并赐给他们誓约,说:'世世代代的子孙,不要互相侵害。'(这誓约)存放在盟府,由太师掌管着。齐桓公因此而联合诸侯,商讨解决他们之间的不和谐,弥补他们的缺失,并且拯救他们的灾难,这是彰显从前太公辅佐周王室的职责啊。到您继承君位后,各诸侯国盼望说:'他会继承桓公的功业的!' 我们因此不敢保城聚众,说:'难道他继位九年,就背弃先王遗命,废弃职责?他对先君怎么交代呢?您一定不会这样的。'凭仗着这些才不害怕。"

齐孝公于是撤兵回国。

---

1. 周公:周武王的弟弟,名旦。 大公:就是姜太公吕望。 股肱:大腿和胳膊,比喻辅佐帝王的得力大臣。这里用作动词。
2. 太师:掌管国家典籍的官员,也有说是姜太公。
3. 用:以,因为。 保聚:保城聚众。
4. 嗣世九年:指齐孝公继位九年。

赏　析

对话由齐侯以"恐"字切入,展喜借小人、君子不同,使话题转入对"恃"的讨论。展喜以君子占得道德高地,即以"恃先王之命"一句点题,从先王、周公、太公、成王、桓公细说下来:引盟誓言之凿凿;颂桓公语带景仰;视孝公众所期望,最后自问自答有恃无恐,戛然收住,意味深长。一段话四"恐"三"恃",义正词严又处处维护对方,语气委婉和缓、低调内敛,重在以大义感动对方,令人无话可说。临时应对,展喜之所以能在针锋相对中另辟蹊径,别开生面,得力于展禽面授机宜,可见本文行文细而不漏。

蹇叔哭师 (jiǎn)

《左传·僖公三十二年》 (xǐ)

【题 解】

秦国与郑国结盟，就存了一份偷袭郑国的心思。所以，秦穆公一听到有机会就动了心。蹇叔预见秦军千里远征必然失败，便遇先设伏，全歼秦军。但是秦穆公执迷不悟，反加辱骂。

杞子[1] (qǐ) 自郑使告于秦曰："郑人使我掌其北门之管[2] (guǎn)，若潜师以来，国可得也。"穆公访诸[3]蹇叔。蹇叔曰："劳师以袭远，非所闻也。师劳力竭，远主[4]备之，无乃[5]不可乎？师之所为，郑必知之，勤而无所，必有悖心[6] (bèi)。且行千里，其谁不知？"公辞焉。召孟明、西乞、白乙[7] (zhào)，使出师于东门之外。蹇叔哭之，曰："孟子[8]！吾见师之出而不见其入

杞子从郑国派人报告秦穆公，说："郑国人叫我掌管他们北门的钥匙，如果偷偷派兵前来，郑国就可以占领。"秦穆公拿此事向蹇叔征求意见。蹇叔说："使军队疲劳而袭击远方国家，我没听说过。军队疲劳，力量耗尽，远方的国家已经有了防备，这恐怕不可以吧？军队的行为，郑国必然会知道，劳苦奔袭而无所得，（士兵）一定会有叛逆作乱的心思。再说行军千里，谁会不知道呢？"秦穆公不接受他的意见。召见孟明视、西乞术、白乙丙，让他们从东门出兵。蹇叔哭着（为他们送行），说："孟明视！我看到军队出去但不能看到他们回国了！"秦穆公派人

---

1. 杞子：僖公三十年（公元前630年）秦国留在郑国帮助戍守的将领。

2. 掌其北门之管：掌管北门的防守。事件参见《烛之武退秦师》。掌，掌管。管，钥匙，这里指防卫事务。

3. 穆公：就是秦穆公。诸："之于"的合音。

4. 远主：指郑君。因为秦和郑的中间隔着晋国。

5. 无乃：恐怕，大概，表示委婉的语气词。

6. 悖心：违逆之心，怨上之心。

7. 孟明：秦军将领，姓百里，名视，秦国大夫百里奚之子，此次军事行动的主帅。 西乞：秦将，名术。白乙：秦将，名丙。西乞、白乙是蹇叔之子。孟明、西乞、白乙都是秦国将军。

8. 孟子：这里是称呼孟明。

也！"公使谓之曰："尔何知？中寿，尔墓之木拱矣[1]。"

塞叔之子与[2]师，哭而送之，曰："晋人御师必于殽[3]，殽有二陵焉。其南陵，夏后皋[4]之墓也；其北陵，文王之所辟[5]风雨也。必死是间，余收尔骨焉！"秦师遂东[6]。

对塞叔说："你知道什么？（你如果活到）中等寿命（就死去），你墓上的树已经长得快有合抱粗了！"

塞叔的儿子也参加了这支军队，（塞叔）哭着送他，说："晋国人必定会在殽山拦截我们的军队，殽山有两座山陵。那南边的山陵，有夏代君主皋的坟墓；那北边的山陵，是文王曾经躲避过风雨的地方。你一定会死在这（两座山陵）之间，我在那里收你的尸骨吧！"秦国军队于是向东进发。

---

1. 中寿，尔墓之木拱矣：这两句意思是说如果你活到中寿就死去的话，你墓上的树都有合抱那么粗了。这是骂塞叔早就该死。中寿，六十岁上下。塞叔此时已有七八十岁。秦穆王讽刺他已年老昏聩。拱，两手合抱。
2. 与：参与。
3. 殽：同"崤"，古地名，崤山，在今河南洛宁西北，西接陕县，东连渑池，是晋国要塞，秦往郑必经之地。
4. 夏后皋：就是夏帝皋。后，帝。皋，夏代国君，夏桀的祖父。
5. 文王：周文王姬昌。辟：同"避"，躲避。
6. 东：名词作动词，向东进发。

赏　析

第一段话，塞叔以"劳师以袭远，非所闻也"总起，以下两层都扣住对"劳"和"远"的分析。前一层以商量语气"无乃不可乎"作结，后一层以反问语气"其谁不知"作结，意思越说越重，语气由缓变急。第二段话用重叠句式"见师之出而不见其入"，表达其内心极为沉痛。第三段仍以预判开头，由"晋人"到"殽"，再由"殽"到"二陵"，再到分说"南陵""北陵"，渐次说明理由，是塞叔思路的体现，也显示出塞叔对于地理形势的熟知。塞叔越是知道自己判断正确就越是悲伤，这是智者不被人理解的痛苦。

吕相绝秦

《左传·成公十三年》

【题 解】

晋厉公与秦桓公约定会盟，秦桓公违约未至。接着，秦国又妄图引导狄、楚二国伐晋，秦、晋关系恶化，晋派吕相去与秦国绝交。全文雄辩壮阔，在委婉中锋芒毕露，夸饰铺张，纵横反复，甚至强词夺理，揭示了大国斗争的激烈，对后世"檄文"影响较大。

晋侯使吕相¹绝秦，曰："昔逮我献公及穆公²相好，戮力同心，申之以盟誓，重之以昏姻³。天祸晋国⁴，文公如齐，惠公如秦。无禄⁵，献公即世⁶。穆公不忘旧德，俾我惠公用能奉祀于晋⁷。又不能成大勋，而为韩之师⁸。亦悔于厥⁹心，用集¹⁰我文公，是穆之成也。

晋厉公派吕相去与秦国绝交，说："过去自从我们献公和穆公互相友好，合力同心，用盟约誓言申明两国关系，又用婚姻加深两国关系。上天降祸晋国，（以致）文公逃到齐国，惠公逃到秦国。不幸，献公去世。穆公不忘过去的恩德，使我们惠公因此能（回国即位），在晋国主持祭祀。（但）又不能完成这一重大功勋，反而发动了秦晋韩原之战。（后来）他心里后悔，因此帮助我们文公（回国做了国君），这是穆公的成全啊。

---

1. 晋侯：晋厉公。吕相：魏相，晋国大夫魏锜（qí）之子。魏锜又称吕锜，所以魏相又称吕相。
2. 昔逮：自从。献公：晋献公。穆公：秦穆公。
3. 昏姻：婚姻。昏，同"婚"。
4. 天祸晋国：指公元前 656 年骊姬之乱。晋献公听信骊姬谗言，迫使太子申生自杀，公子重耳流亡于齐、楚等国，公子夷吾流亡至秦。
5. 无禄：无福，不幸。
6. 即世：下世，去世。
7. 奉祀于晋：主持晋国的祭祀，指为晋国君主。秦纳惠公在鲁僖公十年（公元前 650 年）。
8. 韩之师：指鲁僖公十五年（公元前 645 年）秦晋韩原之战。晋惠公依靠秦穆公的力量回国立为国君，曾答应回国后割让给秦国城池，但随即负约；晋饥，秦接济粮食，秦饥，晋却不接济；于是有秦晋韩原之战。师，战争，战役。
9. 厥：其，指秦穆公。
10. 集：成就，成全。秦纳文公在鲁僖公二十四年（公元前 636 年）。

"文公躬擐甲胄[1]，跋履山川，逾越险阻，征东之诸侯，虞、夏、商、周之胤[2]而朝诸秦，则亦既报旧德矣。郑人怒君之疆埸[3]，我文公帅诸侯及秦围郑。秦大夫不询于我寡君，擅及郑盟。诸侯疾之，将致命[4]于秦。文公恐惧，绥靖[5]诸侯，秦师克[6]还无害，则是我有大造于西[7]也。

"无禄，文公即世，穆为不吊，蔑死我君[8]，寡[9]我襄公，迭我殽[10]地，奸绝[11]我好，伐我保城[12]，殄灭我费滑[13]，散离我兄弟，扰乱我同盟，倾覆我国家。我襄公未忘君之旧

"文公亲自披甲戴胄，登山涉水，越过艰难险阻，征服东方的诸侯，虞、夏、商、周的后代，都向秦国朝见，那也已经报答了（秦国）旧时的恩惠了。郑国人侵犯您的边境，我们文公率领诸侯与秦国一起包围郑国。秦国大夫不和我们国君商议，擅自与郑国结盟。诸侯憎恨这事，准备与秦拼死一战。文公恐惧，安抚诸侯，使秦军得以安然回国，这算是我国对秦国有大恩惠了。

"不幸，文公去世，穆公不肯来吊唁，轻视我们去世的君主，欺负我们的襄公，突然袭击我国殽地，断绝我们的友好关系，攻打我们的边境城池，灭亡我们的费滑，拆散我们的兄弟，扰乱我们的同盟，（妄图）倾覆我们的国家。我们襄公没有忘记穆公过去的

1. 躬：亲自。擐：穿。胄：头盔。
2. 胤：后代。按，晋率诸侯朝秦事"春秋三传"皆不载。
3. 怒：发怒。这里指侵犯。疆埸：疆界，边境。
4. 致命：献出生命。这里指拼死决战。
5. 绥靖：安抚。
6. 克：能够。
7. 造：成就，功劳。　西：指秦国，在晋国西面。这里指鲁僖公三十年（公元前630年）秦晋围郑之事。此役本是晋文公因郑依附楚国且为报往日过郑时郑文公对他无礼的私仇而发起。
8. 蔑死我君：有认为应该按照《释文》中的引文，是"蔑我死君"，与下句"寡我襄公"相对。
9. 寡：孤，弱。这里是形容词的意动用法，认为孤弱可欺。
10. 迭：同"轶（yì）"，突然进犯。殽：同"崤"，地名。在今河南洛宁西北。
11. 奸绝：断绝。奸，同"扞"。
12. 保城：边境小城。保，同"堡"，小城。
13. 殄：灭绝。　费滑：滑国，姬姓，都城在费，所以称"费滑"。秦灭滑在鲁僖公三十三年（公元前627年）。

勋，而惧社稷之陨，是以有殽之师[1]。犹愿赦罪[2]（shè）于穆公。穆公弗听，而即[3]楚谋我。天诱其衷[4]（yǔn），成王陨命[5]，穆公是以不克逞[6]志于我。

"穆、襄即世，康、灵即位。康公[7]，我之自出[8]，又欲阙剪[9]我公室，倾覆我社稷，帅我蟊贼[10]（máo），以来荡摇我边疆，我是以有令狐之役[11]。康犹不悛（quān），入我河曲[12]，伐我涑川[13]（sù），俘我王官[14]，剪我羁马[15]，我是以有河曲之战[16]。东道之不通[17]，则是康公绝我好也。

勋劳，而又害怕国家遭到灭亡，所以有了殽地一役。（我们国君）仍然希望向穆公解释我们的罪过。但穆公不答应，反而亲近楚国合谋对付我国。上天开导其心意（保佑我国），楚成王（被杀）丧命，穆公因此不能够在我国称心快意。

"秦穆公、晋襄公去世，秦康公、晋灵公即位。康公，是我们晋国女子（伯姬）所生，又想损害我们公室，颠覆我们的国家，率领我国内奸公子雍，前来动摇扰乱我们的边疆，我国因此有了令狐之战。康公仍然不悔改，侵入我国河曲，攻打我国涑川，掳掠我国王官，割取我国的羁马，我国因此有了河曲之战。东方道路不通畅，就是由于康公和我们断绝友好关系的缘故。

---

1. 殽之师：指鲁僖公三十三年（公元前 627 年）秦晋殽之战。
2. 赦罪：赦免罪过，寻求和解。
3. 即：接近，亲近。
4. 天诱其衷：上天的心向着我们。这是当时的俗语。诱，奖，劝勉，鼓励。衷，心。
5. 成王：楚成王。陨：同"殒"。楚成王陨命在鲁文公元年（公元前 626 年）。
6. 逞：满足。鲁文公十四年（公元前 613 年），秦楚合谋不成，由于楚国有人作梗且有内乱。吕相所言不过是外交辞令。
7. 康公：秦康公。
8. 我之自出：宾语前置，"自我出"。指秦康公是晋献公女儿伯姬所生，是晋国的外甥。
9. 阙剪：损害。
10. 蟊贼：二者均为食苗的害虫，这里比喻危害国家的人。这里指晋文之子公子雍，秦曾应晋求送其回国为君，后晋变卦，于是二国战于令狐。事情发生在鲁文公七年（公元前 620 年）。
11. 令狐之役：指鲁文公七年（公元前 620 年）秦晋令狐之战。令狐，在今山西临猗西南。当时晋襄公死后继承人没有确定，晋人想迎公子雍回国即位，并派人去秦国接他，秦康公以兵送之，后晋立灵公，反而出兵攻击秦人及公子雍。
12. 河曲：晋地名。今山西芮城西风陵渡一带黄河曲流处。
13. 涑川：水名。今山西西南部黄河支流涑水河。
14. 王官：晋国地名。今山西闻喜南。
15. 羁马：晋国地名。今山西永济南。
16. 河曲之战：指发生在鲁文公十二年（公元前 615 年）的秦晋之战。此战是秦为报令狐之役而发动的。
17. 东道之不通：指两国不相往来。晋国在秦国东面。

"及君[1]之嗣也，我君景公引领[2]西望曰：'庶抚我乎！'君亦不惠称盟，利吾有狄难[3]，入我河县[4]，焚我箕郜[5]，芟夷我农功[6]，虔刘[7]我边陲，我是以有辅氏之聚[8]。君亦悔祸之延，而欲徼[9]福于先君献、穆，使伯车[10]来命我景公曰：'吾与女[11]同好弃恶，复修旧德，以追念前勋。'言誓未就，景公即世，我寡君是以有令狐之会[12]。君又不祥[13]，背弃盟誓。白狄及君同州[14]，君之仇雠，而我之昏姻[15]也。君来赐命曰：'吾与女伐狄。'寡君不敢顾昏姻，畏君之威，而受[16]

"到了您即位，我们国君景公伸长了脖子朝西盼望说：'也许要安抚我们了吧！'您也不肯施恩，与我们缔结盟约，反而利用我有赤狄之战的困难，侵入我国的河县，焚烧我国的箕地、郜地，收割我国的庄稼，杀戮我国边境的百姓，我国因此有了辅氏之战。君王您也后悔灾祸蔓延，而想向先君献公和穆公求福，派伯车前来命令我们景公说：'我与你和好，抛弃仇怨，重新修复过去的恩惠，来追念先君的功勋。'盟誓还没有完成，景公就去世了，我国国君因此（和秦）有令狐的会见。您又不怀好意，背弃了盟约。白狄与您同处一州，是您的仇敌，却是我国的姻亲。您（派人）来命令说：'我和你去攻打狄国。'我国国君不敢顾惜亲戚关系，畏惧君王的威严，就接受了来使的命令。君王您又对狄

---

1. 君：秦桓公。

2. 引领：伸长脖子。形容盼望心切。

3. 狄难：指鲁宣公十五年（公元前594年）秦国趁着晋军剿灭赤狄潞氏而讨伐晋国事。

4. 河县：晋国地名。今山西蒲县。

5. 箕：晋国地名。今山西蒲县箕城。 郜：晋国地名。今山西祁县西。

6. 芟夷我农功：指秦人抢劫收割晋国的庄稼。芟夷，刈割。农功，指农作物。

7. 虔刘：屠杀。

8. 辅氏之聚：指鲁宣公十五年（公元前594年）晋在辅氏聚众抗秦一事。辅氏，晋国地名。今陕西大荔。

9. 徼：同"邀"，招致，求取。

10. 伯车：秦桓公的儿子，名铖。

11. 女：同"汝"，你。

12. 令狐之会：指鲁成公十一年（公元前580年）的秦晋之盟。

13. 不祥：不善，不怀好意。

14. 白狄：是狄族的一支，与秦君同在雍州。 同州：同在一个州。州，这里指雍州，在今陕西、甘肃全部及青海部分地区。

15. 我之昏姻：白狄女子曾嫁晋文公。

16. 受：同"授"，付与。

命于使。君有[1]二心于狄，曰：'晋将伐女。'狄应且憎，是用告我。楚人恶君之二三其德[2]也，亦来告我曰：'秦背令狐之盟，而来求盟于我，昭告昊天上帝、秦三公、楚三王[3]曰："余虽与晋出入[4]，余唯利是视。"不穀[5]恶其无成德，是用宣之，以惩不一。'诸侯备闻此言，斯是用痛心疾首，昵就[6]寡人。寡人帅以听命，唯好是求。君若惠顾诸侯，矜哀[7]寡人，而赐之盟，则寡人之愿也，其承宁[8]诸侯以退，岂敢徼乱？君若不施大惠，寡人不佞[9]，其不能以诸侯退矣。

"敢尽布之执事，俾[10]执事实图利之。"

人表示友好，说：'晋国将要攻打你们。'狄人口头上答应你们，心中却憎恶你们，因此（把你们的话）告诉了我们。楚国人讨厌您反复无常，也来告诉我们说：'秦国背弃了令狐的盟约，却来要求与我国结盟，明告皇天上帝、秦国三位先公、楚国三位先王说："我们虽然与晋国来往，我只是图谋利益而已。"我讨厌秦国没有道德，因此把真相公布出来，用来惩戒言行不一的人。'诸侯全都听到了这些话，因此痛心疾首，和我亲近。我率领（诸侯）来听取您的命令，只是请求与您友好。君王如果加恩于诸侯，并且怜悯我，赐给我们盟约，那是寡人的愿望，（我也）应当承受（秦君的命令），使诸侯安定地退去，怎么敢寻求战乱？您如果不肯施舍大恩，我没有什么才能，那恐怕不能让诸侯退兵了。

"我冒昧地把全部话语向您宣布，请您认真考虑利弊吧。"

---

1. 有：同"又"。
2. 二三其德：德行、行为不确定，反复无常。
3. 昊天：皇天。 秦三公：穆、康、共三公。 楚三王：成、穆、庄三公。
4. 出入：往来。
5. 不穀：不善，这是古代王侯用于自称的谦词。
6. 昵就：亲昵，亲近。
7. 矜哀：怜悯，同情。
8. 承宁：止息，安静。
9. 不佞：不才，不敏。
10. 俾：使，让，这里有"请"的意思。

赏　析

　　这是一篇精心准备的断交文告。为了归罪秦国，深文曲笔，回顾两国关系，不尽不实。好的归己，文过饰非；恶的归人，栽赃诬陷。人有好，一笔带过；己有恶，皆因人而起，把晋国说成是一个被欺侮、被损害的和平正义的国家。尤其大肆渲染当下冲突，引述他人言语，揭露秦国见利忘义、两面三刀，抓住其背信弃义，痛加指斥。全篇内容虽然造作，但叙事婉曲有条理，跌宕起伏，波澜层生。言辞谦恭有礼，话语暗藏机锋，表达工整精练。言之凿凿，句句紧逼；一波未平，一波又起；顿挫跌宕，关锁收束；重复变换，开合收放。一系列排句，一气呵成，锐不可当。以自我为表达中心，"我"字是主心骨，连用九个"我"组成多层排比，指责对方滴水不漏。用"以""是以""是用"作贯串，用四个"是以"与"之师""之役""之战""之聚"组合，句式齐整，用词翻新，读来不呆板涩滞。动词运用富于变化、生动灵活。

昭告天下　言简意赅

高帝求贤诏(zhào)

汉高祖[1]

【题解】

　　汉高祖刘邦出身平民，对士人并不尊重，终其一生，重用的都是故旧，但在位最后一年发布了这份征集人才的诏书。刘邦从历史和经历中认识到贤士的重要，反思自身态度，为长远统治着想决心选才任人。诏书面面俱到，态度恳切，措施得力。虽然西汉大量贤士得到任用是武帝、宣帝时期，但求贤的历史可以追溯到这份奠定国策的诏书。

　　盖闻王者莫高于周文，伯(bà)[2]者莫高于齐桓，皆待贤人而成名。今天下贤者智能岂特[3]古之人乎？患在人主不交故也，士奚由[4]进！今吾以天之灵、贤士大夫定有天下，以为一家。欲其长久，世世奉宗庙亡(wú)绝也。贤人已与我共平之矣，而不与吾共安利之，可乎？贤士大夫有

　　听说成就王业的没有谁能超过周文王，成就霸业的没有谁能超过齐桓公，他们都是依靠贤人才成就功名的。如今天下的贤人（也有）智慧和才能，难道只是古代的人（才有智慧和才能）吗？毛病就出在君主不结交（他们）的缘故，贤士从什么（途径）被进用呢？现在我依靠上天神灵（的庇护）、贤士大夫（的辅佐）平定并拥有了天下，使天下成为一家。希望它长久保持下去，世世代代供奉汉室宗庙永不断绝。贤人已经和我共同平定了天下，却不和我一起治理使其安定发展，可以吗？贤士大夫有愿意跟从我治理天下的，

---

1. 汉高祖：刘邦，字季，沛（今江苏沛旦）人。西汉王朝的建立者，公元前206年至公元前195年在位。他继承秦制，实行中央集权制度和重农抑商政策，发展农业生产，打击商贾。他能知人善任，任人唯贤。
2. 伯：同"霸"，为霸主。
3. 岂特：岂独，难道只是。
4. 奚由：由奚，从哪里。奚，何，哪里。

肯从我游[1]者，吾能尊显之。布告天下，使明知朕意。御史大夫[2]昌下相国，相国酂侯下[3]诸侯王，御史中执法[4]下郡守，其有意称明德[5]者，必身劝，为之驾，遣诣相国府，署行、义、年。有而弗言，觉免。年老癃病[6]，勿遣。

我能使他地位尊贵、声名显赫。广泛地传告天下，让（大家）明白我的意思。御史大夫周昌（把我求贤的诏令）下达给丞相，丞相酂侯萧何下达给诸侯王，御史中丞下达给各郡太守，如果有美名与善德兼备的贤人，一定要亲自劝勉（他出来做官），为他驾车，送到相国府，记录他的表现、相貌和年龄。有（贤人）而（官吏）不举荐的，发觉后即免除官职。年事已高、体弱多病的人，就不必送来了。

---

1. 游：交游，这里有共事的意思。
2. 御史大夫：秦汉时仅次于丞相的中央最高长官，主要职务为监察、执法，兼掌重要文书图籍。西汉时缺相位，往往以御史大夫递补，并与丞相、太尉合称三公。
3. 酂侯：即萧何。下：下达，下传。
4. 御史中执法：又称御史中丞，御史大夫的副手。
5. 明德：美德。
6. 癃病：泛指年老衰弱多病的人。

赏　析

诏书开头就确立了很高的起点，援引周文王、齐桓公重用贤士的先例，实际上是以王霸自期，要在历史上再创辉煌。他胸襟豁达，主动反省自身责任，又承认贤士大夫对自己统一天下的功劳，表达了与他们在巩固帝业中合作的希望。把自己说成是既能与贤人共同创业，又能与贤人一道统治天下的明君，拉近了自己和贤人的距离。这篇诏书先是晓之以理，把求贤的道理说得非常透彻，立论得体；然后诱之以利，许诺要给应召的贤人以优厚的待遇，言语直白。对于各级官员，诏书则非常具体地做了指示，并慑之以法，要追究他们埋没贤人的罪过。诏书虽短，却考虑周全，表现出求贤若渴的殷切态度。行文很有气魄，显示出高瞻远瞩、今人不让古人的进取精神。辞命、议论、叙事，都能做到语言简朴，态度鲜明，鼓舞激劝，委曲真挚，能使贤豪踊跃思进。

景帝令二千石修职诏

汉景帝

【题解】

郡守和国相监管若干个县级行政区，俸禄都是二千石，通称二千石。当年年成不好，汉景帝担心百姓陷于饥荒，于是颁下这篇诏书，要求他们认真履职，管束辖区里的县吏。汉景帝认为奢靡导致饥寒，饥寒导致动乱。直接管理百姓的县吏们追求奢靡，就会违法侵夺，造成百姓饥寒，所以郡守和国相必须加强吏治。忧民求治之心溢于言表。

雕文刻镂[lòu][1]，伤农事者也；锦绣纂组[zuǎn][2]，害女红[gōng][3]者也。农事伤，则饥之本也；女红害，则寒之原也。夫饥寒并至，而能无为非者寡矣。朕亲耕，后亲桑，以奉宗庙粢盛[zī chéng][4]、祭服，为天下先。不受献，减太官[5]，省繇赋[yáo]，欲天下务农蚕，素有畜积[xù][6]，以备灾害。强毋攘弱[wú rǎng]，众毋暴寡[qí]，老耆[7]以寿终，幼孤得遂长[zhǎng]。今岁或不登，民食颇寡，其咎安在[jiù]？或诈伪为吏，吏以

在器具物品上雕刻花纹，是损害农业生产的事；用锦绣去编织赤色绶带，是损害女红的事。农业生产受到损害，是（缺粮）饥饿的根源；女红受到损害，是（少衣）寒冷的根源。（如果）饥寒交迫，还能不做坏事的人是很少的。我亲自耕种，皇后亲自养蚕，用来供奉宗庙中的祭品和祭服，做天下百姓的表率。不接受贡品，降低膳食标准，减免徭役赋税，要天下百姓专心务农养蚕，平时有所积蓄，来防备灾害。强大的不要掠夺弱小者，人多的不要欺侮人少的，老年人能够长寿善终，孤幼儿童能够顺利成长。现今收成有时仍不好，百姓粮食很缺乏，造成这

---

1. 雕文刻镂：指在器物上雕刻文采。
2. 纂组：赤色丝带。
3. 女红：也作"女工""女功"，指妇女所做的采桑、养蚕、织衣等事。
4. 粢盛：古时盛在祭器内以供祭祀的谷物。
5. 太官：管理皇帝饮食的官，属少府。
6. 畜：同"蓄"，积蓄，积储。
7. 耆：古代六十岁以上的人称耆。

货赂为市,渔夺百姓,侵牟^{móu}万民。县丞¹,长吏也,奸法与盗盗²,甚无谓³也。其令二千石⁴各修其职;不事官职,耗^{mào}乱⁵者,丞相以闻,请⁶其罪。布告天下,使明知朕意。

种状况的过失在哪里呢? 也许是奸诈虚伪的人当了官吏,这些官吏拿金钱贿赂作交易,盘剥百姓,侵害万民。县丞是县里众吏之长,执法徇私,助盗为盗,很没有道理。我命令二千石的官员,各尽督察属下县丞的职能;(那些)不能恪尽本职、昏乱不明的人,丞相要将情况使我听闻,追究他们的罪责。布告天下,使(大家)明白我的旨意。

---

1. 县丞:县令之佐,属吏之长。
2. 奸法:因法作奸。 与盗盗:和强盗一同抢夺。
3. 无谓:没有道理。
4. 二千石:指俸禄二千石的郡守和国相。
5. 耗乱:昏乱不明。耗,同"眊(mào)",不明。
6. 请:追究。

赏　析

　　全文中心意思是察吏安民,行文一气而下,可以分为三段。以泛论侈靡妨害农桑导致饥荒,埋下动乱祸端开头。随后现身说法,说明要重视农桑,倡导节俭,为百姓积蓄物资。这既是对上文意思的自然承接,又过渡到下段,为加强吏治作了铺垫。指出百姓无积蓄是因为平日被县吏侵夺,要求二千石官员察奏处分。县吏的职责是安民,二千石官员的职责是监察县吏。从整顿吏治入手摆脱目前的困境,切中了要害。从百姓劳作说到自身重视农桑,语言质朴,对百姓的生活充满关切。批评吏治的弊端,话语不多,但一针见血。本文的特点是单刀直入、开门见山,说理透彻,用语警切。诏书开头部分运用整齐的排比句,正反相成,论证严密又婉转有致。后两部分一脉相承,气势逼人,有一种威慑力。

武帝求茂材[1]异等诏

汉武帝

【题 解】

西汉以武帝朝的人才最盛。武帝即位后颁发了一系列招揽人才的制文诏书，写得最为坦率的就是本文。他认识到个性和作为是相关的，世俗之见不利于人才，诏书指出要尊重人才的个性，用好有个性的人才。汉武帝是一位有雄心、有作为的皇帝，他对人才的认识和运用体现了他的胸襟与气魄。由于他不拘常规选拔人才，所以他当政时涌现出的人才最多。

盖有非常之功，必待非常之人，故马或奔踶[2]而致千里，士或有负俗之累而立功名。夫泛驾[3]之马，跅弛[4]之士，亦在御之而已。其令州郡察吏民有茂材异等可为将相及使绝国[5]者。

要成就非同寻常的功业，必定要依靠非同寻常的人才。所以，有的马狂奔猛踢却能日行千里，有的人受到世俗讥讽却能成就功名。那些不受驾驭的烈马和放纵不羁的狂士，也在于（如何）驾驭他们罢了。命令各州郡官长要发现考察属吏百姓中可任将相和出使远邦的出类拔萃的优秀人才。

---

1. 茂材：即秀才，指优秀的人才。为避汉光武帝刘秀之讳，后改称茂材，又常称作"茂材异等（才能超群出众的人）"。在西汉属特举科目，汉光武帝时改为岁举。茂材的选拔只是对于有特异才能和有非常之功的低级官吏的提拔。被举为茂材的人多授以县令或相当于县令的官衔。而孝廉选拔的对象多是布衣平民，被举为孝廉的人初次给予的官职多是郎，然后再由郎擢升为县令。因此，茂材的起家官要比孝廉高。
2. 奔踶：（乘则）疾奔，（立则）踢人，指勇烈难驯之马。意谓不驯服。
3. 泛驾：把车子弄翻，指不受驾驭。泛，同"覆"。
4. 跅弛：放纵不羁。
5. 绝国：极远之地，指本国疆土之外的国家。

赏　析

　　诏书起手不凡，以非常之人和非常之功的关系作为全文立论的基础，先声夺人，总括全篇。"非常"二字显出了汉武帝的雄心，更可见他的不拘常规。古代士人喜欢以骏马自喻，本文也以骏马比喻人才。"马""士"前后各两句，一喻两用，连贯畅达；"泛驾""踦弛"两句，双承双转；"御"字一收拢，两者不分宾主，比喻用意显现。两句话既整齐又参差，既紧密又疏散，在对照中寓有深意，最后归结到一个"御"字，汉武帝暗示自己的本领，露出英明君主的气概。最后以"茂材异等"点出非常之人；"将相及使绝国"点出非常之功。无意间彼此自然形成呼应，章法高明。不过，将对外的人才提到和将相并列，也暴露了他扩大疆域的欲望。这篇诏书有气魄、有力度，从中可以看出汉武帝的远见卓识和洞察人情事理的本事。寥寥数语，既得体又有起伏，论述开合有法。

成　语

　　泛驾之马：指不服从驾驭的马，比喻很有才能而不循旧规的人，也形容敢于创新的人。

外交辞令　不卑不亢

楚归晋知莹
yīng

《左传·成公三年》

【题　解】

　　楚共王为笼络知莹父亲，打算将俘虏八年的知莹放归，但心情复杂，所以从"怨我""德我""报我"三个方面试探盘问知莹。知莹深知回答不中楚王心意，放归一事就会生变，于是答非所问，撇开冲突，单就臣子道义说事，使国格、人格都得到了维护，别出心裁，智勇可嘉。

　　晋人归楚公子谷臣与连尹襄老[1]之尸于楚，以求知莹[2]。于是荀首佐中军[3]矣，故楚人许之。

　　王[4]送知莹，曰："子其[5]怨我乎？"对曰："二国治戎[6]，臣不才，不胜其任，以为俘馘[7]。执事不以衅鼓[8]，使归即戮[9]，君之惠也。臣实不

　　晋国人把楚国公子谷臣和连尹襄老的尸首归还给楚国，用来交换知莹。在这时，知莹的父亲荀首是中军副帅了，所以楚国人答应了。

　　楚共王送别知莹，说："您大概怨恨我吧？"（知莹）回答说："两国交战，我没有才能，不能胜任自己担当的职务，以致做了俘虏。您的左右没有用我的血来涂鼓面，让（我）回国接受诛戮，这是您对我的恩惠。我

1.公子谷臣：楚庄王的儿子。　连尹：官名。　襄老：楚臣。宣公十二年（公元前597年）晋楚邲之战，知莹被楚军俘虏，其父荀首闻知冲入楚军，杀死连尹襄老，擒获公子谷臣。

2.知莹：晋大夫，就是荀莹，荀首之子。

3.是：这个时候。　荀首：就是知庄子、知季，晋卿。当时为中军副帅。　佐中军：中军副帅。佐，副职。

4.王：楚共王。

5.其：大概，表揣度。

6.治戎：治兵，作战。

7.俘馘：这里是俘虏的意思。作战时被对方活捉的人称"俘"，割取对方战死者的左耳称"馘"。

8.衅鼓：把血涂在鼓上，是古代的一种祭礼。

9.即戮：接受杀戮，受死。

才，又谁敢怨[1]？"

王曰："然则德[2]我乎？"对曰："二国图其社稷，而求纾[3]其民，各惩[4]其忿，以相宥[5]也。两释累囚[6]，以成其好。二国有好，臣不与及[7]，其谁敢德？"王曰："子归，何以报我？"对曰："臣不任[8]受怨，君亦不任受德，无怨无德，不知所报。"王曰："虽然，必告不穀[9]。"对曰："以君之灵[10]，累臣[11]得归骨于晋[12]，寡君之以为戮，死且不朽。若从君惠而免之，以赐君之外臣首[13]；首其请于寡君，而以戮于宗[14]，亦死且不朽。若不获命，而使嗣宗职[15]，次及

实在没有才能，又敢怨恨谁呢？"

楚共王说："既然这样，那么（你）感激我吗？"（知䓖）回答说："两国为自己的国家考虑，希望解除百姓（的痛苦），各自克制自己的愤怒，以求互相宽恕。两国都释放被俘的囚徒来结成友好关系。两国和好，我没有参与，又敢感激谁呢？"楚共王说："你回去，用什么报答我？"（知䓖）回答说："我没有什么值得怨恨的，您也没有什么让人感激的恩德，没有怨恨没有恩德，我不知道怎样报答。"楚共王说："尽管这样，（你）一定要告诉我（您的想法）。"（知䓖）回答说："因为君王的威灵，我这个被囚禁的臣子能够带着这身骨头回到晋国，我们的国君（如果）把我杀死，（虽然我）死了，（您的恩惠）也将不朽。如果由于您的恩惠而赦免了我，把我赐给您的外臣荀首；荀首大概会向我们国君请求，而把我在宗庙中按家法处死，（我）也将死而不朽。如果没有得到（允许诛杀的）命令，而让我继承家族世袭的官

---

1. 谁敢怨：疑问句宾语前置，"敢怨谁"。下文"其谁敢德"也是如此。
2. 德：名词作动词，感激。
3. 纾：宽解，缓和。
4. 惩：克制。
5. 宥：原谅，宽恕。
6. 累囚：拘禁的囚犯。
7. 臣不与及：与臣无关。与及，参与其中，相干。
8. 任：承担，担当。
9. 不穀：不善，古代王侯自称的谦词。
10. 以君之灵：托您的福。灵，福气。
11. 累臣：被拘禁的臣子。这是知䓖的自称。
12. 归骨于晋：骨头能回到晋国。意即能活着回到晋国。
13. 外臣首：外国大臣荀首。这是知䓖对楚王称呼父亲荀首。对楚王而言，荀首是别国之臣，故称外臣。
14. 戮于宗：执行家法，在宗族内处死。宗，宗庙，宗族。
15. 嗣宗职：继承宗族的世袭官职。

于事[1]，而帅偏师以修封疆，虽遇执事，其弗敢违[2]，其竭力致死，无有二心，以尽臣礼，所以报也。"王曰："晋未可与争。"重为之礼而归之。

职，按次序（轮到我）参与（晋国的）军事，率领军队来治理边疆，即使遇到君王您的将帅，（我）应该也不会躲避，大概会竭尽全力以致战死，（也）没有第二种想法，用（这）来尽到为臣的职责，这就是用来报答（您的）。"楚共王说："晋国是不能和它争斗的。"（于是）（楚王）为知罃举行隆重的礼仪，送他回国。

---

1. 次及于事：轮到我担任军事要职。次，按照顺序。
2. 违：避。

赏 析

　　"楚王放归"是出于私心，与知罃无关；楚王问的是私情，知罃只答之以公义。面对楚王三问，知罃只说自身不才，被俘无从"怨"起；次答两国和好，被放无从"德"起；再答无德无怨，无从"报"起。三答都是撇开冲突，推得干净，用语谦恭，语气淡定，问句作结更见委婉。面对楚王追问，先以两个"死且不朽"做一个跌宕，再回到正题，说忠于（己国）国君就是报答（他国）国君。答非所问，报非所报，出人意料却令对方无可指责。四段话婉而不晦，显而不露，分寸拿捏得当，不过火、不过直、不过硬。柔中带刚，暗藏锋芒，各有起伏转折，煞是好看。

齐国佐不辱命

《左传·成公二年》

【题 解】

晋国在鞌地大败齐军后，深入齐国国境。齐国精锐尽失，危在旦夕。胜券在握、盛气凌人的晋国提出的条件十分苛刻，其实是不想停战。齐国使臣国佐恰恰抓取对方话里的荒诞处，以理服人，从容不迫地挽回和谈。国佐"背城借一""玉石俱焚"的勇气决心，保证了齐国虽败而不辱。

晋师从[1]齐师，入自丘舆[2]，击马陉[3]。齐侯使宾媚人赂以纪甗、玉磬与地[4]。"不可，则听客之所为。"

宾媚人致赂，晋人不可。曰："必以萧同叔子[5]为质，而使齐之封内尽东其亩[6]。"对曰："萧同叔子非他，寡君之母也。若以匹敌[7]，则亦晋君之母也。吾子[8]布大命于诸

晋军追击齐军，从丘舆进入（齐国），攻打马陉。齐侯派宾媚人把纪甗、玉磬和土地赠送给（晋国，请求讲和）。"（如果晋国）不同意，那就随他们怎么办吧。"

宾媚人献上礼物，晋国人不同意（和解）。说："一定要以萧同叔子作为人质，而且使齐国境内的垄亩畦埂全都改成东西走向。"（宾媚人）回答说："萧同叔子不是别人，是我们国君的母亲。如果用对等的地位（看待），那也是晋国国君的母亲。您在诸侯中发布重大命令，却说一定要用人家的母

---

1. 从：跟随，这里是追击的意思。
2. 丘舆：齐国地名。今山东益都西南。
3. 马陉：齐国地名。今山东淄博东南。
4. 齐侯：齐顷公。 宾媚人：就是国佐，齐上大夫。 赂：赠送财物。 纪甗：纪为古国，今山东寿光南，被齐灭亡。甗，古代炊器。纪甗应当是纪国的祭器。 磬：古代玉制的打击乐器，也是一种礼器。用祭器与礼器作为赠送的礼品是很重的礼节。
5. 萧同叔子：指齐顷公的母亲。萧，国名。同叔，齐顷公外祖父萧国国君的字。子，女儿的意思。晋上军元帅郤克有残疾，出使齐国时受到萧同叔子的嘲笑，是导致晋军攻打齐国的根源。
6. 封内：疆域内，就是境内。 尽东其亩：把田间垄埂全部改成东西向。因为晋国在齐国西边，这样改道，是为了晋人兵车出入齐国方便。
7. 匹敌：对等，相等。
8. 吾子：对人的尊称。比"子"要亲热些。

侯，而曰必质其母以为信，其若王命何？且是以不孝令也。《诗》曰："孝子不匮，永锡尔类[1]"。若以不孝令于诸侯，其无乃非德类[2]也乎？先王疆理[3]天下，物[4]土之宜，而布其利。故《诗》曰："我疆我理，南东其亩[5]。"今吾子疆理诸侯，而曰'尽东其亩'而已，唯吾子戎车是利，无顾土宜，其无乃非先王之命也乎？反先王则不义，何以为盟主？其晋实有阙[6]。四王之王[7]也，树德而济同欲[8]焉；五伯[9]之霸也，勤而抚之，以役王命。今吾子求合诸侯，以逞无疆[10]之欲，《诗》曰："布政优优，百禄是遒[11]"。子实不优，而弃百

亲做人质才能作为凭信，将怎样对待周天子的命令呢？而且这是用不孝来号令（诸侯）啊。《诗经》说："孝子的孝心无穷尽，永远影响和感化同类人。"如果用不孝的行为来号令诸侯，那恐怕不是用孝道影响和感化同类的人吧？先王划定天下土地疆界，察看土地适宜种植什么，来做有利的布置。所以《诗经》说："我划定疆界、区分田里，南向东向开辟田间的垄亩。"如今您划定诸侯疆界治理天下田亩，却说'田间垄埂全部东西向'，只考虑对您的战车行进有利，不顾土地是否适宜，这恐怕不是先王的政令吧？违反先王的命令就是不合道义，凭什么做盟主？晋国确实有过失啊。四王成就王业，是因为他们树立德行，满足诸侯的共同愿望；五伯成就霸业，是因为他们勤劳而安抚诸侯，来从事于王命。如今您要求会合诸侯，（却是）用来满足自己无尽的欲望，《诗经》说："施行政令宽和，各种福禄都将聚集。"你如果不肯施政宽和，而丢弃一切福禄，这对诸侯

---

1. 孝子不匮，永锡尔类：出自《诗经·大雅·既醉》。匮，穷尽。锡，赐予，惠及。
2. 无乃：恐怕，表示委婉的语气。 德类：道德法式。
3. 疆理：指对田地的规划。疆，作动词，划分边界。理，区分条理。
4. 物：物色、考察。
5. 我疆我理，南东其亩：出自《诗经·小雅·信南山》。南东其亩，指让有的田垄东西向，有的田垄南北向。
6. 阙：过失。
7. 四王：指虞舜、夏禹、商汤、周武。也有说指禹、汤、周文、周武。王（wàng）：动词，以德治天下的意思。
8. 济：成，有满足之义。 同欲：共同的需求。
9. 五伯：就是五霸。霸的意思是"以力假仁"，就是能令天下共同效力于天子的诸侯。这里指夏伯昆吾、商伯大彭和豕韦、周伯齐桓、晋文。伯，同"霸"，诸侯的盟主。
10. 无疆：无尽。
11. 布政优优，百禄是遒：出自《诗经·商颂·长发》。优优，宽缓的样子。遒，积聚。

禄,诸侯何害焉?不然,寡君之命使臣,则有辞矣。曰:'子以君师辱于敝邑,不腆敝赋[1],以犒从者。畏君之震,师徒挠败[2]。吾子惠徼[3]齐国之福,不泯[4]其社稷,使继旧好,唯是先君之敝器、土地不敢爱[5],子又不许,请收合余烬,背城借一[6]。敝邑之幸,亦云从也;况其不幸,敢[7]不唯命是听?'"

又有什么害处呢?不这样,我们国君命令我使臣,还有(另外的)话。(他)说:'您带领贵国军队屈驾来到我国,(我们只能用我们)微薄的力量来犒劳您的随从。(由于)畏惧贵国国君的威严,我们的军队战败了。承蒙您光临为齐国求福,如果不灭亡我们的国家,让我们继续过去的友好关系,那么先君留下的破旧的器具、土地,我们是不敢爱惜的。您(如果)不允许(求和),我们就只能请求收拾残兵败将,背靠着我们的城墙决一死战。(如果)我国侥幸取胜,也是会听从贵国的命令;何况不幸战败,岂敢不听从您的命令?'"

1. 不腆:不丰厚。腆,厚。敝赋:对自己一方兵卒的谦称。
2. 挠败:打败。
3. 徼:同"邀",招致,求取。
4. 泯:灭亡。
5. 爱:吝惜,舍不得。
6. 背城借一:背靠城墙作最后一战。
7. 敢:表谦敬的副词,含有胆敢或岂敢的意思。这里是岂敢的意思。

赏　析

　　面对晋人不愿和谈的表态,齐使国佐条分缕析,逐一驳斥。关于"质母",从孝治天下和两国平等的角度,说明这会使晋君背上恶名。针对"东亩",则以因地制宜和先王成法作辩护,点出晋人的别有用心。其间一再称道先王之见,直言晋国德不配位。旁征博引,雄辩滔滔,言辞委婉,论辩有力,屡置对方于不利境地,使之理屈词穷、无言以对,难以坚持原来的条件。然后转述齐王嘱咐,不躲不闪,严正表态,抵抗到底,既不显唐突,也不是乞求。一连串四字句联贯而下,收合全篇,语调铿锵有力。强硬的表态和委婉的说理相结合,软硬兼施,让晋人不得不坐下来和谈。

驹支不屈于晋

《左传·襄公十四年》

【题 解】

　　姜戎是西北戎族的一支，从甘肃西部迁徙到山西南部，依附晋国。晋国在向地召集诸侯集会时，要拘捕姜戎首领驹支。晋国大臣范宣子指责驹支破坏晋君威信，言语泄密。驹支临危不惧，沉着冷静，据理反驳，维护清白。范宣子听后当场赔罪，成就一段佳话。

会于向[1]，将执戎子驹支[2]。

范宣子亲数诸朝[3]，曰："来！姜戎氏！昔秦人迫逐乃祖吾离于瓜州[4]，乃祖吾离被苫盖、蒙荆棘[5]以来归我先君，我先君惠公有不腆[6]之田，与女剖分[7]而食之。今诸侯之事我寡君不如昔者，盖言语漏泄，则职女之由[8]。诘朝[9]之事，尔无与[10]焉。

（晋国）在向地会集（诸侯），打算把姜戎的首领驹支抓起来。

范宣子亲自在朝堂上列举他的罪状，说："来！姜戎氏！从前秦国人驱逐你的祖先吾离到瓜州，你的祖先吾离披着茅草做的衣服，戴着荆条编的帽子，来归附我国先君，我国先君惠公有很少的土地，却与你们平分，使你们吃上饭。如今诸侯侍奉我们国君不如以前，大概说话间泄露了机密，这主要是你的原因。明天（会盟）的事，你不要参加了。（如果）参加，就把你抓起来！"

---

1. 会于向：指晋国召集诸侯在"向"这个地方商讨如何对付楚国。向，吴地名，今安徽怀远。
2. 戎子驹支：姜戎族首领，名驹支。子，首领。
3. 范宣子：士匄（gài）当时晋国的执政大臣。　数：列举罪状，责备。　朝：这里指盟会时临时设立的供诸侯、使臣一起议事的朝堂。
4. 乃：你。　瓜州：地名，今甘肃敦煌。
5. 被：同"披"。苫盖：草编的遮盖物，襄衣。蒙：冒，戴着。荆棘：这里指用荆棘条编成的帽子。
6. 不腆：不丰厚，很少。腆，丰厚，多。
7. 女：同"汝"，你。剖分：平分。
8. 职：主要。女之由：宾语前置，"由女"，因为你。
9. 诘朝：明天早上。
10. 与：参与，参加。

与,将执女。"

对曰:"昔秦人负恃其众,贪于土地,逐我诸戎。惠公蠲[1]其大德,谓我诸戎,是四岳之裔胄[2]也,毋是剪弃[3]。赐我南鄙[4]之田,狐狸所居,豺狼所嗥。我诸戎除剪其荆棘,驱其狐狸豺狼,以为先君不侵不叛之臣,至于今不贰。昔文公与秦伐郑,秦人窃与郑盟,而舍戍[5]焉,于是乎有殽之师[6]。晋御其上,戎亢[7]其下,秦师不复,我诸戎实然。譬如捕鹿,晋人角之,诸戎掎[8]之,与晋踣[9]之。戎何以不免? 自是以来,晋之百役,与我诸戎相继于时,以从执政,犹殽志也,岂敢离逖[10]? 今官之师旅[11]

(驹支)回答说:"从前秦国人依仗他们人多,贪得土地,驱逐我们各部戎人。惠公显示了他的大恩德,认为我们各部戎人是四岳的后代,不能就这样被灭绝。赐给我们南部边界的土地,那是个狐狸居住、豺狼嗥叫的地方。我们各部戎人铲除了那里的荆棘,赶走了那里的狐狸豺狼,从此成为你们先君不内侵也不外背的臣下,直到如今没有二心。过去文公跟秦国攻打郑国,秦国人私下与郑国人订立盟约,并且留下人戍守,于是就发生殽地的战役。晋国(军队)在上边抵御,戎人在下面抵挡,秦军全军覆没,实在是我们各部戎人效力,才有这样的结果。譬如捕鹿,晋国人抓住它的角,戎人们拉住它的腿,和晋国人(合力)把它扑倒。戎人(有这么大的功劳)为什么不能免罪呢? 从这以来,晋国多次出征作战,我们各部戎人都是紧接着跟上,追随你们的执政,就像殽地之战时的态度一样,怎么敢背叛、疏远(你们)? 如今晋国官府的将帅,

---

1. 蠲:显示。
2. 四岳:传说为尧、舜时四方部落的首领。 裔胄:后裔,后代。
3. 剪弃:灭绝。
4. 鄙:边疆。
5. 舍戍:留下戍守的人。舍,安置。参见《烛之武退秦师》。
6. 殽之师:秦穆公趁晋文公去世,出兵伐郑,在殽地遭到晋人伏击,全军覆没,就是"殽之战"。参见《蹇叔哭师》。此战戎人出兵帮助晋国。
7. 亢:同"抗",抵挡。
8. 掎:拉住。
9. 踣:跌倒。
10. 离逖:疏远,违背。
11. 官:相当于"官家"一词,这里指晋国。 师旅:这里指执政官吏。

无乃实有所阙，以携诸侯[1]，而罪我诸戎。我诸戎饮食衣服不与华同，贽币不通[2]，言语不达，何恶之能为？不与于会，亦无瞢[3]焉。"赋《青蝇》[4]而退。

宣子辞[5]焉，使即事于会，成恺悌[6]也。

恐怕实在有些差错吧，以致疏远了诸侯（使他们有了二心），却要怪罪我们各部戎人！我们各部戎人饮食衣服不与华人相同，财礼不相往来，言语不相通，能做什么坏事？不参加盟会，也没有什么烦闷的。"赋了《青蝇》这首诗就退了下去。

范宣子向他道歉，让他参加盟会，成全自己和易近人的美名。

---

1. 以携诸侯：诸侯携有贰心。携，叛离。
2. 贽币不通：比喻没有往来。贽币，古人见面时赠送的礼物。币，指车、马、玉、帛等。
3. 瞢：烦闷。
4. 《青蝇》：《诗经·小雅》的篇名。此诗意在谴责进谗言的小人，告诫统治者不要听信谗言。驹支取其中"恺悌君子，无信谗言"句讽喻范宣子不要听信谗言，所以下文范宣子让步，以"成恺悌"。
5. 辞：道歉。
6. 成恺悌：这里是成为君子的意思。恺悌是对君子的描述，这里移用为君子的代名词。"成恺悌"等于说成为君子，结合诗句，隐含了"无信谗言"的意思。恺悌，平易近人。

赏 析

范宣子直呼其人："来！姜戎氏！"历数晋国恩惠后，又指责驹支"盖言语漏泄，则职女之由"，并威胁说"与，将执女"，怒气冲冲，态度粗暴生硬，非常传神。驹支的反驳，也从当年依附晋国说起，先用秦君的强横对比出晋君的仁慈，也表明自己先人筚路蓝缕的业绩和对晋国的忠诚。再举"殽之战"为例，用比喻生动形象地说明双方配合默契，并由点及面，强调对晋国始终忠贞不渝。然后表示理解晋国面临的困难，但不应让自己蒙受不白之冤，因为自己客观上不具有作恶的条件。最后引用诗句希望对方不要相信谗言，让对方有台阶下。一段话逐句辩驳，理由充分而言辞婉转，语句整齐简练又有流动飘逸之感。

言语故事　神采奕奕

冯煖客孟尝君

《国策·齐策四》

【题 解】

冯煖走投无路，三弹长铗，"任意胡为"，旁人都觉厌恶，孟尝君却一一接纳和包容。如此"养士"，超过了一般的统治者为维护和扩大自己的权益而网罗人才。故事不仅充满戏剧性，充分展现了冯煖的远见卓识、深思熟虑、足智多谋而又敢作敢当，还赞扬了孟尝君包容大度、宽厚诚恳的可贵品质，表达了爱护、尊重、信任他人以实现人际和谐的美好愿望。

齐人有冯煖[1]者，贫乏不能自存，使人属孟尝君[2]，愿寄食[3]门下。孟尝君曰："客何好[4]？"曰："客无好也。"曰："客何能？"曰："客无能也。"孟尝君笑而受之曰："诺[5]。"

左右以君贱之也，食以草具[6]。

齐国有个叫冯煖的人，穷困得没法养活自己，托人致意孟尝君，希望在他门下做食客。孟尝君说："客人有什么爱好？"（来人）说："客人没有（什么）爱好。"（孟尝君）问："客人有什么才能？"（来人）说："客人没有（什么）才能。"孟尝君笑着接受了他，说："好吧。"

左右侍从因为孟尝君轻视冯煖，便把

---

1. 冯煖：孟尝君的门客，齐国游说之士。煖，一作"谖"，《史记》又作"驩"，音皆同。
2. 属：同"嘱"，这里是托告，致意。 孟尝君：田文，齐威王之孙，其父田婴在齐宣王时为相，受封于薛（今山东滕州市张汪镇官桥镇境内），田文继承其父的食邑，人称薛公。田文在齐湣（mǐn）王时为相，号孟尝君。与魏信陵君、赵平原君、楚春申君，均系宗室之胄，又皆轻财好士，养有许多食客，并称"战国四公子"。
3. 寄食：依附他人吃饭。
4. 何好：宾语前置，即"好何"，爱好什么。
5. 诺：答应声。
6. 食：同"饲"，拿食物给人吃，这里指招待。 草具：粗劣的餐具，这里指粗劣的食物。

居有顷[1]，倚柱弹其剑，歌曰："长铗[jiá]归来乎[2]！食无鱼。"左右以告[3]。孟尝君曰："食[shí]之，比[4]门下之客。"居有顷，复弹其铗，歌曰："长铗归来乎！出无车。"左右皆笑之，以告。孟尝君曰："为之驾[5]，比门下之车客。"于是乘其车，揭[6]其剑，过其友曰："孟尝君客我。"后有顷，复弹其剑铗，歌曰："长铗归来乎！无以为家。"左右皆恶[wù]之，以为贪而不知足。孟尝君问："冯公有亲乎？"对曰："有老母。"孟尝君使人给其食[shí]用，无使乏[jì]。于是冯谖不复歌。

后孟尝君出记[7]，问门下诸客："谁习计会[kuài][8]，能为文收责[zhài][9]于薛者乎？"冯谖署曰："能。"孟尝君怪之，曰："此谁也？"左右曰："乃歌

粗劣的食物给他吃。过了不久，（冯谖）倚着柱子敲敲他的佩剑，唱道："长剑啊，（我们还是）回去吧！吃饭没有鱼。"左右侍从把（这件事）报告（孟尝君）。孟尝君说："给他吃鱼，按照一般门客的标准。"过了不久，（冯谖）又敲敲他的剑，唱道："长剑啊，（我们还是）回去吧！出门没有车子。"左右侍从都取笑他，把（这件事）报告孟尝君。孟尝君说："给他备办车马，按门下车客的标准。"（冯谖）于是乘着他的车，举着他的佩剑，拜访他的朋友，说："孟尝君把我当门客看待！"后来过了一段时间，他又敲着他的剑，唱道："长剑啊，（我们还是）回去吧！没什么可以拿来养家呀。"左右侍从都厌恶他，认为他贪心，不知足。孟尝君问（管事的人）："冯公有亲人吗？"回答说："有个老母亲。"孟尝君派人供给冯母吃的用的，不让（她）短缺。从此，冯谖就不再唱了。

后来，孟尝君出了一个告示，询问门下各位门客："谁熟悉算账理财，能够替我田文到薛邑去收债呢？"冯谖签上名字，说："我能。"孟尝君感到奇怪，说："这是谁呀？"左右侍从说："就是唱'长剑回去'的那个

---

1. 有顷：指时间短。
2. 铗：剑把，这里指剑。　来、乎：皆为句末语助词，无义，连用以加强语气。
3. 以告：把冯谖唱歌的事告诉孟尝君。宾语"之"省略了。
4. 比：按照。
5. 为之驾：给他准备车马。
6. 揭：高举。
7. 记：通告，文告。
8. 计会：会计，计算和管理财务。
9. 责：同"债"，债务，债款。

夫'长铗归来'者也。"孟尝君笑曰："客果有能也。吾负之，未尝见也。"请而见之，谢曰："文倦于是，愦[1]于忧，而性懧[2]愚，沉于国家之事，开罪[3]于先生。先生不羞，乃有意欲为收责于薛乎？"冯谖曰："愿之。"于是约车治装，载券契[4]而行，辞曰："责毕收，以何市而反[5]？"孟尝君曰："视吾家所寡有者。"

驱而之薛，使吏召诸民当偿者，悉来合券。券遍合赴，矫命以责赐诸民[6]，因烧其券，民称万岁。

长驱到齐，晨而求见。孟尝君怪其疾也，衣冠[7]而见之，曰："责毕收乎？来何疾也！"曰："收毕矣。""以何市而反？"冯谖曰："君云'视吾家所寡有者'。臣窃计，君

人。"孟尝君笑着说："这位客人果真有才能啊，我辜负他了，不曾见过（他）呢。"（孟尝君派人去）请冯谖来见面，道歉说："我被这些政事弄得疲惫不堪，被忧虑搞得心烦意乱，而且生性懦弱愚钝，沉溺于处理国家事务，得罪了先生。先生不以为羞辱，竟然愿意替我到薛邑去收债吗？"冯谖说："愿意去办这件事。"于是准备车辆，收拾行装，载上债券契约就要出发，（向孟尝君）辞别道："债全部收齐，用它买什么东西回来？"孟尝君说："看我家里缺少什么（就买什么）。"

（冯谖）驱车到了薛邑，派小吏召集那些应该还债的百姓，都来核对验证借约。借约全部核对验证完毕，冯谖站起来假托孟尝君的命令，把债款都赐给了百姓，于是烧了那些借约。百姓高呼万岁。

（冯谖）马不停蹄地驱车回到齐国，大清早就求见孟尝君。孟尝君对他办事这么快感到奇怪，穿戴好衣冠来见他，说："债都收完了吗？怎么回来得这么快？"（冯谖）说："收完啦。""用（它）买了些什么回来了？"冯谖说："您说'看我家里缺少什么

---

1. 愦：昏乱，心乱。
2. 懧：同"懦（nuò）"，懦弱。
3. 开罪：等于说得罪。
4. 券契：契约，借条。借贷双方各持一份书牒（竹木做成的），刻齿其旁，以便合齿验证，下文说的"合券"，就是验对债券，看这两者是否相合。
5. 市：买。反：同"返"。
6. 矫命：假托（孟尝君）命令。以责赐诸民：把债款赐给老百姓。诸，兼词，"之于"。
7. 衣冠：穿好衣服、戴好帽子（来接见他），以表示恭敬。衣、冠，都是名词作动词。

宫中积珍宝,狗马实外厩[jiù],美人充下陈[1]。君家所寡有者以义耳! 窃[2]以为君市义。"孟尝君曰:"市义奈何?"曰:"今君有区区之薛,不拊[fǔ]爱子[3]其民,因而贾利之。臣窃矫君命,以责赐诸民,因烧其券,民称万岁。乃臣所以为君市义也。"孟尝君不说[yuè][4],曰:"诺,先生休矣!"

后期年[5],齐王[6]谓孟尝君曰:"寡人不敢以先王[7]之臣为臣。"孟尝君就国[8]于薛,未至百里,民扶老携幼,迎君道中,终日。孟尝君顾谓冯煖:"先生所为文市义者,乃今日见之。"

冯煖曰:"狡兔有三窟,仅得免其死耳。今有一窟,未得高枕而卧也。请为君复凿二窟。"孟尝君予

（就买什么）'。我私下考虑,您的宫里堆满了奇珍异宝,猎犬良马挤满了外面的牲口棚,美女站满了堂下。您家里缺少的东西只有'义'了!（因此）我私自用（它）给您买了'义'。"孟尝君说:"买'义'是怎么回事呢?"（冯煖）说:"现在您只有小小的薛邑,却不能抚育爱护那里的百姓,还用商贾手段（向他们）取利。我私自假托您的命令,把债款赐给了那些百姓,继而又烧掉了那些借约,百姓高呼万岁。这就是我用来给您买'义'的方式。"孟尝君不高兴,说:"好了,先生歇息吧!"

过了一整年,齐王对孟尝君说:"寡人不敢把先王的大臣当作自己的大臣。"孟尝君（只好）前往自己的封地薛邑。距离（薛邑）还有一百里（的地方）,百姓扶老携幼,早已在路上（恭候了）一整天,迎接他的到来。孟尝君回头对冯煖说:"先生您为我田文买的义,竟在今天见到了!"

冯煖说:"狡猾的兔子有三个藏身的洞穴,才能避免一死。现在（您）有一个洞穴,还不能垫高枕头睡觉啊。请允许我为您再挖两个洞穴!"孟尝君给了他五十辆马车,

---

1. 下陈:陈放礼物、站立婢妾的地方,因在堂下,故称下陈。这里指后宫内室。
2. 窃:私自,谦词。
3. 拊:同"抚",抚慰,安抚。 子:名词的意动用法,把……当作子女。
4. 说:同"悦",高兴。
5. 期年:一年。
6. 齐王:齐湣王。《史记·孟尝君列传》:"齐（湣）王惑于秦、楚之毁,以为孟尝君名高其主,而擅齐国之权,遂废孟尝君。"所谓"不敢以先王之臣为臣",是托词。
7. 先王:这里指齐湣王亡父齐宣王。
8. 就国:前往自己的封邑。就,前往。

车五十乘¹，金²五百斤，西游于梁³，谓梁王曰："齐放其大臣孟尝君于诸侯，先迎之者，富而兵强。"于是，梁王虚上位⁴，以故相为上将军，遣使者，黄金千斤，车百乘，往聘孟尝君。冯煖先驱诫孟尝君曰："千金⁵，重币⁶也；百乘，显使也。齐其⁷闻之矣。"梁使三反，孟尝君固辞不往也。

齐王闻之，君臣恐惧，遣太傅⁸赍黄金千斤，文车二驷⁹，服剑¹⁰一，封书¹¹谢孟尝君曰："寡人不祥，被于宗庙之祟¹²，沉于谄谀¹³之臣，开罪于君，寡人不足为也。愿君顾¹⁴先王

五百斤铜，向西到梁国去游说，（冯煖）对梁惠王说："齐王把他的大臣孟尝君放逐到诸侯国去，首先迎接他的诸侯就能国富而兵强。"于是，梁惠王空出最高的官位，把原来的国相调任为上将军，派遣使者带着千斤铜、百辆马车，来聘请孟尝君。冯煖先驱车回来告诫孟尝君说："千斤铜，是很贵重的聘礼；百辆车马，是显赫的使节。齐国大概听说这件事了。"大梁的使者往返三次，孟尝君坚决推辞不去。

齐王听说了这个消息，君臣上下恐慌不已，派遣太傅携带千斤铜，两辆彩车，一把（齐王自己的）佩剑，写信向孟尝君表示歉意，说："我没福气，遭受祖宗和神灵降祸惩罚，被谄媚奉承之臣迷惑，得罪了您。我是不值得您为我效力的，希望您看在先王宗庙的份上，暂且回国来治理万民好吗？"冯煖

---

1. 乘：古代四马一车为一乘，亦可泛指车。
2. 金：这里指铜。
3. 梁：指魏国。魏惠王由安邑（今山西夏县西北）迁都大梁（今河南开封），此后魏也称梁。
4. 虚上位：就是把上位（指相位）空出来。虚，使……虚。上位，最高官职，指宰相。
5. 千金：等于说铜千斤。
6. 币：这里指聘币，是古代聘请人时送的礼物。
7. 其：语气副词，表示推测。
8. 太傅：官名，齐国的高官。
9. 文车：绘有图案的车子。文，同"纹"，花纹。驷：四马驾的车。"乘"不一定是四马，但"驷"一定是四马。
10. 服剑：指齐王的佩剑。
11. 封书：写信，古代书信用封泥加印，故曰封书。
12. 被：遭受。宗庙：祭祀祖先的地方，这里指祖宗。祟：灾祸。
13. 谄谀：巴结逢迎。
14. 顾：顾念。

之宗庙，姑[1]反国统万人乎！"冯煖诚孟尝君曰："愿请先王之祭器[2]，立宗庙于薛[3]。"庙成，还报孟尝君曰："三窟已就，君姑高枕为乐矣。"

孟尝君为相数十年，无纤介[4]之祸者，冯煖之计也。

告诫孟尝君说："希望（您向齐王）求得先王的祭器，在薛邑建立宗庙。"宗庙建成了，（冯煖）回来向孟尝君报告说："三个洞穴已经建成了，您暂且垫高枕头过快乐的日子吧！"

孟尝君担任国相几十年，没有一点儿灾祸，都是冯煖的计谋啊。

---

1. 姑：副词，暂且。
2. 祭器：宗庙里祭祖用的礼器。
3. 立宗庙于薛：孟尝君与齐王同宗，在薛建宗庙、设祭器，目的是使齐王重视并保护薛邑，孟尝君的政治地位也就会更加巩固。
4. 纤介：细丝与草芥，形容细微。

赏　析

　　与《史记》有所不同，《战国策》所记略去了一些背景、过程细节，使内容更加集中在主要人物身上，使人物形象更加鲜明。同时，将冯煖与孟尝君个人命运发展的两条主线巧妙地融为一体，相互映衬、相互成就。整个故事立意奇妙，奇人奇事，情节越出越奇，戏剧性不断加大，读来"波澜层出，姿态横生"。自托孟门和"三弹长铗"，是欲扬先抑，故布疑云，设下悬念，为下文蓄势。"烧券市义"一段有胆有识，虽然用力解释，但仍属大话空话。直到三窟凿就，才把全文收容包裹成为一体，充分展现了人才的难得。前后情节反复相生，叙事顿挫跌宕，关锁照应，"谋篇之妙，殊属奇绝"。还善于通过语言塑造人物，人物语言句调变幻，摹写精工。叙事艺术的魅力，更胜《史记》。

赵威后问齐使

《国策·齐策四》

【题解】

赵威后接见外国使臣，顺便问候对方国君，是正常的礼节。但赵威后与众不同之处在于她的问话具有浓郁的民本色彩及个人治国风格。这虽有自我标榜之意，却表明她是个有政治远见的人物。短短几句问话，隐含了赵威后对齐王的间接批评，映衬出一位勤于治国的女君主的政治情怀，也表达了作者对于这种以民为本的政治理念的认同。

齐王使使者问赵威后[1]。书未发[2]，威后问使者曰："岁亦无恙(yàng)[3]耶？民亦无恙耶？王亦无恙耶？"使者不说(yuè)[4]，曰："臣奉使使威后，今不问王，而先问岁与民，岂先贱而后尊贵者乎？"威后曰："不然。苟(gǒu)无岁，何有民？苟无民，何有君？故有问舍本而问末者耶(yé)？"

乃进而问之曰："齐有处士(chǔ)[5]曰锺(zhōng)离子[6]，无恙耶？是其为人也，有

齐王派遣使者问候赵威后。信还没有启封，威后就问使者道："年成好吗？百姓好吗？大王好吗？"使者不高兴，说："我奉使命出使到威后这里来，现在您不（先）问候大王，却先问年成和百姓，难道是把卑贱的放在前头，把尊贵的放到后面吗？"威后说："不是这样。假如没有年成，哪里有百姓？假如没有百姓，哪里有国君？所以哪有问话不先问根本而先问末节的呢？"

（赵威后）于是进一步问使者道："齐国有个处士叫锺离子，他好吗？这个人的为

---

1. 齐王：战国时齐王田建，齐襄王之子。使使：第一个"使"是动词，出使；第二个"使"是名词，使命。问：聘问，当时诸侯间一种礼节性交往。赵威后：赵孝成王之母，惠文王妻。惠文王卒，孝成王年幼，太后执政。
2. 书：指齐王给赵威后的书信。发：启封。
3. 岁：年成，收成。亦：句中助词，无义。恙：灾，病。
4. 说：同"悦"。
5. 处士：旧指有才能，有道德而隐居不出来做官的人。
6. 锺离子：齐国处士。锺离是复姓。

粮者亦食¹,无粮者亦食;有衣者亦衣²,无衣者亦衣,是助王养其民者也,何以至今不业³也?叶阳子⁴无恙乎?是其为人,哀鳏寡,恤孤独,振⁵困穷,补不足。是助王息⁶其民者也,何以至今不业也?北宫之女婴儿子⁷无恙耶?撤其环瑱⁸,至老不嫁,以养父母。是皆率民而出于孝情者也,胡为至今不朝⁹也?此二士弗业,一女不朝,何以王齐国,子万民乎?於陵子仲¹⁰尚存乎?是其为人也,上不臣于王¹¹,下不治其家,中不索¹²交诸侯。此率民而出于无用者,何为至今不杀乎?"

人啊,有粮食的他给食物吃,没粮食的他也给食物吃;有衣服的他拿衣服给人穿,没有衣服的他也拿衣服给人穿。这是帮助大王养活百姓的人,为什么到现在还没有做官成就功业呢?叶阳子好吗?这个人的为人啊,哀怜那些无妻无夫的人,抚恤那些无父无子的人,救济那些困苦贫穷的人,补给那些缺衣少食的人。这是帮助大王繁育百姓的人啊,为什么到现在还没有做官成就功业呢?北宫氏的女儿婴儿子好吗?(她)摘掉自己的首饰,到老不嫁,来奉养父母。这是带动百姓推行孝道的人啊,怎么到现在还没有给予封号让她上朝呢?这两位贤士还没有得到重用而成就功业,一个孝女不加封号不被朝堂召见,凭什么统治齐国、做万民的父母呢?於陵子仲还在吗?这个人的为人啊,对上不向大王称臣,对下不能治理他的家庭,中不去谋求结交诸侯。这是带动百姓朝无所事事的地方走呀!为什么到现在还不杀掉呢?"

---

1. 食:给人吃。
2. 衣:拿衣服给人穿。此句前一"衣"(yī)是名词;后一"衣"(yì)作动词用,给衣服穿。
3. 业:成就功业,做官。
4. 叶阳子:齐国处士。叶阳是复姓。
5. 振:同"赈",赈济,救济。
6. 息:繁殖。
7. 北宫之女:齐国有名的孝女。北宫,复姓。婴儿子,姓北宫,名婴儿子。
8. 环瑱:这里泛指首饰。环,指耳环、手镯。瑱,作耳饰的玉、玉制耳坠。
9. 胡为:为什么。"胡",疑问代词。 不朝:不上朝。古代妇女有封号的才能上朝,所以这里的"不朝"实际上是指不加封号。
10. 於陵:齐地,今山东长山西南。 子仲:齐国隐士。
11. 不臣于王:不向王称臣,就是不做官。臣,名词作动词,向……称臣。
12. 索:求。

赏　析

　　全文由两次询问组成。不打开国书就先问，细节传神。先问"岁"、后问"民"，故意颠倒，惹得使者发问，然后借机阐发"民为国本，食为民天"的思想。再逐一问过养民之人、息民之人、率民行孝之人，以至率民无用之人，意为民之教养刻不容缓，王之赏罚不可轻忽。前一问深得"民惟邦本"之意；后一问深得"为政在人"之意。通篇以问句为主，充满诘难口气，意义严肃而语言婉转。观点明确，论述缜密，推理和实例结合，运用实例又能正反结合。文词简练，语势紧凑，不讲客套，直问到底，无一句疲软。前问三"无恙耶"；中又三"无恙耶"；再变一"尚存乎"，情感色彩截然不同。以"是……其民者也"开头，以"何为至今不……"作结。章法越整齐，笔调越参差；越参差，又越整齐。思维灵动，满纸飞舞。尤妙在齐使默无一语。威后说得尽兴，齐使听得败兴，真是奇绝。

苏秦以连横说(shuì)秦

《国策·秦策一》

【题 解】

苏秦游说秦王失败后发愤读书，后在赵国游说取得成功，人生境遇也随之发生剧变，宣扬了苏秦为"取卿相之尊"而发愤读书的名利思想。《战国策》保存了当时游说之士从事政治活动的大量记载，具有独特的论辩风格，语言流畅犀利，人物形象鲜明生动，可以视为文学作品。标题是后人摘用的文章的第一句，整篇内容并不在于"说秦"。

苏秦始将连横说(shuì)秦惠王[1]曰："大王之国，西有巴、蜀、汉中[2]之利，北有胡貉、代马[3]之用，南有巫山[4]、黔(qián)中之限，东有殽(xiáo)、函[5]之固。田肥美，民殷(yīn)富，战车万乘(shèng)，奋击百万，沃(wò)野千里，蓄积饶(ráo)多，地势形

苏秦起先以连横的策略游说秦惠王，说："大王的国家，西有巴、蜀、汉中的富饶物产，北有胡貉、代马的生活物用，南有巫山、黔中的天然屏障，东有殽山、函谷关的坚固防线。耕田肥美，百姓富足，战车万辆，勇士百万，沃野千里，蓄积丰饶，地理形势优良便

1. 苏秦：字季子，战国时洛阳人，当时著名的策士，纵横家代表人物。先在燕为官，为防齐攻燕，赴赵离间赵、齐关系。公元前 287 年，组织发动五国合纵攻秦，赵封他为武安君。至齐，受重用，但暗中仍为燕效力，说动齐湣王发兵攻宋，而燕将乐毅乘机袭齐，齐败绩，于是齐以反间罪将苏秦处以车裂之刑。《国策》《史记》诸书所载苏秦事迹不尽一致。 连横：战国后期，唯秦最强，函谷关以西的秦国与楚、齐等国分别联合，这是分化六国、使之臣服秦国的策略。当时流行于诸侯中相互争斗的两种策略的另一种，则是与此相对的"合纵"，指函谷关以东楚、燕、赵、魏、韩、齐六国的联合抗秦。 秦惠王：秦国国君嬴驷，秦孝公之子，谥号"惠文"，史称秦惠文王。
2. 巴：大致范围以今重庆为中心，包括四川东部、湖北西部一带。 蜀：以今成都为中心的四川中、西部一带。 汉中：今陕西秦岭以南一带。
3. 胡貉：产于北方地区的貉皮。胡，指北方少数民族地区。貉，形状如狸，毛皮可制裘。 代马：代，相当于今河北、山西北部地区，多产骏马。
4. 巫山：山名。今四川巫山东。 黔中：地名。郡治在今湖南常德。
5. 殽：同"崤"，崤山。今河南洛宁西北，系秦岭东段支脉，分东西两崤，延伸至黄河、洛河间，主峰干山在河南灵宝东北。 函：指函谷关，位于灵宝南，因关处谷中，深险如函得名。

便,此所谓天府,天下之雄国也。以大王之贤,士民之众,车骑之用,兵法之教^{jiào},可以并诸侯,吞天下,称帝而治¹。愿大王少留意²,臣请奏其效。"

秦王曰:"寡人闻之,毛羽不丰满者不可以高飞,文章³不成者不可以诛罚,道德不厚者不可以使民,政教不顺者不可以烦⁴大臣。今先生俨然^{yǎn}不远千里而庭教之,愿以异日。"

苏秦曰:"臣固疑大王之不能用也。昔者神农伐补遂^{suì 5},黄帝伐涿^{zhuō}鹿而禽蚩尤^{chī yóu 6},尧伐驩兜^{huān dōu 7},舜^{shùn}伐三苗⁸,禹伐共工^{yǔ gōng 9},汤伐有夏¹⁰,文王

利,这正是所说的天然府库,是天下最强的国家啊。凭着大王的贤明,兵士百姓的众多,车骑的听命用力,兵法的普遍教练,可以兼并诸侯,统一天下,称帝而治。希望大王稍微留意,请允许我奏明这样做的功效。"

秦王说:"我听说,羽毛还未丰满的,不可以高飞;法令还未完备的,不可以用刑罚;道德还未深厚的,不可以役使百姓;政令教化还未畅行的,不能烦劳大臣出征。如今先生郑重其事不远千里地来到(秦国)并且在朝廷上教诲我,希望在以后(再领教吧)。"

苏秦说:"我本来就怀疑大王不会采纳我的主张。从前神农氏讨伐补遂,黄帝讨伐涿鹿而擒杀蚩尤,唐尧讨伐驩兜,虞舜讨伐三苗,夏禹讨伐共工,商汤讨伐夏桀,周文王讨伐崇国,周武王讨伐商纣,齐桓公用战争手段而称霸天下。由此看来,哪有不用战争

---

1. 称帝而治:战国时各诸侯国君主皆称王,当时较强者如秦、齐,企图统一各国而自称帝号。
2. 少留意:稍加留意,这是谦婉辞令,其实是要对方注意重视。少,稍微。
3. 文章:这里指法令。
4. 烦:调遣。
5. 神农:炎帝,号神农氏,传说中的部落联盟首领,相传他发明了农业和医药,而被奉为农神。 补遂:古部落名。
6. 黄帝:号轩辕氏,传说中的中原部落联盟首领,发明舟车、历法等,与炎帝在华夏族形成过程中起到重大历史作用。 涿鹿:地名,今河北涿鹿附近。 禽:同"擒"。 蚩尤:传说中九黎族首领。
7. 尧:古帝名。尧传位给舜,舜传位给禹。 驩兜:传说是尧的臣下,四凶之一,因作恶被尧流放至崇山。
8. 三苗:古代部落。《史记·五帝本纪》称其地原在江、淮、荆州,相传舜时被迁至三危(今甘肃敦煌一带)。
9. 共工:传说是尧的臣下,原是水官名,世代以官为氏,称共工氏。舜时共工氏颇凶横,与驩兜、三苗、鲧合称为"四凶",后遭流放。
10. 汤:殷商开国君主。夏朝君主桀无道,汤起兵攻桀,灭夏,建立商朝。 有夏:夏朝,这里指夏桀。

伐崇¹，武王伐纣²，齐桓任战³而霸天下。由此观之，恶⁴有不战者乎？古者使车毂⁵击驰，言语相结，天下为一；约从连横，兵革⁶不藏，文士并饬⁷，诸侯乱惑，万端俱起，不可胜理；科条⁸既备，民多伪态；书策稠浊⁹，百姓不足；上下相愁，民无所聊¹⁰；明言章¹¹理，兵甲愈起；辩言伟服，战攻不息；繁称文辞，天下不治；舌敝耳聋，不见成功；行义约信，天下不亲。于是，乃废文任武，厚养死士，缀甲厉兵¹²，效胜于战场。夫徒处而致利，安坐而广地，虽古五帝、三王、五霸¹³，明主贤君，

手段（而完成大业）的呢？古时候各国使节乘车往来奔驰，用语言相互结亲，天下连成一体；（现在）合纵连横，武器没有收藏起来，文士巧舌如簧，诸侯被他们游说得混乱迷惑，各种事端都出来了，不能完全厘清。法律规章（虽然）已经很完备了，但百姓仍欺诈作伪；文书典策繁杂，百姓（的用度）不够。上上下下都发愁，民众无所依赖。话说得漂亮，道理说得堂皇，战事越是（无休无止地）发生；（游说之士）雄辩滔滔衣冠楚楚，（但）攻战仍不停止；繁杂浮夸的文辞，（却使）天下不能安定；（说者）舌头说破了，（听者）耳朵听聋了，（却）看不到成效；提倡道义，约以诚信，天下（却）不能相亲相善。于是就弃文用武，以优厚的待遇蓄养敢死之士，制好甲胄，磨快刀枪，在战场上决定胜负。什么也不做却能获得利益，安不动坐却能扩充疆土，即使是上古五帝、三王、五霸，（以及）明主贤君，常想如此坐享其

---

1. 文王：姬昌，周武王姬发之父。商纣王时为西方诸侯之长，又称西伯。 崇：殷商时诸侯国，在今河南嵩县，一说在今陕西西安西沣水侧。这里指崇侯虎。崇侯虎助纣为虐，文王发兵讨伐他。

2. 纣：商朝末代君主，荒淫暴虐。武王伐纣灭商，建国号周。

3. 齐桓：齐桓公，春秋五霸之一。 任战：指用兵。

4. 恶：哪里。

5. 毂：车轮中央的圆眼，轴安其中。这里代指车乘。

6. 兵革：武器装备，这里指战争。兵，兵器。革，用皮革制的甲。

7. 饬：同"饰"，巧饰。

8. 科条：法令规章。

9. 书策：文件、政令。稠浊：又多又乱。

10. 聊：依靠。

11. 章：同"彰"，明显。

12. 缀：连缀、缝制。厉：同"砺"，磨砺。

13. 五帝：传说中的上古帝王，说法多种。《史记·五帝本纪》指黄帝、颛顼、帝喾、唐尧、虞舜。 三王：指夏禹、商汤和周代的文王、武王。 五霸：就是春秋五霸，也作"五伯"，指春秋时先后称霸的五个诸侯，通常指齐桓公、晋文公、宋襄公、楚庄王、秦穆公；也有指齐桓公、晋文公、楚庄王、吴王阖闾、越王勾践。

常欲坐而致之，其势不能，故以战续之。宽则两军相攻，迫则杖戟相撞，然后可建大功。是故兵胜于外，义强于内；威立于上，民服于下。今欲并天下，凌万乘[1]，诎[2]敌国，制海内，子元元[3]，臣诸侯，非兵不可！今之嗣主[4]，忽于至道[5]，皆惛[6]于教，乱于治，迷于言，惑于语，沉于辩，溺于辞。以此论之，王固不能行也。"

说秦王书十上而说不行。黑貂之裘敝，黄金百斤尽，资用乏绝，去秦而归。赢縢履蹻[7]，负书担橐[8]，形容枯槁，面目黧[9]黑，状有愧色。归至家，妻不下纴[10]，嫂不为炊，父母不与言。苏秦喟然叹曰："妻不以我

成，形势却不能（让他们做到），所以用战争继续求取。距离远的就（摆开阵势）两军相攻，距离近的就兵器对兵器互相拼杀，这样以后才可建立大功。因此，军队对外能打胜仗，对内声扬道义才强劲有力；（君主）在上面树立了威信，臣民在下面才会顺心服从。如今要吞并天下，超越万乘之国，使敌国屈服，控制海内，抚育万民百姓，使诸侯臣服，非用战争手段不可！当今继位的君主，忽视了这个最重要的道理，都不明教化，治国混乱，被花言巧语迷惑，被能说会道沉溺。从这些情况来看，大王本来就不会采纳（我的策略的）。"

（苏秦）劝说秦王的奏章呈送了十次，而他连横的意见没被采纳。黑貂皮袍子破了，一百斤黄金（黄铜）都花光了，生活费用没有了，只得离开秦国回家。（他）裹着绑腿，穿着草鞋，背着书箱，挑着行李，外貌干瘦，神情憔悴，脸色黄黑，看起来还有羞愧的神色。回到家里，妻子不下织机，嫂子不给（他）做饭，父母不跟（他）说话。苏秦感慨地长叹道："妻子不把我当作丈夫，嫂子不把

---

1. 万乘：万辆战车。这里指大国。
2. 诎：屈服。
3. 子：名词意动用法，以……为子。这里指爱护、统治。下文"臣"的用法相同。元元：百姓。
4. 嗣主：继位的君主。
5. 至道：最重要的"道"。这里指战争。
6. 惛：同"昏"。
7. 赢：同"累"，缠绕。縢：绑腿布。蹻：同"屩"，草鞋。
8. 橐：口袋。
9. 黧：黑色。
10. 纴：织布帛的丝缕。这里指织机。

为夫，嫂不以我为叔，父母不以我为子，是皆秦之罪也。"乃夜发书，陈箧[1]数十，得太公《阴符》[2]之谋，伏而诵之，简练以为揣摩。读书欲睡，引锥自刺其股，血流至足。曰："安有说人主不能出其金玉锦绣，取卿相之尊者乎？"期年，揣摩成，曰："此真可以说当世之君矣！"

于是乃摩燕乌集阙[3]，见说赵王于华屋之下，抵掌[4]而谈。赵王[5]大说，封为武安[6]君，受[7]相印。革车百乘，锦绣千纯[8]，白璧百双，黄金万镒[9]，以随其后，约从散横，以抑强秦。故苏秦相于赵而关不通[10]。

当此之时，天下之大，万民之众，王侯之威，谋臣之权，皆欲决

我当作小叔，父母不把我当作儿子，这都是我苏秦的罪过啊！"于是（他）连夜打开书箱，摆出几十个书箱（的书），找到了姜太公《阴符》的兵法书，埋头诵读，选择（重要的）熟记，揣摩时事钻研书中精要。读书（疲倦了）想睡时，就拿锥子刺自己的大腿，鲜血直淌到脚上。并对自己说："哪有游说君主而不能掏出他的金玉锦绣，取得卿相高位的呢？"过了一年，揣摩透了，道："这下子真可以说服当世的国君了！"

于是苏秦走到燕乌集阙，在华丽的殿堂里拜见并游说赵王，拍着手侃侃而谈。赵王十分高兴，封（苏秦）为武安君，授予（苏秦）相国大印，（还有）兵车百辆，锦缎千束，白璧百双，黄金万镒，让（这些）跟在他的后面，去约集六国合纵，解散（秦国与他们的）连横关系，以此来削弱强暴的秦国。所以苏秦在赵国为相（期间），函谷关便不通（秦）了。

在这时候，那么大的天下，那么多的百姓，那么有威风的王侯，那么有权势的谋臣，

---

1. 箧：小箱子。
2. 太公：姜太公吕尚。《阴符》：相传为姜太公所著兵书。
3. 摩：接近。燕乌集阙：燕乌，乌鸦的一种。这里以乌集宫阙之状，比喻博喻宏辞、纵横捭阖的说辩艺术。
4. 抵掌：击掌，表示兴奋状。抵，侧手击。
5. 赵王：赵肃侯。
6. 武安：地名，今河北武安。
7. 受：同"授"。
8. 纯：古代计量单位。布帛一段为一纯。
9. 镒：古代重量单位，二十两为一镒，又说二十四两为一镒。
10. 关：指函谷关，六国通秦要道。关不通：意思是说六国抗秦，不与秦往来。

于苏秦之策。不费斗粮，未烦一兵，未战一士，未绝一弦，未折一矢，诸侯相亲，贤于兄弟。夫贤人在而天下服，一人用而天下从。故曰：式[1]于政，不式于勇；式于廊庙[2]之内，不式于四境之外。当秦之隆，黄金万镒为用，转毂连骑[3]，炫熿[4]于道，山东[5]之国，从风而服，使赵大重[zhòng]。且夫苏秦特穷巷掘门[kū]、桑户棬枢[quān shū][6]之士耳，伏轼撙衔[shì zǔn xián][7]，横历天下，廷说[shuì]诸侯之主，杜[8]左右之口，天下莫之伉[kàng][9]。

将说[shuì]楚王，路过洛阳，父母闻之，清宫[10]除道，张[11]乐设饮，郊迎三十里。妻侧目而视，侧耳而听；

都要由苏秦的策略来支配决定。不费一斗军粮，不劳一件兵器，不用一个士兵打仗，不断一根弓弦，不折一支箭，（就使）列国诸侯相互亲善，比兄弟还好。贤人在位能使天下归服；一个人受到重用，能使天下顺从。所以说：靠德政起作用，不是靠勇敢起作用；靠朝廷上的决策起作用，不是靠在国境外大动干戈。当苏秦最得势的时候，有黄金万镒作为费用，车马成队，威风凛凛地在路上奔驰，崤山以东各国，（如同）顺着风向（一致）服从，使得赵国的声望大大增强。况且苏秦只不过是一个居住在穷街僻巷、低门矮屋里的读书人罢了，（现在却）手扶车前横木，勒着马缰绳，纵横天下，在朝堂上游说诸侯君主，左右亲信（都被辩得好像）嘴巴被堵住了，天下没有人能和他抗衡。

（苏秦）将要去游说楚王，路过洛阳。他的父母听到这一消息，就洒扫房屋，清扫道路，设置乐队，摆开酒席，到三十里外的郊野迎接。妻子侧着眼睛看（他的神色），侧着耳

1. 式：用。

2. 廊庙：指朝廷。

3. 转毂连骑：车马成队。

4. 炫熿：辉煌显耀。熿，同"煌"。

5. 山东：崤山以东。

6. 特：只，不过。 掘门：凿墙为门。掘，同"窟"，洞穴。 桑户：桑木为门板。 棬枢：用卷起来的树枝作门枢。

7. 轼：车前横木。 撙衔：驭马使之就范。撙，控制。衔，马勒。

8. 杜：塞，堵住。

9. 伉：同"抗"，匹敌，相当。

10. 清：清扫。 宫：古时房屋的通称。

11. 张：设，摆设。

嫂蛇行匍伏,四拜自跪而谢¹。苏秦曰:"嫂,何前倨^{jù}而后卑也?"嫂曰:"以季子²位尊而多金。"苏秦曰:"嗟^{jiē}乎!贫穷则父母不子,富贵则亲戚畏惧。人生世上,势位富厚,盖^{hé 3}可以忽乎哉^{zāi}!"

朵听(他说话);他嫂子像蛇一样爬行,趴在地上,朝他拜了四拜,自己跪着道歉。苏秦说:"嫂嫂,你为什么先前那么傲慢,而如今又这么卑下呢?"嫂子回答说:"因为您地位尊贵又多金钱。"苏秦说:"唉!一个人贫穷失意时父母不把他当作儿子,有财有势时连亲戚也害怕他。一个人活在世上,权势地位金钱,怎么可以忽视啊!"

---

1. 谢:请罪。
2. 季子:苏秦的表字。
3. 盖:同"盍(hé)",何。

赏 析

　　对比是本文宏观构思上最主要的特点。第一处是游说秦王,两番议论,引古说今,高谈阔论,尽显辩士辞锋,结果却失意而归。游说赵王,就直接交代受封拜相的尊宠结局。前详后略,对比巨大,凸显发愤读书、简练揣摩是贫穷富贵的转折点。第二处是苏秦在失意时所遭到的冷遇和成功后所受到的尊重,前略后详,叙述苏秦得意,描述铺张,淋漓尽致,说明了"势位富厚"的重要性。两处对比,增强了文章的层次感。故事情节抑扬起伏,曲折变化;行文起结相应,议论叙述相间。善于选取典型情节,运用渲染夸张、内心独白等多种表现手法,使人物性格鲜明,参差错落,慷慨激昂,无不各有其妙,读来颇有余味。语言上,多处运用排比句式,充分渲染了气氛,文气贯通,气势奔放,具有震撼人心的力量,充分显示了纵横家的风格,给人留下了深刻印象。

托物言志

严先生祠堂记

范仲淹

【题 解】

范仲淹被贬到严光的故乡桐庐任职时，为严光建祠堂并撰写了本文。以光武帝陪衬严光，赞扬了严光的清高节操和光武帝的宏大气量。作者有感于当时官僚士大夫风气，推崇严光是希望士大夫崇尚节操，以天下自任，超越人间荣辱名利，追求精神上高远的道德境界，也隐含了对当世君王的企盼、对盛世的向往，流露出壮心不已的志士情怀。

先生[1]，光武之故人也。相尚以道。及帝握《赤符》[2]，乘六龙[3]，得圣人之时，臣妾亿兆[4]，天下孰加焉？惟先生以节高之。既而动星象[5]，归江湖[6]，得圣人之清，泥涂轩冕[7]，

严光先生，是汉朝光武帝的老朋友。（他们）以道义相结交，等到光武帝握赤符，驾乘六龙，顺应时势登上帝位之时，他统治亿兆百姓，天下有谁能超过他？只有严光先生凭他高尚的气节超过了他。接着（严光先生与光武帝同床而卧）动了星象，（后来严先生）归隐江湖，到了圣人清高的境界，视高官

---

1. 先生：即严子陵，名光。曾与刘秀同学。刘秀即位后，他改名隐居，后被召到洛阳，授予谏议大夫，他不肯受，归隐于富春山。
2. 《赤符》：《赤伏符》，新莽末年谶纬家所造符箓，谓刘秀上应天命，当继汉统为帝。后亦泛指帝王受命的符瑞。
3. 乘六龙：六龙指《周易·乾》卦的六爻。《周易·乾》有"时乘六龙以御天"，是说国君凭借六爻所象征的阳气来驾御天地。
4. 臣妾亿兆：统治天下成千上万的民众。臣妾，原指男女奴隶，引申为被统治的人民，此处作动词，统治、役使。亿兆，古代以十万为亿，十亿为兆。
5. 动星象：据载，严光与光武帝睡在一起时，严光把脚放在光武帝肚子上。第二天太史官就报告说"客星犯御座"。光武帝笑答："朕与故人严子陵共卧耳。"客星指严光，御座指光武帝。
6. 归江湖：指严光离开洛阳后去富春江畔隐居。
7. 泥涂轩冕：视官爵如同粪土。泥涂，污泥。轩冕，原指前高而有帷幕的车子和礼帽，此借指官爵。

天下孰加焉？惟光武以礼下之。在《蛊》(gǔ)之上九，众方有为，而独"不事王侯，高尚其事"，先生以之。在《屯》(zhūn)之初九，阳德方亨，而能"以贵下贱，大得民也"，光武以之。盖先生之心，出乎日月之上；光武之量，包乎天地之外。微先生不能成光武之大，微光武岂能遂先生之高哉？而使贪夫廉，懦夫立，是大有功于名教也。

厚禄如粪土，天下有谁能超过他？只有光武帝执礼敬待，甘居其下。《蛊》卦上九的爻辞说，大家正当有为的时候，只有他"不去侍奉王侯，行事高蹈绝俗"，严先生即以此为准则。《屯》卦初九的爻辞说，阳气正当兴盛，却能"以尊贵之身礼敬卑贱之人，大得民心"，光武帝即以此为准则。可见严先生的情志，高出日月之上；光武帝的气量，包容天地之外。没有严先生不能成就光武帝的博大胸怀，没有光武帝，又怎能成全严先生的崇高气节？（严先生）使贪婪者廉洁，懦弱者勇敢，这大大有功于教化呀！

仲淹来守是邦，始构堂而奠焉。乃复 [1] 为其后者四家，以奉祠事。又从而歌曰：云山苍苍，江水泱泱。先生之风，山高水长。

范仲淹来到这个州任太守，开始建造祠堂祭祀先生。于是又免除严先生后代子孙四家的赋税徭役，（让他们）来奉行祭祀之事。接着还作了一首短歌云：云山苍茫一片，江水浩大无边。先生的高风亮节，就像山一样崇高，像水一样长远。

---

1. 复：免除徭役。

赏 析

　　第一段先用一句交代两人关系，点出"相尚以道"，开宗明义，点明主题，统领全篇，并用两个"天下孰加焉？"做了具体解释。第二段引用《易经》作为理论依据，继续用齐头并进的方式进一步展现两人彼此成就的关系。全文一起一结之外，中间始终以光武帝与严光对举，相互映衬，整整相对，节节相生，一气贯通，有发挥，有咏叹。细细品味，行文以"先生"居于"光武"之上，文意实际侧重先生，严光是主，光武帝是宾，符合题目。最后以歌作结，打破通篇排比结构，以秀丽的山水颂扬先生之风，更显得活泼生动，笔力确乎非同凡响。据说"先生之风"原先是"先生之德"，这一改动让全篇为之熠熠生辉、光彩照人。主题明确，议论充分，节奏明快，感情充沛。为文雅洁，言辞简淡，字少意多，义简理详，笔力雄健。语言流畅，结构谨严，笔致摇曳，余味深长。

成　语

山高水长：像山一样高耸，像水一样长流。比喻人的品德高尚，影响深远，或情谊、恩德深厚久长。

黄冈竹楼记

王禹偁

【题 解】

　　王禹偁被贬到黄州任刺史后即建此竹楼，楼成后写成此文，描绘竹楼的景致以及登楼赏玩的种种乐趣，抒发谪居的情怀，表露出自己官场失意，寄情山水，既安逸自乐又凄楚悲凉的复杂感情。竹楼是作者个人精神的写照，王禹偁接连遭受贬黜，文章传达的是作者痛苦、落寞，又努力随遇而安的独特心境。

　　黄冈[1]之地多竹，大者如椽，竹工破之，刳去其节，用代陶瓦，比屋[2]皆然，以其价廉而工省也。

　　子城[3]西北隅，雉堞[4]圮毁，蓁莽荒秽，因作小楼二间，与月波楼通。远吞山光，平挹江濑[5]，幽阒辽夐[6]，不可具状。夏宜急雨，有瀑布声；冬宜密雪，有碎玉声。宜鼓琴，琴调和畅；宜咏诗，诗韵清绝；宜围棋，子声丁丁然；宜投壶[7]，矢声铮铮然。

　　黄冈这地方盛产竹子，大的如屋椽，竹匠剖开它，挖去里面的竹节，用（它）代替陶质瓦片，家家户户都是这样，因为它的价钱便宜（而制作又）省工力。

　　黄州外城的西北角，城上的矮墙已经塌坏，草木丛生，荒凉肮脏，因此我修筑了两间小竹楼，与月波楼相通。远望可以把山色尽收眼底，平视仿佛能够舀取沙滩上的流水，清幽寂静，辽阔遥远，无法完全描写出来。（在楼中）夏天适宜听赏急雨，有瀑布之声；冬天适宜听赏密雪，有碎玉之声。适合弹琴，琴声和谐流畅；适合咏诗，韵味清新绝俗；适合下围棋，棋声丁丁清脆悦耳；适合玩投壶，箭声铮铮清越动人。这都是竹楼所助

1. 黄冈：今湖北黄冈。

2. 比屋：挨家挨户，家家户户。比，紧挨，靠近。

3. 子城：城门外用于防护的半圆形城墙。

4. 雉堞：城墙上呈齿状的矮墙，也泛指城墙。

5. 江濑：沙滩上的流水。

6. 阒：寂静。　夐：遥远。

7. 投壶：古人宴饮时的一种游戏。以矢投壶中，投中次数多者为胜。胜者斟酒使败者饮。

皆竹楼之所助也。

公退之暇，被鹤氅衣¹（pī chǎng），戴华阳巾²，手执《周易》一卷，焚香默坐，消遣世虑。江山之外，第见风帆沙鸟，烟云竹树而已。待其酒力醒，茶烟歇，送夕阳，迎素月，亦谪居之胜概³也。

彼齐云、落星⁴，高则高矣；井幹、丽谯⁵（hán qiáo），华则华矣。止于贮妓女，藏歌舞，非骚人⁶之事，吾所不取。

吾闻竹工云："竹之为瓦，仅十稔⁷（rěn），若重复之，得二十稔。"噫！吾以至道乙未岁，自翰林出⁸滁上；丙申，移广陵；丁酉，又入西掖⁹（yǒu yè）；戊戌岁除日，有齐安之命；己亥闰三

成的。

办完公务后的余暇，身披用鸟羽织成的外衣，头戴华阳巾，手拿《周易》一册，焚上一炉香默默坐着，排遣世俗的杂念。江水山色之外，只看见风帆沙鸟、烟云竹树罢了。等到酒醒之后，茶上轻烟也已消散，送走落日，迎来清月，这也是谪居生活中的佳境了。

那齐云楼、落星楼，高是很高；那井幹楼、丽谯楼，华丽是很华丽了。可是只用来蓄养歌伎，表演歌舞，不是诗人们的风流雅事，（对于非风流雅事）我是不屑去做的。

我听竹匠说："竹制的瓦只能用十年，如果铺两层，能用二十年。"唉！我在至道乙未年，从翰林学士贬谪到滁州为官；丙申年，调职到广陵；丁酉年，又到中书省任职；戊戌年除夕，接到贬谪至齐安的命令；己亥

---

1. 鹤氅衣：鸟羽编织的衣服，代指道士服。
2. 华阳巾：道士戴的头巾。
3. 胜概：佳境，美好的生活状况。概，状况，此指生活状况。
4. 齐云：五代韩浦所建齐云楼，故址在今江苏苏州。　落星：三国孙权所建落星楼，故址在今江苏南京落星山。
5. 井幹：井幹楼，汉武帝时在长安所建。　丽谯：丽谯楼，魏武帝曹操所建。
6. 骚人：屈原曾作《离骚》，故后人称诗人为"骚人"，亦指风雅之士。
7. 稔：谷熟为稔。古代一年收获一次，所以也称一年为一稔。
8. 出：贬出京城。
9. 西掖：中书省，中央的行政机构。因位于皇宫西边，故称西掖。

月，到郡。四年之间，奔走不暇，未知明年又在何处，岂惧竹楼之易朽乎？后之人与我同志，嗣^{sì}而葺^{qì}之，庶¹ 斯楼之不朽也。

年闰三月，到任齐安郡。四年之间，奔走不停，不知明年又在哪里，哪还怕竹楼容易朽坏？希望后来和我有同样志向的人继续修整它，或许这座竹楼就不会朽坏了吧！

1. 庶：表示期待或可能。

赏 析

本文以竹写楼，以楼写人。第一段以竹瓦起，第二段介绍竹楼单薄却清雅的独特环境。描写由远及近、由实及虚、由视觉到听觉，多层次进行渲染，连用六个排比、六个"宜"字，段末一句总收，都在竹瓦声音上下功夫，构成文章的内在气势。风雨飘摇中有如此美感，是对随遇而安的最好阐释，也带有一丝孤清与寂寞。第三段写竹楼起居，以景物衬托人物形象，以"消遣世虑"点题。远眺之景如一幅烟云淡远的水墨画，描绘富有神韵。第四段与名楼比较，竹楼暗示了自己的清高孤傲。第五段以竹瓦结，由乐转悲，感叹生命短暂，寄希望于历史。第五段以"斯楼之不朽"表达深沉含蓄之情，写法上回到"记"的体裁。"远吞"一段景中有人，"公退"一段是人中有景，读之如在画中。语言刻意锤炼，注意内在节奏韵律和恰如其分的辞藻运用，以四字短句为主，读来朗朗上口，语词雅丽如出天然。

黄州快哉亭记

苏　辙

【题 解】

　　苏轼贬至黄州，苏辙上疏营救，也被贬到筠州。同贬在黄州的张梦得在住所旁建了一座亭子，苏轼取名为"快哉亭"。苏辙作记纪念，记述了快哉亭上所见的景物，说明只有像亭主人一样胸怀坦荡，不因个人遭遇而影响心境，才能从壮丽的自然风景中得到生活的乐趣。这其实是作者自勉的话，在一些讲求气节的人中，这种思想具有普遍性。

　　江出西陵[1]，始得平地，其流奔放肆大[2]；南合湘、沅[3]，北合汉、沔[4]，其势益张[5]；至于赤壁之下，波流浸灌[6]，与海相若。清河张君梦得谪居齐安，即[7]其庐之西南为亭，以览观江流之胜，而余兄子瞻名之曰"快哉"。

　　盖亭之所见，南北百里，东西一舍[8]，涛澜汹涌，风云开阖；昼则

　　长江从西陵峡流出，才进入平坦的地形，它的水势疾迅，水流阔大；在南面汇合了湘水与沅水，在北面汇合了汉水和沔水，水势显得更加盛大；流到赤壁之下，波流浸积灌注，犹如大海一样。清河人张梦得君贬官后居住在齐安，在他住宅的西南面修建了一座亭子，用来览观江流的美景，而我的兄长子瞻将亭子命名为"快哉"。

　　大概登亭可见的范围，在南北百里，东西三十里，江面波涛汹涌起伏，江上风云变幻，时而风起云涌，时而风散云消；白天有船

---

1. 西陵：西陵峡，在今湖北宜昌西北。
2. 奔放肆大：奔放，水势疾迅。肆大，水流阔大。肆，展开。
3. 湘、沅：湘水和沅水，在今湖南境内。
4. 汉、沔：河流名。源自陕西，流经湖北，在武汉汇入长江。
5. 益张：更加盛大。张，大。
6. 浸灌：浸透灌注。浸、灌，意思都是"注"。此处指水势浩大。
7. 即：就着，依着。
8. 一舍：三十里。古代行军每天走三十里宿营，叫作"一舍"。

舟楫出没于其前，夜则鱼龙悲啸于其下；变化倏忽，动心骇目，不可久视。今乃得玩之几席之上，举目而足。西望武昌诸山，冈陵起伏，草木行列，烟消日出，渔夫、樵父之舍，皆可指数[1]，此其所以为"快哉"者也。至于长洲之滨，故城之墟，曹孟德、孙仲谋之所睥睨[2]，周瑜、陆逊之所驰骛[3]，其流风遗迹，亦足以称快世俗。

昔楚襄王从宋玉、景差于兰台之宫，有风飒然至者，王披[4]襟当之，曰："快哉此风！寡人所与庶人共者耶？"宋玉曰："此独大王之雄风耳，庶人安得共之！"玉之言盖有讽[5]焉。夫风无雄雌之异，而人有遇不遇之变。楚王之所以为乐，与庶人之所以为忧，此则人之

只出没在眼前，晚上则有鱼龙在身下悲鸣；景色变化在瞬息之间，动人心魄，惊人眼目，使人不能长久地观赏。如今却可以坐在座位上尽情赏玩，一抬眼就可以看个够。向西遥望武昌一带的群山，山陵起伏，草木成行成列，当烟霭消散、太阳升起时，渔人和樵夫的房舍，都可以一一指点出来，这就是将亭子命名为"快哉"的原因吧！至于那长洲沿岸，旧城废墟，曹操、孙权曾经窥视谋夺的地方，周瑜、陆逊曾经率兵驰骋的疆场，那些遗风故迹，也足以使世俗之人称快。

从前楚襄王让宋玉、景差跟随着游兰台宫，有一阵风飒飒吹来，楚王敞开衣襟，迎着风说："这阵风多么凉快啊！是我和百姓共享的吗？"宋玉说："这只是大王的雄风，百姓怎么能共享它呢！"宋玉的话，大概有着讽谏的意味在里面。风并没有雌雄的差异，而人有遇时和不遇时的变化。楚王之感到快乐的原因，与百姓感到忧愁的原因，

1. 指数：用手指清点，一一指点出来。
2. 睥睨：斜视的样子，引申为傲视。
3. 周瑜：字公瑾，东吴主将，曾在赤壁大破曹操军队。陆逊：字伯言，东吴名将，曾在彝陵（今湖北宜昌东）等地大破蜀军。后任荆州牧，久驻武昌。官至丞相。驰骛：犹言"驰马"，形容他们驰骋疆场。
4. 披：敞开。
5. 讽：指用委婉的语言劝谏。

变也,而风何与焉？士生于世,使其中不自得,将何往而非病？使其中坦然,不以物伤性,将何适¹而非快？今张君不以谪为患,收会稽^{jī}之余,而自放山水之间,此其中宜有以过人者。将蓬户瓮牖^{wèng yǒu 2},无所不快,而况乎濯^{zhuó}长江之清流,挹^{yì 3}西山之白云,穷耳目之胜以自适也哉！不然,连山绝壑^{hè},长林古木,振之以清风,照之以明月,此皆骚人思士之所以悲伤憔悴而不能胜⁴者,乌睹其为快也哉！

这是人所处环境的变化,与风又有什么相干呢？士人生活在世间,假如他心中不悠然自得,那么到哪里才会不感到忧愁呢？假如他心中达观坦荡,不因外物的影响而伤害自己的性情,那么到哪里会不快乐呢？现在张君不把贬官当作灾难,利用管理事务的余暇,让自己放任在山水之间,这表明他的心中应该有超过常人的地方。即使用蓬草编门,用破瓮作窗,也没有什么不快乐的,更何况在清澈的长江中洗涤,尽情观览西山的白云,让眼睛和耳朵尽情饱览美景,以求得自己的舒适畅快！如果不是这样,那么连绵的峰峦,深陡的沟壑,辽阔的森林,参天的古木,清风在其间回旋,明月朗照在上空,这些都是使失意的文人士大夫悲伤憔悴而感到不能忍受的景色,哪里看得出它们是令人畅快的呢？

---

1. 适:往,去。
2. 蓬户瓮牖:用蓬草编门,用破瓮作窗,喻指贫穷人家的住所。牖,窗。
3. 挹:拱手行礼。这里的意思是面对（西山白云）。
4. 胜:承受,禁得起。

赏　析

　　第一段记建亭。从江水着笔,由远及近,以海喻江,尤为壮观。转而点出建亭目的和题意,揭示出先写江水的用意。起笔不凡,不落俗套。第二段写"快哉"分两层。对偶句有声有色地描绘了江上日夜奇景,奇幻壮观,雄伟之气淋漓尽致。"玩""足"流露喜悦,照应题意,水到渠成地把"快哉"点了出来。"至于"以下,追溯历史,笔墨简省又摇曳生姿。古人流风余韵也使人称快。第三段抒发议论。借《风赋》引向了对主旨的讨论。通过排比提出正反两种态度。以张梦得的旷达胸怀照应前文，又铺垫下文。"不然"两字反面说开，再深一层说明文章主旨，进一步衬托张梦得，反诘语气发人深思，言尽而意不尽。结尾交代写作的时间及作者。通篇以"快哉"两字贯串，"快"字七现，与"自适"的主旨相绾结，议论由写景带出，即景寓理，由理入景，流畅自如，读来令人回味不尽。

成 语

动心骇目：使人看了感到惊骇。形容感受很深，震动非常大 。

蓬户瓮牖：用蓬草编门，用破瓮作窗；指贫苦的人家。蓬、瓮，名词作状语。

由事说人　元气淋漓

五人墓碑记 [1]

张溥

【题 解】

　　明末，苏州百姓因正直官员周顺昌被逮捕而群起反抗。宦官魏忠贤指使人镇压，有五人担当责任慷慨就义。魏忠贤被诛以后，苏州人为五人建墓立碑。复社领袖张溥执笔撰写碑文，描写了苏州人反抗和五人就义的壮烈情景，通过对比一些士大夫的软弱偷生，实现了"明死生之大，匹夫之有重于社稷"的写作意图。

　　五人者，盖当蓼洲周公 [2] 之被逮，激于义而死焉者也。至于今，郡之贤士大夫请于当道 [3]，即除魏阉废祠 [4] 之址以葬之，且立石于其墓 [5] 之门，以旌其所为。呜呼！亦盛矣哉！

　　夫五人之死，去今之墓而葬

　　（墓中）这五个人，是在周公蓼洲被逮捕时，激于义愤而死的。到现在，吴郡的贤明士大夫向当地官府请求，清除宦官魏忠贤的废祠遗址来安葬他们，而且在他们的墓门前竖立石碑，用来表彰他们的事迹。啊！这也算是隆重的了！

　　这五个人的殉难，距离现在建墓安葬，

---

1. 碑记：碑文、墓碑文是坟墓前、后石碑上刻写的关于逝者姓名、事迹等纪念性内容的文章。
2. 蓼洲周公：周顺昌，字景文，号蓼洲，谥忠介，明末吴县（今江苏苏州）人。明万历四十一年（1613年）进士，明熹宗时任吏部郎中，因不满朝政，辞官归里，为人刚方正直，不畏权势，当众斥责魏忠贤及其党羽的奸邪误国，深为魏党所忌。天启六年（1626年），因得罪魏忠贤，遭魏忠贤党羽迫害下狱，死在狱中。
3. 当道：执掌政权的人，也指官府。
4. 魏阉：魏忠贤，肃宁（今属河北）人，万历中自阉入宫。熹宗即位后，魏忠贤渐升至司礼监秉笔太监，兼管特务机关东厂，结党营私，权倾一时。 废祠：天启七年（1627年）春，魏忠贤权势正盛，海内纷纷为魏忠贤建立生祠，崇祯即位后，这些生祠都被捣毁、废弃。阉，对宦官的鄙称。
5. 墓：用作动词，即修墓。

焉，其为时止十有一月耳。夫十有一月之中，凡富贵之子，慷慨得志[1]之徒，其疾病而死，死而湮没[2]不足道者，亦已[3]众矣。况草野之无闻者欤！独五人之皦皦[4]，何也？

予犹记周公之被逮，在丁卯三月之望[5]。吾社之行为士先[6]者，为之声义[7]，敛资财[8]以送其行，哭声震动天地。缇骑[9]按剑而前，问："谁为哀者？"众不能堪，抶而仆之[10]。是时以大中丞抚吴者[11]，为魏之私人[12]，

为时不过十一个月罢了。在这十一个月中，那些富贵人家的子弟，志得意满的人，因得病而死，死后埋没不足称道的，也太多了。更何况那些乡野间默默无闻的小民呢！唯独这五人光明显赫，这是为什么呢？

我还记得周公被捕是在丁卯年三月十五日。我们应社中那些品德可以做读书人表率的人的要求为周公伸张正义，募集钱财来给他送行，哭声震天动地。（前来抓人）的缇骑手按剑上前责问说："谁在为（他）同情哀哭？"众人无法忍受了，把他打倒在地。这个时候以大中丞身份做苏州巡抚的（毛一鹭），是魏忠贤的党羽，周公被捕就是他主使

1. 慷慨得志：这里是作贬义用，扬扬自得、踌躇满志的样子。
2. 湮没：埋没。湮，淹没。
3. 已：甚，太。
4. 皦皦：明亮有光彩的样子。
5. 丁卯三月之望：就是天启七年（1627 年）农历三月十五日。据《明史》，周顺昌是在天启六年丙寅年被逮捕与被害的。这里是作者误写。丁卯，按干支纪年法，明熹宗天启七年（1627 年）是丁卯年。望，月相名，旧历每月的十五日（有时为十六日或十七日），地球所见月相最圆满，就称为"望"。
6. 吾社：这里当指应社，为天启四年（1624 年）由张溥等人在苏州所创，崇祯二年（1629 年）以后并入复社。行为士先：德行可以做读书人的表率。先，示范。
7. 声义：诉冤，伸张正义。
8. 敛资财：筹集钱财。
9. 缇骑：明代称锦衣卫的官校为缇骑。缇，橘红色。古代皇帝出行时的随从骑士因服装橘红色，故称缇骑，后来用作抓犯人的官役的通称，这里指锦衣卫和东厂等特务机构的吏役。锦衣卫原为护卫皇宫的禁军，掌出入仪仗，至明太祖朱元璋时，成为一种特务组织，专事侦察，用刑残酷。
10. 抶而仆之：打倒在地。抶，击，笞打。
11. 以大中丞抚吴者：指毛一鹭，天启末官应天巡抚，属魏忠贤一党。明代巡抚多加副都御史或佥都御史衔。中丞，明代都察院左、右副都御史的别称。汉代设御史大夫，主管御史台，御史中丞是其属官。明代设左、右都御史，主管都察院，其下设副都御史、佥都御史，掌管公卿奏事、荐举、弹劾。两者职掌相近，又有历史承袭关系，前者成为后者别称。明代时巡抚一般带副都御史或佥都御史头衔，一般多称巡抚为中丞。抚吴，做吴郡的巡抚。吴，今苏州。巡抚是省一级最高行政长官。
12. 私人：私党，党徒，亲信。

周公之逮所由使[1]也。吴之民方痛心[2]焉，于是乘其厉声以呵[3]，则噪而相逐[4]，中丞匿于溷藩[nì hùn fān][5]以免。既而以吴民之乱请于朝，按诛[6]五人，曰：颜佩韦、杨念如、马杰、沈扬、周文元[7]，即今之傫然[lěi][8]在墓者也。

　然五人之当刑也，意气扬扬，呼中丞之名而詈[lì][9]之，谈笑以死。断头置城上，颜色不少[10]变。有贤士大夫发五十金，买五人之脰而函[dòu][11]之，卒与尸合。故今之墓中，全乎为五人也。

　嗟夫！大阉之乱[12]，缙绅[jìn shēn]而能不易其志[13]者，四海之大，有几人欤？

的。吴地的百姓非常痛恨他，于是趁他厉声喝问的时候，就大声呼喊着追赶他，中丞（吓得）躲进厕所才得以幸免。不久（他就）以吴民暴动（的罪名）向朝廷请示，追究（这件事）并处死了五个人，（这五位分别）是：颜佩韦、杨念如、马杰、沈扬、周文元，就是现在聚在一起葬在这坟墓中的（五个人）。

　但是这五个人在临刑时意气风发，叫着中丞的名字而痛骂他，谈笑自若而死。断头挂在城墙上，脸色没有一点改变。有贤明的士大夫拿出五十两银子，买下五人的头颅用木盒子盛好，终于（将头）与尸身合在一起。所以现在墓中五人的尸身是完整的。

　唉！魏忠贤当权作乱（的时候），当官的能够不改变自己节操的，这么大的天下，有

---

1. 所由使：是由他主使的。
2. 痛心：痛恨，怨恨。
3. 其：指毛一鹭。 呵：呵斥。
4. 噪：吵嚷（指苏州众多市民）。 相逐：追赶他。相，相互，这里偏指一方。
5. 匿：藏。 溷：厕所。 藩：篱笆。
6. 按诛：查办案情，判处死刑。按，追究。
7. 颜佩韦：商人子。 杨念如：估衣铺商人。 马杰：市民。 沈扬：牙侩，就是经纪人。周文元：周顺昌的轿夫。
8. 傫然：堆积的样子。
9. 詈：大骂。
10. 少：稍微。
11. 脰：颈项。这里代指头。 函：匣子。名词作动词，用匣子装起来。
12. 大阉之乱：指天启年间大太监魏忠贤的乱政。大阉，大宦官。
13. 缙绅：古代官员上朝将笏板插在腰带里，后代指官员和士大夫，这里是作动词，身为官员士大夫。缙，同"搢"，插。绅，腰带。 不易其志：不变志节，就是不向魏阉屈服。

而五人生于编伍[1]之间，素不闻诗书[2]之训，激昂大义，蹈死[3]不顾，亦曷[4]（hé）故哉？且矫诏[5]纷出，钩党之捕[6]，遍于天下，卒以吾郡之发愤一击，不敢复有株治[7]。大阉亦逡巡[8]（qūn）畏义，非常之谋[9]，难于猝发[10]。待圣人之出[11]，而投缳道路[12]（huán），不可谓非五人之力也。

由是观之，则今之高爵显位[13]，一旦抵罪[14]，或脱身以逃，不能容于远近[15]，而又有剪发杜门[16]，佯（yáng）狂不知所之者，其辱人贱行，视[17]五人

几个人呢？而这五个人生在平民之家，向来没有听过《诗经》《尚书》的教育，却能被义愤激发，置身死地而毫不顾及，这又是什么原因呢？而且这时假传的诏书纷纷下达，受株连而被捕的党人遍及天下，终究由于我们吴郡人的愤怒抗击，使阉党不敢再加以株连治罪。魏忠贤也（因为害怕人民的正义力量）而迟疑不决，篡位的阴谋很难突然发动。等到圣明天子即位，（他就在流放的）路上上吊自杀了，不能不说是这五人的功绩啊！

从这一点来看，那么如今那些身居高位的达官显贵，一旦犯罪要受处分时，有的脱身逃走，却不能被远近容纳，有的把头发剃光了，关起门来，装疯卖傻，不知溜到哪儿去了，他们那可耻的人格、卑贱的行为，与

---

1. 编伍：指平民，就是编在户籍的人。古代以五户编为一"伍"。

2. 诗书：指《诗经》《尚书》。这里指儒家传统教育。

3. 蹈死：身履死地，就是冒着生命危险。

4. 曷：同"何"。

5. 矫诏：假借皇帝名义发出的诏书。

6. 钩党之捕：相牵引为同党加以逮捕。钩党，相牵连的同党。东汉后期，宦官专权，将不顺从他们的士大夫诬为钩党。

7. 株治：株连治罪。

8. 逡巡：畏惧正义，迟疑不绝，犹豫不前的样子。

9. 非常之谋：指魏忠贤篡位夺取政权的阴谋。

10. 猝发：突然发动。

11. 圣人之出：指崇祯帝朱由检即位。圣人，封建时代对帝王的尊称。

12. 投缳道路：在路上自缢。据《明史》，崇祯皇帝即位后，将魏忠贤放逐到凤阳，后又下令将他押回京城。魏忠贤走到河北阜城时听到这个消息，就畏罪自缢身亡了。投缳，自缢。缳，绳圈，绞索。

13. 高爵显位：指依附魏党的官高位显者。

14. 抵罪：因犯罪而受到相应的处罚。

15. 不能容于远近：到处难以容身。

16. 剪发：清代以前的男子都留长发，剪短头发或者剃光头，除出家当和尚外，都被认为是不正常的。杜门：关门。

17. 视：比较。

之死，轻重固何如哉？是以蓼洲周公，忠义暴[1]于朝廷，赠谥美显[2]，荣于身后；而五人亦得以加其土封[3]，列其姓名于大堤之上[4]。凡四方之士，无有不过而拜且泣者，斯固百世之遇也！不然，令五人者保其首领，以老于户牖[5]之下，则尽其天年，人皆得以隶使[6]之，安能屈[7]豪杰之流，扼腕[8]墓道，发其志士之悲哉？故予与同社诸君子，哀斯墓之徒有其石也，而为之记，亦以明死生之大，匹夫之有重于社稷[9]也。

贤士大夫者，冏卿因之吴公[10]、太史文起文公[11]、孟长姚公[12]也。

这五个人的死相比，轻重究竟怎么样呢？所以，（后来）周公蓼洲的忠义得到了朝廷褒扬，被赠予谥号，美名显焕，死后荣耀无比；而这五个人也得以增修坟墓，并将他们的姓名刻在大堤之上。从四方来的士人，经过这里没有一个不下拜而且哭泣的，这实在是百代难逢的遭际啊！如果不是这样，假使这五人保住了自己的脑袋，老死于家中，以终其天年，人们都可以把他们当奴仆一样使唤，怎么能让英雄豪杰这类人拜服，在墓前扼腕痛心，抒发志士仁人的悲壮情怀呢？所以我与同社的诸位君子，对这坟墓徒有石碑（而没有碑文）感到难过，就替他们写了一篇记文，也借此说明生死的重大意义，看来，百姓对于国家也有重大作用啊！

（前面所述的）贤明士大夫，是同卿吴公因之、太史文公文起和姚公孟长。

---

1. 暴：表露。

2. 赠谥美显：崇祯元年（1628年）追赐周顺昌谥号"忠介"。谥，古代帝王、后妃、高官或其他有特别重大贡献的人死后，朝廷根据他的生平事迹，赐予称号，称为谥号。

3. 加其土封：指重修坟墓。

4. 大堤之上：五人墓碑在山塘（由苏州通往虎丘的小河）北岸，故称。

5. 老：指寿终而死。户牖：门和窗。这里指自己家中。户，门。牖，窗。

6. 以隶使：当奴仆使唤。

7. 屈：使……屈身，倾倒。

8. 扼腕：扼住手腕，表示情绪激动、振奋或惋惜。

9. 匹夫：代指平民百姓。社稷：社是土神，稷是谷神，古代重视对社稷的祭祀，后代指国家。

10. 冏卿：太仆寺卿的别称。太仆寺卿，九卿之一，掌皇帝车马。因之吴公：吴因之，名默，明万历二十年（1592年）进士，吴江（今属江苏）人。

11. 太史：史官，明清时由翰林承担太史事务，因此也以此称翰林官。文起文公：文震孟，字文起，明天启二年（1622年）进士，曾授翰林院修撰，长洲（今江苏苏州）人。

12. 孟长姚公：姚孟长，名希孟，明万历四十七年（1619年）进士，曾授翰林院检讨，长洲人。

赏　析

　　第一段不按"墓志"体裁，只用"者"提顿，用"也"煞句，"者""也"照应，对"五人"作判断性的说明，凸显为何而死，语含颂扬。在记叙"死""葬""立石"之后，紧接着用"呜呼！亦盛矣哉"这个充满激情的赞颂句收束上文，为下文的层层对比留下了伏笔。第二段由时间引出不同的"死"并作对比，用"何也"一问使文势一振，这一问是贯串全篇的主线。它承上而来，又领起以下各段。第三段从回忆写起，着重写五人为何而死，叙事中有说明、有描写，处处与前文照应。最后以五人姓名作结，表扬之意，溢于言外。第四段写五人从受刑至安葬，回顾首段，既歌颂了"五人"，又肯定了"贤士大夫"。第五段感叹开头，反问结尾，表达愤慨，两个"而"字一转再转，中间设问过渡，以与缙绅比较来议论"五人"的意义及影响。第六段以"由是观之"领头，进一步议论。用对比，再从正反两面论述了"五人"的另一影响，最后以写作意图作结。第七段特笔补出贤士大夫姓名以表述恭敬。全文夹叙夹议，层层对比，步步深入，前后照应，反复唱叹，熔叙事、议论、描写、抒情于一炉。结构上，一系列的对比和映衬，一线贯串全篇，使得文笔活泼、结构谨严，充实了歌颂"五人"的思想内容，加强了歌颂"五人"的艺术力量。

成　语

震天动地：震动了天地。形容声音或声势极大。

意气扬扬：意气风发。形容很得意的样子。扬扬，得意的样子。

徐文长传

袁宏道

【题 解】

袁宏道从未见过徐渭，也不是受邀作文，而是因为读了徐渭的诗文，有相识恨晚之感，于是搜罗其事，怀着惋惜和同情写出了这篇洋洋洒洒、情辞并盛的传文。徐渭"匠心独出"的文艺创作理论和袁宏道倡导"独抒性灵，不拘格套"的文学见解非常契合。本文对徐渭创作、生活的高度评价，其实就是在反复表彰个性解放、纯真自然。

徐渭，字文长，为山阴诸生[1]，声名籍甚[2]。薛公蕙校越[3]时，奇其才，有国士之目[4]。然数奇[5]，屡试辄蹶[6]。中丞胡公宗宪[7]闻之，客诸幕[8]。

徐渭，字文长，是山阴县的生员，名声很大。薛蕙任越州学官时，非常赏识他的才情，把他当作国家的杰出之士看待。但是（徐渭）命运不佳，屡次考试都失败了。中丞胡宗宪听说他的情况，就请他到幕府做幕宾。

1. 山阴：今浙江绍兴。 诸生：明清时期经过本省各级考试取入府、州、县学的学生，称生员。生员有增生、附生、廪生、例生等名目，统称诸生，俗称秀才。
2. 声名藉甚：名声很大。
3. 薛公蕙：薛蕙，字君采，号西原，《明史》："蕙貌癯气清，持己峻洁，于书无所不读。学者重其学行，称为'西原先生'。"明正德九年（1514年）进士，直隶武平卫（今河南偃师）人，官至吏部考工郎中。 校越：在浙江任乡试主考官。［按：薛蕙于嘉靖二年（1523年）免官，至徐渭考中生员的那一年（1539年）死去，未担任过浙江学官。这话怀疑有误。］校，校考，考核，考试，这里指担任考官。
4. 国士：一国之中杰出的人才。 目：称，叫。
5. 数奇：运气不好，遇事多不利。
6. 屡试辄蹶：屡次参加乡试皆失利。
7. 中丞：汉代御史中丞为御史大夫属官。明代都察院的副都御史与其职相当。 胡公宗宪：胡宗宪，字汝贞，号梅林，绩溪（今属安徽）人，嘉靖十七年（1538年）进士，明嘉靖年间任浙江巡抚，因抗击倭寇有功，后加右都御史衔。后以党附严嵩遭劾，下狱死。明代巡抚例兼右都御史，或以副都御史出任，故世人多称巡抚为中丞（御史中丞）。时胡宗宪任浙江巡抚，所以这么称呼。
8. 客诸幕：徐渭在胡宗宪幕府里任书记，负责文告。陶望龄《徐文长传》："胡少保宗宪总督浙江，或荐渭善古文词者，招致幕府，管书记。"幕，"幕府"的简称，本指将帅在外的营帐，因军队无固定住所，在营帐中处理公务，故幕府即将帅的府署。诸，兼词，"之于"。

文长每见，则葛衣乌巾[1]，纵谈天下事，胡公大喜。是时公督数边兵[2]，威镇东南，介胄之士[3]，膝语蛇行[4]，不敢举头，而文长以部下一诸生傲之，议者方之刘真长、杜少陵云[5]。会得白鹿[6]，属文长作表[7]，表上，永陵[8]喜。公以是益奇之，一切疏计[9]，皆出其手。文长自负才略，好奇计，谈兵多中，视一世士无可当意者。然竟不偶[10]。

文长既已不得志于有司[11]，遂乃放浪曲糵[12]，恣情山水，走齐、鲁、

文长每次进见，都是穿着葛布衣，戴着黑头巾，放言高论天下大事，胡公很高兴。这时胡公总督几个边防地区的军队，声威镇服东南，披甲戴盔的将士在他面前要跪着说话，像蛇一样匍匐前行，不敢抬头，而文长凭借（胡公）部下一介书生的身份却傲视胡公，评论者都把他比作刘真长、杜少陵。适逢（胡公）猎获一头白鹿，嘱托文长作一篇表，奏表呈上后，世宗皇帝很高兴。胡公因此更加赏识他，一切奏章簿册都出自他的手笔。文长对自己的才能谋略很自信，好出奇妙之策，议论军事大多能切中要害，在他看来，世上的事没有一件是令他满意的，但是他竟没有遇到上好的机遇。

文长在考场失利、不被考官录取之后，就放纵饮酒，纵情山水，漫游齐、鲁、燕、赵等

1. 葛衣乌巾：穿着粗布衣服，戴着黑色的头巾。葛衣，粗布衣服。葛，藤类植物，其纤维可织成葛布。乌巾，黑头巾，古代多为隐居不仕者的帽子。巾，古人包裹头发的巾帻。
2. 督数边兵：嘉靖三十五年（1556年），胡宗宪任总督，督江南、江北、浙江、山东、福建诸军事。胡宗宪在抗倭中起过很大作用，据《明史》本传："当是时，江北、福建、广东皆中倭。宗宪虽尽督东南数十府，道远，但遥领而已，不能遍经画。"
3. 介胄之士：披甲戴盔者，指军人。介胄，就是甲胄，古代武士的护身装束。介，铠甲。胄，头盔。
4. 膝语蛇行：跪着禀告，如蛇般爬行，形容敬畏惧怕的样子。
5. 议者：评论的人。方：比方，比作。刘真长：刘惔（dàn），字真长，晋沛国相县（今安徽宿州西北）人。东晋名士，善清谈，为会稽王司马昱（东晋简文帝）之谈客，被王导、王濛等名流敬重，东晋简文帝时宰相。杜少陵：杜甫，唐代诗人。曾居少陵（今陕西西安南）附近，自号少陵野老。《新唐书·杜甫传》载："（严）武以世旧，待（杜）甫甚善，亲至其家。甫见之，或时不巾，而性褊躁傲诞。尝醉登武床，瞪视曰：'严挺之乃有此儿！'"刘惔、杜甫两人均不拘小节。
6. 白鹿：古代以得白鹿为国家祥瑞，所以胡宗宪要上表奏闻皇帝。
7. 属文长作表：委托徐渭起草奏章。
8. 永陵：明世宗的陵墓名，这里代指明世宗嘉靖皇帝朱厚熜。用陵墓名指称皇帝，是宋元明人的一种敬称方式。
9. 疏计：奏章簿册。疏，臣下给皇帝的奏疏。计，同"记"，簿册。
10. 不偶：不遇时，不得志，引申为命运不好。指屡试不中，仕途不顺。偶，际遇。
11. 有司：官吏。古代官吏各有司职，故称。这里指考官。
12. 曲糵：酒母，代指酒。糵，酿酒用的酒曲，用以发酵。

燕、赵[1]之地，穷览朔漠[2]。其所见山奔海立、沙起云行、雨鸣树偃[3]、幽谷大都、人物鱼鸟，一切可惊可愕之状，一一皆达之于诗。其胸中又有勃然不可磨灭之气，英雄失路、托足无门之悲，故其为诗，如嗔如笑，如水鸣峡，如种出土，如寡妇之夜哭、羁人[4]之寒起。虽其体格[5]时有卑者，然匠心独出，有王者气[6]，非彼巾帼[7]而事人者所敢望也。文有卓识，气沉而法严[8]，不以模拟损才，不以议论伤格，韩、曾之流亚[9]也。文长既雅[10]不与时调合，当时所谓骚坛主盟者[11]，文长皆叱而奴之，故其名不出于越，悲夫！

地，饱览北方大漠风光。他将所见到的奔腾的山势、壁立的海浪、飞扬的沙石、疾行的云雷、轰鸣的暴雨、倒伏的大树、深邃的山谷、繁华的大都市，人、物、鱼、鸟，一切令人感到惊讶可怕的景象，全都表现在诗歌里。他胸中又怀着勃发的不可消磨的气概，有着英雄不得志、立足无门的悲愤，所以他写诗，像愤怒，像嬉笑，像激流在山峡中轰鸣，像种子破土而出，像寡妇在长夜里哀哭，像游子寒夜惊起。虽然他的诗歌体制与风格有时有卑弱的缺点，但是能别出心裁，具有高贵昂扬的气派，不是那些无男子汉气魄依附他人之流的诗人所能企及的。（他的）文章有卓越的见解，气度沉雄而且章法谨严，不因为模仿比拟而有损才气，不因为议论而妨害格调，真是韩愈、曾巩一类的人物啊！文长素来不与流行的文风合拍，对当时所谓的诗坛领袖，文长都加以指斥，并且视他们为奴仆，但他的文名不能超出越地的范围，真是可悲啊！

---

1. 齐、鲁、燕、赵：春秋战国时的四个诸侯国，在今山东、河北、山西一带。后多代指山东、河北、山西一带地区。
2. 朔漠：北方沙漠地带。这里就是指北方。
3. 偃：倒伏。
4. 羁人：旅居在外的人。
5. 体格：指诗文或字画等的体裁格调、体制格局。
6. 王者气：指其诗有无与伦比的气象，同类之中之特出而无与伦比者，自成一家的高昂气派。
7. 巾帼：古代妇女戴的头巾，后代指妇女。
8. 气沉而法严：气度沉雄，章法谨严。
9. 韩、曾：指唐代的韩愈和北宋的曾巩，他们都是唐宋八大家中的作家。 流亚：同一类的人物。
10. 雅：素来，一向。
11. 骚坛主盟者：诗坛的领袖人物，指王世贞等人。骚坛，诗坛。

喜作书[1]，笔意奔放如其诗，苍劲中姿媚跃出，欧阳公[2]所谓"妖韶女，老自有余态[3]"者也。间以其余[4]，旁溢为花鸟，皆超逸有致。

卒以疑杀其继室[5]，下狱论死。张太史元汴力解[6]，乃得出。晚年愤益深，佯狂益甚，显者至门，或拒不纳。时携钱至酒肆，呼下隶与饮。或自持斧击破其头，血流被面，头骨皆折，揉之有声。或以利锥锥其两耳[7]，深入寸余，竟不得死。周望[8]言晚岁诗文益奇，无刻本，集藏于家。余同年[9]有官越者，托以钞录，今未至。余所见者，《徐文长集》《阙编》二种而已。然文长竟以不得志

（文长）喜欢书法，笔意放纵像他的诗歌，苍劲中透出秀丽的笔意，（也就是）欧阳修所说的"妖艳女子，（即使）老了还是风韵犹存"。（文长）有时用他剩余的精力旁及花鸟画，都画得高超豪放，别有情趣。

后来，他因为起疑而杀了自己的继室，被捕入狱，被判死刑。张太史元汴极力营救，才得以出了（监狱）。（文长）晚年，愤世之情更加深了，假作疯癫更加厉害了，达官贵人上门，有时拒绝不让（他们）进来。（文长）常常带了钱到酒店，招呼下人仆役一起喝酒。有时他拿斧头敲破自己的脑袋，血流满面，头骨都骨折了，揉着它有（碎骨发出的）响声。有时用锋利的锥子刺自己的两只耳朵，刺入一寸多深，竟然都没有死。周望说（文长）晚年的诗文更是奇妙，（他的诗文集）没有刻印，文集藏在家中。我的同年中有人在越地做官，就托他抄录，现在还没有寄来。我所见到的，（只有）《徐文长集》《阙编》两种罢了。但是文长终于因为在当

---

1. 书：写字，指书法。
2. 欧阳公：指北宋欧阳修，宋代文学家，唐宋八大家之一。
3. 妖韶女，老自有余态：出自欧阳修《水谷夜行寄子美圣俞》诗，是赞扬梅圣俞诗的句子。原文是："譬如妖韶女，老自有余态。"这里形容徐渭书法美妙成熟。妖韶，美艳。韶，美好。
4. 间以其余：有时用其剩余精力。间，有时，偶尔。
5. 杀其继室：徐渭晚年神经错乱，猜疑心很重。嘉靖四十五年（1566年），徐渭时年四十六岁，狂疾复发，疑续配妻子张氏不贞，将她杀死，因此下狱。继室，续配妻子。
6. 张太史元汴：张元汴，字子荩，号阳和，浙江山阴人，隆庆五年（1571年）廷试第一，授翰林院修撰，官至翰林院侍读，所以称太史。力解：竭力解救。
7. 锥其两耳：据徐渭《畸谱》："四十五岁，病易，丁割其耳，冬稍瘳。"其事在杀继室张氏前。
8. 周望：陶望龄，字周望，号石篑，会稽人，万历十七年（1589年）进士，授翰林院编修，曾任国子监祭酒。
9. 同年：科举考试中同科中举或中进士者，互称为"同年"。

于时，抱愤而卒。

石公[1]曰：先生数奇不已，遂为狂疾。狂疾不已，遂为囹圄[2]。古今文人牢骚困苦，未有若先生者也。虽然，胡公间世[3]豪杰，永陵英主，幕中礼数异等[4]，是胡公知有先生矣；表上，人主[5]悦，是人主知有先生矣，独[6]身未贵耳。先生诗文崛起，一扫近代芜秽之习，百世而下，自有定论，胡为不遇哉？

梅客生[7]尝寄予书曰："文长吾老友，病奇[8]于人，人奇于诗。"余谓文长无之而不奇者也。无之而不奇，斯[9]无之而不奇也。悲夫！

时不得志，最后满怀悲愤地死去了。

石公说：先生一直时运不济，就得了癫狂病。疯病没有痊愈就成了囚徒。古往今来文人的牢骚和困苦，没有像先生这样的啊！虽然如此，胡公是隔几代（才出现的）豪杰之士，嘉靖帝是英明的皇帝，胡公幕府中（对先生的）礼数与别人不同，这（说明）胡公是了解先生的；表章呈上以后，皇帝很高兴，这（说明）皇上是了解先生的，只是自身没有显贵罢了。先生的诗文崛起，一扫近代文坛杂乱污浊的风气，百世之后，自然会有定评，怎么（能说他）不遇于时呢？

梅客生曾寄我一信说："文长是我的老朋友，他的病比人要奇特，人比诗要奇特。"我认为文长没有一样不是奇特的。（正因他）没有一样不奇特，所以无往而不倒大霉啊。可悲啊！

---

1. 石公：袁宏道自称（石公为其号）。
2. 囹圄：监牢。这里指入狱。
3. 间世：隔代，指年代相隔之久，相隔几十年。世，三十年为一世。
4. 礼数异等：所受的礼遇与别人不同。徐文长在胡宗宪幕下，始终保持宾客的地位，不以下属官吏相待。礼数，礼节、礼遇。异等，不同于别人。
5. 人主：皇帝，指明世宗，就是嘉靖皇帝。
6. 独：只是，不过。
7. 梅客生：梅国桢（zhēn），字客生，湖北麻城人。万历十一年（1583 年）进士，官至兵部右侍郎总督宣大、山西军务。袁宏道的朋友。
8. 奇：数奇，命不好。
9. 斯：连词，就，乃。

赏 析

第一段先由他人引出"才奇",以"然"字转到"数奇"(命途坎坷),再具体用对比、类比等写"才奇",又以"然"转,用"竟"强调"不偶"。第二段用"遂乃"接上,写诗文奇。这段文字文如其"人",六个比喻,写得汪洋恣肆。但依然"名不出",最后以叹词收住。第三段写书法奇,引人言作证。第四段写其他奇事,以"不得志"收尾。第五段以人言评价传主,反复强调才奇、数奇,问句作结,无限感叹。第六段再引人言,反复称奇,再次以叹词收住。全文以"数奇"为线。不幸命运如草蛇灰线闪现于传奇人生之中,某一点具体展开时,总会将才奇与数奇勾提揭示,并以两者的因果联系为关节,推进意脉,构成全篇,使结构经纬分明,网状呈现。始终抓住能反映人物性格的典型事例,简洁生动地加以刻画,使形象鲜明突出。笔锋饱含感情,流畅奔放,悲壮淋漓。

成 语

膝语蛇行:指跪着说话,伏地而行。形容十分畏惧。

托足无门:指没有落脚安身之处。

山奔海立:高山好像在飞奔,大海仿佛竖立起来。形容气势非常宏大。

匠心独运:匠心,工巧的心思。独创性地运用精巧的心思。

青霞先生文集序 [1]

茅坤

【题 解】

明代中叶，沈炼同权臣严嵩父子等人斗争从被害到昭雪，是当时影响很大的一件事。这篇序又是见诸文字记载的最早为沈炼平反昭雪的文章。茅坤与沈炼为同榜进士，也备受奸臣迫害，坎坷以终。他从文道合一、文以载道的传统观点出发，充分肯定沈炼的诗文创作及其社会价值。通过论人、论文，确实是抓住了君子的"大节"。

青霞沈君 [2]，由锦衣经历上书诋宰执 [3]。宰执深疾之，方力构 [4] 其罪，赖天子仁圣，特薄 [5] 其谴，徙之塞上。当是时，君之直谏之名满天下。已而君累然 [6] 携妻子出家塞上。会北敌 [7] 数内犯，而帅府 [8] 以下束手闭

青霞沈炼君，以锦衣卫经历的身份上书皇帝弹劾宰相。宰相非常痛恨他，正当极力罗织构陷他的罪名，幸亏皇上仁爱圣明，特地减轻了对他的处罚，把他流放到边塞。在这个时候，沈君敢于直谏的名声传遍天下。不久沈君失意地带着妻子儿女离家迁居塞上。恰好北方的敌寇屡次向内地进犯，而帅府以下的各级官员束手无策，关闭了城

---

1. 序：这是书序，是放在书的前面的文章，内容以交代成书过程、背景或评价、推介书为主。

2. 青霞沈君：沈炼，字纯甫，号青霞山人，明代会稽（今浙江绍兴）人。明世宗嘉靖十七年（1538 年）进士，曾任溧（lì）阳、茌平知县，后又任锦衣卫经历。为人刚直，曾上书皇帝，历数奸相严嵩十大罪状，被杖责流放，后被严嵩杀害。

3. 锦衣经历：就是锦衣卫经历，官名，负责文书往来。锦衣卫原是明朱元璋设立的护卫皇宫的亲军官署，后来兼管刑狱、巡捕，成为专事侦察、搞特务活动的特务机构。经历，官名，掌出纳文移，正八品。诋：诋毁。这里是弹劾的意思。　宰执：宰相。宋代以同平章事为宰相，其他如参知政事、左右丞及枢密使、副使则称执政官，事实上仍属一体，因此合称宰执。这里指严嵩。严嵩任武英殿大学士，入阁执政，相当于宰相（明代不设宰相）。

4. 构：罗织罪名。

5. 薄：减轻。

6. 累然：心中郁闷。

7. 北敌：指当时居住在今内蒙古一带的蒙古族俺答部，曾多次侵扰北方，是明中期的主要边患。

8. 帅府：边境最高军事机关。

垒，以恣敌之出没，不及飞一镞¹以相抗。甚且及敌之退，则割中土之战没者与野行者之馘²以为功。而父之哭其子，妻之哭其夫，兄之哭其弟者，往往而是，无所控吁³。君既上愤疆场之日弛，而又下痛诸将士日菅刈⁴我人民以蒙国家也。数鸣咽欷歔⁵，而以其所忧郁发之于诗歌文章，以泄其怀，即集中所载诸什⁶是也。

君故以直谏为重于时，而其所著为诗歌文章又多所讥刺，稍稍⁷传播，上下震恐，始出死力相煽构，而君之祸作⁸矣。君既没⁹，而一时阃寄¹⁰所相与谗君者，寻且坐罪¹¹罢

垒，任凭敌寇任意进出侵扰，连发一支箭来抗敌都做不到。甚至等到敌寇退兵后，（他们）就割下中原阵亡战士及在田野赶路人的左耳来邀功请赏。而父亲哭儿子，妻子哭丈夫，兄长哭弟弟的到处都是，（他们）没有地方去控诉呼吁。沈君既对上愤慨边疆防务的日益废弛，对下又痛心将士日日任意残害百姓，欺骗朝廷。（他为此）多次哭泣叹息，因而就将他忧虑苦恼的事情表现在诗歌文章里，来发泄他的情怀，他的文集中所载录的诸多篇章就是这类作品。

沈君本来因为敢于直谏被当时的人敬重，而他所写的诗歌文章又大多有讥议讽刺（的内容），（这些作品）渐渐流传开来，上上下下（当权的人）都感到震惊和恐慌，于是他们就开始下死劲罗织罪名来陷害他，因而沈君的灾祸就发生了。沈君死后，那些曾身居军事要职，一同陷害沈君的人，不久也

---

1. 镞：箭头。这里代指箭。
2. 馘：被杀者的左耳。古代作战时割取对方战死者的左耳来统计杀敌人数，记战功。
3. 控吁：控诉，呼吁。
4. 菅刈：割草，这里指像割草一样残害百姓，随意杀人。菅，一种草。刈，割草。
5. 欷歔：同"唏嘘"，叹息。
6. 什：《诗经》的《大雅》《小雅》《颂》三个部分，以十篇诗歌为一卷，称为"什"。这里泛指诗篇。
7. 稍稍：逐渐。
8. 作：发生。
9. 没：同"殁（mò）"，去世。
10. 阃寄：意思是把郭门外的事委托全权处理，这里指统兵在外的将领。阃，古代郭门（外城门）的门槛，外城城门以外称为阃外。将军出征作战，必须出郭门，所以古代常把军事职务称作阃外之事。寄，托付。
11. 寻：不久。 坐罪：因犯法而获罪。

去。又未几，故宰执之仇君者亦报罢[1]。而君之门人给谏[2]俞君，于是裒辑[3]其生平所著若干卷，刻而传之。而其子以敬，来请予序之首简。

茅子受读而题之曰：若君者，非古之志士之遗乎哉？孔子删《诗》，自《小弁》[4]之怨亲，《巷伯》[5]之刺谗以下，其忠臣、寡妇、幽人、怼士[6]之什，并列之为"风"；疏[7]之为"雅"，不可胜数。岂皆古之中声也哉？然孔子不遽遗[8]之者，特悯其人，矜其志，犹曰"发乎情，止乎礼义"，"言之者无罪，闻之者足以为戒"[9]焉耳。予尝按次《春秋》以来，屈原之《骚》[10]疑于怨，

都因犯法而获罪被罢免。又过了不久，原来那位仇视沈君的宰相也被罢了官。于是沈君的门人给谏俞君，就搜集编纂了沈君平生所写的著述若干卷，刻印出来让它流传。沈君的儿子以敬，来请我写篇序文置于卷首。

我读了沈先生的著述后写道：像沈君这样的人，难道不就是古代有高尚志向和节操的继承人吗？孔子删订《诗经》，从怨恨父母的《小弁》篇，讥讽谗人的《巷伯》篇以下，那些忠臣、寡妇、隐者、怨士的篇章，一概被列入"风"；（或者）分入"雅"的，（篇目）多得数也数不清，难道这些都是古代的中和之声吗？但是孔子不轻易地删去它们，只是哀怜那些人，顾惜同情他们的志向，还说"发自内心，又能以礼义加以约束""说话的人没有罪，听的人完全可以引以为戒"呢！我曾经依次考察了《春秋》以来（的作品），（发现）屈原的《离骚》近于怨恨，

1. 报罢：古代官吏、民众上书，朝廷通知不予采纳为报罢。这里指官吏削职、罢免。
2. 给谏：给事中的别称。给事中，掌管纠正过失和规谏，属于谏官。明代设六科给事中，稽察六部百司之事，正、从七品。
3. 裒辑：搜集，编辑。
4.《小弁》：《诗经·小雅》中的一篇，描写一个被父亲遗弃者的哀怨。
5.《巷伯》：《诗经·小雅》中的一篇，描写一个遭受谗言而受到宫刑处罚的人的悲愤。
6. 怼士：心怀愤懑的人。
7. 疏：分别。
8. 遽遗：骤然删除。
9. "发乎情，止乎礼义"，"言之者无罪，闻之者足以为戒"：两段引文均出自《诗经·周南·关雎》的毛诗序。
10. 屈原：名平，战国时楚国贵族，三闾大夫，辅佐楚怀王，后受贵族子兰、靳尚等人谗毁，被放逐。他是伟大的诗人，著有《离骚》《九歌》《九章》等诗。《骚》：就是《离骚》，屈原的代表作，抒写他的理想抱负和这种抱负不能实现的悲愤心情。

伍胥之谏[1]疑于胁，贾谊[2]之疏疑于激，叔夜之诗[3]疑于愤，刘蕡之对疑于亢[4]，然推孔子删《诗》之旨而裒[póu][5]次之，当亦未必无录之者。君既没，而海内之荐绅[6]大夫至今言及君，无不酸鼻而流涕。呜呼！集中所载《鸣剑》《筹边》诸什，试令后之人读之，其足以寒贼臣之胆，而跃塞垣[yuán]战士之马，而作之忾[kài][7]也，固矣。他日国家采风者[8]之使出而览观焉，其能遗之也乎？予谨识[zhì][9]之。

至于文词之工不工，及当古作者之旨与否，非所以论君之大者也，予故不著。

伍子胥的进谏近于胁迫，贾谊的上疏近于激愤，嵇康的诗近于愤懑，刘蕡的对策似乎（过于）刚直，但是如果按孔子删订《诗经》的原则去搜集整理他们的作品，也未必不能收录它们。沈君死后，天下的士大夫到今天提起沈先生，没有一个不鼻酸流泪的。唉！文集中所载《鸣剑》《筹边》等篇，假使让后人读了，也足以使奸臣贼子胆寒，使塞外战士的战马腾跃，而振奋起他们同仇敌忾的义愤，这是毫无疑问的。将来朝廷采集民间风谣的官员出使各地看到这些诗篇时，难道能把它们遗漏掉吗？我恭谨地将它们记述下来。

至于（沈先生作品的）文采辞藻精美与否，以及是否合乎古代作家的写作规范，那些都不是用来议论沈先生大节的东西，所以我就不加论述了。

1. 伍胥：伍子胥，春秋时吴国大夫。谏：指劝吴王夫差拒绝越国的求和，并停止伐齐，后因谗言被夫差赐死。
2. 贾谊：西汉初期文学家、政论家，担任过博士、太中大夫。曾多次上书建议削弱诸侯王的势力，加强中央集权，被权贵排挤，被贬为长沙王太傅，郁郁而终。
3. 叔夜：嵇（jī）康，字叔夜。三国时期文学家，因不满实际掌权的司马氏集团，常发表一些不利于当权者的言论，为司马昭所杀。诗：指嵇康的《幽愤诗》，是嵇康被捕后在狱中写的。
4. 刘蕡：唐代幽州昌平（今属北京）人。唐文宗时，刘蕡在应贤良对策时，在对策中猛烈抨击宦官专权，考官们慑于宦官的权势，不敢录取他。对：指刘蕡所上的对策。亢：亢直。
5. 孔子删《诗》：传说孔子是从大量的诗歌中删选出 305 首诗组成《诗经》。裒：辑录。
6. 荐绅：又作"搢（jìn）绅"。古代士大夫垂绅插笏，因此称搢绅。绅，腰带。
7. 忾：愤怒，义愤。
8. 国家采风者：古代君王定期派人分赴全国各地收集民歌民谣，以考察民风民情，称为"采风"。
9. 识：记录。

赏　析

第一、二段写生平，开篇直接点明品质，"诋""构"对比鲜明，"累然"写心理变化形象又精练。三"哭"排比，情感强烈。第三、四段先以反问表示肯定，再引孔子删《诗》，以排比例举，突出文集那些动人心魄的内容，顺理成章地证明了诗文价值源自为人与创作、思想价值和社会意义的关系。第五段以文辞为小节带过，论述全面又详略得当。全文谋篇匠心独运，从大处着眼，从人写到文，脉落清晰、条理井然、一气呵成。简洁有力，情文并茂，夹叙夹议，叙事中横插议论称颂，字里行间积蕴着深沉的感慨。情真意挚，十四个"君"字，"死力"修饰"构"字，使爱憎分明。文从字顺，富于变化。语言流畅质朴，明白如话，意味深长。以反问、排比、感叹来增强论述力量；句式错落变化使文势尺水兴波、曲折有致。句间多用"而"字，使内容、语气转接紧凑。

成　语

言者无罪，闻者足戒：提意见的人只要是善意的，即使提得不正确，也是无罪的。听取意见的人即使没有对方所提的缺点错误，也值得引以为戒。

以信言情 剖腹掏心

马援诫兄子严敦书

《后汉书》

【题 解】

因为担心两个侄儿有贵族子弟的优越感，口无遮拦，不存顾忌，又作为将门子弟，好侠尚义，交游不慎，所以在远征交阯期间，马援还给他们写信。为了使他们能接受自己的意见，马援没有直接批评，而是正面阐述自己的希望，并以他人作榜样说明取舍。这封信里的观点虽然有时代性，但善于换位思考，无论是表达还是为人处世，都值得借鉴。

援[1]兄子严、敦并喜讥议，而通轻侠客。援前在交阯[2]，还书诫之曰：

"吾欲汝曹[3]闻人过失如闻父母之名，耳可得闻，口不可得言也。好议论人长短，妄是非[4]正法，此吾所大恶也，宁死不愿闻子孙有此行也。汝曹知吾恶之甚矣，所以复言者，施衿结缡[5]，申父母之戒，欲使汝曹不忘之耳。

马援哥哥的儿子马严、马敦，都喜欢议论别人，而且结交轻薄的侠客。马援以前在交阯的时候，写回信训诫他们说：

"我希望你们听到别人的过失，就好像听到自己父母的名字一样，耳朵可以听，但嘴里不可说。喜欢议论他人长短，胡乱评论正常的法制，这是我最痛恨的事，宁死也不愿听到子孙有这种行为。你们知道我对这种行为痛恨至极，今天还要重复说的原因，就像女儿出嫁时，父母为她系上佩带和佩巾，重申父母的训诫，是想让你们不要忘记这个而已。

1. 援：马援，东汉人，字文渊。刘秀时任伏波将军。
2. 交阯：郡名。治所在今越南河内西北。阯，又作"趾"。
3. 欲：希望。曹：等，辈。
4. 是非：评论、褒贬。
5. 施衿结缡：父母在女儿出嫁时，要给她系上佩带和佩巾。衿，佩带。缡，佩巾。

"龙伯高[1]敦厚周慎，口无择[2]言，谦约节俭，廉公有威，吾爱之重之，愿汝曹效之。杜季良[3]豪侠好义，忧人之忧，乐人之乐，清浊[4]无所失，父丧致客，数郡毕至。吾爱之重之，不愿汝曹效也。效伯高不得，犹为谨敕[5]之士，所谓刻鹄不成尚类鹜[6]者也。效季良不得，陷为天下轻薄子，所谓画虎不成反类狗者也。讫今季良尚未可知，郡将下车[7]辄切齿，州郡以为言，吾常为寒心，是以不愿子孙效也。"

"龙伯高忠厚谨慎，嘴里不说败坏别人的话，谦虚节俭，廉洁奉公有威望，我喜欢他，敬重他，希望你们学习仿效他。杜季良豪放侠义，把别人的忧愁当作忧愁，把别人的快乐当作快乐，无论什么人都交往，为父亲办丧事的时候，前来的宾客，几个郡的人全部都到了。我喜欢他，敬重他，但是不希望你们学习仿效他。学习伯高不成，还可以做一个谨慎严整的士人，正像人们所说的'刻画天鹅不成还像个鸭子'。学习季良不成，就会堕落为世上的轻薄子弟，正像人们所说的'描画老虎不成反而像条狗'。到现在，还不知道杜季良以后会怎么样，新来的郡守刚到任就咬牙切齿地痛恨他，州郡官员把这个当作话柄，我常常为他感到寒心，所以我不希望我的子孙学习他。"

---

1. 龙伯高：龙述，字伯高。原为山都长，汉光武帝刘秀看到马援此信，提拔他为零陵郡太守。
2. 择：同"殬（dù）"，恶。
3. 杜季良：杜保，字季良。原为越骑司马，后仇人上书告他"为行浮薄，乱群惑众"，被汉光武帝刘秀罢官。
4. 清浊：清，指品行好的人。浊，指品行不好的人。
5. 谨敕：也作"谨饬"。谨慎，能约束自己的言行。
6. 鹄：天鹅。鹜：家鸭。
7. 下车：指官员初到任。

赏 析

　　虽属家信，但不平庸浅薄，不写饥寒劳苦等琐事，而是寄深情于厚望，寓事理于亲情，言辞警醒，短小精悍。本文以情入理，因情喻理，情真意切。一开头的提出希望，是由父子亲情说起，再续之以理。后又解释"所以复言者，施衿结缡，申父母之戒"，用亲切的比喻来表明自己殷切的愿望。这样饱含父辈深情，使人感到既亲切又严肃，情意绵长，不容拒绝。全文连用四个比喻，各具特色，互相关联，共同为中心服务。比喻贴切自然，鲜明形象。尤其后两个还形成比较，阐明利弊，表示褒贬，说理生动，令人信服，省却不少繁杂的议论。本文层次清楚，结构谨严，层层递进，环环相扣。从"吾欲"说起，到"所大恶"为止，一正一反，泾渭分明。在进一步阐明自己的处世态度时，用龙伯高、杜季良两人对举来凸显自己的取舍。全文用语自然、率真、亲切，语句凝练，读起来朗朗上口。

成 语

　　施衿结缡：本指古代女子出嫁，母亲将五彩丝绳和佩巾结于其身。后比喻父母对子女的教训。衿，佩带。缡，佩巾。古时礼俗，女子出嫁，母亲把佩巾、带子结在女儿身上，为其整衣。父戒女曰："戒之敬之，夙夜无违命。"母戒女曰："戒之敬之，夙夜无违宫事。"

　　口无择言：意思是出口皆合道理，没有不合法度的话。

　　刻鹄不成尚类鹜：指画天鹅不成，仍有些像鸭子。比喻仿效失真，适得其反。也指比喻模仿得虽然不逼真，但还相似。

　　画虎不成反类狗：画老虎不成，却像狗。比喻模仿不到家，反而不伦不类。类，像。

乐毅报燕王书

《国策·燕策》

【题解】

　　乐毅为燕国立下赫赫战功，却遭燕惠王猜疑被迫逃亡。心虚的燕惠王还写信指责他有负先王，暗示他不可记恨报仇。有功遭忌，尽忠被谤，是古代贤能之士经常遭受的痛苦。但乐毅不仅懂得明哲保身，处事也不同凡俗，回信不咎既往，不泄私愤，而是忠厚对人，委婉解释，同时襟怀坦荡，诚实相告，展现了光明磊落的人格。

　　昌国君乐毅为燕昭王合五国[1]之兵而攻齐，下七十余城，尽郡县之以属燕。三城[2]未下，而燕昭王死。惠王即位，用齐人反间[3]，疑乐毅，而使骑劫[4]代之将。乐毅奔赵，赵封以为望诸君。齐田单诈骑劫[5]，卒败燕军，复收七十余城以复齐。

　　昌国君乐毅替燕昭王联合五国的军队去攻打齐国，攻下了七十多座城邑，全改为郡县而归属于燕国。还有三座城邑没有攻下来，燕昭王就死了。燕惠王即位，因为中了齐国人的反间计，怀疑乐毅，就派骑劫代替他做大将。乐毅逃到赵国，赵王封他做望诸君。齐国大将田单用计欺骗骑劫，最后打败燕军，又收复七十余城，而使齐国复兴。

---

1. 乐毅：战国后期杰出的军事家、战略家，魏将乐羊后裔，奉魏昭王之命使燕，受到燕昭王的礼遇，便留在燕国，被封为亚卿。后来死在赵国。　五国：指赵、楚、魏、韩、燕。
2. 三城：指即墨、莒（jǔ）、聊城，都在今山东境内。
3. 用齐人反间：齐将田单放出谣言，说乐毅想反叛燕国，自己做齐王。燕惠王信以为真。
4. 骑劫：燕国将领。
5. 田单：战国时齐国大将，屡立战功，封安平君，被齐襄王任为国相。诈骑劫：田单派人向燕军诈降，骑劫被蒙蔽；又用千余头牛，角上缚兵刃，尾上扎苇草灌油，夜间点燃牛尾，猛冲燕军营帐，并以数千勇士随后冲杀，大败燕军，杀死骑劫。

燕王悔，惧赵用乐毅乘燕之
敝[1]（chéng）以伐燕。燕王乃使人让[2]乐毅，
且谢[3]之曰："先王举国而委将军，
将军为燕破齐，报先王之仇[4]，天下
莫不振动，寡人岂敢一日而忘将军
之功哉！会先王弃群臣，寡人新即
位，左右误寡人。寡人之使骑劫代
将军，为将军久暴露[5]（pù）于外，故召将
军且休计事。将军过听，以与寡人
有隙，遂捐[6]燕而归赵。将军自为计
则可矣，而亦何以报先王之所以遇
将军之意乎？"

望诸君乃使人献书报燕王曰：
"臣不佞[7]（nìng），不能奉承先王之教（jiào），以
顺左右[8]之心，恐抵斧质之罪[9]（dǐ），以伤
先王之明，而又害于足下[10]之义，故

燕惠王懊悔，害怕赵王任用乐毅乘燕
国疲敝的时候来攻打燕国。燕惠王于是派人
去责备乐毅，并向他道歉说："先王把整个国
家托付给将军您，将军您为燕国攻破齐国，
报了先王的仇，天下没有谁不受震动，寡人
怎敢有一天忘记将军您的功劳呢？适逢先
王抛弃群臣而去，寡人刚刚即位，身边近臣
误了我。寡人派骑劫代替将军您，是（因为）
将军您长期统兵在外风餐露宿，所以召将军
您回来暂且休息，并且共议国是。将军您误
信流言，因而和我有了隔阂，便弃燕归赵。
将军您为自己打算是可以的，但又怎样来
报答先王厚待您的心意呢？"

望诸君乐毅于是派人进献书信回答燕
惠王，说："我不才，不能奉行秉承先王的教
导，从而顺从您左右臣子的心意，生怕遭杀
身之罪，以致损害了先王的圣明，而且又害
您蒙上不义的名声，所以逃奔赵国。（宁可）

---

1. 敝：败，疲困。
2. 让：责备
3. 谢：道歉。
4. 先王之仇：指齐国曾因燕国发生子之之乱而攻破燕国之事。
5. 暴露：指乐毅长期行军作战，风餐露宿，很辛苦。暴，同"曝"。
6. 捐：抛弃。
7. 不佞：不才，谦词。佞，有才智。
8. 左右：书信中对对方的尊称，表示不敢直接称对方，只称呼对方的左右执事者。
9. 抵：冒犯。斧质之罪：杀身之罪。斧质，是斩人的刑具。质，同"锧"，腰斩所用的底座。
10. 足下：指燕惠王。这是旧时书信中对收信人的敬称。古时可用于尊者，后代只用于同辈。

遁逃奔赵。自负以不肖之罪，故不敢为辞说。今王使使者数[1]之罪，臣恐侍御者之不察先王之所以畜幸臣之理，而又不白于臣之所以事先王之心，故敢以书对。

"臣闻贤圣之君，不以禄私其亲，功多者授之；不以官随其爱，能当者处之。故察能而授官者，成功之君也；论行而结交者，立名之士也。臣以所学者观之，先王之举错[2]，有高世之心，故假节于魏王[3]，而以身得察于燕。先王过举，擢之乎[4]宾客之中，而立之乎群臣之上，不谋于父兄，而使臣为亚卿[5]。臣自以为奉令承教，可以幸无罪矣，故受命而不辞。

"先王命之曰：'我有积怨深怒于齐，不量轻弱，而欲以齐为事。'

自己担负不贤的罪名，所以不敢为（自己）辩白。现在大王您派使者来列数我的罪过，我恐怕您不理解先王蓄养宠信我的道理，而且又不明白我用来事奉先王的忠心，所以才敢写这封书信作答。

"我听说贤能圣明的君主，不拿爵禄来偏爱他的亲信，功劳多的才授给他；不把官职随意赐给他喜爱的人，能力适当的才使用他。所以考察能力后再授予官职，是能成就功业的君主；衡量品行后再去结交朋友的，是能树立名声的贤士。我凭借学到的知识来观察，先王的举止措施，有远高于世俗的用心，所以我向魏王借用出使的符节，得以亲自来到燕国考察。先王过分抬举，把我从宾客中提拔起来，安排我在高于群臣的位置上，没和宗室父兄商议，就让我做亚卿。我自以为奉行命令秉承教导，就可以侥幸免受罪责，所以接受了命令没有推辞。

"先王命令我说：'我们（燕国）与齐国有积怨深仇，（因此）不估量（我们燕国）弱小，而想把伐齐报仇作为大事。'

---

1. 数：数说，列举。
2. 举错：举措。错，同"措"，施行，推行。
3. 假节于魏王：凭着魏王使节的身份到燕国。假，借。节，外交使臣所持符节。
4. 擢之乎：从……中提拔我。之，我。乎，同"于"，从。
5. 亚卿：官名，地位仅次于上卿。上卿是当时最高的官职。

臣对曰：'夫齐，霸国之余教而骤胜[1]之遗事也，闲[2]于甲兵，习于战攻。王若欲伐之，则必举天下而图之。举天下而图之，莫径于结赵矣。且又淮北、宋地，楚、魏之所同愿也。赵若许约，楚、赵、宋尽力，四国攻之，齐可大破也。'先王曰：'善。'臣乃口受令，具符节，南使臣于赵。顾反命[3]，起兵随而攻齐。以天之道，先王之灵，河北之地，随先王举而有之于济上[4]。济上之军，奉令击齐，大胜之。轻卒锐兵，长驱至国[5]。齐王逃遁走莒，仅以身免。珠玉财宝，车甲珍器，尽收入燕。大吕[6]陈于元英，故鼎反乎历室，齐器设于宁台。蓟丘之植，植于汶篁。自五伯[7]以来，功未有及先王者也。

我回答说：'那齐国，具有霸国的遗业和多次取胜他国的历史，熟习军事，擅长攻战。大王如果想要讨伐齐国，就必须发动天下（的力量）来对付它。发动天下（的力量）来对付它，没有比联合赵国更直接了。况且淮北和宋地，是楚国、魏国都希望得到的地方。赵国如果答应缔结盟约，楚国、赵国、魏国都能尽力，四个国家攻齐，就可以打得齐国大败。'先王说：'好。'我就接受（先王）亲口下达的命令，备好符节，向南出使到赵国。刚回来复命，随后就发兵攻打齐国。依靠上天的保佑和先王的神灵，黄河以北的土地，跟随先王一下子占有了齐国的济上。（来到）济上的（燕国）军队，奉命进击齐国，大胜齐国。轻装精锐之师，长驱而入一直攻到齐国国都。齐湣王逃到莒城，仅幸免一死。（齐国的）珠玉财宝、战车铠甲及珍贵器物，全被收到燕国。大吕钟陈列在元英宫，（被齐夺走的）燕国故鼎回到历室宫，齐国的贵重器物陈列在宁台上。燕都蓟丘的竹木种植在齐国汶水的竹田里。自从五霸以来，功业没有谁比得上先王。

---

1. 霸国：齐桓公曾称霸诸侯，齐湣王也曾自称东帝，因此这里说齐国有称霸的传统。骤胜：多次胜利。
2. 闲：同"娴"，熟习。
3. 反命：复命。
4. 济上：济水边。济水之西为齐国地界。
5. 国：指齐国都临淄。
6. 大吕：巨钟名，为齐庙堂乐器。
7. 五伯：春秋时先后称霸的五个诸侯，一般指齐桓公、晋文公、秦穆公、宋襄公、楚庄王。伯，同"霸"。

先王以为顺于其志，以臣为不顿命[1]，故裂地而封之，使之得比乎小国诸侯。臣不佞，自以为奉令承教，可以幸无罪矣，故受命而弗辞。

"臣闻贤明之君，功立而不废，故著于春秋[2]；蚤知之士，名成而不毁，故称于后世。若先王之报怨雪耻，夷万乘之强国，收八百岁之蓄积，及至弃群臣之日，遗令诏后嗣之余义，执政任事之臣，所以能循法令、顺庶孽者，施[3]及萌隶，皆可以教于后世。臣闻善作者[4]，不必善成；善始者，不必善终。昔者伍子胥说听乎[5]阖闾，故吴王远迹[6]至于郢。夫差弗是也，赐之鸱夷[7]而浮之江。故吴王夫差不悟先论[8]之可以立功，故沉子胥而弗悔；子胥不蚤见主之

先王认为（已经）合乎他的志愿，因为我没有贻误王命，所以划地封赏我，使我能与小国诸侯相比。我不才，自以为奉行命令秉承教导，就可以幸免获罪了，所以接受了分封而没有推辞。

"我听说贤明的君主，功业建立了就不会废弛，所以记载在史册；有先见的士子，名声成就了就不会毁坏，所以被后世称道。像先王这样报仇雪耻，夷平有万辆兵车的强国，收缴齐国八百年来积蓄的财物，待到抛弃群臣（去世）时，还留下诚示后世子孙的遗训，执政任事的臣子，因此能够遵循法令，使庶出的王室子弟安分顺从，以至于推行到百姓身上，这些都可以用来教育后代。我听说善于开创事业的人不一定善于守成，有好的开端不一定有好的结束。从前，伍子胥的主张被吴王阖闾听从接纳，所以吴王远征的足迹到达楚国郢都。吴王夫差不是这样，赐给伍子胥一只皮囊把他装了抛入江中。因为吴王夫差没有领悟到伍子胥生前的话可以用来建功立业，所以把伍子胥沉江而不后悔；伍子胥不能及早发现两位君主气量

---

1. 不顿命：不辜负使命。顿，滞，挫。
2. 春秋：指一般史书。古代编年史书都叫春秋，并非专指鲁《春秋》。
3. 施：延续普及。
4. 作者：开创事业的人。
5. 乎：同"于"，被。
6. 远迹：在远处留下足迹，指长途伐楚。
7. 鸱夷：皮革制的口袋。
8. 先论：预见。伍子胥生前曾预言，吴不灭越，越将灭吴。

不同量，故入江而不改。

"夫免身全功，以明先王之迹者，臣之上计也。离[1]毁辱之非，堕[2]先王之名者，臣之所大恐也。临不测之罪，以幸为利者，义之所不敢出也。

"臣闻古之君子，交绝不出恶声；忠臣之去也，不洁其名。臣虽不佞，数奉教于君子矣。恐侍御者之亲左右之说，而不察疏远[3]之行也。故敢以书报，唯君之留意焉。"

不同，所以（直到）被抛入江中也没有改变态度。

"能使自身免祸，保全（破齐的）功名，来彰显先王的业绩，这是我的上策。遭受毁谤侮辱的错误处置，（因而）败坏先王的名声，是我最害怕的事。面临不测之罪，以侥幸心理求取私利，在道义上我是不敢做的。

"我听说古代的君子，交情断绝时不说恶毒的话；忠臣（因受冤屈）离去（故国朝廷），不毁谤国君来自洁名声。我虽然没有才能，（却）多次从君子那里受到教诲。恐怕您听信左右亲近之人的话，却不能体察我这个被疏远之人的行为。所以斗胆用书信作答，希望您留心注意。"

---

1. 离：同"罹"，蒙受。
2. 堕：毁坏。
3. 疏远：被疏远的人，这里是乐毅自指。

赏 析

燕惠王的来信，先说不忘乐毅的功劳，再开脱自己的责任，真正重点在最后一句：气愤乐毅为自己打算，责问是否对得起先王，暗示乐毅不可挟私报复，显示出了燕惠王狭隘的心胸和丑陋的嘴脸。乐毅的回信，先说明只是为先王任用他作辩白，不是为自己作辩驳，提高了境界；再反复赞颂先王贤明，因托付责任，才得以成就功业。句句不忘先王，毫不炫耀自己；又惋惜伍子胥未能善终，说明自己逃亡是为保全先王贤明。解释逃亡缘由，暗示不会报复燕国。句句歌颂先王功业，将自己功绩自然隐含其中；句句歌颂先王贤明，其实暗责燕惠王不孝。语言婉转，用意忠厚，意思明白，洞见肺腑，不事铺张扬厉，不逞口舌之辩，娓娓道来，风格独特，正是所谓的君子"交绝不出恶声"，实实在在，以高尚的人格征服人。

邹阳狱中上梁王书

《汉书》

【题 解】

　　邹阳因不随便迎合他人而被诬陷下狱。大难临头，悲愤交加，但他并不惊慌失措，在囹圄中作书开导梁孝王如何在用人方面少犯错误。不是摇尾乞怜，为摆脱绝境作垂死挣扎，而是不卑不亢地为梁孝王建功立业操心，正好投梁孝王所好，所以立即被释放，并待为上客。这封信充分展现了邹阳的智谋才略、顽强精神和独立人格。

　　邹阳从梁孝王[1]游。阳为人有智略，忼慨[2]不苟合，介于羊胜、公孙诡[3]之间。胜等疾阳，恶之孝王。孝王怒，下阳吏，将杀之。阳乃从狱中上书曰：

　　"臣闻'忠无不报，信不见疑'，臣常以为然，徒虚语耳。昔荆轲[4]慕燕丹之义，白虹贯日，太子畏之；卫

　　邹阳跟从梁孝王交往。邹阳为人有智谋才略，意气风发不随便迎合别人，与羊胜、公孙诡相处在一起。羊胜等人嫉妒邹阳，在孝王面前诋毁他。孝王发怒，把邹阳交给狱吏（定罪），打算杀他。邹阳就在狱中上书（梁孝王）说：

　　"我听说'忠心的人不会得不到报答，守信的人不会被怀疑'，我曾经认为这话是对的，（现在看来，）只不过是空话罢了。从前荆轲仰慕燕太子丹的义气，（替他去刺杀

---

1. 邹阳：汉初齐人。为吴王刘濞门客，以文辩著名于世。吴王阴谋叛乱，邹阳上书谏止，吴王不听，改投景帝少弟梁孝王门下。　梁孝王：刘武。西汉文帝次子，封为梁王。
2. 忼慨：同"慷慨"，意气风发。
3. 羊胜、公孙诡：均为梁孝王门客。
4. 荆轲：刺客。他从卫国到燕国，正碰上燕太子丹欲向秦王报仇，于是说服逃亡到燕国的秦将樊於期自杀，带着樊於期的头作为礼物，通过秦王宠臣蒙嘉的介绍去见秦王，伺机行刺。传说上天为荆轲的精诚所感，出现了白虹贯日的景象。

先生为秦画长平之事¹，太白食昴²，昭王疑之。夫精变天地，而信不谕两主，岂不哀哉！今臣尽忠竭诚，毕议愿知，左右不明，卒从吏讯，为世所疑。是使荆轲、卫先生复起，而燕、秦不寤也。愿大王熟察之。

"昔玉人献宝，楚王诛³之；李斯⁴竭忠，胡亥极刑。是以箕子阳狂⁵，接舆⁶避世，恐遭此患也。愿大王察玉人、李斯之意，而后楚王、胡亥之听，毋使臣为箕子、接舆所笑。臣闻比干⁷剖心，子胥鸱夷⁸，臣始不信，乃今知之。愿大王熟察，少加怜焉！

"语曰：'有白头如新⁹，倾盖如故¹⁰。'何则？知与不知也。故樊於期

秦王，感动得）白虹贯穿太阳，而太子丹却担心他不肯去；卫先生为秦国谋划长平之役的战事，（他的忠心感动得）太白星侵入昴宿，而秦昭王却要怀疑他。他们的精诚使天地发生变异，可是他们的信义不能为两位君主所知晓，难道不是很悲哀吗？现在我竭尽忠诚，把自己的意见全部说出来希望您知道，可是大王不能明鉴，终于听凭狱吏的审讯，使我被世人怀疑。这即使是荆轲和卫先生再生，燕太子丹和秦昭王（还是）不觉悟的啊！希望大王深思明察。

"从前玉人卞和进献宝玉，楚王惩罚他；李斯竭尽忠心，胡亥把他处以极刑。因此箕子假装疯癫，接舆隐居避世，是怕遭受这种祸害啊。希望大王能明察卞和、李斯的心意，把楚王、秦二世的偏听置于脑后，不要使我被箕子、接舆嘲笑。我听说比干被挖心，伍子胥的尸体被装进皮袋（扔到江中），我开始还不相信，到今天才知道了。希望大王深思明察，（对我）稍加怜惜。

"俗话说：'有的人相处多年，直到头发白了，还和新交一样；有的人在路上偶然相

1. 长平之事：秦将白起攻赵，在长平（今山西高平西北）大败赵军，为乘胜灭赵，派秦人卫先生说秦昭王增兵增粮。
2. 昴：星宿名。古人认为昴宿在赵国分野。
3. 诛：这里作惩罚。
4. 李斯：秦政治家，曾辅佐秦始皇统一中国。后来，胡亥即位，因忠心进谏被诬陷谋反，处以腰斩。
5. 箕子：殷纣王的叔父。阳狂：同"佯狂"。
6. 接舆：楚国隐士，被称为"楚狂人"。
7. 比干：殷纣王的叔父，因谏纣而被剖心。
8. 鸱夷：皮革制的袋。
9. 白头如新：成语，相识多年，直到头发白了，还和新交一样。指有的人相处到老而不相知。
10. 倾盖如故：成语，路遇贤士，停车而谈，就好像是有多年交情的老朋友。指初交却一见如故。倾盖，指道路上两车相遇，车盖相交。

逃秦之燕，藉荆轲首以奉丹事；王奢[1]去齐之魏，临城自刭，以却齐而存魏。夫王奢、樊於期非新于齐、秦而故于燕、魏也，所以去二国死两君[2]者，行合于志，慕义无穷也。是以苏秦[3]不信于天下，为燕尾生[4]；白圭[5]战亡六城，为魏取中山。何则？诚有以相知也。苏秦相燕，人恶之燕王，燕王按剑而怒，食以駃騠[6]；白圭显于中山，人恶之于魏文侯，文侯赐以夜光之璧。何则？两主二臣，剖心析肝相信，岂移于浮辞[7]哉！

"故女无美恶，入宫见妒；士无贤不肖，入朝见嫉。昔司马喜[8]膑脚于宋，卒相中山；范雎[9]拉胁折齿于魏，卒为应侯。此二人者，皆信必然

遇，停车交谈一次，却像老朋友。'为什么呢？这就是理解和不理解啊。因此樊於期从秦国逃到燕国，把自己的头借给荆轲来帮助太子丹刺秦王；王奢离开齐国来到魏国，在城头自杀，来退却齐军保存魏国。王奢、樊於期并非和齐国、秦国是新交而同燕国、魏国是旧友，离开齐、秦二国而为燕丹和魏文侯报效以死的原因，是行为相合于他们的志向，仰慕道义之心无限深厚。所以苏秦不被天下各国信任，唯独被燕国信任，把他看得像那抱柱而死的尾生；白圭作战中丢失六座城市，却帮助魏国夺取了中山国。为什么呢？确实是彼此相知的缘故啊！苏秦做燕国丞相时，有人对燕王说他的坏话，燕王手按宝剑发怒，相反把良马駃騠的肉赐给苏秦吃；白圭因攻取中山国而显贵于魏，有人对魏文侯说白圭的坏话，魏文侯相反赐给白圭夜光璧。为什么呢？就是因为两位国君和两位大臣之间能够推心置腹、肝胆相照，哪里会被没有根据的流言蜚语动摇呢？

"所以女子无论美或丑，一入宫中就会受人嫉妒；士人不管贤不贤，一入朝廷就会遭到嫉恨。从前司马喜在宋国受过膑刑，最后做了中山国的丞相；范雎在魏国被打断肋骨折断牙齿，后来被秦国封为应侯。这两个人，都坚信自己的计划一定会成功，抛弃

---

1. 王奢：原是齐国大臣，逃亡到魏，当魏国遭到齐的征伐时，以不愿连累魏而自杀。

2. 死两君：为两君而死。

3. 苏秦：战国时期的纵横家，游说六国联合抗秦，后因暗中助燕被齐车裂。

4. 尾生：传说是个守信的人，因与一女子约定桥下相见，女子未到而洪水涨起，于是抱柱而死。

5. 白圭：原是中山国大将，因失掉六城，国君准备杀他，他便逃到魏国，后来替魏征服中山国。

6. 食：给人吃。驶騠：良马名。

7. 浮辞：无根据的流言。

8. 司马喜：战国时人，在宋国受到膑（bìn）刑，后来先后三次做中山国的相。

9. 范雎：战国时魏国人，因被怀疑向齐国透露情报而遭鞭刑，肋断牙折，后逃到秦国为相，封应侯。

之画，捐[1]朋党之私，挟孤独之交，故不能自免于嫉妒之人也。是以申徒狄[2]蹈雍之河，徐衍负石入海。不容于世，义不苟取比周[3]于朝以移主上之心。故百里奚[4]乞食于道路，缪(mù)公[5]委之以政；宁戚[6]饭牛车下，桓公任之以国。此二人者，岂素宦于朝，借誉于左右，然后二主用之哉？感于心，合于行，坚如胶漆，昆弟不能离，岂惑于众口哉？故偏听生奸，独任成乱。昔鲁听季孙[7]之说逐孔子；宋任子冉之计囚墨翟[8]。夫以孔、墨之辩，不能自免于谗(chán)谀(yú)，而二国以危。何则？众口铄金，积毁销骨也。秦用戎人由余而伯(bà)中国，齐用越人子臧(zāng)而强威、宣。此二国岂系于俗，牵于世，系(jì)奇偏之浮辞哉？

朋党的私情，凭借孤独清高的态度与人交往，因此很难避免成为受别人嫉妒的人。所以申徒狄跳进雍水而死，徐衍背着石头跳进大海。（他们）不被世俗宽容，却坚持正义，不肯苟且在朝廷结党来改变君主的主意。因此百里奚在路上行乞，秦缪公却把政事委托给他；宁戚在车下喂牛，齐桓公却把国家大事托付给他。这两个人，难道是一向在朝廷做官，借助国君左右的人替他们说好话，然后才得到两位国君重用的吗？（不是的，他们之间）心灵相互感应，行为相互符合，关系牢固如胶漆，就是亲兄弟也不能离间，难道会被众人之口迷惑吗？所以偏听偏信产生奸邪，独断专行造成祸乱。从前鲁国君主听信季孙的话而赶走了孔子，宋国君主采用子冉的计谋囚禁了墨子。以孔子、墨子的能言善辩，（尚且）不能自己避免受谗言谀语的诬陷，鲁国、宋国因而陷于危险的境地。为什么呢？众人异口同声的言论足能融化金属，积年累月的诽谤足以使骨头销蚀啊。秦国重用戎人由余而称霸中国，齐国重用越人子臧而使威王、宣王两代强盛一时。这两个国家，哪里会被俗见束缚，被世人牵制，被片面不实的言论左右？

1.捐：抛弃。

2.申徒狄：商朝末期人。

3.比周：结党营私。

4.百里奚：春秋时虞国人。

5.缪公：秦穆公。

6.宁戚：春秋时卫国人。

7.季孙：季孙氏，鲁国上卿。

8.墨翟：又称墨子，战国初鲁人，墨家学派的创始人。

公听并观，垂明当世。故意合则胡越为兄弟，由余、子臧是矣；不合则骨肉为仇敌，朱、象、管、蔡[1]是矣。今人主诚能用齐、秦之明，后宋、鲁之听，则五伯（bà）不足侔（móu）[2]，而三王易为也。

"是以圣王觉寤（wù），捐子之[3]之心，而不说田常之贤，封比干之后，修孕妇之墓[4]，故功业覆于天下。何则？欲善无厌[5]也。夫晋文亲其仇，强伯（bà）诸侯；齐桓用其仇，而一匡天下。何则？慈仁殷勤，诚加于心，不可以虚辞借也。至夫秦用商鞅之法，东弱韩、魏，立强天下，卒车裂[6]之。越用大夫种[7]之谋，禽[8]劲吴而伯（bà）中国，遂诛其身。是以孙叔敖三去相

公正地听取意见，全面地观察情况，在当世留下明智的典范。所以心意相合，吴国和越国可以成为兄弟，由余、子臧就是例子；心意不合，亲骨肉也会变成仇敌，丹朱、象、管叔、蔡叔就是这样。而今国君真能采取齐国、秦国君主的明智做法，而抛弃宋国、鲁国君主的偏听偏信，那么春秋五霸的事业不足以相比，三王的业绩也是容易做到的。

"因此圣明的君王醒悟了，抛弃传位给子之这种人的想法，不喜欢田常那样的'贤能'，封赏比干的后代，为被残杀的孕妇修建坟墓，所以功业覆盖天下。为什么呢？是因为他们追求善行而不满足啊。晋文公亲近自己的仇人，因而强霸诸侯；齐桓公重用自己的仇人，因而匡正天下。为什么呢？是因为他们慈善仁义情意恳切，心地诚恳，是不能用虚言假语来代替的。至于秦国采用商鞅的主张，向东削弱韩国、魏国，在天下建立一个强大的秦国，商鞅最终却被车裂而死。越国采用大夫文种的计谋，征服强劲的吴国而称霸中原，（文种本人）最后却被诛杀。因此孙叔敖虽然三次被免去相位却不怨悔，於陵子仲推辞掉三公的高官而自愿去为人浇灌

---

1. 朱：丹朱，尧的儿子，因为不贤，尧传位于舜而不传给他。 象：舜同父异母弟，传说曾与其父谋害舜。 管、蔡：是周武王的两个弟弟，封于殷地。武王死，成王继位，周公摄政，管叔、蔡叔同武庚一起叛乱。
2. 侔：相比，相等。
3. 子之：燕王哙的相，他曾骗燕王哙让位于他。
4. 修孕妇之墓：纣王残暴，曾剖孕妇子腹，观看胎儿。武王克殷后，为被残杀的孕妇修墓。
5. 厌：饱，满足。
6. 车裂：一种酷刑，又称五马分尸。
7. 大夫种：指文种，春秋时越王勾践的大臣，助勾践战胜吴国，后来却被迫自杀。
8. 禽：同"擒"，制伏，俘获。

而不悔，於陵子仲辞三公[1]为人灌园。今人主诚能去骄傲之心，怀可报之意，披心腹，见情素[2]，堕肝胆，施德厚，终与之穷达，无爱[3]于士，则桀之犬可使吠尧，跖之客可使刺由，何况因万乘之权，假圣王之资乎！然则荆轲湛七族[4]，要离燔妻子，岂足为大王道哉！

"臣闻明月之珠，夜光之璧，以暗投人于道，众莫不按剑相眄[5]者。何则？无因而至前也。蟠木根柢，轮囷离奇[6]，而为万乘器者，以左右先为之容[7]也。故无因而至前，虽出随珠、和璧[8]，祗怨结而不见德。有人先游[9]，则枯木朽株，树功而不忘。今夫天下布衣穷居之士，身在贫羸，虽蒙尧、舜之术，挟伊、管之

菜园。而今国君如果真能够去掉骄横傲慢之心，怀着让忠义之士必定得到回报的态度，坦露心迹，表现出真情，披肝沥胆，厚施恩德，始终与人同甘共苦，对士人无所吝惜，那么，就能让夏桀的狗冲着尧狂吠，盗跖的门客去刺杀许由，何况还依凭君主的权势，又借助圣王的地位呢！这样，那么荆轲被灭七族，要离烧死妻子儿女的事，难道还值得对大王陈说吗？

"我听说明月珠、夜光璧，黑夜里在路上投向行人，人们没有不手按宝剑斜目而视的。为什么呢？是因为它们无缘无故投到面前。弯曲的树根，形状屈曲离奇，却成为天子喜欢的器物，是因为君主身边的人事先为它们修饰了一番。因此无缘无故来到面前，即使投出的是随侯珠、和氏璧，也只会结下怨仇而不会被人感恩。有人预先推荐，那么（即使是）枯木朽株，也能建立功勋而不被忘掉。现在天下处于困窘境地的士人，处在贫穷饥饿之中，即使胸怀尧、舜的治国方略，拥有伊尹、管仲的辩才，怀有关龙逢、比干的

---

1. 子仲：陈仲子，楚王重金聘他为相，他却举家出逃为人灌园。三公：周代指司马、司徒、司空。

2. 见：同"现"，显露。素：同"愫"，真诚。

3. 爱：吝惜。

4. 湛七族：灭七族。湛，同"沉"。荆轲刺秦王不遂，五年后秦亡燕。灭荆轲七族事史书不传。

5. 眄：斜视。

6. 轮囷离奇：盘绕屈曲的样子。

7. 容：修饰打扮。

8. 随珠：随侯的夜明珠。 和璧：和氏璧。

9. 游：这里指推荐。

辩，怀龙逢[1]、比干之意，而素无根柢（dǐ）之容，虽竭精神，欲开忠于当世之君，则人主必袭按剑相眄（miǎn）之迹矣。是使布衣之士不得为枯木朽株之资也。是以圣王制世御俗，独化于陶钧[2]之上，而不牵乎卑乱之语，不夺乎众多之口。故秦皇帝任中庶子蒙嘉之言以信荆轲，而匕首窃发；周文王猎泾、渭，载吕尚归，以王（wàng）天下。秦信左右而亡，周用乌集[3]而王。何则？以其能越挛拘之语[4]，驰域外之议，独观乎昭旷之道也。今人主沉谄谀之辞，牵帷廧（qiáng）[5]之制，使不羁之士与牛骥同皂，此鲍焦[6]所以愤于世也。

"臣闻盛饰入朝者不以私污义，底厉[7]名号者不以利伤行。故里

忠心，但一向没有枯枝朽木那样的装饰，纵然尽心竭力，想要向当世君主展现赤胆忠心，那么君主一定会采用按剑斜视的做法来对待他们。这就使得平民寒士得不到枯枝朽木那样的待遇了。所以圣明的君王治理天下驾驭世俗，要像陶工转钧那样独立操纵，而不被愚昧昏乱的议论所牵制，不为众说纷纭而改变主张。所以秦始皇听信中庶子蒙嘉的话因而信任荆轲，才发生了匕首突然袭击的事；周文王在泾水、渭水间打猎，把吕尚带回国予以重用，因而称王于天下。秦王轻信左右近臣而亡国，周文王任用偶然相识的人，而称王于天下。为什么呢？是因为周文王摒弃狭隘偏执的言论，突破任何言论的局限，能独具慧眼地看到光明正大的道路。如今君王陷入阿谀奉承的话语之中，受到妃妾和宠臣的牵制，使才华出众、不拘一格的人才与牛马同槽，这就是鲍焦愤恨世道的原因。

"我听说穿着整齐的礼服进入朝堂的人不会因为私心而玷污公义，磨炼品德注

---

1. 龙逢：关龙逢，夏代贤臣，因强谏桀而被处死。
2. 陶钧：陶工使用的转轮，比喻政权。
3. 用：因为。　乌集：像乌鸟那样猝然集合在一起。这里指偶然相遇的人。乌指赤乌，相传周之兴有赤乌之瑞。见《史记·封禅书》《墨子·非攻下》。相传姜姓是炎帝之后，而炎帝以火德王，"乌集"在此象征西伯（周文王）得姜尚。
4. 挛拘之语：卷舌聱牙的话，这里指狭隘偏执的言论。喻指姜尚说的羌族口音的话。
5. 帷廧：指代近臣妻妾。帷，床帐，喻指妃妾。廧，同"墙"，指宫墙，喻指近臣。
6. 鲍焦：春秋时齐国人，淡泊自守，抱木而死。
7. 底厉：同"砥砺"，磨刀石。这里作动词，磨炼修养的意思。

名'胜母',曾子[1]不入;邑号'朝歌',墨子回车[2]。今欲使天下寥廓[3]之士笼于威重之权,胁于位势之贵,回面污行,以事谄谀之人,而求亲近于左右,则士有伏死堀穴岩薮[4]之中耳,安有尽忠信而趋阙下[5]者哉!"

重名声的人不会因为私利败坏操行。所以里闾名叫"胜母",曾子就不进入;都邑名叫"朝歌",墨子就掉转车头。现在想让天下志向高远的士人,被有权有势者所笼络,被地位显贵者所胁迫,改变面孔,玷污品行,去侍奉阿谀奉承之人,来求得亲近君主,那么士人只有隐居在山洞草泽之间直到老死罢了,哪里还会有人来向君主效忠竭诚投奔朝廷的呢!"

1. 曾子:名参,孔子弟子,以纯孝著名。《淮南子·说山训》:"曾子立孝,不过胜母之闾。"
2. 墨子回车:墨子主张"非乐",不愿进入以"朝歌"为名的城邑。见《淮南子·说山训》。
3. 寥廓:空大,这里指志向高远。
4. 堀:同"窟"。薮:生长着很多草的湖泽。
5. 阙下:宫阙之下,帝王居住的地方。喻指君王。

赏 析

　　虽然是在为自己讨回清白,但很少直接提到自己,而是引大量的历史故事和通俗而深刻的比喻、谚语来说明论点,将要说明的道理寓含在其中,论证雄辩有力,情词恳切。典故近四十处之多,如数家珍,在一千六百字中使人目不暇接,却能左右逢源,毫无堆砌之感。每一组典故担当某种特定的使命,把论说一步步引向深入。经过层层深入论述,邹阳自身的清白无辜也就不言自明。意思千翻百转,越出越高;词汇源源不竭,终归大海。前后过渡自然流畅,全文一气呵成,气盛语壮。还把当时流传的话语纳入文中,极其精练,寓意深刻。至于词多偶俪,铺张排比,是对战国文风的继承,也显示出汉代文学的唯美倾向。全文雄辩有力,势同破竹,却措辞谨慎,语意婉转,如"左右不明,卒从吏讯"两句,便把责任推到了臣下的身上;一再强调不要被人左右,动摇了梁孝王对谗言的信赖。

成　语

白头如新：相识多年，直到头发白了，还和新交一样。指有的人相处到老而不相知。

倾盖如故：在路上相遇，停车而谈，就好像是有多年交情的老朋友。指初交却一见如故。盖，车上的帐顶，车停下时车盖就倾斜。

饭牛屠狗：指从事低贱之事。也指从事贱业者。

众口铄金：指众人异口同声的言论，足能熔化金属。比喻舆论力量强大，众说足以混淆是非和真伪。在句中一般作谓语、分句，常与"积毁销骨"连用。

肝胆涂地：形容惨死。也形容竭尽忠诚，任何牺牲都在所不惜。

墨子回车：讽刺那些迂腐文人缺乏文采、故作姿态、不懂装懂的丑态。

以信言志　志向高远

上梅直讲书

苏 轼

【题 解】

苏轼的《刑赏忠厚之至论》在考试中得到梅尧臣的推荐。考中进士后苏轼写信给自己崇敬的前辈，表达受到识拔的感激之情和对求教学道的渴望。通篇专从师徒相知、以道相乐的角度立论，对知遇之恩进行深入提炼，发掘出事物的必然之理，既表现出超越常人的卓荦识见，又反映了不同凡俗的高尚情怀和人生追求，给人以丰富的启迪和教益。

轼每读《诗》至《鸱鸮》[1]，读《书》至《君奭》[2]，常窃悲周公之不遇。及观《史》[3]，见孔子厄于陈、蔡之间[4]，而弦歌之声不绝，颜渊、仲由[5]之徒相与问答。夫子曰："'匪兕匪虎，率彼旷野[6]。'吾道非耶？

我每次读《诗经》读到《鸱鸮》，读《尚书》读到《君奭》时，常常私下悲叹周公不被人了解。等到读《史记》，看见孔子在陈国、蔡国之间受困，但弹琴声、唱歌声不断，颜渊、仲由等弟子与孔子互相问答。孔子说："'不是犀牛，不是虎，却奔跑在旷野里。'我的道不对吗？为什么我会落到这步田地？"颜渊

1. 《鸱鸮》：《诗经·豳风》中的一篇。据《毛诗序》载，周公平乱，被周成王怀疑有野心，因而作此诗以鸟托志，诉说其处境艰难。鸱鸮，一种鹰类猛禽。
2. 《君奭》：《尚书》中的一篇。据《君奭》序载，召公误信周公篡位的谣言，周公作此文自辩，兼以互勉。奭，召公的字。召公姬奭，周文王庶子，与周公共佐成王。
3. 《史》：指《史记》。
4. 孔子厄于陈、蔡之间：据《史记·孔子世家》载，孔子曾被陈、蔡的大夫们围困在郊外，断粮少食，但仍与其弟子作歌奏乐。厄，困。
5. 颜渊、仲由：均为孔子的弟子。颜渊，名回。仲由，字子路。
6. 匪兕匪虎，率彼旷野：出自《诗经·小雅·何草不黄》，意思是说，不是犀牛，不是老虎，却在旷野上奔跑。匪，同"非"，不是。兕，犀牛一类的野兽。率，沿，引申为来回奔跑。

吾何为于此？"颜渊曰："夫子之道至大，故天下莫能容。虽然，不容何病[1]？不容然后见君子。"夫子油然[2]而笑曰："回，使尔多财，吾为尔宰[3]。"夫天下虽不能容，而其徒自足以相乐如此。乃今知周公之富贵，有不如夫子之贫贱。夫以召公(shào)之贤，以管、蔡[4]之亲，而不知其心，则周公谁与乐其富贵？而夫子之所与共贫贱者，皆天下之贤才，则亦足以乐乎此矣。

　　轼七、八岁时，始知读书，闻今天下有欧阳公[5]者，其为人如古孟轲(kē)、韩愈之徒；而又有梅公者从之游[6]，而与之上下[7]其议论。其后益壮，始能读其文词，想见其为人。意

说："老师的道太伟大了，所以天下不能容纳。即使这样，不被容纳又有什么怨恨呢？不被容纳，然后才能显出君子的本色。"孔子禁不住笑着说："颜回！假使你有很多财产，我就做你的管家。"虽然天下不能容纳（孔子的主张），但他的弟子们这样自我满足、共同快乐。现在才明白周公的富贵还比不上孔子的贫贱。凭召公的贤能，凭管叔、蔡叔的血缘之亲，却不懂周公的用心，那么周公与谁一起享受这富贵的快乐呢？与孔子共度贫贱的人都是天下的贤人，那么为此也足以值得快乐了。

　　我七八岁时才知道读书学习，听说当今天下有位欧阳公，他的为人像古时孟轲、韩愈一类人；还有位梅公，同欧阳公交游，而且与他一起互相讨论。后来年纪大了，才能够阅读他们的文章辞赋，想象得出他们的为人。认为

1. 病：怨恨。
2. 油然：自然而然的样子。
3. 宰：掌管，这里引申为"管家""做管家"。这两句说假使你有了很多财产，我来为你掌管。这是孔子与弟子玩笑话，以见孔子师徒虽处困境但仍"相乐"。
4. 管、蔡：即管叔和蔡叔。管叔名鲜，蔡叔名度，都是周公之弟。武王死后，成王继位，周公（武王同母弟）辅政，管叔、蔡叔等人不服，联合商纣王的儿子武庚和东方夷族反叛。管、蔡还散布流言，说周公将对成王不利。
5. 欧阳公：指欧阳修。
6. 梅公：指梅尧臣。从之游：同欧阳修交游。
7. 与：参与。上下：原指增减，这里指相互讨论，或发挥，或商榷。

其飘然脱去世俗之乐,而自乐其乐也。方学为对偶声律之文[1],求升斗之禄,自度无以进见于诸公之间。来京师逾年[2],未尝窥其门[3]。今年春,天下之士群至于礼部[4],执事[5]与欧阳公实亲试之,轼不自意[6]获在第二。既而闻之[7],执事爱其文[8],以为有孟轲之风,而欧阳公亦以其能不为世俗之文也而取,是以在此。非左右为之先容[9],非亲旧为之请属[10],而向[11]之十余年间,闻其名而不得见者,一朝为知己。退而思之,人不可以苟富贵[12],亦不可以徒贫贱[13]。

他们飘逸挥洒,摆脱了世俗的快乐,而自得其乐。当时我正在学习讲究对偶声律的诗文,想谋得一些微薄的俸禄,自己估计没有拜见诸位先生前辈的资格。来到京城一年多,不曾登门拜访。今年春天,天下的读书人都会聚到礼部,实是您和欧阳公亲自主持考试,我实在没有想到能获得第二名。后来听人说,您喜欢我的文章,认为有孟轲的文风,而欧阳公也因为我能不写世俗那样的文章而录取我,因此我留在这里。并不是左右亲近的人先为我打通关节,也不是亲朋故旧为我请求嘱托,而过去十几年来只听到其名而不见其面的人,竟一下成为知己。我退下后思考这事,人不能苟且贪图富贵,也不可以白白地忍受贫贱。有大贤

---

1. 方:正当。 为:做。 对偶声律之文:指诗、赋。
2. 来京师逾年:苏轼于嘉祐元年五月抵京师(开封);九月参加举人考试,获中;次年春,参加进士考试。逾,超过。
3. 未尝窥其门:不曾看到他们的门庭。意思是还不敢登门拜访。
4. 礼部:六部之一。主管礼制、科举、学校等事。
5. 执事:原指侍从左右供差遣的人。此指梅尧臣,不直称对方,表示尊敬。
6. 不自意:实在没有想到。
7. 闻之:从别人处听说。
8. 其文:指苏轼的《刑赏忠厚之至论》。其,我的。
9. 左右:指欧、梅身边亲近的人。 之:代词,指自己。 先容:事先致意或介绍推荐,指先为推荐,打通关节。
10. 属:同"嘱",托付。
11. 向:从前。
12. 苟富贵:苟且于富贵之中。
13. 徒贫贱:徒然安于一般庸碌的贫贱处境。

有大贤¹焉而为其徒²，则亦足恃³矣。苟⁴其侥一时之幸⁵，从车骑数十人，使闾巷小民聚观而赞叹之，亦何以易⁶此乐也！

传⁷曰："不怨天，不尤人⁸"，盖"优哉游哉，可以卒岁⁹"。执事名满天下，而位不过五品，其容色温然¹⁰而不怒，其文章宽厚敦朴而无怨言，此必有所乐乎斯道也，轼愿与闻焉。

大德的人而能做他们的弟子，那也就足以有依靠了。如果侥幸获得一时的成功，跟随着几十位骑兵侍从，让街巷中的百姓围观赞叹，又怎能替换这种相知的快乐呢！

《论语》说："不抱怨天，不怨恨人"，大概是因为"悠悠自得，可以度完岁月"吧。您的名声传遍天下，而官位不超过五品，您的脸色温和而没有怒气，文章宽厚淳朴而没有怨恨之语，这一定是有乐于圣贤之道的原因，我希望听听您的教导。

---

1. 大贤：这里指欧、梅。
2. 徒：门徒。
3. 恃：依托，依靠。
4. 苟：如果。
5. 侥一时之幸：得到一时的侥幸。
6. 易：替换。
7. 传：指《论语》。
8. 不怨天，不尤人：出自《论语·宪问》。尤，怨恨。
9. 优哉游哉，可以卒岁：出自《左传·襄公二十一年》引《诗经》句。卒，度完。
10. 温然：温和的样子。

赏　析

第一段以周公来反衬孔子，点出师徒相知之乐，凌空而起令人警奇，以孔子师徒作比，得体妥帖，气象不凡。第二段折入正题，先表达对欧、梅的仰慕，抒发遭遇知己之乐，娓娓而谈，感情真挚，文势跌宕，笔墨酣畅。又转入议论，以世俗之乐反衬自己的荣辱观，也回应了上文周孔故事，突出了"自乐其乐"的志趣和磊落的襟怀。第三段引述书传，颂扬梅公并请求教诲，表明二人志趣相投，高雅情怀融汇为一，运笔空灵飘洒。又承应上文，含蓄委婉地表达了请求谒见的心情，言语十分得体。通篇以"乐"字为纲，用"乐"字前后呼应，层层展开，衔接紧密自然，结构严谨完整。纵论古今，直抒胸臆，有气魄，有辞采，起伏跌宕，舒卷自然。语言淋漓畅快，辞采绚烂，文笔摇曳生姿，写出了作者的感恩之心和得意之情，而境界和气象又很高远。

成 语

弦歌之声：弹琴和唱歌吟诗的声音。古时学校重视音乐教育，也泛指教育或教学活动。

怨天尤人：指遇到挫折或出了问题，一味抱怨天，责怪别人。天，天命，命运。尤，怨恨，归咎。

上枢密韩太尉[1]书

苏 辙

【题 解】

　　苏辙十九岁中进士后写信求见当时极有名望的重臣韩琦，不仅委婉表达了希望韩琦重视和提携自己的殷切心情，还把写作同个人道德修养、社会生活联系起来，展现出开阔的胸襟和激扬振奋的精神。胸有大志，积极向上，不满足于较闭塞的现状，渴望走向广阔而精彩的世界，这种态度和锐气都是难能可贵和值得赞许的。

　　太尉执事[2]：辙生好为文，思之至深。以为文者气之所形[3]，然文不可以学而能，气可以养而致[4]。孟子[5]曰："我善养吾浩然之气[6]。"今观其文章，宽厚宏博，充乎天地之间，称[7]其气之小大。太史公[8]行天下，周览四海名山大川，与燕、赵[9]间豪俊交游，故其文疏荡[10]，颇有奇气。

　　太尉执事：我生性喜好写文章，对怎样做好文章思考得很深入。我认为文章是人的气的外在体现，然而文章不是单靠学习就能写好的，气却可以通过修养而得到。孟子说："我善于培养我的浩然之气。"现在看他的文章，宽大厚重，宏伟博大，充塞于天地之间，与他气的大小相称。司马迁游历天下，看遍四海名山大川，与燕、赵之间的英豪俊杰交游，所以他的文章流畅奔放，颇有不平凡的气势。

---

1. 太尉：指韩琦（qí）。宋仁宗时曾任枢密使，掌全国兵权，相当于汉唐时的太尉，故称。
2. 执事：指侍从左右的人。旧时给一定地位的人写信常用"执事"或"左右"称呼对方，表示不敢直接称呼，只能向他身边的执事人员称呼，这样表示对对方的尊敬。
3. 形：显现。
4. 致：得到。
5. 孟子：名轲。孔子的再传弟子，儒家学说的继大承者。
6. 我善养吾浩然之气：语出《孟子·公孙丑上》。浩然之气，至大至刚之气，刚正博大之气。
7. 称：相称，相符合。
8. 太史公：指汉代司马迁，他曾任太史令，著《史记》，故称太史公。
9. 燕、赵：战国时的两个国家，其地相当于现在的河北、山西、辽宁、陕西的部分地区。古时认为这一带多出"慷慨悲歌之士"，如荆轲。
10. 疏荡：疏放跌宕。指文风疏畅奔放，洒脱而不拘束。

此二子者，岂尝执笔学为如此之文哉？其气充乎其中[1]而溢乎其貌，动乎其言而见[2]乎其文，而不自知也。

辙生年十有九矣。其居家所与游者，不过其邻里乡党[3]之人；所见不过数百里之间，无高山大野可登览以自广[4]；百氏[5]之书，虽无所不读，然皆古人之陈迹[6]，不足以激发其志气。恐遂汩没[sùi gǔ mò][7]，故决然舍去，求天下奇闻壮观，以知天地之广大。过秦、汉之故都[8]，恣观[zì]终南、嵩、华[sōng huà][9]之高，北顾[10]黄河之奔流，慨然想见古之豪杰。至京师[11]，仰观天子宫阙[què]之壮，与仓廪[lǐn][12]、府库、城池、

这两个人，难道曾经握着笔学写这种文章吗？这是因为他们的气充满内心而流露在他们的身形与容貌之外，反映在他们的言辞里而表现在他们的文章中，而他们自己并没有觉察到。

我出生已经十九年了。我住在家里时所交往的，不过是邻居同乡这一类人；所看到的不过是几百里以内的景物，没有高山旷野可以登临观览以开阔自己的心胸；诸子百家的书，虽然没有不读的，但都是古人过去的东西，不足以激发自己的志气。（我）担心就此而被埋没，所以断然离开（家乡）去寻求天下的奇闻壮观，以便了解天地的广大。我经过秦朝、汉朝的故都，尽情观览终南山、嵩山、华山的高峻，向北眺望黄河奔腾的急流，深有感慨地想起了古代的英雄豪杰。到了京城，瞻仰了天子宫殿的壮丽，以及粮仓、府库、城池、苑囿的富庶广大，这

---

1. 中：心，胸中。

2. 动乎其言：即发于言的意思。见：同"现"。

3. 邻里乡党：泛指乡里。邻、里、乡、党都是古代社会组织的名称。相传周朝以五家为一邻，二十五家为一里，五百家为一党，一万二千五百家为一乡。

4. 自广：指开阔自己的胸襟。

5. 百氏：指春秋战国时的诸子百家。

6. 陈迹：陈旧、过时的东西。

7. 汩没：沉沦，埋没。

8. 秦、汉之故都：秦都咸阳（今陕西西安东），西汉都长安（今陕西西安），东汉都洛阳（今河南洛阳）。

9. 恣观：尽情观赏。恣，尽情，纵情。 终南：终南山，今陕西西安南。 嵩：嵩山，今河南登封。 华：华山，今陕西华阴。

10. 顾：观望。

11. 京师：都城。北宋都城汴京，今河南开封。

12. 仓廪：粮库。

苑囿[1]之富且大也，而后知天下之巨丽。见翰林欧阳公[2]，听其议论之宏辨，观其容貌之秀伟，与其门人贤士大夫游，而后知天下之文章聚乎此也。太尉以才略冠天下，天下之所恃以无忧，四夷之所惮以不敢发[3]，入则周公、召公[4]，出则方叔、召虎[5]。而辙也未之见焉。

且夫人之学也，不志[6]其大，虽多而何为？辙之来也，于山见终南、嵩、华之高，于水见黄河之大且深，于人见欧阳公，而犹以为未见太尉也。故愿得观贤人之光耀[7]，闻一言以自壮，然后可以尽天下之大观[8]而无憾者矣。

辙年少，未能通习吏事。向之来[9]，

才知道天下的宏伟壮丽。我拜见了翰林学士欧阳公，聆听他宏大雄辩的议论，看到了他清秀俊伟的容貌，同他的门人贤士大夫交游，这才知道天下的好文章都汇聚在这里。太尉以雄才大略称冠天下，天下百姓都依靠您，因而无忧无虑，四方少数民族都惧怕您，因而不敢发动叛乱，（您）在朝廷内（辅佐君王），就像周公、召公；领兵出征打仗，就像方叔、召虎。可是我还未见到您呢！

况且一个人的学习（如果）不从大的方面立志，即使学了很多又有什么用呢？我这次来，对于山，见到了终南山、嵩山、华山的高峻；对于水，看到了黄河的巨大和深广；对于人，看到了欧阳公，可是仍因为没有见到太尉（而感到遗憾）。所以希望能够瞻仰贤人的风采，听到您的一句话来激励自己，这样就可以说是看尽天下的盛大景象而没有什么遗憾的了。

我年纪轻，未能遍学做官应知道的事

---

1. 苑囿：园林。囿，皇家畜养禽兽的园子。
2. 欧阳公：欧阳修，宋仁宗至和元年（1054年）任翰林学士。嘉祐二年（1057年）以翰林学士权知贡举，苏氏兄弟就是在这一年中进士。
3. 四夷：指四方各少数民族。 发：指侵扰。
4. 周公、召公：均为周文王之子、周武王之弟。周公姓姬名旦，召公姓姬名奭（shì）。武王死后，他们辅助幼主成王，政绩卓著。
5. 方叔：周宣王的贤臣，奉命南征荆楚，《诗经》中有《小雅·采芑》歌颂他。 召虎：周宣王时，召虎领兵出征，平定淮夷，《诗经·大雅·江汉》所叹就是这事。
6. 志：有志于。
7. 光耀：指人的风采。
8. 大观：雄伟景象。
9. 向之来：指先前来京应试。向，以前，先前。

非有取于斗升之禄[1]，偶然得之，非其所乐。然幸得赐归待选[2]，使得优游[3]数年之间，将以益治[4]其文，且学为政。太尉苟以为可教而辱教[5]之，又幸[6]矣！

情。先前来京城应试，并非是为了谋取微薄的俸禄，偶然得到了，也不是我所喜欢的。然而有幸得到恩赐回家等待朝廷选拔，使我能够在几年之间悠闲地度过，我将用它进一步钻研文章之道，并且学习如何从政。太尉如果认为我还可以指教而愿意屈尊指教我的话，就更使我感到荣幸了。

---

1. 斗升之禄：指很微薄的俸禄。
2. 赐归待选：苏辙在中进士后，又参加制科考试，由于指责了当时政事的弊端，被列为下等，派去当商州军的推官，他嫌位卑官小，辞职不去。这是委婉的说法，意思是朝廷允许回乡等待朝廷的选拔。待选，等待朝廷选拔授官。古代考中进士后，只是取得做官的资格，还须等待参加吏部考试，取中后由吏部授予官职，在这期间称为待选。
3. 优游：悠闲从容。
4. 治：研究。
5. 辱教：屈尊指教。辱，谦词，承蒙的意思。
6. 幸：谦词，有幸，幸运。

赏　析

一开头就奇兀不凡，先声夺人。自我介绍，提出文气宏论，举两位古人为例，随文势作结，再次强调养气。第二段先用多个动词说自己见识有限，形象生动。然后顺势自然一提，点明离乡赴京之原因，提出增加见识阅历是养气之道，带起一大段反衬，"恣观""仰观"写出见天下的陶醉和惊异，一路层层翻进，最后带出还没见到韩琦。第三段继续步步深入，用排比句申述自己的强烈愿望，强调只有见到韩琦才能无憾。第四段自明志向，态度诚恳，再次委婉提出愿望。全文写得极有分寸，很有气势。本意在求见韩琦，却以文气关系和养气方法为主要内容，写得不卑不亢，切合身份，又立意高远。文章一气呵成，层层照应，顾盼自喜，英气勃勃。烘云托月，关联词巧妙搭配，加重文章气势和韵律和谐，"沉静简洁，为文汪洋淡泊"，行文疏荡，颇有秀杰之气。

成　语

名山大川：泛指有名的高山和源远流长的大河。

邻里乡党：泛称一乡的人。

寄欧阳舍人书

曾巩

【题　解】

　　曾巩请欧阳修为祖父写了一篇墓碑铭文，事后曾巩写了这封信表示感谢。信中没有泛泛地表达感激之情的辞句，而是扣住能由欧阳修来作铭文实在难得这样一层意思来写。而在这层层论证之中，曾巩对欧阳修的景仰与感激之情也就尽在不言中了。当然，夸奖欧阳修，也是在归美先祖。

去秋人还[1]，蒙赐书[2]及所撰先大父墓碑铭[3]，反复观诵，感与惭并。

夫铭志[4]之著于世，义[5]近于史，而亦有与史异者。盖史之于善恶无所不书，而铭[6]者，盖古之人有功德、材行、志义之美者，惧后世之不知，则必铭而见[7]之，或纳于庙，或存于

　　去年秋天我派去的人回来，承蒙您赐予书信及为先祖父撰写的墓碑铭，我反复读诵，心头真是感激与惭愧交集。

　　铭志之所以著称后世，是因为它的意义与史传相接近，但也有与史传不同的地方。大概史传对人的善恶没有不加以记载的，而铭呢，大概是古代功勋道德卓著、才能操行出众、志气道义高尚的人，怕后世人不知道，就一定要通过刻铭来使其显扬，有的置于家庙里，有的存放在墓中，其用意是一

---

1. 去秋人还：庆历六年（1046年）夏，曾巩派人送信给欧阳修，请欧阳修给他的祖父撰写碑铭。当年秋天，欧阳修写好后仍请曾巩的使者带回交给曾巩。文中之"人"，即指曾巩使者。
2. 赐书：指欧阳修《与曾巩论氏族书》，其中云："遣专人惠书……示及见托撰次碑文事。"
3. 先大父：去世的祖父，这里指曾巩已故的祖父曾致尧。曾致尧，字正臣，宋太宗太平兴国八年（983年）进士，历任秘书丞、转运使、尚书户部郎中等职，死后赠右谏议大夫。《宋史》卷441有传。　墓碑铭：刻在墓道前石碑上的铭，也称神道碑铭。这里指欧阳修所撰《尚书户部郎中赠右谏议大夫曾公神道碑铭》。
4. 铭志：墓铭和墓志。碑文最后的韵文部分称铭，记述死者事迹的散文部分称志。
5. 义：意义。
6. 铭：下文关于"铭"的议论，本自《礼记·祭统》："铭者，自名也。自名以称扬其先祖之美，而明著之后世者也。为先祖者，莫不有美焉，莫不有恶焉，铭之义，称美而不称恶，此孝子孝孙之心也。"
7. 见，同"现"，显现。

墓[1]，一[2]也。苟其人之恶，则于铭乎何有？此其所以与史异也。其辞之作，所以使死者无有所憾，生者得致其严[3]。而善人喜于见传，则勇于自立；恶人无有所纪，则以愧而惧。至于通材达识[4]、义烈节士，嘉言善状，皆见于篇，则足为后法[5]。警劝[6]之道，非近乎史，其将安[7]近？

及世之衰[8]，人之子孙者，一欲褒扬其亲而不本乎理。故虽恶人，皆务勒铭[9]以夸后世。立言者，既莫之拒而不为，又以其子孙之请也，书其恶焉，则人情之所不得，于是乎铭始不实。后之作铭者当观其人。苟托之非人[10]，则书之非公[11]与

样的。如果那是个恶人，那么在铭中有什么好刻的呢？这就是铭与史传不同的地方。铭文的撰写，为的是使死者没有什么可遗憾的地方，生者得以表达自己的尊敬之情。而行善的人喜欢希望的言行得到流传，就发奋有所建树；作恶的人没有什么可以记载下来的，就会感到惭愧和恐惧。至于博学多才、见识通达的人；忠义刚烈、节操高尚之士，他们美好的言语和善良的行为，都表现在铭文里，就足以为后人所效法。铭文警诫和劝勉的作用不与史传相近，那么又与什么相近呢？

到了世风衰微的时候，为人子孙的，一心一意只要褒扬他们死去的亲人而不顾事理。所以即使是恶人，都一定要立碑刻铭，用来向后人夸耀。撰写铭文的人既不能拒绝而不写，又因为死者子孙的请托，如果直书死者的恶行，就不合人之常情，这样铭文就开始有不符合事实的地方。后代要撰写碑铭的人，常要观察一下作者的为人。如果请托的人不适当，那么他写的铭文就不会公正和

---

1. 或纳于庙，或存于墓：古代碑制有两种。一种本是用作测量日影的。在祭祀时牵牛羊等牺牲入庙，就系缚于这种碑上。这是庙碑起源。何焯《义门读书记》云："碑本以丽牲，故曰'或纳于庙'。"丽，用绳系（jì）。另一种是墓碑，棺木入土时作为下葬用。

2. 一：一样的。

3. 致其严：《孝经·纪孝行》："祭则致其严。"致，表达。严，尊敬。

4. 通材达识：博学多闻、见多识广的人。

5. 法：效法。

6. 警劝：警诫和劝勉。

7. 安：何。

8. 及：到。世：世道，世风。衰：衰败。

9. 勒铭：把铭文刻在石碑上。勒，刻。

10. 非人：不适当的人。

11. 公：公正。

是[1]，则不足以行世而传后。故千百年来，公卿大夫[2]至于里巷之士[3]莫不有铭，而传者盖少，其故非他，托之非人，书之非公与是故也。

　　然则孰为其人而能尽公与是欤？非畜[4]道德而能文章者无以为也。盖有道德者之于恶人则不受而铭之，于众人则能辨[5]焉。而人之行，有情善而迹非，有意奸而外淑[6]，有善恶相悬而不可以实指，有实大于名，有名侈[7]于实。犹之用人，非畜道德者，恶[8]作辨之不惑，议之不徇[9]？不惑不徇，则公且是矣。而其辞之不工，则世犹不传，于是又在其文章兼胜焉。故曰非畜道德而能文章者无以为也。岂非然哉？

正确，就不足以流行于世而传之后代。所以千百年来，尽管上自公卿大夫下至里巷小民死后无不有碑铭，但流传于世的很少，这个原因不是别的，正是请托了不适当的人，撰写的铭文不公正、不正确的缘故。

　　既然这样，那么怎样的人才能做到完全公正与正确呢？不是富有道德而且善于写文章的人是做不到的。因为有道德的人对于恶人就不会接受请托而撰写铭文，对于平常人则能加以辨别。而人们的品行，有内心善良而表现却不见得好的，有内心奸恶而外表善良的，有善行恶行相差悬殊而不可以如实指出的，有实际大过名声的，有名声大于实际的。好比用人，不是富有道德的人怎么能辨别清楚而不受迷惑，议论公允而不徇私情呢？不受迷惑，不徇私情，就能公正和正确了。但是如果铭文的文辞不精美，那么仍然不会流传于世，这样又要求铭文的文辞也要美好。所以说不是富有道德而且善于写文章的人是做不到的。难道不是这样吗？

---

1. 是：正确。
2. 公卿大夫：泛指达官贵人。
3. 里巷之士：指普通老百姓。
4. 畜：同"蓄"，积蓄，怀藏。这里是"富有"的意思。
5. 众人：一般的人。　辨：辨别。
6. 意：内心。　淑：善良。
7. 侈：超过，过分。
8. 恶：怎么，如何。
9. 徇：曲从，徇私，袒护。

然畜道德而能文章者，虽或并世而有，亦或数十年或一二百年而有之。其传之难如此，其遇之难又如此。若先生之道德文章，固[1]所谓数百年而有者也。先祖之言行卓卓[2]，幸遇而得铭其公与是，其传世行后无疑也。而世之学者，每观传记所书古人之事，至于所可感，则往往蠹然不知涕[3]之流落也，况其子孙也哉？况巩也哉？其追晞祖德而思所以传之之由[4]，则知先生推一赐于巩而及其三世[5]。其感与报，宜若何而图之？抑[6]又思若巩之浅薄滞拙而先生进之，先祖之屯蹶否塞[7]以死而先生显之，则世之魁闳豪杰不世出[8]之士，其谁不愿

但是富有道德而且善于写文章的人，虽然有时会同时出现，但也许有时几十年或一二百年才出现一个。铭文的流传其难如此，遇上理想的铭文作者其难又是如此。像先生这样的道德文章，固然是所说的几百年才出现的。先祖的言行高尚突出，有幸遇上先生，因而能够在墓志铭中把他的事迹写得公正、正确，它将流传当代和后世是毫无疑问的。而世上的学者，每当阅读传记所载古人事迹的时候，到那能引起感动的地方，就往往感伤痛苦得不知不觉地流下了眼泪，何况是死者的子孙呢？又何况是我曾巩呢？我追怀先祖的德行而想到碑铭所以能传之后世的原因，就知道先生惠赐我一篇碑铭而恩泽推到我家祖孙三代。这感激与报答之情，我应该怎样来期望和表示呢？我又想，像我曾巩这样学识浅薄、才能庸陋的人，而先生还鼓励我，我先祖这样频受挫折困厄到死的人，先生还写了碑铭来显扬他，那么世上的俊伟豪杰、世不经见之士，他们谁不愿

---

1. 固：诚然、确实。
2. 卓卓：突出、卓越的样子。
3. 蠹然：伤痛的样子。涕：眼泪。
4. 晞：仰慕。由：原因。
5. 三世：指祖、父与自己三代。
6. 抑：用在句首，无实义。
7. 屯蹶否塞：艰难颠仆、频受挫折的样子。是说不得志、不顺利。屯，《周易》卦名，表示艰难。蹶，颠仆，引申为遭受挫败。否，困厄，不得志。否，《周易》卦名，表示困顿，不通达。塞，困厄。曾致尧生前一再遭黜，仕途上颠连困顿，终生不得志，所以这么说。
8. 魁闳：超群的才能。不世出：不常出现，少有。

进于门？潜遁幽抑[1]之士，其谁不有望于世？善谁不为？而恶谁不愧以惧？为人之父祖者，孰不欲教其子孙？为人之子孙者，孰不欲宠荣其父祖？此数美者，一[2]归于先生。

既拜赐之辱[3]，且敢[4]进其所以然。所论世族之次[5]，敢不承教而加详焉？愧甚，不宣[6]。

意投入您的门下呢？避世隐居、抑郁不得志之士，他们谁不希望名声流传于世呢？好事谁不想做，而做恶事谁不感到羞愧恐惧？做人父亲、祖父的，谁不想教育好自己的子孙？做人子孙的，谁不想要荣耀显扬自己的父祖？这件件美事，应当全归功于先生。

我已荣幸地得到了您的赐予，并且冒昧地向您陈述自己所以感激的原因。来信所论及我的家族世系，我怎敢不听从您的教诲而加以详细地审核呢？惭愧之至，不能把我的意思一一说尽。

1. 潜遁幽抑：隐逸困顿。潜遁，默默无闻，逃避世俗。幽抑，受压抑不得志。
2. 一：全部。
3. 拜赐：指接受赐予的书信及碑文。辱：谦词，有辱于赐者，意为对受赐者来说是荣幸。古人书信中常用作谦词。
4. 敢：不敢、岂敢的省词。古人书信中常用作谦词。
5. 所论世族之次：指欧阳修《与曾巩论氏族书》中对曾氏家族的世次等的疑问与推断。世族之次，指曾氏家族的世系排列。按欧阳修在《与曾巩论氏族书》中，指出曾巩在陈述家族世系次序排列中，依年代考证有多处不合，故"虽且从所述，皆宜更加考正"。由此可见欧阳修的求实精神。
6. 不宣：不一一细说。旧时书信末尾常用语。

赏　析

第一段记叙写信的缘起。点出本文的感情线索——"感"和"惭"。第二段荡开一笔，比较铭志和史传的异同。拔高铭志地位，意在称颂欧阳修。第三段分析衰世铭志不能行世、传后的原因，使议论更进一层。第四段探讨写铭志的人的道德文章。第五段赞扬欧阳修的"公与是"，表达感激之情。层层推衍，转折递进，感激之情酣畅淋漓。"抑又思"领起，连用六个反问，饱含感情，并呼应上文。数美同归作结，达到高潮。"感"字遥应开头。第六段以"愧甚"收尾，照应"惭"字。处处归美欧阳修却不点破，围绕道德文章反复论证，由古及今，层层推进，条分缕析，成功铺垫后才点明主旨。行文迂徐曲折，反复尽情。节奏从容舒缓，一段一层，逐层牵引，多处照应，环环相扣，严整有序，结构完整。语言平和冲淡，感情深挚，曲尽其情。感叹、设问多重递进，寓感激于议论之中，感情随议论而加深。

成 语

通材达识：指博学多才、见识练达的人。

屯邅否塞：艰难受挫折，穷困不得志。比喻生活非常艰苦。屯、否，皆《周易》卦名，象征艰难阻塞，时运不通。

吴越交锋

诸稽郢^{yǐng}行成于吴

诸稽郢行成于吴

《国语·吴语》

【题 解】

　　公元前494年，越国被吴国打败，其后，又一次面临吴国进攻。生死存亡之际，越国大夫文种建议利用吴王夫差骄傲自大的心理求和，让他的称霸野心毁掉吴国。越国使臣诸稽郢按照这意见，谦卑恭顺，用大量阿谀奉承的话语投夫差所好，奴颜婢膝，不顾人格、国格，卑躬屈膝，向夫差求和，让越国躲过当时的危机，为日后的胜利争取到了机会。

　　吴王夫差[1]起师伐越，越王勾践[2]起师逆之江。

　　大夫种[3]乃献谋曰："夫吴之与越，唯天所授，王其无庸[4]战。夫申胥^{xū}、华登^{huà}简服[5]吴国之士于甲兵，而未尝有所挫也。夫一人善射，百夫

　　吴王夫差起兵攻打越国，越王勾践出兵到长江边迎战。

　　（越国）大夫文种于是献计说："吴国与越国都听命于天，大王还是不用作战吧。伍子胥、华登，选拔训练吴国兵士投入战争，还没有遭到过失败。一个人擅长射箭，就有

---

1. 吴王夫差：春秋时吴国国君，吴王阖闾之子，姬姓。公元前473年，吴国被越国所灭，夫差自杀。
2. 越王勾践：春秋时越国国君。公元前494年，吴攻越，勾践战败，屈身事吴，十年卧薪尝胆，积蓄力量，终于在公元前473年举兵灭吴。
3. 大夫种：文种，字禽，越国大夫。公元前473年越灭吴后为勾践所杀。
4. 庸：同"用"。
5. 申胥：就是伍员（yún），字子胥，楚国大夫伍奢之子，楚平王七年（公元前522年）伍奢及长子被楚平王杀害，伍子胥避难逃到吴国，帮助阖闾刺杀吴王僚，夺取吴国王位，不久率军攻入楚国，因功被吴王封于申邑，所以又称申胥。后因在吴越相争中坚持灭越拒和，且不支持夫差北上争霸，遭夫差嫉恨，被赐剑自杀。
华登：宋国司马华费遂之子，后避祸逃至吴国，为吴大夫。简：精选。服：训练。

决拾[1]，胜未可成。夫谋必素见[2]成事焉，而后履[3]之，不可以授命[4]。王不如设戎，约辞行成[5]，以喜其民，以广侈[6]吴王之心。吾以卜之于天。天若弃吴，必许吾成而不吾足[7]也，将必宽然有伯[8]诸侯之心焉。既罢弊[9]其民，而天夺之食，安受其烬[10]，乃无有命矣。"

越王许诺，乃命诸稽郢[11]行成于吴，曰："寡君勾践使下臣郢不敢显然布币[12]行礼，敢私告于下执事[13]曰：'昔者越国见祸，得罪于天王[14]。

一百人拉起弓弦效法他们，我们要想取胜，恐怕不可能。谋划事情必须预见到成功，而后才实行，绝不可轻易拼命。大王不如部署兵力严守阵地，用谦卑的言辞求和，使他们的百姓沾沾自喜，使吴王的骄傲的心思大大扩张。我们将这一计谋向上天占卜。天意如果厌弃吴国，吴国就一定会同意我们的求和，而不再把我们视为心腹之患，将一定会放心地萌生称霸诸侯的野心。等到他们把老百姓已经弄得疲惫不堪，而上天夺取了他们的粮食，（那时）我们稳稳当当收拾那里的残局，（他们吴国）就没有命了。"

越王同意，就派诸稽郢向吴国求和，说："我们国君勾践派遣下臣诸稽郢，不敢公然陈列礼品行礼，只敢私下里向您的下属官员禀告：'过去越国遭遇祸患，得罪了天王，天王亲劳大驾前来，本来打算消灭我勾践，

---

1. 决拾：射箭用具。决，骨制扳指，套在右手大拇指上用以钩弦。拾，革制臂衣，套在左臂上拢住衣袖。这里是动词，佩戴决拾。
2. 素见：预料到，预见。
3. 履：实行。
4. 授命：送命，致命。
5. 约辞行成：低声下气求和。成，缔结城下之盟。
6. 广侈：张大，使骄傲自大。
7. 不吾足：否定句宾语前置，"不足吾"，不以我为值得重视的对象。
8. 伯：同"霸"，称霸。
9. 罢弊：疲惫不堪。罢，同"疲"。
10. 烬：灰烬。这里指遭受天灾和人祸之后的吴国残局。
11. 诸稽郢：春秋末期越国五大夫之一，越国名臣，文武双全，善言辞，晓军事。越王勾践时，先后担任司马、大夫之职。诸稽是复姓。
12. 布币：陈列玉璧束帛等礼品。
13. 下执事：指吴王身边的办事人员。这是对吴王表示尊敬的说法，表示不配跟吴王直接对话。
14. 得罪于天王：公元前 496 年，吴越在槜（zuì）李交战，勾践射中夫差的父亲阖闾，阖闾伤重而死。过了三年，吴王夫差报仇，在夫椒大败越国，越国大夫文种向吴国求和，吴国答应了。这次，吴国是再次起兵伐越。天王，天子。这里是对夫差的敬称。

天王亲趋玉趾[1]，以心孤[2]勾践，而又宥赦之。君王之于越也，繄[3]起死人而肉白骨也。孤不敢忘天灾，其敢忘君王之大赐乎！今勾践申[4]祸无良，草鄙之人，敢忘天王之大德，而思边陲[5]之小怨，以重得罪于下执事？勾践用[6]帅二三之老，亲委[7]重罪，顿颡[8]于边。今君王不察，盛怒属兵，将残伐越国。越国固贡献之邑也，君王不以鞭箠使之，而辱军士使寇令[9]焉。勾践请盟。一介[10]嫡女，执箕帚以晐姓[11]于王宫；一介嫡男，奉槃匜[12]以随诸御；春秋贡献，不解[13]于王府。天王岂[14]辱裁之？

却又宽恕了我。君王对于越国，就等于让死人复活，让白骨生肌。我不敢忘记天降的灾害，难道敢忘掉君王的大恩大德吗？现在我勾践因无德而再次遭遇天祸，草野鄙贱之人，难道敢忘记天王的大德，却对边境上的小小冲突耿耿于怀，以致再次得罪您的下属？我勾践因此率领几个老臣，亲自承担重罪，在边境上叩头求饶。如今君王您还不了解，大发雷霆，聚集军队，将要狠狠地讨伐越国。越国本来就是称臣纳贡的城邑，君王不用马鞭驱使它，而屈尊使您的将士执行抵御盗寇的作战命令。勾践请求缔结盟约：送来一个嫡亲的女儿，在王宫里拿着簸箕扫帚做婢女；还送来一个嫡亲的儿子，捧着盘子和脸盆，随同侍从们服侍天王；每年春秋两季的贡献，决不懈怠上献于王府。天王又何必屈尊用兵消灭越国？这本来就是天子向诸

---

1. 亲趋玉趾：亲自劳驾赶来。这里指吴王亲自参战。
2. 以：通"已"。孤：同"辜"，归罪。
3. 繄：乃，就是。
4. 申：再次，再度。
5. 边陲：边境。
6. 用：因而。
7. 委：归，承担。
8. 顿颡：叩头。颡，前额。
9. 寇令：（接受）抵御盗寇的命令。
10. 一介：一个。
11. 执箕帚：如婢女般服贱役。晐姓：进献外姓女供王宫备用。晐，备。姓，这里指外姓女子。
12. 槃匜：盥洗用具。槃，同"盘"，水盆。匜，洗手时的接水盆。
13. 解：同"懈"。
14. 岂：同"其"，表示请求、希望的助词。

亦征诸侯之礼也。'

"夫谚曰：'狐埋之而狐搰[1]之，是以无成功。'今天王既封殖越国，以明闻于天下，而[2]又刈亡之，是天王之无成劳也。虽[3]四方之诸侯，则何实以事吴？敢使下臣尽辞，唯天王秉利度义[4]焉！"

侯征税的礼制啊。

"谚语说：'狐狸自己埋藏了（东西），狐狸又自己挖出，因此不能成功。'现在天王您已经培植越国，凭借圣明使天下人都知道了，如果又去消灭它，这就是天王的努力没有成果了。四方的诸侯国（想要侍奉吴国），又如何信服而侍奉吴国？请允许下臣说尽心里话，希望天王在利和义两方面多加权衡！"

---

1. 搰：掘。
2. 而：如果。
3. 虽：同"唯"，语首助词，无实义。
4. 唯：同"惟"，希望。秉利度义：权衡利害，考虑得宜。秉，权衡。义，同"宜"。

赏 析

　　文种的话，先用天意化解勾践拼死一战的想法，再说吴国军队战力强，需要求和，又指出做事要有胜算，从而建议求和以促进夫差的野心，为日后取胜保存机会。这段话能设身处地替人着想，又能综合全局着眼未来，权衡利弊，晓以利害。诸稽郢的话分为三层。先是谢恩请罪，言辞谦和，态度恭敬，称吴王为"天王"，迎合他自大的心理。再说越王引咎自责，自称"草鄙之人"，并为越军布防作开脱。使用了"贡献之邑""鞭箠使之"这样的卑下辞令，说要让"嫡女""嫡男"伺候吴王。最后语势忽然一变，引用谚语指出灭掉越国有失吴王脸面，不利于称霸诸侯，话语软中带硬，又显得替人着想。诸稽郢这番话处处投人所好，极力奉承，为达目的不择手段，是其最主要的特点。两段话正好相互印证，使人看出了说者的用意。

申胥谏许越成

^{xū}

《国语·吴语》

【题 解】

吴王夫差决定与越国和谈，吴国大夫伍子胥分析吴越两国形势，戳穿越国求和所包藏的祸心，主张趁着有利时机一举灭越。但是夫差自大轻敌，听不进意见。本篇是前篇的续篇，记叙了一个事件的后一半，各自成篇却可以合读。两国君臣不同的关系，影响了成败的走向。这是历史教训，值得后人深思。

吴王夫差乃告诸大夫曰："孤将有大志于齐[1]，吾将许越成，而无拂[2]吾虑。若越既改，吾又何求？若其不改，反行[3]，吾振旅焉。"

申胥谏曰："不可许也。夫越非实忠心好吴也，又非慑畏吾甲兵之强也。大夫种勇而善谋，将还玩[4]^{xuán}吴国于股掌之上，以得其志。夫固知君王之盖威以[5]好胜也，故婉约其

吴王夫差于是对诸位大夫说："我打算进攻齐国，（所以）我打算同意越国讲和的请求，你们不要违抗我的想法。假如越国已经悔改，我还要求什么？假如他们不悔改，伐齐回来，我再派军队攻打他们。"

伍子胥劝谏说："不可答应（与越国讲和）。越国并不是真心实意同吴国友好，也不是害怕我们武力强大。大夫文种勇敢而善谋，他把吴国放在大腿和手心上玩弄，以达成他的目的。（文种）本来就知道君王您崇尚武力且争强好胜，所以言辞卑下婉转，来

---

1. 孤将有大志于齐：意思是自己打算进攻齐国。当时齐景公执政已五十余年，齐国国力强盛，是吴国争霸中原的首要障碍。孤，君王表示谦虚的自称。
2. 而：同"尔"，你们。拂：违逆。
3. 反行：返回来。反，同"返"。
4. 还玩：摆弄。还，同"旋"。
5. 盖威：崇尚威力。盖，崇高，推崇。以：而。

辞，以从逸¹王志，使淫乐于诸夏之国²，以自伤也。使吾甲兵钝弊，民人离落，而日以憔悴，然后安受吾烬。夫越王好信以爱民，四方归之，年谷时熟，日长炎炎³。及吾犹可以战也，为虺⁴弗摧，为蛇将若何？"

吴王曰："大夫奚隆⁵于越，越曾足以为大虞⁶乎？若无越，则吾何以春秋曜⁷吾军士？"乃许之成。

将盟，越王又使诸稽郢辞曰："以盟为有益乎？前盟口血⁸未干，足以结信矣。以盟为无益乎？君王舍甲兵之威以临使之，而胡重于鬼神而自轻也。"吴王乃许之，荒成⁹不盟。

放纵君王的心志而使您过分乐观地到中原各国（和他们争霸），以致伤害自己。让我们的军队（在争霸中）拖得筋疲力尽，人民离散，（国势）一天天虚弱，然后稳稳当当收拾我们的残局。越王讲信用，又爱护百姓，四方都归服他，庄稼丰收，国势蒸蒸日上。趁着我们还能够战胜它时（就应该消灭它），（敌人）是小蛇的时候不打死，长成了大蛇该怎么办呢？"

吴王说："大夫您为什么要这么重视越国？越国还足以成为我们的心腹大患吗？如果没有越国，我怎么能在春秋两季的阅兵中炫耀武力？"于是同意了越国的求和。

将要结盟（之时），越王又派诸稽郢推辞说："认为盟誓是有益的吗？上次盟誓嘴唇上（涂的鲜血）还没干，足够用来表明信用了。认为盟誓是无益的吗？您放下征伐的威严而君临越国，（就可以）役使我们了，又何必看重鬼神而轻视自己呢？"吴王就同意了，只是达成和议，而没有举行盟誓的仪式。

---

1. 从逸：放纵，放肆。从，同"纵"。
2. 淫乐：过于沉溺于享乐，贪图享乐。 诸夏之国：中原各国，如晋、齐、宋、郑、卫等。诸夏，与诸华、华夏同义，是汉族古称，引申为指中原地区，进而可指中国。
3. 日长炎炎：蒸蒸日上。日长，天天发展。炎炎，兴旺的样子。
4. 虺：小蛇。
5. 奚：为何。 隆：重视，抬高。
6. 曾：竟，还。 虞：忧患。
7. 春秋：指春秋两季的阅兵。 曜：炫耀。
8. 口血：古代盟会时杀牲取血，双方含于口中或涂于唇上，称歃血定盟，以示信誓。
9. 荒成：指口头达成协议。荒，虚，空。

赏　析

　　夫差先表露自己更大的野心，"吾将许越成，而无拂吾虑"完全是不容反对的口气，两个假设句和"吾"字作主语，则说明他极端自信。伍子胥一开头就说"不可许"，再分析越国企图、文种谋略，点出求和是利用吴王好胜心，会导致吴国"自伤"，并指出越王不可小觑，最后以比喻结束，语气非常激烈。伍子胥谏辞可以和上篇文种的谋辞对照阅读，二人谋国之智如出一辙，处处针锋相对，是英雄所见略同。这样既相互映衬，又足相映发。吴王接着说了三个问句，分别表露了他不以越国为意，轻敌和崇尚武力、炫耀军威的态度，虽是疑问句，但是无疑而问，表现了否定的态度。夫差的骄傲轻敌与伍子胥的老谋深算也形成了鲜明对比。诸稽郢的话则与上篇不同，语气变为不卑不亢，使用激将法，使夫差终止了纳盟仪式。

吴许越成

《左传·哀公元年》

【题 解】

吴王夫差答应越国求和，是吴越争霸的转折点。《左传》同样记载了伍子胥劝阻夫差的谏辞。虽然具体内容与《国语》中的不同，但《左传》中这段伍子胥的说辞，不仅被历史发展证实，而且对后世影响也很大，尤其是"树德莫如滋，去疾莫如尽"一语，被视为金科玉律，而吴越迭兴的经验教训，也给后人留下了无限的思考。

吴王夫差败越于夫椒[1]，报槜李[2]也。遂入越。越子以甲楯五千保于会稽[3]，使大夫种因吴太宰嚭[4]以行成。吴子将许之。

伍员曰："不可。臣闻之：'树德莫如滋，去疾莫如尽。'昔有过浇杀斟灌以伐斟鄩[5]，灭夏后相[6]，后缗方娠[7]，逃出自窦，归于有仍[8]，

吴王夫差在夫椒打败了越军，是报复槜李（被越国打败的仇恨）。于是（乘势）攻入越国。越王勾践带领披甲持盾的军士五千人坚守在会稽山，派大夫文种通过吴太宰伯嚭求和。吴王夫差打算答应讲和。

伍员说："不行。我听说：'建树德行没有比不断培植更重要的，除掉毒害没有比消灭干净更重要的。'从前有过国国君浇杀死斟灌而攻打斟鄩，灭亡了夏王相，相的妻子缗正怀孕，从墙洞里逃了出去，回到有仍

---

1. 夫椒：山名。在今江苏吴县西南太湖中。
2. 槜李：今浙江嘉兴西南。鲁定公十四年（公元前496年），越国在这里大败吴军，吴王阖闾脚伤而死。
3. 越子：越王勾践。 甲楯：披甲执楯的士兵。楯，盾牌。 会稽：山名。在今浙江绍兴南。
4. 嚭：伯嚭，吴王夫差的宠臣，官至太宰。
5. 过：古国名。在今山东掖县北。传说夏代东夷族首领寒浞之子浇封于这里。 斟灌：古国名，是夏的同姓诸侯。 斟鄩：古国名，是夏的同姓诸侯。
6. 夏后相：传说中的夏代君主相，夏启之孙。据说夏王太康被后羿夺去王位，寒浞杀后羿，取代夏政。相投靠二斟，寒浞之子浇灭了二斟，相亡。后，帝。
7. 后缗：相的妻子，有仍氏的女儿。 娠：妊娠，怀孕。
8. 有仍：古国名，在今山东济宁东南。有仍是缗的故国，所以逃归娘家。

生少康焉。为仍牧正[1]，惎[2]浇能戒之。浇使椒[3]求之，逃奔有虞[4]，为之庖正[5]，以除其害。虞思于是妻之以二姚[6]，而邑诸纶[7]，有田一成[8]，有众一旅[9]。能布其德，而兆[10]其谋，以收夏众，抚其官职；使女艾[11]谍浇，使季杼诱豷[12]。遂灭过、戈[13]，复禹之绩，祀夏配天，不失旧物。今吴不如过，而越大于少康，或将丰[14]之，不亦难乎！勾践能亲而务施，施不失人，亲不弃劳，与我同壤，而世为仇雠。于是乎克而弗取，将又存之，违天而长寇雠，后虽悔之，不可食[15]

国，生下少康。（少康长大后）做了有仍的牧正，（他）知道浇毒辣，能警惕戒备他。（后来）浇派椒搜寻少康，少康逃跑到有虞国，做了庖正，得以避免受到伤害。虞国国君思在这时把两个女儿嫁给少康，把他封在纶邑，他拥有十里见方的土地，有五百名部下。能够广施恩德，开始实施自己的复国计谋，收集夏朝的残余部众，给他们封官定爵；（少康）派女艾到浇那儿做间谍，派季杼去诱骗豷，于是灭亡了过国、戈国，恢复了禹的业绩，奉祀夏朝的祖先以配祭上天，不失夏国的天下。现在吴国比不上过国，而越国比少康强大，（如果与越讲和）或许将使它壮大，不也是（吴国的）灾难吗！勾践能够亲近（臣民）而致力于（给人民）实惠，给（人民）实惠就不会失掉人心，亲近臣民就不会抹杀别人的功劳。（越国）与我们同处一块土地，却世代为仇敌。在这种情况下战胜了他们而不乘机吞并他们，反而打算又让他们存在下去，这是违反天意而滋长仇敌，今后

1. 牧正：掌管畜牧的官员。
2. 惎：毒，仇恨。
3. 椒：浇的臣子。
4. 有虞：古国名，原是舜的部落。这里指舜的后代封国，在今河南虞城北。
5. 庖正：掌管膳食的官员。
6. 虞思：虞国国君。 二姚：虞思的两个女儿。虞国姚姓。
7. 纶：虞地名。在今河南虞城东南。
8. 成：土地面积单位，方圆十里为一成。
9. 旅：五百步卒为一旅。
10. 兆：始。
11. 女艾：少康之臣，打入浇那里做间谍。
12. 季杼：少康之子。 豷：浇之弟，封于戈。
13. 过、戈：指浇国和豷国。
14. 丰：壮大。
15. 不可食：无法后悔，不能挽救。

已。姬[1]之衰也，日可俟也。介在蛮夷，而长寇雠，以是求伯[2]，必不行矣。"

弗听。退而告人曰："越十年生聚，而十年教训，二十年之外，吴其为沼乎！"

即使后悔，也就吃不消了。姬姓的衰亡，可以计日而待了。处在蛮夷之间，却滋长仇敌，用这样的办法来谋求霸主的地位，一定是办不到的。"

（吴王夫差）不听（他的意见）。伍员退出后告诉别人说："越国用十年繁育人口积聚力量，再用十年教育训练百姓，二十年以后，吴国的宫殿恐怕（要被越国毁掉）成为池沼了！"

---

1. 姬：吴国姬姓。
2. 伯：同"霸"，诸侯盟主。

赏　析

夏朝少康中兴的事迹历来为人所称颂，但伍子胥从反面理解，总结出"除恶不尽"的严重后果。伍子胥的进谏，说理方式独特，运用以宾作主的笔法，略述勾践而详论历史，详古略今，以古喻今，深刻说明了"去病必除根"的道理，提醒夫差以史为鉴，鉴古知今，避免重蹈覆辙。又将古今比较，指出越国强于少康，勾践善于笼络人心，吴越又是世仇，此次机会难得，不然有碍称霸，等等。反复曲折，不厌其详地阐释开头的"不可"。洞微见几，切中肯綮，且用心良苦，言辞恳切，披肝沥胆。全文提掇过渡，照应结束，语句精练，处处警醒。

赠序一

送孟东野序 [1]

韩愈

【题 解】

　　孟郊一生都处于贫寒境地，他的诗中多有寒苦之音和怀才不遇的感慨。当孟郊赴任时，韩愈写了这篇文章来宽慰和勉励他。韩愈从"物不平则鸣"谈起，历数古往今来"善鸣者"和他们的作品，暗讽当权者不能任用人才，对不遇者充满了深切的同情和惋惜。同时，说明了只有具备真情实感才能写出好作品的艺术创作规律。

　　大凡物不得其平则鸣 [2]。草木之无声，风挠之鸣。水之无声，风荡之鸣。其跃也或激 [3] 之，其趋也或梗 [4] 之，其沸也或炙之。金石之无声，或击之鸣。人之于言也亦然，有不得已者而后言，其歌也有思，其哭也有怀。凡出乎口而为声者，其皆有弗平者乎！

　　乐也者，郁于中而泄于外者

　　一般来说，事物失去它原有的平静就要发出鸣声。草木没有声音，风扰动它就发出响声。水没有声音，风震荡它就发出响声。波浪腾跃也许（是有什么东西）阻遏了水势，水流湍急也许（是有什么东西在）堵塞了（水道），水的沸腾也许是（有什么东西在）烧煮它。金石没有声音，有人敲击它就发出声音。人们发表言论也是这样，有不得已的地方然后就要说出来。他歌唱是有所思慕，他哭泣是有所伤怀。凡是从口里发出来而形成声音的，大概都有不平的地方吧！

　　音乐是人们郁结在心中的感情抒发出

---

1. 序：这是赠序，古人用于惜别赠言的文字，内容以对所赠亲友的赞许、推崇或勉励为主。
2. 鸣：本义是发出声音，这里还有表现、抒发、传扬思想感情等意思。
3. 激：阻遏水势。《孟子·告子上》："今夫水，搏而跃之，可使过颡；激而行之，可使在山。"后世也用以称石堰之类的挡水建筑物为"激"。
4. 梗：阻塞。

也,择其善鸣者而假之鸣。金、石、丝、竹、匏(páo)、土、革、木[1]八者,物之善鸣者也。维天之于时也亦然,择其善鸣者而假(jiǎ)之鸣。是故以鸟鸣春,以雷鸣夏,以虫鸣秋,以风鸣冬。四时之相推敚(duó)[2],其必有不得其平者乎!

其于人也亦然。人声之精者为言,文辞之于言,又其精也,尤择其善鸣者而假之鸣。其在唐、虞(yú)[3],咎陶(gāo yáo)[4]、禹(yǔ),其善鸣者也,而假以鸣。夔(kuí)[5]弗能以文辞鸣,又自假于《韶(sháo)》以鸣。夏之时,五子[6]以其歌鸣。伊尹鸣殷(yīn),周公鸣周。凡载于《诗》《书》六艺,皆鸣之善者也。周之衰,孔子之徒鸣之,其声大而远。传(zhuàn)曰:"天将以夫子为木铎(duó)[7]。"其弗信矣乎?其末也,庄周以其荒唐[8]

来形成的声音。(人们)选择那些善于发声的东西来借助它奏鸣。金、石、丝、竹、匏、土、革、木八类乐器,就是器物中善于发声的东西。自然界对时令的变化也是这样,选择那些善于发声的东西借助它发出声响。所以用鸟鸣春,用雷鸣夏,用虫鸣秋,用风鸣冬。四季气候的相互推移更换,大概一定有不能平静的原因吧!

这道理对于人来说也是一样的。人类声音的精华是语言,文辞对于语言来说,又是它的精华,尤其要选择擅长鸣的人借助他们来鸣。在那唐尧、虞舜时代,咎陶和禹是善鸣的,就通过他们来鸣。夔不能用文辞来鸣,就自己借助《韶》乐来鸣。夏朝的时候,太康的五个弟弟用他们的歌来鸣。伊尹鸣于殷商,周公鸣于周朝。凡是记载在《诗经》《尚书》等"六经"之中的,都是鸣得最美好的。周朝衰落的时候,孔子这类人鸣了起来,他们的声音洪大而悠远。经传上说:"上天将让孔子作为传布大道的木舌金铃。"(这)难道不是真实可信的吗?周朝末年,庄周用他

---

1. 金、石、丝、竹、匏、土、革、木:古代用这八种材料制成的各类乐器的总称,也称八音。金,钟镈(bó)。石,磬。丝,琴瑟。竹,箫管。匏,笙竽。土,埙。革,鼗(táo)鼓。木,柷敔(zhù yǔ)。
2. 推敚:推移变化。敚,同"夺",互易的意思。
3. 唐、虞:指上古尧、舜执政的时代。
4. 咎陶:也作咎繇、皋陶。传说为舜时制作掌管法律等典章制度的臣子。
5. 夔:人名,传说是舜时的乐官。
6. 五子:传说是夏代帝启的五个儿子,也就是夏王太康的五个弟弟,曾作歌讽谏太康。
7. 木铎:木舌的铃。古代发布政策教令时,先摇木铎以引起人们注意。后遂以木铎比喻宣扬教化的人。
8. 荒唐:广大空阔、没有边际的样子。与通常所说的"荒唐"意思不同。《庄子·天下》篇说庄周文章有"以谬悠之说,荒唐之言,无端崖之辞,时恣纵而不傥"的特色。

之辞鸣。楚，大国也，其亡也，以屈原鸣。臧孙辰[1]、孟轲、荀卿，以道鸣者也。杨朱、墨翟、管夷吾、晏婴、老聃、申不害、韩非、慎到、田骈、邹衍、尸佼、孙武、张仪、苏秦之属，皆以其术鸣。秦之兴，李斯鸣之。汉之时，司马迁、相如、扬雄，最其善鸣者也。其下魏、晋氏，鸣者不及于古，然亦未尝绝也。就其善者，其声清以浮，其节数[2]以急，其辞淫以哀，其志弛以肆[3]，其为言也，乱杂而无章。将天丑其德莫之顾邪？何为乎不鸣其善鸣者也？

唐之有天下，陈子昂、苏源明、元结、李白、杜甫、李观，皆以其所能鸣。其存而在下者，孟郊东野始以其诗鸣。其高出魏、晋，不懈而及于古，其他浸淫[4]乎汉氏矣。从吾游者，李翱[5]、张籍其尤也。三子者之

的汪洋恣肆的文辞来鸣。楚是大国，在它危亡的时候，有屈原来鸣。臧孙辰、孟轲、荀卿是用儒道来鸣于世。杨朱、墨翟、管夷吾、晏婴、老聃、申不害、韩非、慎到、田骈、邹衍、尸佼、孙武、张仪、苏秦这些人，都是用他们的学术主张来鸣于世的。秦朝兴起时，李斯为它鸣。汉朝时候，司马迁、司马相如、扬雄，是这时代最善于鸣的人。以后到了魏晋时代，鸣于世的人及不上古代，然而也没有断绝啊。就其中善鸣的来说，他们的声音清丽而浮夸，音节繁密而急促，辞藻靡丽而感伤，意志颓唐而放纵，他们在语言表达上，杂乱而没有规则。这大概是上天认为这时代的道德风尚丑恶而顾念它吧？为什么不让那些善于鸣的人来鸣呢？

唐朝有了天下以来，陈子昂、苏源明、元结、李白、杜甫、李观都是凭他们的才能鸣于当世。现在活着而处在低下地位的人中，有孟郊东野，开始用他的诗来鸣于当世。他的诗超过魏晋之作，不懈怠地努力创作，可以赶得古人，其他作品也接近汉代了。跟我交游的人中，李翱、张籍是最突出的。他们三位鸣于世的诗文确实是美好的了。但不知道

---

1. 臧孙辰：春秋时鲁大夫。

2. 数：短促、细密。

3. 弛以肆：颓废放荡。弛，松弛，引申为颓废。肆，放荡。

4. 浸淫：逐渐渗透。此有接近意。

5. 李翱：唐代散文家，曾跟从韩愈学习古文，是"古文运动"的积极参与者。

鸣信善矣。抑不知天将和其声而使鸣国家之盛邪？抑将穷饿其身、思愁其心肠而使自鸣其不幸邪？三子者之命，则悬乎天矣。其在上也，奚以喜？其在下也，奚以悲？东野之役于江南[1]也，有若不释然者，故吾道其命于天者以解之。

上天将使他们的声音和谐，而让他们歌颂国家的昌盛呢？还是要使他们身遭穷困饥饿，使他们的心思愁苦，而吟咏自身的不幸呢？他们三位的命运，就掌握在上天手中了。那他们身居高位，又有什么值得欣喜？沉沦在下面，又有什么可以悲伤的呢？孟东野将到江南去就职，心中好像有不能消除的郁结，所以我讲这些命运在天的道理来替他宽解。

---

1. 江南：时孟郊为溧阳尉，溧阳在唐代属江南道。

赏 析

　　从自然说到人事，多方取譬，反复阐述"物不平则鸣"的观点，以开启下文。再提出事物总是"择其善鸣者而假之鸣"，向前推进一步。又进一步由善鸣和不善鸣之风引出诗文革新运动，高度评价诗文革新者的高度成就，为孟郊鸣不平。最后劝慰孟郊要超脱。全文笔意恣肆，句式多变，"鸣"字为文眼，由远至近，层层深入，贯串全篇，立意深刻。"鸣"字达三十九个，却因为句法变化多样，有顿挫、升降、起伏、抑扬、离合、缓急，从而生出许多议论，使人不觉得平淡平板。自首至尾，没有一句直说，连类取譬，旁征博引，无法不备。文以气行，"言之短长与声之高下皆宜"。全文以深厚浓郁的感情贯穿其中，形成磅礴气势。本文借送别孟郊而回顾了历史上的整个文学创作情况，阐发对文学及文学史的看法，在文章的结构上，这一写作缘由却是放在最后来交代的。

成 语

　　不平则鸣：指人遇到不公平的事情，就会发出不满和反抗的呼声。鸣，发出声音，指有所抒发或表示。

送李愿归盘谷序

韩 愈

【题 解】

李愿不满当时权贵，要回到盘谷隐居。韩愈当时多次求官不得，心情抑郁，牢骚满腹。作文送李愿隐居，但文中几乎没有作者的话，都是李愿描述达官显贵玩弄权势和庸俗小人趋炎附势的丑态，以及隐居生活的美好的话。这间接表达了对李愿人生选择的认同，实际上是借李愿之口，抒发自身长期追求功名而不能得志的郁闷。

太行之阳^{háng} [1] 有盘谷。盘谷之间，泉甘而土肥，草木丛^{xiǎn}茂，居民鲜少。或曰："谓其环两山之间，故曰盘。"或曰："是谷也，宅幽而势阻，隐者之所盘旋 [2]。"友人李愿 [3] 居之。

愿之言曰："人之称大丈夫者，我知之矣。利泽施于人，名声昭^{zhāo}于时。坐于庙 [4] 朝^{cháo}，进退 [5] 百官，而佐^{zuǒ}天子出令。其在外，则树旗旄 [6]^{máo}，罗弓矢^{shǐ}，武夫前呵^{hē}，从者塞^{sè}途，供给之

太行山的南面有个盘谷。盘谷里面，泉水甜美而土地肥沃，草木繁密茂盛，居民稀少。有人说："因为它环绕在两座山之间，所以叫作盘。"有人说："这个山谷啊，位置幽深而地势险阻，是隐士盘桓往来的地方。"我的朋友李愿住在那里。

李愿的话是这样说的："人们称为大丈夫的人，我是知道的了。（他把）利益恩惠像雨露那样赐给别人，他的名誉声望在当时很显赫。坐在朝廷上，任免百官，并辅助天子发号施令。他外出时，就竖起旗帜，排列着弓箭，武夫在前面吆喝开道，随从挤满了道路，从事供给的人，各自拿着物品，在道路两边

---

1. 阳：山的南面、水的北面叫阳。
2. 盘旋：盘桓，逗留。
3. 李愿：韩愈的朋友，当时隐居在太行山南面的盘谷。
4. 庙：这里指帝王的宗庙，是古代帝王祭祀和议事的地方。
5. 进退：这里表示使动意义，使……进退，即任免的意思。
6. 旗旄：旗帜。旄，古代在旗杆头上用牦牛尾做装饰的旗帜。这里是大官出行的标志。

人，各执其物，夹道而疾驰。喜有赏，怒有刑。才俊满前，道古今而誉盛德，入耳而不烦。曲眉丰颊，清声而便体[1]，秀外而惠中，飘轻裾，翳[2]长袖，粉白黛绿者，列屋而闲居，妒宠而负恃，争妍而取怜。大丈夫之遇知于天子，用力于当世者之所为也。吾非恶此而逃之，是有命焉，不可幸而致也。

"穷居而野处，升高而望远，坐茂树以终日，濯[3]清泉以自洁。采于山，美可茹；钓于水，鲜可食。起居无时，惟适之安。与其有誉于前，孰若无毁于其后；与其有乐于身，孰若无忧于其心。车服不维[4]，刀锯不加[5]，理乱[6]不知，黜陟[7]不闻。大丈夫不遇于时者之所为也，我则行之。

"伺候于公卿之门，奔走于形

飞快地奔跑。他高兴的时候就给赏赐，他发怒的时候就施刑罚。许多才能出众的人聚满在他面前，说古道今赞美他的大德，（这些话）进入耳中不会觉得烦厌。那些眉毛弯弯而脸庞丰腴，声音清脆而体态轻盈，外貌秀丽而内心巧慧，飘动着薄薄衣襟，拖着长长衣袖，脸搽白粉、眉画黛绿的美女，在一排排房屋中闲住着，妒忌别人得宠而自恃才貌，争艳竞美来博取主人的怜爱。这就是被皇帝赏识信任，在当时掌握大权的大丈夫的所作所为啊。我并不是厌恶这些而躲开它，这是由命运安排的，不能侥幸得到的啊。

"过着贫寒生活，住在山林草野，登上高处眺望远方，闲坐在茂盛的树下度过整天，在清澈的泉水中洗涤使得自身净洁。从山上采摘（果蔬），甜美可吃；从水中钓获（鱼虾），新鲜好吃。日常作息没有一定时间，只求舒适安逸。与其当面受人赞誉，不如背后不被谤毁；与其身体享受欢乐，不如心中没有忧虑。没有官职的约束，刑罚不施于身，政局的治乱不理会，官职的升降不关心。这就是没有遇到时机的大丈夫的所作所为啊，我就这样去做。

"那些伺候在公卿大官的门下，奔走在

---

1. 便体：体态轻盈。
2. 翳：同"曳（yè）"，拖着。
3. 濯：洗涤。
4. 车服：车马与礼服。这里用来代指官职。维，束缚，约束。
5. 刀锯不加：刑罚不施于身。刀锯，古代刑罚中所用的刀和锯，这里泛指刑具。加，施加。
6. 理乱：指国家的安宁与动乱。理，即治，唐人避高宗李治讳，用"理"代"治"字。
7. 黜陟：官员的升降。黜，降职。陟，升职。

势之途，足将进而趑趄[1]，口将言而嗫嚅[2]，处污秽而不羞，触刑辟[3]而诛戮，侥倖于万一，老死而后止者，其于为人贤不肖何如也？"

昌黎韩愈，闻其言而壮[4]之，与之酒而为之歌曰："盘之中，维[5]子之宫。盘之土，可以稼[6]。盘之泉，可濯可沿[7]。盘之阻，谁争子所？窈[8]而深，廓其有容；缭而曲，如往而复。嗟盘之乐兮，乐且无央。虎豹远迹兮，蛟龙遁藏。鬼神守护兮，呵禁不祥。饮且食兮寿而康，无不足兮奚所望？膏吾车兮秣吾马，从子于盘兮，终吾生以徜徉[9]。"

权势竞逐的路上，将要举足前进又踟蹰畏缩，想要开口说话又吞吐犹豫，身处卑贱污辱而不感觉惭愧羞耻，触犯刑律法规而受到处罚杀戮，希图着万分之一的侥幸机会，一直到老死方才罢休的人，这样的做人是好还是不好，又怎么样呢？"

昌黎韩愈听了他的话认为他的气魄豪壮，替他斟酒，并为他作歌道："盘谷的中间，就是您的居室。盘谷的土地，可以种五谷。盘谷的泉水，可以洗涤也可以沿着它游览。盘谷地势险阻，有谁来争夺您的居所？幽远而又深邃，空阔得能把万物包容；山谷回环曲折，像是走了过去却又回到原处。叹息盘谷中的乐趣啊，快乐得无尽无穷。虎豹远远离开啊，蛟龙逃避躲藏。鬼神守卫保护着啊，呵斥禁止不祥事物（的来往）。有饮有食啊长寿而且健康，没有什么不满足啊，还有什么奢望？给我的车辆加油膏啊，喂饱我的马匹，跟随您到盘谷中去啊，尽我的一生逍遥舒畅。"

1. 趑趄：犹豫不前的样子。
2. 嗫嚅：想说而又吞吞吐吐不敢说出来。
3. 刑辟：刑法，刑律。
4. 壮：在这里为意动用法，表示以……为壮。
5. 维：句首助词，无意义。
6. 稼：种植谷物，亦泛指农业劳动。
7. 沿：沿水边游览。
8. 窈：深远，幽静。
9. 徜徉：安闲自得的样子。

赏 析

开篇略叙盘谷景色，两个"或曰"以考订笔法来写，写"盘谷"美丽又神秘，衬托李愿高洁的品行。再借李愿之口写三种人情状。一是达官贵人，称之为命好，有不以为然之意。"人之称大丈夫者，我知之矣"，口气含蓄但流露讥讽。二是隐士，称之为没机遇。这也是说他自己，隐居是退而求其次，但令人神往。赞颂李愿，只全由他的议论来显示他的高尚，独辟一格，为文巧妙，不用一句评语，没有溢美之词，既有创意又得体有分寸。三是奔走伺候的人。淋漓尽致地刻画出了这些丧失人格操守者的可耻、可笑、可怜、可悲，言下也有自警之意。每段话起结断结，结构分明，又富有变化。文章化议为序，对三种人的描写极为传神。议论与描写、抒情之中皆有神韵，警句迭出，褒贬自明。文笔含蓄曲折，"归"字、"送"字浑然融释其中。骈散交融，抒情意味较浓。

成 语

秀外惠中：同"秀外慧中"。容貌清秀，内心聪慧（多指女子）。秀，秀丽。慧，聪明。

粉白黛绿：用来形容女子装扮得娇艳妩媚，面容白皙，眉毛美丽。黛，古代女子画眉用的青黑色的颜料。

送董邵南序

韩愈

【题解】

　　董邵南应试进士，屡次失利，打算离开京城，前往当时在藩镇势力割据下的河北寻找出路。韩愈自己是反对藩镇割据、维护政治统一的，现在却要作序送董邵南往河北，措辞之难可想而知。韩愈在文中委婉地告诉董邵南，时过境迁，那里也不一定是施展抱负的理想之地。并通过追怀历史人物，含蓄地表示应该留在长安为朝廷效力。

　　燕赵[1]古称多感慨悲歌之士。董生举进士[2]，连不得志于有司[3]，怀抱利器[4]，郁郁适兹土，吾知其必有合也。董生勉乎哉！

　　夫以子之不遇时，苟慕义强仁[5]者，皆爱惜焉，矧[6]燕、赵之士出乎其性者哉！然吾尝闻风俗与化移易，吾恶知其今不异于古所云邪？聊以吾子[7]之行卜之也。董生勉乎哉！

　　自古称说燕、赵一带多有慷慨仗义、悲壮高歌的豪杰之士。董生被举荐参加进士考试，接连几次未被主考官录取，怀抱优异的才能，心情抑郁地要到这个地方去，我料知他此去一定会遇到知己的。董生努力吧！

　　凭您（这样的才能）没有遭逢时运，如果是仰慕正义而勉力行仁的人都会爱护同情您的，何况燕赵地带的豪杰之士，（行仁仗义是）出于他们的天性呢！然而我曾听说过社会风气习俗是随着教化而转变的，我哪里知道那边今天（的社会风俗）和古代所说的没有差异呢？姑且凭您的这次（燕赵）之行去加以验证罢。董生努力吧！

---

1. 燕赵：古国名。这里指当时的河北地区。
2. 董生：董邵南。生，旧时对读书人的通称。举进士：唐代考试制度，在家自学的士人，可以自己向州、县要求荐举，经考试合格，参加进士科的考试，叫举进士。
3. 有司：古代设官分职，各有所司，故称官吏为"有司"。这里指主考官吏。
4. 利器：本指精良的工具，这里比喻杰出的才能。
5. 强仁：勉力行仁道。
6. 矧：何况。
7. 吾子：表示对对方的敬称，相当于"您"。

吾因之有所感矣。为我吊望诸君之墓，而观于其市，复有昔时屠^{tú}狗者乎？为我谢曰："明天子在上，可以出而仕矣！"

我因为您的这次行程有一些感想。（请您替我）凭吊望诸君乐毅的坟墓，并且到那里的集市去看看，还有过去时代屠狗者高渐离一类的豪杰人物吗？替我致意说："圣明天子在上面当政，可以出来做官了！"

赏 析

全文符合送行的语境，虽是为他远行祝福，但表达了劝告和挽留之意。首段以"燕赵古称多感慨悲歌之士"一句开头，肯定他到河北后会有投合的人。言外之意是说今日的河北藩镇与古代的不得志之人是不一样的，和董生是不相投的。说相投是因为董生和燕赵之士都秉性仁义，但风俗会变，董生要看看河北现在如何。这是拿仁义来勉励董生，不要不顾仁义而投靠河北藩镇。末段还请董生去凭吊古人而劝今人出来为朝廷效力。开篇句横空而出，奠定了激荡不平的感情基调，也为董生壮行。以"古""今"，"吾知""吾恶知"呼应，意味深长。"吾知""吾闻""聊以"在模棱中隐约其意，两处请董生"为我"做某事，言在己而意在彼，委婉表达了挽留之意。送别文章，故意回避行人目的，忠厚之至。挽留之意，表达含蓄，用笔巧妙，烟云缭绕，意味深长。

成 语

慷慨悲歌：情绪激昂地放歌，以抒发悲壮的胸怀。

赠序二

送杨少尹序

韩　愈

【题 解】

前辈长者杨巨源辞官返乡时，韩愈写序文送他。由于与对方没有深交，没有深情可以抒发；年老返乡，又不能用大道理勉励他，只能按常规类比古人来赞颂他。人到晚年的韩愈没能亲自送行，所以他另辟蹊径，通过想象多种情景，赞美杨巨源功成身退的美德，将含蓄的意思融合在流畅、明白的叙述中，写得风神摇曳。

昔疏广、受[1]二子，以年老，一朝（zhāo）辞位而去。于时公卿设供张（gòngzhàng）[2]，祖道[3]都门外，车数百两（liàng）。道路观者，多叹息泣（qì）下，共言其贤。汉史既传其事，而后世工画者又图其迹（zhuàn），至今照人耳目，赫（hè）赫若前日事。

国子司业[4]杨君巨源，方以能《诗》训后进，一旦以年满七十，亦白丞相去归其乡。世常说古今人不

从前疏广、疏受两位先生，因为年老，在某一天辞去官职离开朝廷。这时候公卿大臣在都门外设帐摆宴为他们饯行，车子几百辆。在路旁观看的人，大多为之赞叹流泪，都说他们是贤人。汉代的史书已经记下了他们的事迹，后代擅长绘图画的人，又描画了他们的故事，到现在还光彩照耀人们的耳目，清清楚楚就像前几天发生的事一样。

国子监司业杨巨源先生，正凭擅长诗学教导后辈，一时因为年满七十岁，也禀告宰相离开朝廷返归他的故乡。世人常说今

1. 疏广、受：疏广和疏受，西汉东海兰陵（今山东枣庄东）人。宣帝时，疏广为太子太傅，疏受是疏广的侄子，为太子少傅。
2. 供张：亦作"供帐"，陈设帷帐等用具。供，陈设。张，同"帐"。
3. 祖道：在道旁祭祀路神并设宴饯行。
4. 国子司业：国子监的司业。即国子监，古代国家的最高教育机构。司业，学官，国子监的副主管，帮助最高长官祭酒教授学生。

相及，今杨与二疏，其意岂异也？

予忝[1]在公卿后，遇病不能出。不知杨侯去时，城门外送者几人、车几两、马几匹，道边观者亦有叹息知其为贤与否，而太史氏又能张大其事，为传继二疏踪迹否，不落莫否。见今世无工画者，而画与不画，固不论也。然吾闻杨侯之去，丞相有爱而惜之者，白以为其都少尹[2]，不绝其禄。又为歌诗以劝之，京师之长于诗者，亦属而和之。又不知当时二疏之去，有是事否。古今人同不同未可知也。

中世士大夫以官为家，罢则无所于归。杨侯始冠[3]，举于其乡，歌《鹿鸣》而来也。今之归，指其树曰："某树吾先人之所种也。某水某丘，吾童子时所钓游也。"乡人莫不加敬，诫子孙以杨侯不去其乡为

人不能和古人相比，如今杨先生和两位疏先生，他们的心意难道有什么不同吗？

我惭愧地附在公卿之列的后面，当时因为碰上生病不能前去送行。不知道杨君离开的时候，到城门外送行的有多少人，车有多少辆，马有多少匹，在道旁观看的人是不是也有知道并且赞叹他是贤人的，而史官是不是大加宣扬这件事，为他立传来继续两位疏先生的事迹，是否不至于冷落寂寞。现今世上没有擅长绘画的人，但画或者不画实在不必去管它了。不过，我听说杨君离开，宰相中有爱护惋惜他的，就禀告（皇帝）让（他）担任他家乡的少尹，不中断他的俸禄。还作了诗来勉励他，京城中擅长写诗的人，也跟着作诗应和。我又不知当时两位疏君辞官离去，是不是也有这样的事。古人和今人相同还是不相同就不知道了。

中世的士大夫们，以官府为家，一旦去职就无处可归。杨君刚成年时，在他家乡被荐举，参加了鹿鸣宴前来（京城做官）。现在回到（家乡），可以指着家乡的树说："某株树是我的先辈种的。某条河流、某座小山，是我童年时钓鱼玩耍过的地方。"家乡的人没有谁不更加尊敬他，并且告诫自己的子孙要把杨君不离开故乡作为学习的榜样。古时所

---

1. 忝：谦词，有愧于。韩愈当时为吏部侍郎，所以说"忝在公卿后"。
2. 都：指河中府，治河东（今山西永济蒲州），唐时一度建号称"中都"。 少尹：唐代中期所置的官，相当于郡守的副官。
3. 始冠：年轻时。冠，古代男子二十岁时，行冠礼以示成年。

法[1]。古之所谓乡先生[2]，没[3]而可祭于社者，其在斯人欤[4]？其在斯人欤？

说的"乡先生"，死后能够在社庙里享受祭祀的，大概就是指这样的人吧？大概就是指这样的人吧？

---

1. 法：仿效。
2. 乡先生：古时称辞官乡居或在乡任教的老年士人。
3. 没：同"殁"，死。
4. 欤：疑问语气词。这里与句首"其"相应，构成"其……欤"句式，表示推测、估计的语气。

赏　析

先说汉代的"二疏"年老辞官返乡时送行的壮观场面，以"至今"一句带出杨巨源，以"其意岂异也"轻轻勾连两层，关联两方，作为行文起点。描写简洁，文字不多，写得轻约灵便。再以自己"遇病不能出"荡开一笔，在无可写之处反而凭空想出以下许多内容。前说"二疏"所有，也许杨所无；后说杨所有，也许"二疏"所无。同与不同相互映照，以强调他们清风高节没有不同。因为是凭空设想，所以行文可以作许多曲折，出没照应，错综变化，不可捉摸。观今事，思古人，似有某种深意在，语句婉转回环，多了抒叹之情，处理得很有神韵。最后想象杨归乡后之乐与乡人之观感，以"中世士大夫"对比杨今日还乡，看似寻常，实属不易。又以"可祭于社者"直说他的归宿，全在想象中模拟，凭空设想，错综尽态，反复咏叹，言婉思深，意在言外，令人悠然想见。文情摇曳，余音袅袅。

成　语

张大其事：把原来的事情夸大。形容言过其实。亦作"张皇其事""张大其词""张扬其事"。张，夸张。

无所依归：没有依靠和归宿。

送石处士序

韩愈

【题 解】

石洪隐居多年，受召出山任职，韩愈作文送石洪。文章通过对乌公盛情邀请石洪，以及石洪一反常态欣然应召等情态的具体叙写，借助人物的问答和饯行的祝词，赞扬了乌公的知人善任和石洪的以道自任，并对他们的不谋私利、真心合作寄予了殷切的希望。

河阳军节度[1]、御史大夫乌公[2]为节度之三月，求士于从事[3]之贤者。有荐石先生[4]者。公曰："先生何如？"曰："先生居嵩、邙、瀍、谷[5]之间，冬一裘[6]，夏一葛[7]；食，朝夕饭一盂[8]、蔬一盘。人与之钱，则辞；请与出游，未尝以事免；劝之仕，不应；坐一室，左右图书。与之语道理，辨古今事当否，论人高下，事后

河阳军节度使、御史大夫乌公，就任节度使的第三个月，向从事中的贤能人士中征聘人才。有人推荐石先生。乌公问："石先生怎么样？"回答说："石先生深居于嵩、邙二山和瀍、谷两水之间，冬天穿一件毛皮衣服，夏天穿一件葛布粗衫，早晚用餐，只是一碗饭、一盘蔬菜。人家给他钱，他辞谢不受；请他一道出去游玩，未曾借故推托过；劝他出去做官，不答应，坐在一间屋子里，左右两旁都是图书。和他谈论道理，辨析古今事情的正确与否，评论人物德才的高下，事情的结

---

1. 军：由于唐代的节度使的辖区也是军区，故称"军"。 节度：节度使，唐代官名，主管一个地区军政的最高长官。河阳军治所在今河南孟县境内。
2. 乌公：即乌重胤。唐元和五年（810年），升任河阳节度使、御史大夫。
3. 从事：汉以后三公及州郡长官均自辟僚属，称为"从事"，到宋代废除。
4. 石先生：石洪，字浚川，河阳人。曾做过黄州录事参军，后回到河阳隐居。乌重胤到河阳后，召他为幕僚，又奉诏为昭应尉、集贤校理。
5. 嵩、邙、瀍、谷：即嵩山、邙山和瀍河、谷水，都在洛阳境内。
6. 裘：毛皮衣服。
7. 葛：这里指用葛织布做的夏衣。在古代，葛是平民穿的粗衣。
8. 盂：盛食物的圆口器皿。

当成败，若河决下流而东注，若驷马驾轻车、就熟路，而王良、造父为之先后也，若烛照[sì]数计[shù]而龟卜[guī bǔ][1]也。"大夫[dà]曰："先生有以自老，无求于人，其肯为某来邪[yé]？"从事曰："大夫文武忠孝，求士为国，不私于家。方今寇[kòu]聚于恒[2]，师环其疆，农不耕收，财粟殚亡[dān wú][3]。吾所处地，归输之涂[4]，治法征谋，宜有所出。先生仁且勇，若以义请而强委重[qiáng zhòng]焉，其何说之辞？"于是撰[zhuàn]书词，具马币[bǔ][5]，卜日[bǔ][shòu]以授使者，求先生之庐而请焉。

先生不告于妻子，不谋于朋友，冠带出见客，拜受书礼于门内。宵[xiāo]则沐[mù]浴，戒行李，载书册，问道所由，告行于常所来往。晨则毕至

局是成功还是失败，他的话如同黄河下流冲决向东倾注那样（滔滔不绝），就像四匹马驾着轻车走在熟悉的道路上，而且有王良、造父那样的驾驭高手在前后驾车，又好比用烛光照耀般明察幽微，用数理计算般析理精确，用龟甲占卜般预见得准确灵验。"乌大夫说："石先生有志甘愿隐居到老，对别人没有什么企求，他肯为我来吗？"从事说："大夫您文武全才、忠孝兼备，是为国家访求贤才，不是为自家图谋私利。现在贼寇集结在恒州，军队环布在它的疆界周围，农民无法耕种收获，钱财粮食都已用尽。我们所处的地方，是供给、运输的重要通道，治理地方的办法，征讨敌人的计谋，都应当有出主意的人。石先生仁爱并且勇敢，假如凭借大义去聘请，并将重任委派给他，他还能用什么话推辞呢？"于是写好书信，备好马匹及币帛等礼物，选择了个好日子，交给使者，找到石先生的住处去聘请他。

石先生不告诉妻子儿女，也没有跟朋友商量，就戴冠结带穿得整整齐齐地出来会见客人，在屋里恭敬地接受了聘书和礼物。当天晚上洗头洗澡，准备行李，装载好书籍，问清路上经过的地方，并向经常往来的朋友告别。第二天清早朋友就都来到上东门外为

---

1. 烛照：烛火照明，比喻见事明察。　数计：用蓍（shī）草计数算卦决定行事，比喻料事准确。　龟卜：用龟甲占卜。比喻善于推测，有预见。
2. 寇聚于恒：恒，恒州，唐时叫成德军。寇，指的是成德节度使王承宗。唐元和四年（809年），王承宗叛乱，朝廷派兵讨伐，没有成功。唐元和五年（810年）七月，王承宗遣使上表自首。朝廷加以赦免，恢复其官爵。石洪赴河阳军事在这年六月，当时战事尚在进行，所以叫"寇聚"。
3. 亡：同"无"。
4. 涂：古"途"字，道路。
5. 币：帛。古人常用以相互赠送，因作为礼物的通称。

张上东门外,酒三行[1],且起,有执爵[2]而言者曰:"大夫真能以义取人,先生真能以道自任,决去就。为先生别。"又酌(zhuó)而祝曰:"凡去就出处何常?惟义之归。遂(suì)以为先生寿。"又酌而祝曰:"使大夫恒无变其初,无务富其家而饥其师,无甘受佞人(nìng)[3]而外敬正士,无昧(mèi)于谄(chǎn)言,惟先生是听,以能有成功,保天子之宠命。"又祝曰:"使先生无图利于大夫,而私便其身图。"先生起拜祝辞曰:"敢不敬早夜以求从祝规!"于是东都[4]之人士咸知大夫与先生果能相与以有成也。遂各为歌诗六韵[5],遣(qiǎn)愈为之序云[6]。

他设宴饯行,酒喝过三巡,石先生将要动身的时候,有人端着酒杯说道:"乌大夫真正能以大义访求人才,石先生也真正能以道义作为自己的责任,从而决定自己的离去或者就职。这杯酒为先生您送别。"又斟了一杯酒祝愿说:"凡是隐居或做官有什么标准呢?只回到道义上。我就用这杯酒向先生敬酒。"又斟了杯酒祝愿说:"希望乌大夫永远不要改变他的初衷,不去做那种专使自家富裕发财而让士兵缺乏军粮忍饥挨饿的事,不要舒适地听信那些善于阿谀奉承的人而只在外面敬重正直之士,也不要被讨好奉承话所蒙蔽,只愿他听从石先生的意见,从而能够获得成功,保持天子加恩特赐的光荣任命。"又祝愿说:"希望石先生不要在乌大夫那里图谋私利,而私下利用方便谋自身的好处。"石先生起身拜谢这番祝词说:"我怎敢不恭敬地早晚按照诸位祝愿和规劝的话去做呢!"因此,东都洛阳的人士都知道乌大夫和石先生一定能够相互合作而有所成就。于是大家各自作了一首六韵的诗,叫我韩愈为它写了这篇序文。

---

1. 三行:三巡,行酒三遍。古人宴会,一般以三次斟酒为度,以免饮酒过度宾主失仪。
2. 爵:古代盛酒和温酒的器皿,三足,这里指酒杯。
3. 佞人:指善于以巧言献媚的人。
4. 东都:唐朝建都长安,以洛阳为东都。
5. 六韵:六个韵脚。旧体诗一般两句押一个韵,六韵是十二句。韩愈有《送石处士赴河阳幕》诗,即此时所作。
6. 云:用在全篇最后一句的末尾,表示全篇的结束。

赏　析

　　全文只有两部分，前半部分写乌公与从事讨论求贤，两问两答制造波澜写石洪其人。前一答介绍了石洪的品格能力，先以多个细节传神，后用三个比喻强调，句子错落，自然流动；后一答从乌公说起，点出双方共同点在一"义"字。笔法活泼，控御自如。既赞石洪之贤，又赞乌公能知贤、求贤。后半部分写石洪应聘与众人饯行。写应聘果断，出发迅速，看出行事有决断，印证了上文"义"的判断。再以饯行的四次祝词，祝愿石洪坚守"义"，乌公能听从石洪主张。这是借送行者之口说出作者祝愿石洪与乌公的意思，自然而又得体。送行的序，没有一句议论，用传记的记事写人，新颖独特。对当事人的称颂和祝愿的俗套，通过设置一个从事、一个饯行之人，由他们问答对话说出，生动别致，富有创意。全文看似一篇流水账，实际上是精心选择组织的。内容层层说来，段落句法严整。

成　语

　　驾轻就熟：驾轻车，走熟路。比喻对某事有经验，很熟悉，做起来容易。驾，赶马车。

　　烛照数计：用烛照着，按数计算。比喻料事准确。

　　烛照龟卜：古人迷信，用火灼龟甲，从灼开的裂纹推测行事的吉凶。像蜡烛照明一样明察，像龟甲占卜一样灵验。龟卜，即占卜。

送温处士赴河阳军序

韩愈

【题 解】

　　在石洪之后，另一位朋友温造也被乌公召到幕下。韩愈也要送温造一篇序，内容上就须和《送石处士序》有所趋避，写法也要变化，方才有相得益彰之美。韩愈没有直接把对温造的肯定和送别都写下来，而是设想出开头的冀北马空、中间的无数人嗟怨、结尾的自己嗟怨等内容，通过热情赞扬乌公收罗人才来间接肯定温造。

　　伯乐[1]一过冀北之野，而马群遂空。夫冀北马多天下，伯乐虽善知马，安能空其群邪？解之者曰：吾所谓空，非无马也，无良马也。伯乐知马，遇其良，辄取之，群无留良焉。苟无良，虽谓无马，不为虚语矣。

　　东都，固士大夫之冀北也。恃才能深藏而不市[2]者，洛之北涯曰石生[3]，其南涯曰温生[4]。大夫乌公以铁钺[5]镇河阳之三月，以石生为才，以

　　伯乐一经过冀北的原野，那里的马群就空了。冀北的马比天下（其他地方）多，伯乐虽然善于识马，怎么能使那里的马群都空了呢？解释这个问题的人说："我所说的'空'，不是指没有马，而是说没有良马啊。伯乐善于识马，碰见马群中的良种，就把它挑走，马群中就没有留下良马了。假使没有了良马，即使说那里没有马，也不能算是虚妄之谈了。"

　　东都洛阳，本来就是士大夫的冀北啊。身具真才实学而隐居不出来做官的，洛水北岸的叫作石先生，洛河南岸的叫作温先生。御史大夫乌公以节度使的身份镇守河阳的第三个月，认为石先生是位人才，就用礼节

1. 伯乐：相传春秋时秦国人，名孙阳，以善相马著称。现在引申为善于发现、推荐、培养和使用人才的人。
2. 市：做买卖。这里指出仕，求官。
3. 石生：名洪，字浚川，河阳人。见《送石处士序》。
4. 温生：即温造，字简舆，曾隐居王屋山及洛阳，后官至礼部尚书。
5. 乌公：乌重胤，唐元和五年（810 年）任河阳军节度使、御史大夫。参阅前选《送石处士序》。铁钺：同"斧钺"，本是古代的两种兵器，后成为刑罚、杀戮之权的标志。这里指掌有军权的节度使。

礼为罗，罗而致之幕下。未数月也，以温生为才，于是以石生为媒，以礼为罗，又罗而致之幕下。东都虽信多才士，朝取一人焉，拔其尤；暮取一人焉，拔其尤[1]。自居守、河南尹以及百司之执事，与吾辈二县[2]之大夫，政有所不通，事有所可疑，奚所谘而处焉？士大夫之去位而巷处者，谁与嬉游？小子后生，于何考德而问业焉？缙绅[3]之东西行过是都者，无所礼[4]于其庐。若是而称曰：大夫乌公一镇河阳，而东都处士之庐无人焉，岂不可也？

夫南面[5]而听天下，其所托重而恃力者惟相与将耳。相为天子得人于朝廷，将为天子得文武士于幕下，求内外无治，不可得也。愈縻[6]于兹，不能自引去，资二生以待老。

作为招聘的手段，将他罗致到幕府中。没过几个月，又认为温先生是位人才，于是请石先生作为介绍人，用礼节作为招聘的手段，又把温先生罗致到了幕府之中。东都虽然确实有很多真才实学之士，但早晨选取一人，挑走其中最突出的；晚上选取一人，挑走其中最突出的。从东都留守、河南尹起，直到府中的百官和我们这些洛阳、河南两县的官吏，（如果）碰到施政不顺利的地方，或者办理事情遇到可疑之处，又到哪里去询问呢？卸去官职而处在里巷家中的士大夫，同谁去娱乐交游呢？年轻的后辈，又到哪里去检验自己的德行、询问自己的学业呢？东西往来路过这东都洛阳的官员，也无法到他们的住处去行拜访之礼。像这样就可以说：御史大夫乌公一镇守河阳，东都隐居贤士的住处就没有人了，难道不可以吗？

皇帝处理天下大事，他所委以重任而依靠其力量的，就只是宰相和大将了。宰相为皇帝搜罗人才到朝廷，大将为天子选取文人武士到幕府中，（如果这样，）想使国家内外治理不好，那是不可能的了。我羁留在这里（任职），不能自己引退，全靠二位先生

---

1. 尤：特异的、突出的。
2. 二县：指东都城下的洛阳县、河南县，当时韩愈任河南县令，所以称"吾辈二县之大夫"。
3. 缙绅：原意是将笏板（古代朝会时官宦所执的手板，有事就写在上面，以备遗忘）插在腰带里，旧时官宦的装束，转用为官宦的代称。缙，同"搢"，插。绅，腰带。
4. 礼：这里指谒见，拜访。
5. 南面：此处指皇帝。古代以坐北朝南为尊位，故皇帝见群臣时面向南而坐。
6. 縻：羁留。

今皆为有力者夺之，其何能无介然[1]于怀邪？生既至，拜公于军门，其为吾以前所称[2]，为天下贺；以后所称[3]，为吾致私怨于尽取也。留守相公首为四韵[4]诗歌其事，愈因推其意而序之。

的帮助，等待老年到来。现在他们全都被有力的人物夺走了，又怎么能使我不耿耿于怀呢？温先生到后，在军门拜见乌公的时候，希望替我把前面所说的，替天下人祝贺（得到了人才）；再替我拿后面所说的，说我私人抱怨他把人才都选尽了。东都留守相公，首先作了一首四韵的诗来赞颂这件事，我就推衍他的诗意而作了这篇序文。

---

1. 介然：心有不安，不能忘怀，耿耿于心。
2. 前所称：指将相为天子选拔人才。
3. 后所称：指石生、温生被选走，使河南人才空虚。
4. 留守相公：指当时的东都留守郑余庆。相公，指宰相。郑余庆曾两次做过宰相。 四韵：旧体诗一般为隔句押韵，四韵为八句。

赏 析

第一段先引伯乐过冀北而"马群遂空"的说法，劈头横空一个譬喻，奠定全文立意和表达的起点。"空""群"两个说法有漏洞，妙在借他人解释"马群遂空"的含义，补圆说法。第二段明确所指，揭晓喻义，赞美乌公重视人才、懂得选拔，也肯定温、石两人是贤才。而对"空群"的解释，则把乌公招揽人才描述得更加具体生动准确。既设奇喻，以伯乐喻乌公，也是在间接肯定温造是贤才，又在文中反复议论以求合理，显得像煞有介事。然后感叹东都人才少后情状。看似抱怨的话更能表现出作者喜悦与留恋交织的心情。这是避实击虚，充分赞美乌公，其实就是在高度肯定温造。第三段则围绕"空"字，希望朝廷也能重视人才。本文写法刻意求新出奇，曲折婉转，由一个比喻生出许多说法，使种种议论能够成立和容易理解。避开正面直接写温造本人，改以议论的方式赞美乌公和温造。

成 语

深藏不露：比喻人有知识才能但性格内敛，不爱在别人面前卖弄自己的才能。

思想的力量
思辨性表达

见微知著

单子知陈必亡
shàn

《国语·周语中》

【题 解】

　　单襄公作为东周王室的使臣，根据途经陈国时的见闻和遭遇，向周定王预测陈国必亡。当时陈灵公君臣政事不修，两三年后果然发生内乱外侮。本文先客观铺叙单襄公在陈国现场经见的十五条事实，最后以大事记式的事实证实预言，更使人惕然回味。"单子知陈必亡"见微知著，透过现象看本质，这是古人崇尚的观察和分析、预测人事治乱的方法。

　　定王使单襄公聘于宋[1]。遂假道[2]于陈，以聘于楚。火朝觌[3]矣，道茀[4]不可行也，候[5]不在疆，司空不视涂[6]，泽不陂[7]，川不梁，野有庾积[8]，

周定王派单襄公到宋国访问。于是向陈国借道，以便到楚国访问。（这时）心宿已在早晨出现了，道路上杂草丛生，难以通行，候人不在边境（迎宾），司空不巡视道路，湖泊不筑堤坝，河流不架桥梁，田野上有露天堆积（的谷物），场院中的农活还没有

---

1. 定王：周定王。姬姓，名瑜，周顷王之子，周匡王之弟，东周第九位君王，公元前 606 年至公元前 586 年在位，在位二十一年。 单襄公：名朝，周定王卿士。 聘：国事访问。 宋：国名。其都城在今河南商丘。
2. 假道：借路。借路去第三国，须向所经国的朝庙献束帛为礼。天子遣使访问诸侯本无须借路，但当时周王室衰弱，所以向陈国行此礼。 陈：国名。其国都在今河南淮阳。
3. 火朝觌：指旧历十月。火，古代星名，又称大火、商星，就是二十八星宿中的心宿，由三颗星组成，与下文的角、天根、本、驷、营室，均属其中的东方七宿（角、亢、氐、房、心、尾、箕），诸星宿随着时序的变化而依次在拂晓的天空东方显现。心宿，立冬前后在早上的天空出现。觌，见，出现。
4. 茀：杂草遍地。
5. 候：候人，掌管迎送宾客的官员。
6. 司空：九卿之一，掌管土木、道路、水利等公共工程。 涂：同"途"。
7. 陂：堤岸。这里作动词，修筑堤坝。下文"梁"也是动词。
8. 庾积：露天堆积的谷物。庾，露天积谷。

场功[1]未毕，道无列树，垦田若艺[2]，膳宰不致饩[3]，司里不授馆[4]，国无寄寓，县无旅舍，民将筑台于夏氏[5]。及陈，陈灵公与孔宁、仪行父南冠以如夏氏[6]，留宾弗见。

单子归，告王曰："陈侯不有大咎[jiù]，国必亡。"王曰："何故？"对曰："夫辰角见[xiàn][7]而雨毕，天根[8]见而水涸，本见而草木节解[9]，驷[10]见而陨霜，火见而清风戒寒。故先王之教曰：'雨毕而除道，水涸而成梁，草木节解而备藏，陨霜而冬裘具，清风至而修城郭宫[11]室。'故《夏令》[12]

结束，路旁没有种植树木，耕田里（的庄稼长得）像草芽，膳宰不给（宾客）送鲜肉，司里不安排住处，都城没有宾馆，县邑没有旅舍，百姓却要去为夏氏修筑楼台。到了陈国（国都），陈灵公和大夫孔宁、仪行父戴着楚国人的帽子去夏氏家里，丢下客人不会见。

单襄公回来，报告周定王说："陈侯（即使）不遭遇大灾祸，陈国（也）一定会灭亡。"定王问："什么原因？"（单襄公）回答说："角宿在清晨出现就（表示）雨季结束，天根星早晨出现就（表示）河床要干涸，氐星出现草木凋落，房宿出现寒霜降落，心宿出现就（有）冷风预告人们准备御寒了。所以先王的教诲说：'雨季结束就整治道路，河床干涸就修筑桥梁，草木凋落就收储谷物，降霜就置办好冬衣，冷风吹起就维修城墙房屋。'所以《夏令》说：'九月

---

1. 场功：指修整禾场、打谷、进仓等一系列农事。
2. 艺：茅芽。
3. 膳宰：膳夫，掌管宾客的肉食。饩：生肉，这里指食物。
4. 司里：也叫里宰，掌管宾客的住宿。馆：客舍。
5. 夏氏：指陈国大夫夏徵舒。夏徵舒曾杀死陈灵公，自立为陈侯。不久，又被楚庄王所杀，陈国灭亡。
6. 陈灵公：就是妫平国，陈国第十三代国君，陈共公之子，陈成公之父。在位十五年，荒淫无道。孔宁、仪行父：都是陈灵公宠臣。　南冠：楚国人常戴的一种帽子。古代国君、大夫穿戴他国冠服是严重的轻狎失礼的行为。　夏氏：这里指夏徵舒的母亲夏姬。夏姬是郑穆公的女儿，陈灵公从祖母，在丈夫死后先后与陈灵公、孔宁、仪行父私通，三人甚至争穿她的内衣在朝廷上互相嬉戏。夏徵舒得知后怀怒于心，终于在公元前599年伺机射杀陈灵公自立为君，激成了陈国的大动乱。
7. 辰角见：角星早晨出现。辰，同"晨"。角，古代星名，就是二十八星宿的角宿，出现在寒露节气的天空。见，同"现"。
8. 天根：亢宿、氐宿之间，也有认为是亢宿，出现在寒露雨毕后五天。
9. 本：氐宿。寒露后十天的早晨出现。节解：枝叶脱落。
10. 驷：房宿，出现在霜降时节。
11. 宫：房屋，住宅。
12. 《夏令》：指《月令》，古代的律历之书。现在《礼记》中的《月令》章可能就是其遗制。夏，夏朝。

曰：'九月除道，十月成梁。'其时儆[1]曰：'收而场功[2]，偫而畚挶[3]，营室之中[4]，土功其始。火之初见，期[5]于司里。'此先王之所以不用财贿[6]，而广施德于天下者也。今陈国，火朝觌矣，而道路若塞，野场若弃，泽不陂障，川无舟梁，是废先王之教也。

"周制有之曰：'列树以表道，立鄙食[7]以守路。国有郊牧[8]，畺有寓望[9]，薮有圃草[10]，囿[11]有林池，所以御灾也。其余无非谷土，民无悬耜[12]，野无奥草[13]，不夺农时，不蔑[14]民功。有优[15]无

修道路，十月筑桥梁。'那时的警语说：'结束你场院的农活，准备好你的盛土抬土的工具，定星运行到天空中央，土建工作大概要开始了。心宿初次出现（的时候），到司里那儿会合（修屋造房）。'这正是先王不费钱物，却能在天下广施恩德的原因啊。现在陈国，心宿在早晨出现了，而道路好像被堵塞，田野、场院仿佛被遗弃，湖泽不筑堤防，河流不备舟桥，这是废弃了先王的遗教啊。

"周初的制度有这样的内容：'种植树木来标示道路，边远地方备有饮食来供应来往行人。都城郊外有放牧的专区，边境有接待使者的客舍及望楼，无水的湖里有茂盛的水草，苑囿中有树木和池塘，这些都是用来防备灾害的。其余国土无不是耕地，百姓不悬挂农具，田野没有深长的草，不耽误农时，不浪费人民的劳力。（这样就使人民生活）

---

1. 儆：告诫，这里作名词，即警语，古谚。
2. 而：同"尔"，你，你们。 功：事，工作。
3. 偫：置办齐器具。 畚挶：竹、木、铁做成的装运土石的簸箕和筐篮。
4. 营室：室宿，又称定星，夏历十月黄昏出现在天空的正中。古人认为是营建房屋的好时节。 之中：运行至天空中央。"营室之中"出现于夏历十月初。
5. 期：会，集中。
6. 财贿：财货，财物。
7. 鄙食：郊外边地道路间所设供应往来路人饮食的馆舍。
8. 郊牧：国都城外的专区。郊近牧远。郊用作祭祀，牧用作放牧。
9. 畺：同"疆"，边境。 寓望：边境所设寄宿之舍、候望之人，就是收集境外情报的哨所。
10. 薮：长草的沼泽。 圃草：茂盛的草。圃，茂盛，繁茂。一说圃草就是蒲草，可用来编制草席等器物。
11. 囿：古代帝王畜养禽兽的林苑。
12. 耜：翻土的农具。
13. 奥草：茂深的野草。奥，深，茂盛。
14. 蔑：弃。
15. 优：盈余，富足。

匮,有逸无罢[1]。国有班事[2],县有序民[3]。'今陈国道路不可知,田在草间,功成而不收,民罢于逸乐,是弃先王之法制也。

"周之《秩官》[4]有之曰:'敌国[5]宾至,关尹[6]以告,行理以节逆[7]之,候人为导,卿出郊劳[8],门尹除[9]门,宗祝[10]执祀,司里授馆,司徒具徒[11],司空[12]视涂,司寇[13]诘奸,虞人[14]入材,甸人[15]积薪,火师监燎[16],水师[17]监濯,膳宰致飧[18],廪人[19]献饩,司马陈刍[20],

富裕而不贫乏,安逸而不疲惫。都城的土建工程安排有章有序,县邑的服劳役者轮番作息。'如今的陈国,道路找不到,农田埋没在芜草丛间,庄稼熟了却不收获,百姓因为(陈侯)纵欢作乐而疲于奔命,这是抛弃了先王的法度啊。

"周朝的《秩官》有这样的规定:'同等地位国家的宾客来访,关尹把(这事)报告(朝廷),行理手持符节迎接客人,候人担任向导,卿士出郊慰问,门尹清扫门庭,宗祝执行祭祀礼仪,司里安排住处,司徒调派仆役,司空巡视道路,司寇盘查奸人,虞人供应物产,甸人积聚柴禾,火师监管火烛,水师监管洗涤,膳宰供应熟食,廪人献奉粮米,司马摆出草料,工人检修车辆,各位主管官员

1. 罢:同"疲",疲劳,疲乏。

2. 班事:有章法、有步骤的劳役。

3. 序民:轮番服役、完役的百姓。

4. 《秩官》:周代记载职官、官典的书,已失传。秩,定品级。

5. 敌国:地位相当的诸侯国。敌,对等,相当。

6. 关尹:掌管关门的人。周朝时关设于边境的通道口。

7. 行理:又称行李,掌管接待宾客的官员,是行人(掌管外交使节朝觐聘问)的属官。 节:符节,也就是凭证,这里是代表国君执行使命的信物。 逆:迎接。

8. 劳:慰问,犒劳。

9. 门尹:城门官。除:清扫道路。

10. 宗祝:宗伯的属官,主管祭祀祈祝的官员。宗,宗伯。祝,太祝。

11. 司徒:九卿之一,主管土地、人口、赋税。 具徒:调派服务的仆役。

12. 司空:掌管道路的官员。

13. 司寇:九卿之一,主管刑狱、纠察。

14. 虞人:掌管山林水泽的官员。

15. 甸人:掌管籍田(京畿王田)的官员,也有说是管理柴薪的官员。

16. 火师:掌管王室火烛的官员。 燎:照明的火把。

17. 水师:掌管王室洗涤事务官员。

18. 飧:熟食,饭食。

19. 廪人:掌管粮库仓库储备的官员。

20. 司马:这里指指挥圉人养马的官员,跟九卿之一的"司马"不同。刍:草料。

工人展[1]车，百官各以物至，宾入如归。是故小大莫不怀爱。其贵国之宾至，则以班[2]加一等，益虔。至于王使，则皆官正莅事[3]，上卿监之。若王巡守，则君亲监之。'今虽朝也不才，有分族于周，承王命以为过宾[4]于陈，而司事莫至，是蔑[5]先王之官也。

"先王之令有之曰：'天道赏善而罚淫，故凡我造国[6]，无从匪彝[7]，无即慆淫[8]，各守尔典，以承天休[9]。'今陈侯不念胤续之常[10]，弃其伉俪妃嫔，而帅其卿佐以淫于夏氏，不亦渎姓矣乎？陈，我大姬[11]之后也。弃衮冕[12]而南冠以出，不亦简[13]彝乎？是

送来各自掌管的物资，客人来了如同回到自己家里一样。因此大小使节没有不怀恋（东道国）的。如果地位高的国家派宾客到来，就依照官职序列提高一等，更加恭敬。至于天子派来官员，就一律由各部门主管官员到场接待，上卿监督他们。如果是天子本人前来巡行，就由国君亲自监督接待事务。'现在我单朝虽然没有才能，毕竟是周王室的亲族，秉承天子的使命，作为过路的宾客到陈国，然而有关的官员却不到场，这是轻视先王的官员啊。

"先王的政令有这样的话：'天道奖赏善行，惩罚邪恶，所以凡是我们治理国家，不要放纵违背常规的行为，不要沾染怠惰轻慢的恶习，各自遵守你们的法规，来承接上天的福佑。'如今陈侯不顾念继嗣常法，抛弃自己的正妻和妃嫔，却带领着下属到夏氏那里去干淫乱的事，这不是亵渎了他的姓氏吗？陈国，是我们大姬的后裔。（陈侯却）丢弃朝廷的命服，戴着楚国人的帽子出宫，不也太简慢随意吗？这是又触犯了先王的

---

1. 工人：监造器物的官员。展：检察，补修。
2. 班：次，秩序。
3. 官正：各部门的主管长官。莅事：临事，办理。
4. 过宾：借道的宾客，路过的宾客。
5. 蔑：蔑视，欺侮。
6. 造国：受封的诸侯。
7. 匪彝：非法。匪，同"非"。彝，常法。
8. 即：就，接近。慆淫：怠惰放荡。
9. 天休：上天的恩赐。休，美好，吉祥。
10. 胤续之常：血统接续的伦常。胤，子孙、后嗣。续，继承父祖。
11. 大姬：陈国始祖虞胡公之妻，周武王的长女，嫁给陈国始祖虞胡公为妻。
12. 衮冕：古代帝王与上公的礼服和礼冠。
13. 简：简慢，轻视。

又犯先王之令也。

"昔先王之教，茂帅[1] 其德也，犹恐陨越[2]。若废其教而弃其制，蔑其官而犯其令，将何以守国？居大国之间，而无此四者，其能久乎？"

六年，单子如楚。八年，陈侯杀于夏氏。九年，楚子[3] 入陈。

政令啊。

"从前先王的教诲，（国君）努力遵循懿德，还害怕堕落。如果废止先王的教导，抛弃先王的法制，轻视先王的官员，触犯先王的教令，又将凭什么保住国家？夹在大国中间，而没有以上这四条，难道能长久吗？"

（周定王）六年，单子到楚国。八年，陈侯被夏氏杀死。九年，楚庄王攻入陈国。

---

1. 茂：努力。帅：遵循。
2. 陨越：颠坠，丧失。
3. 楚子：楚庄王。楚庄王借征讨夏徵舒名义兴兵进入陈都，一度打算将陈国废为县，后来才立陈太子午为成公，让他复国。周天子封楚国君主为子爵，所以称"楚子"。"王"是楚国君主自称，表示与周天子并列。

赏　析

单襄公阐述陈必亡的废教、弃制、蔑官、犯令四个原因，也就是围绕中心论点展开议论剖析的四个分论点，都是先引用，从正面立论说明，再对照陈国的现状进行阐述，章法齐整，并熔叙事、议论为一炉，有理有力，透辟深刻。一是事实胜于雄辩，先按进入陈国为序，大量列举亲身见闻。下文各段分类举例排列，与前文分别照应，足见预言不虚。二是善于夹叙夹议，对实例及时分析，加固论点，增强了论辩的力度。四层之后还有总结，指出正确的做法。条理分明，逻辑严密，具有强烈的说服力。三是遣词造句有特点，多采用三四五六字的骈偶句式，形式整齐，颇具美感，有感染力。由于各段排比句式各不相同，又有议论穿插其间，使人不觉文字滞板。而且善于使用关联词语，注意保持话题一致，语句衔接紧密而自然，流利上口。

宫之奇谏假道

《左传·僖公五年》

【题 解】

晋国早有并吞虞、虢两国之心，但慑于两国互为依靠的关系，难以一下灭掉，于是定下笼络虞国先灭虢国的计策。当晋国再一次提出向虞国借路讨伐虢国的时候，虞国大夫宫之奇预见虞国有即将随着虢国一起灭亡的风险。虽然他的劝阻没有发挥作用，但他的远见卓识一直被后人称颂。

晋侯复假道于虞以伐虢[1]。宫之奇[2]谏曰："虢，虞之表[3]也；虢亡，虞必从之。晋不可启，寇不可玩[4]，一之为甚，其可再乎？谚所谓'辅车[5]相依，唇亡齿寒'者，其虞、虢之谓也。"

公[6]曰："晋，吾宗[7]也，岂害我哉？"对曰："大伯、虞仲[8]，大王

晋献公再次向虞国借道去攻打虢国。宫之奇劝阻说："虢国是虞国的屏障；虢国灭亡了，虞国必然会跟着（灭亡）。晋国（的贪心）不能开启，外来的敌军不能忽视，一次已经太过分了，难道可以来第二次呢？谚语所说的'脸颊与牙床互相依靠，嘴唇缺了牙齿便会寒冷'，说的就是虞国和虢国（这种情况）吧。"

虞公说："晋是我的同宗，难道会危害我国吗？"（宫之奇）回答说："太伯、虞仲，

---

1. 晋侯：指晋献公，曲沃武公之子。即位后用计，尽灭其曾祖曲沃桓公、祖父庄伯的子孙，巩固君位。晋，周武王之子周成王封其弟的侯国，国都在今山西翼城。 复假道：第二次借路。三年前晋曾向虞国借道伐虢，灭下阳。虞：周武王时封大王次子虞仲后代的侯国。在今山西平陆东。虢：周文王时封其弟仲于今陕西宝鸡东，后称西虢，后被秦所灭。这里说的是北虢，是虢仲的别支，在今山西平陆南。虞在晋南，虢在虞南。

2. 宫之奇：虞国大夫。

3. 表：外面，外围。这里指屏障。

4. 寇：凡兵作乱于内为乱，于外为寇。 玩：习惯而不留心，等于说放松警惕。

5. 辅车：脸颊与牙床。一说辅指车厢两边的夹板。辅，脸颊。车，牙床骨。

6. 公：这里指虞公。

7. 宗：同宗。晋、虞、虢三国国君都是姬姓，都是周天子宗室。

8. 大伯：就是太伯，周太王之子，吴始祖，虞仲为其弟，二人不愿为君，一起逃往江南。

之昭[1]也；大伯不从[2]，是以不嗣[3]。虢仲、虢叔，王季之穆也；为文王卿士[4]，勋在王室，藏于盟府[5]。将虢是灭[6]，何爱于虞？且虞能亲于桓、庄[7]乎？其爱之也，桓、庄之族何罪？而以为戮，不唯逼[8]乎？亲以宠[9]逼，犹尚害之，况以国乎？”

公曰：“吾享祀[10]丰洁，神必据[11]我。”对曰：“臣闻之，鬼神非人实亲，惟德是依[12]。故《周书》[13]曰：‘皇天无亲，惟德是辅。’又曰：‘黍稷非馨，明德惟馨。’又曰：‘民不易物，惟德繄物[14]。’如是，则非德，民

是太王的儿子；太伯没有跟从，所以没有继承王位。虢仲、虢叔，是王季的儿子；担任文王的卿士，对周王室立下勋劳，（记载他们功劳的典册）藏在盟府里。（晋国）打算灭掉虢国，对虞国又有什么爱惜呢？况且虞国能比桓叔、庄伯更亲吗？晋亲近他们，桓叔、庄伯的族人有什么罪？却都被杀戮，不就是因为构成了威胁吗？至亲的人，因为受宠而使人感到产生威胁，尚且要杀害他们，何况是一个国家呢？”

虞公说：“我祭神的祭品丰盛清洁，神灵一定会保佑我。”（宫之奇）回答说：“臣子听说，鬼神不亲近哪一个人，只保佑有德行的人。所以《周书》说：‘皇天没有亲近的人，只辅助有德行的人。’又说：‘祭祀的黍稷等贡品不是馨香的，只有光明的德行才香。’又说：‘人民不用改变祭祀的物品，只有德行才能充当祭品。’像这样，那么没有德行，百姓就不和睦，神明就不会来享用祭

1. 大王：周太王古公亶父，周文王的祖父。　昭：与下文的“穆”都指宗庙里神主左右排位的次序。古代宗庙神主排列，始祖居中，始祖以下按辈分分昭、穆两行，分列左右，昭左穆右。始祖后第一代为昭，第二代为穆，依此而推。太伯、虞仲、王季是周太王之子，为昭，东虢、西虢的始封君虢仲、虢叔是王季之子，为穆。

2. 不从：这里指太伯、虞仲不遵从制度。

3. 是以不嗣：指太伯知道父亲要传位给幼弟王季，便与虞仲出走，因而没有被立为继承人。

4. 卿士：执掌国政的大臣。

5. 盟府：掌管功勋赏赐及盟誓典册的政府机构。

6. 将虢是灭：宾语前置，“将灭虢”。下文的“非人实亲”“惟德是依”也是。是，代词，复指提前的宾语。

7. 桓、庄：指曲沃桓叔和他的儿子曲沃庄伯，是晋献公的曾祖父与祖父，二族均被献公所灭。

8. 逼：逼迫，威胁。

9. 宠：在尊位。

10. 享祀：泛指一切祭祀。享，把食物献给鬼神。

11. 据：依从，保佑。

12. 实、是：都是代词，复指提前的宾语“人”“德”。

13. 《周书》：这里指古代周朝的史书。以下两段引文见于今本《古文尚书·蔡仲之命》。

14. 民不易物，惟德繄物：见于今本《古文尚书·旅獒》。繄，是。

不和,神不享矣。神所冯¹（píng）依,将在德矣。若晋取虞,而明德以荐馨香,神其²吐之乎?"

弗听,许晋使。宫之奇以其族行³,曰:"虞不腊⁴矣。在此行也,晋不更⁵（gèng）举矣。"冬,晋灭虢。师还,馆于虞,遂袭虞,灭之。执虞公。

品。神明依托的,就在德行了。如果晋国攻取了虞国,而能够修明德行,向神灵献上这芳香的祭品,神灵难道会吐出来吗?"

(虞公)不听,答应晋国的使者。宫之奇带着他的族人离开虞国,说:"虞国等不到腊祭了。在这次军事行动中(会灭掉虞国),晋国用不着再起兵了。"冬天,晋国灭了虢国。晋军回来,驻扎在虞国,于是袭击虞国,把它灭掉。捉住了虞公。

---

1. 冯:同"凭",依托。
2. 其:语气副词,加强反问。
3. 以其族行:指率领全族离开虞。以,介词,表示率领。
4. 腊:指腊祭。古代年终时合祭众神叫腊祭。
5. 更:再次。

赏 析

宫之奇的四段话,可以看作一个整体。第一段话是正面立论,根据局势演变趋势,提出"晋不可启"的主张。"辅车相依,唇亡齿寒"的比喻形象贴切,切中要害,很有说服力。中间两段是驳论,针对虞公的不同意见,批驳其"吾宗"和"神据"两个论据:通过举跟晋公血缘关系更密切的虢和桓、庄的遭遇,证明虞公的血缘关系靠不住;通过多方分析"民""德"与"神"的关系,证明单靠祭祀是得不到神灵的庇佑的。前一段批驳,变换为反问句式,连用五个反问收尾,并以"且""其""何""而""不唯""犹尚""况"形成强大的语势。后一段批驳,旁征博引,连续七个"德"字,强调了"惟德是依"。这三段话分别分析了形势、人情和事理,层次分明,正反结合,格外有力。最后宫之奇对事态发展做了预计,而事实也证明了他的正确。

虞师晋师灭夏阳

《穀梁传·僖公二年》

【题　解】

　　晋国攻占虢国要地夏阳。《春秋》在记载这事时，却把没有出兵的虞国写在晋国前。对《春秋》的这一写法，《穀梁传》解释了原因，并叙述虞君的所作所为来进一步说明。这一历史事件，《春秋》三传都有记载，但各有不同，前一篇《宫之奇谏假道》侧重记叙虞国君臣对话。同题文本参照阅读，能看出同一事件在不同文本中被再现时的不同风貌。"玩好在耳目之前，而患在一国之后"一语切中人性通病，尤其使人警醒。

　　非国而曰"灭"，重夏阳[1]也。虞无师[2]，其曰"师"，何也？以其先晋，不可以不言师也。其先晋何也？为主乎灭夏阳也。夏阳者，虞、虢（guó）之塞（sài）邑也，灭夏阳而虞、虢举[3]矣。

　　虞之为主乎灭夏阳，何也？晋献公[4]欲伐虢，荀息[5]曰："君何不以屈产之乘、垂棘（jí）[6]之璧，而借道乎虞

　　（夏阳）不是国家而（《春秋》却）说"灭"，这是重视夏阳。虞国的军队没有一个师，《春秋》说是"师"，为什么呢？因为虞国写在晋国之前，不可以不说师。它写在晋国之前是为什么呢？（因为）灭夏阳（这件事上）是它为主的。夏阳，是虞、虢两国边境上的重镇。灭掉了夏阳，虞国和虢国也就（等于）被攻取了。

　　虞国在灭夏阳（这件事上）是为主的，为什么呢？晋献公想要讨伐虢国，荀息说："君主为什么不用北屈出产的马，垂棘出产的璧，向虞国借路呢？"献公说："这是晋的

---

1. 夏阳：又作"下阳"，虢国的边邑，今山西平陆东北。
2. 师：可泛指军队，也可专指古代军队的编制单位。《荀子·礼论》："师旅有制。"五百人为旅，五旅为师。下面传文说"虞无师"，就是专指二千五百人的军队编制。
3. 举：拔取，攻占。
4. 晋献公：名诡诸，晋武公之子，在位二十六年。在此期间伐灭了周围一些小国，为其子晋文公称霸打下了基础。据《史记·晋世家》，晋献公伐虢的借口是虢国在晋国内乱中支持了他先君的政敌。
5. 荀息：晋献公最亲信的大夫，食邑于荀，亦称荀叔。献公病危时以荀息为相托以国政，献公死后在宫廷政变中为里克所杀。
6. 屈：晋国邑名，今山西吉县北，出产良马。　乘：四马为一乘。这里指马。　垂棘：晋国地名。出产美玉。

也？"公曰："此晋国之宝也。如受吾币[1]，而不借吾道，则如之何？"荀息曰："此小国之所以事大国也。彼不借吾道，必不敢受吾币。如受吾币，而借吾道，则是我取之中府而藏之外府[2]，取之中厩而置之外厩[3]也。"公曰："宫之奇[4]存焉，必不使受之也。"荀息曰："宫之奇之为人也，达心[5]而懦，又少长于君。达心则其言略，懦则不能强谏，少长于君，则君轻之。且夫玩好[6]在耳目之前，而患在一国之后，此中知[7]以上乃能虑之。臣料虞君，中知以下也。"公遂借道而伐虢。

宫之奇谏曰："晋国之使者，其辞卑而币重，必不便于虞。"虞公弗听。遂受其币而借之道。宫之奇又谏曰："语曰：'唇亡则齿寒。'其斯之谓

国宝。如果接受了我的礼物而不借路给我，那又拿它怎么办？"荀息说："这些东西是小国用来服侍大国的。它不借路给我们，一定不敢接受我们的礼物。如接受了我们的礼物而借给我们路，那这（就好比）是我们从中府里取出（宝物）而把它藏在外府里，从中厩里牵出良马而拴在外厩里。"献公说："宫之奇在那里，一定不会（让虞君）接受这些礼物的。"荀息说："宫之奇的为人，内心通达，但性情懦弱，又只比他的国君稍年长一些。内心通达，说话就简略；性情懦弱，就不会坚决劝谏；比国君稍年长，那么国君就轻视他。况且珍玩心爱的东西就在（虞君）眼前，而祸患还在虢国被灭之后，这只有中等以上智慧的人才能考虑到。我料定虞国国君是属于中等以下智慧的人。"献公于是（向虞国）借道来攻打虢国。

宫之奇劝谏说："晋国的使者，言辞谦卑但礼物厚重，一定对虞国没有好处。"虞公不听。就接受了晋国的礼物而借路给晋国。宫之奇又劝谏道："俗语说：'嘴唇没有了，牙齿就会受寒。'大概说的就是这种情况吧！"

---

1. 币：赠送给宾客的礼物。
2. 中府：宫中的仓库。 外府：宫外的仓库。
3. 中厩：宫中的马棚。 外厩：宫外的马棚。
4. 宫之奇：虞国大夫。
5. 达心：心里明白通达。达，通达，明白。
6. 玩好：玩赏之物。
7. 中知：中等智慧。知，同"智"。

欤？”挈(qiè)其妻子以奔曹[1]。

（于是）带着妻子儿女逃到曹国去了。

献公亡虢——五年[2]——而后举虞。荀息牵马操璧而前曰：“璧则犹是也，而马齿加长(zhǎng)[3]矣。”

晋献公灭掉了虢国，五年以后攻取虞国，荀息牵着马匹，拿着玉璧，走到晋献公面前说：“玉璧还是这个样子，不过马的年龄却增大了些。”

1. 挈：带领。妻子：妻子和儿女。曹：春秋小国。今山东定陶西南。
2. 五年：按《春秋》《左传》的记载，献公灭亡虢、虞在同一年（鲁僖公五年，公元前655年）冬天，其时距虞公受币实为三年。
3. 马齿加长：马的牙齿随年龄增长。马齿加长，指马的岁数增加。

赏析

由解说《春秋》为何把“虞”放在“晋”的前面，带出虞在整个事件中的决定性作用，自然转入对事件的回顾性叙述。叙述的中心人物是虞君，但笔墨主要落在晋国君臣的对话上。虞君的形象主要通过荀息的分析表现出来，毕竟人物的内心思想没办法直接呈现。同是谋士，宫之奇占的篇幅少很多，两句话都只有要点，通过晋献公和荀息的对话展现并被事件发展证实。主要是反面衬托虞君，连他自己也是在语言描写中，两个谋士的性格也生动起来。荀息老谋深算，对虞国、宫之奇和普遍人性的三段分析，都由事物本身具有的特点分析出事物必然的表现，深刻而中肯，具有强大的洞察力、预见性和信服力。荀息最后的调侃，更凸显了虞君利令智昏、执迷不悟的性格，言有尽而意无穷。这样委曲的叙事笔法，是由以事件佐证观点的表达意图决定的。全篇笔势连贯，内容紧凑，一气呵成。

慎思明辨

敬姜论劳逸^{yì}

《国语·鲁语下》

【题解】

鲁国大夫公父文伯看到母亲辛苦纺麻，劝母亲不要这样劳作，觉得这有失贵族身份，还会招来讥讽他不孝的议论。敬姜对此不以为然，还忧虑国家前途。她教诲儿子勤劳能培养人的优秀品质，安逸导致放荡，使人走上邪路。这番话很有见地，饱含忧患意识，得到孔子的赞同，至今仍有使人进步的启发意义。

公父文伯¹退朝，朝²其母，其母方绩。文伯曰："以歜之家而主犹绩，惧干季孙³之怒也，其以歜为不能事主乎？"

其母叹曰："鲁其亡乎！使僮子备官而⁴未之闻邪？居，吾语女。昔圣王之处民也，择瘠土而处之，劳其民而用之，故长王⁵天下。夫民劳则思，思则善心生；逸则淫，淫则

公父文伯退朝后，（去）拜见他的母亲，他的母亲正在纺麻。文伯说："凭我公父歜这样的人家，主母还要（亲自）纺麻，这恐怕会触犯季孙氏的怒气啊，（他）恐怕会认为我不能侍奉母亲吧！"

他母亲叹气说："鲁国大概要灭亡了吧！让无知童子做官，却没有听过治国的道理吗？（你）坐下，我告诉你。从前圣明君主安置百姓，选择瘠薄的土地让他们定居，使他们劳苦然后任用，所以能长久地统治天下。百姓勤劳就会思考（怎么节约和约束自己），思考就会生发善良之心；安逸就会放纵

---

1. 公父文伯：公父歜，鲁定公、哀公朝大夫。其母名敬姜。
2. 朝：拜见。古时候去见君王叫朝，谒见尊敬的人也可以叫朝。
3. 干：犯。季孙：季康子季孙肥，当时担任鲁国的正卿。季氏是鲁国的大族。公父文伯是季康子的从叔伯父，敬姜是季康子的从叔祖母。所以公父文伯会有这样的话。
4. 而：却。也有认为是同"尔"，代第二人称，那么"而"字前断句，也说得通。
5. 王：动词，称王。

忘善,忘善则恶心生。沃土之民不材,淫也;瘠土之民莫不向义,劳也。是故天子大采朝日[1],与三公、九卿祖识地德[2]。日中考政,与[3]百官之政事,师尹惟旅、牧[4]、相宣序民事。少采夕月[5],与太史、司载纠虔天刑[6]。日入监九御[7],使洁奉禘、郊之粢盛[8],而后即安。诸侯朝修天子之业命,昼考其国职,夕省其典刑,夜儆百工,使无慆淫,而后即安。卿大夫朝考其职,昼讲其庶政,夕序其业,夜庀其家事[9],而后即安。士朝而受业,昼而讲贯,夕而习复,夜而计过无憾,而后即安。自庶人以下,明而动,晦而休,无日以怠。王后亲织玄紞[10],公侯之夫人加之

自己,放纵自己就会忘记善良,忘记善良就会萌生邪恶之念。(住在)肥沃土地上的百姓不成才,这是由于放纵的缘故;(住在)瘠薄土地上的百姓没有一个不向往道义,这是由于劳苦的缘故。因此天子(在春分的早晨)穿着五彩的礼服祭祀日神,与三公、九卿了解熟悉大地生产万物的情况;中午处理政务,以及百官要做的事情,师尹、众士、州牧、国相,宣布政教使百姓有条不紊;秋暮时节要穿上三彩的衣服去祭月,并和太史、司载恭敬地观察天象的垂示;日落后就监视九御,让(她们)清洁并准备好禘祭、郊祭用的各种谷物和器皿,然后才安睡。诸侯们早上处理天子颁下的任务和命令,白天完成自己邦国的职责,傍晚检查施行法令的情况,晚上训诫属下百官,使他们不敢怠惰放荡,之后才睡觉。卿大夫们早上要考察他的职责,白天又要办理各种事情,傍晚要整理一天所做的事,夜里要料理他的家务,然后才能去睡觉。士人早上接受学业,白天讲习,傍晚复习,晚上反省自己有无过错,(要是)没有什么值得悔恨,然后才安睡。从庶人以下,天亮就劳动,天黑就休息,没有一天可以懈怠。王后亲自编织玄紞,公侯的夫人还要

---

1. 大采:黑色的冠冕及祭服。 朝日:天子每年春分祭祀日神的礼仪。
2. 三公:太师、太傅、太保,是中枢最高官员。 九卿:冢宰、司徒、司马、宗伯、司寇、司空、少师、少傅、少保,是行政各部长官。 祖识:熟识。 地德:这里指农业生产。古人认为大地生长万物,养育人民,这就是大地的功德。
3. 与:同"举",谋划。
4. 师尹:朝廷官长。 旅:朝中属官。 牧:地方官吏。
5. 少采:绣有黑白斧形纹饰的礼服。 夕月:天子每年秋分之夜祭祀月神的礼仪。
6. 太史:记事之官。 司载:主管天文之官。 纠虔:恭敬。 天刑:天象的垂示。
7. 九御:九嫔,内宫的各种女官。
8. 禘:天子祭祀祖先的大祭。 郊:天子在都城郊外祭祀天地的典礼。 粢盛:盛放于祭器中的谷物。
9. 家事:指采邑的事务。国是诸侯的封地,家是大夫的封地。
10. 玄紞:王冠两旁悬挂玉瑱的黑色丝绳。

以纮、綖[1]，卿之内子为大带[2]，命妇[3]成祭服，列士[4]之妻加之以朝服，自庶士以下，皆衣其夫。社[5]而赋事，烝[6]而献功；男女效绩，愆则有辟，古之制也。君子劳心，小人劳力，先王之训也。自上以下，谁敢淫心舍力？

加上纮和綖，卿的妻子编织大带，大夫的妻子做祭服，列士的妻子还要加上做朝服，从庶士以下，（妻子）都要为自己的丈夫做衣服。春祭时安排农活，冬祭时献上收成，男女都展示自己的劳动成果，有过失就要受到处罚，这是上古传下来的制度。君子操劳心力，小人操劳体力，这是先王的训导。从上到下，谁敢放荡心智、放弃劳作？

"今我寡也，尔又在下位，朝夕处事，犹恐忘先人之业，况有怠惰，其何以避辟？吾冀而朝夕修我曰：'必无废先人。'尔今曰：'胡不自安？'以是承君之官，余惧穆伯[7]之绝祀也。"

"现在我是寡妇，你又处于下大夫的职位，早晚做事，还怕忘记祖先的业绩。况且有怠惰之心，将用什么避免惩处呢？我希望你能早晚勉励自己说：'一定不要废弃祖上的业绩。'你现在却说：'为什么不让自己安逸？'凭这种态度来担任国君的官职，我怕（你亡父）穆伯祭祀会断绝啊。"

仲尼[8]闻之曰："弟子志之，季氏之妇不淫[9]矣。"

孔子听到这件事，说："弟子们记住，季氏的（这位）妇人的确是能勤劳（而不图安逸）的啊！"

---

1. 纮：固定冠冕的带子。綖：覆于冠冕上的黑色织物。
2. 内子：卿的正妻。大带：祭服的束腰带。
3. 命妇：大夫之妻。
4. 列士：元士、中士、庶士的总称。士是介于大夫和庶民之间的社会阶层。
5. 社：春社，在春分时祭祀土地神。
6. 烝：冬祭。
7. 穆伯：公父文伯的父亲。
8. 仲尼：孔子。孔子名丘，字仲尼。
9. 淫：这里是"贪图安逸"的意思。

赏　析

　　公父文伯回家就看望母亲，看到母亲辛苦，既难过又惶恐。儿子的孝顺与体贴，反而让敬姜心生忧虑。她抓住儿子提出的"劳"这个话题生发议论，由"小人劳力"说到"君子劳心"。虽然后者是论述意图所在，但前者是先导，后者是推论与总结，没有前者，后者就是无本之木，没有说服力。以"逸""安""怠"作反衬，指出优秀品质的造就机制与"劳"的必要性。敬姜教子不仅凭抽象的立论与说教，而且善于以事为证，在上面正反两方面对比议论后，用"是故"水到渠成地带出前代天子、诸侯、王后、卿大夫乃至庶人、民妇的劳作和礼法，用充分的具体事例证明道理。最后谆谆教诲儿子要加强自我修养，不负先人和职责。敬姜的议论长而不冗，多而不杂，以小见大，见识宏阔，议论通透，内容翔实，布局严整，脉络紧密，条陈畅达，逻辑严密。

叔向贺贫

《国语·晋语八》

【题 解】

叔向和韩宣子是朋友，叔向看到韩宣子为自己不如其他卿大夫有钱而发愁，就故意向他道贺，并由此说出一番道理来。叔向说的是"贫"，其实是在说"德"，劝慰韩宣子要为贫穷能免灾而高兴，其实是提醒他要专注德行。他的话里还隐含着人该如何看待自己，如何定位自己的意思。

叔向见韩宣子[1]，宣子忧贫，叔向贺之。

宣子曰："吾有卿之名，而无其实，无以从二三子[2]，吾是以忧，子贺我何故？"

对曰："昔栾武子无一卒之田[3]，其宫不备其宗器[4]，宣其德行，顺其宪则，使越于诸侯，诸侯亲之，戎、狄怀之，以正晋国，行刑不疚，以免于难[5]。及桓子[6]，骄泰奢侈，贪欲无艺，

叔向去见韩宣子，宣子正为自己贫困而忧虑，叔向向他祝贺。

宣子说："我有正卿的虚名，却没有它的财产，无法与卿大夫们交际往来，我因此忧虑，您为什么向我道贺？"

（叔向）回答说："从前栾武子没有百顷的食邑，他的居室连祭器都不齐全；他发扬德行，遵循法度，使（名声）传到诸侯各国，诸侯亲近他，戎、狄等少数民族归附他，从而使晋国得到安定，他遵循法度没有差错，因而免于祸难。到了桓子，骄纵奢侈，贪得无

---

1. 叔向：羊舌肸（xī），字叔向，在晋悼公、平公、昭公三朝为官。当时担任太傅。 韩宣子：韩起，晋平公十七年（公元前 541 年）起任正卿，宣子是他的谥号。本文多以谥号称呼人。
2. 二三子：指同朝的卿大夫。
3. 栾武子：栾书，晋厉公、悼公两朝正卿。 一卒之田：一百顷田，是上大夫的俸禄。上卿的俸禄应为一旅之地，就是五百顷田。古代军队编制，一百人为卒，五百人为旅。
4. 宫：居室。先秦时住宅皆称宫室，至秦汉后才专指帝王住宅。 宗器：祭祀用的礼器。
5. 以免于难：因此避免了祸患。晋厉公时外戚与大夫不和，外戚胥童曾拘禁栾书胁迫厉公处死，但厉公最后还是释放了栾书。后来栾书杀厉公立悼公，按法律有弑君之罪，悼公没有追究，所以说"免于难"。
6. 桓子：栾黡（yǎn），栾书之子，悼公时先担任公族大夫，后担任下军帅。

略则行志，假货¹居贿，宜及于难²，而赖武之德，以没其身³。及怀子⁴，改桓之行，而修武之德，可以免于难，而离桓之罪⁵，以亡于楚。夫郤昭子⁶，其富半公室，其家半三军⁷，恃其富宠，以泰于国，其身尸于朝，其宗灭于绛⁸。不然，夫八郤⁹——五大夫三卿，其宠大矣，一朝而灭，莫之哀也，惟无德也。

"今吾子¹⁰有栾武子之贫，吾以为能其德矣，是以贺。若不忧德之不建，而患货之不足，将吊¹¹不暇，何贺之有？"

厌，忽视法纪，为所欲为，任意行事，把财货借给人家从中取利，本应当碰上祸难，只是依赖栾武子的功德，才得以善终。到了怀子，改变桓子的行为，而继承武子的美德，本可以凭此免于祸难，只是因为受到父亲桓子恶行的连累，以致逃亡到楚国。那郤昭子，他的财产抵得上晋国公室的一半，他的家臣有三军的一半。他倚仗自己的财富与深得君宠，在晋国骄慢霸道，他自身在朝堂上陈尸示众，他的宗族也在绛都灭绝。若不是这样，那姓郤的八个人——五人做大夫，三人任公卿，他们所受的君宠够深隆了，一朝被灭，没有人同情他们，只是因为没有德行啊。

"如今你有栾武子的贫困，我认为您能够奉行他的道德了，因此祝贺。如果不忧虑德行未曾建树，却只担忧财产不足，那我表示哀悼还来不及，又有什么祝贺可言呢？"

---

1. 假货：借贷取利。"货"字在《国语》中作"贷"。
2. 宜及于难：栾黡当时与范氏家族结怨颇深，后来晋悼公逐范鞅于秦，栾黡幸未落败，所以说"宜及于难"。
3. 没其身：度过一生，意思是得到善终。
4. 怀子：栾盈，栾黡之子。在平公时任下军佐。晋平公六年（公元前552年）因他母亲诬陷他谋反，被驱逐到楚国。三年后起兵回国，失败，栾盈被刺杀，栾氏灭族。
5. 离桓之罪：《左传·襄公十四年》载范鞅在秦国预言栾氏将最先灭族，说："栾黡汰虐已甚，犹可以免，其在盈乎！……盈之善未能及人，武子所施没矣，而黡之怨实彰，将于是乎在。"可见，这是当时人的普遍看法。离，同"罹"，遭受、遭遇。
6. 郤昭子：郤至，晋厉公时任新军佐。公元前574年因居功自傲，被晋厉公胁迫而自杀，家族被灭。
7. 家：卿大夫的食邑。春秋时食邑有私兵，并征兵赋。　三军：晋国的军事编制。晋文公重耳开始实行上军、中军、下军的编制，后又增设新军，习惯上仍称三军。每军万人。这句意思是说郤家子弟在三军将佐中占了半数。
8. 绛：晋国国都，今山西翼城东南。
9. 八郤：指郤氏家族八个人，五个做大夫，三个做卿。
10. 吾子：二人谈话时对对方的敬称。
11. 吊：吊丧。

宣子拜稽首¹焉，曰："起也将亡，赖子存之。非起也敢专承之，其自桓叔²以下嘉吾子之赐。"

宣子拜谢，叩头至地，说："我韩起将要灭亡了，全靠你（的开导）使我得以保存。这不是我一个人承受你的恩惠，恐怕从我祖宗桓叔以下（的世世代代），都要感戴你的恩赐。"

---

1. 稽首：古代的一种跪拜礼，叩头至地。
2. 桓叔：姬成师，人称曲沃桓叔，晋穆侯之子。他将韩地封给小儿子万，称韩万，后世以地为姓。所以，韩起尊桓叔为韩氏的祖先。

赏　析

　　韩宣子忧贫，所以叔向开口就贺"贫"，这是逆向思维，引发听者的关注和兴趣。随后举栾氏和郤氏为例，是与韩宣子高度相似，熟悉切近，可比性强。四个例子抓住"贫"和"德"两个要素，说明"贫"不重要，"德"重要，"德"能免祸，"富"会惹祸。所举具体事例中，"贫""德"和兴衰并不一一对应，但由于符合事实规律和一般认知，通过陈述和分析，揭示"贫""德"和兴衰的必然联系，能让人接受。叙述郤子时，"富半公室，家半三军"与"一卒一田"形成鲜明对比。语句整齐、短促有力，如"一朝而灭，莫之哀也"四字一顿，语气最为凄凉。最后回到韩宣子自身，由远及近，水到渠成。虽由"贫"开启话题，其实要点在"德"，最终落脚点在"不忧贫"。整段话阐述事理，主旨鲜明，层次清楚，论证具体，有说服力。

王孙圉论楚宝

《国语·楚语下》

【题 解】

春秋时期，晋、楚是争霸的两个大国，常有冲突，在外交场合也是如此。楚国大夫王孙圉出使晋国，晋国的赵简子在招待宴会上炫耀佩玉叮当作响，假意询问楚国白珩的价格，企图借机侮辱楚国，王孙圉机智从容地回击了对方，保持了本国的尊严。什么是最宝贵的东西，不同的人有不同的看法。王孙圉对楚国宝贝的评论，很有启发性。

王孙圉聘¹于晋，定公飨²之。赵简子鸣玉以相³，问于王孙圉曰："楚之白珩⁴犹在乎？"对曰："然。"简子曰："其为宝也，几何矣？"

曰："未尝为宝。楚之所宝者，曰观射父⁵，能作训辞⁶，以行事⁷于诸侯，使无以寡君为口实⁸。又有左史倚相⁹，能道训典¹⁰，以叙百物¹¹，以

王孙圉前往晋国访问，定公设宴招待他，赵简子鸣响玉佩来主持宴礼，向王孙圉问道："楚国的白珩还在吗？"回答说："是的。"简子问："它作为珍宝能值多少钱？"

（王孙圉）说："不曾当作宝贝。楚国视为宝贝的，叫作观射父，能作外交辞令，以使者的身份出使其他国家，使诸侯无法拿我们国君作为话柄。又有左史名叫倚相，能说出先王的遗训和各种典章制度，用来有次序地

---

1. 王孙圉：楚大夫。 聘：聘问，诸侯国间互相访问。
2. 定公：晋定公姬午，公元前511年至公元前476年在位。 飨：用酒食招待客人。
3. 赵简子：赵鞅，晋国正卿。 相：辅佐。这里是"相礼"的意思，辅佐国君执行礼仪。
4. 珩：玉佩上部的玉架。
5. 观射父：楚国大夫。
6. 训辞：教导之言。这里指外交辞令。
7. 行：行人，使者。 事：从事，做事。
8. 口实：话柄。
9. 左史：官名。周代史官分左史、右史，左史记言，右史记事。 倚相：楚国史官。
10. 训典：记录古代圣哲教诲的典籍。
11. 物：事。

朝夕献善败于寡君，使寡君无忘先
王之业；又能上下说[1]乎鬼神，顺道[2]
其欲恶，使神无有怨痛[3]于楚国。又
有薮曰云连徒洲[4]，金、木、竹、箭之
所生也，龟、珠、角、齿、皮、革、羽、
毛，所以备赋[5]，以戒不虞[6]者也。所
以共币帛[7]，以宾享于诸侯者也。若
诸侯之好币具，而导之以训辞，有
不虞之备，而皇神相之；寡君其可
以免罪于诸侯，而国民保焉。此楚
国之宝也。若夫白珩，先王之玩也，
何宝焉？

"圉闻国之宝，六而已：圣能制
议百物，以辅相国家，则宝之；玉足
以庇荫嘉谷，使无水旱之灾，则宝
之；龟足以宪臧否[8]，则宝之；珠足
以御火灾，则宝之；金足以御兵乱，

处理事务，在早晚把善恶说给我们君主听，使国君不忘先王的业绩；他又能取悦于天上地下的鬼神，顺应它们的好恶，使神灵对楚国没有怨恨。又有大泽叫云梦，连接徒洲，是金、木、竹、箭、龟、珠、角、齿、皮、革、羽、毛等出产的地方，是用来提供军用物资，来防范意外事件的，（也是）用来作为礼物供招待和馈赠诸侯之用。如果诸侯喜爱我们的礼品，再用好的辞令来开导他们，（即使）有意料之外的事情发生，而且神明佑助，我们国君恐怕可以在诸侯那儿免受责罚，国家和百姓也得以保全了。这些才是楚国的宝贝。至于白珩，是先王的玩物，怎么会把它作为宝贝呢？

"我听说国家的珍宝不过六种而已：明白事理，能讨论各种大事来辅弼治理国家的人，就把他作为珍宝；祭祀的玉足够用来保佑庄稼好好生长，使庄稼不受水旱灾害，就把它作为珍宝；龟甲足够用来表明吉凶，就把它作为珍宝；珍珠足够用来防御火灾，就把它作为珍宝；金属制成的武器足够用来抗

---

1. 上下：指天地。 说：同"悦"，高兴。
2. 顺道：顺应。道，同"导"。
3. 怨痛：怨恨，"怨""痛"是同义连用。
4. 薮：长水草的沼泽地。 云连徒洲：就是云梦泽，今湖北监利北。
5. 赋：兵赋。这里指军用物资。
6. 不虞：没有预料，这里指"意外的灾难"。虞，预料。
7. 共：同"供"。币帛：古人用来赠送的礼品。玉、马、皮、圭、璧、帛等物，古时都可以成为"币"。
8. 宪臧否：判定是非。宪，判定。臧否，善恶，吉凶。

则宝之；山林薮泽足以备财用，则宝之。若夫哗嚣之美，楚虽蛮夷[1]，不能宝也。"

御战乱，就把它作为珍宝；山林湖泽足以提供财物器用，就把它作为珍宝。至于能发出喧响的美玉，楚国虽然是蛮夷之邦，也不能把它当作珍宝啊！"

1. 蛮夷：周朝对中原以外南、东地区居民的蔑称。

赏　析

　　面对赵简子不怀好意的询问，王孙圉以"未尝为宝"一句，从根本上取消了"为宝几何"问题的作答必要。然后分别提出观射父、左史倚相和云连徒洲三者由于能力和出产有益于国君国民，是楚国之宝。几句话或照应或铺陈，富有气势。在此基础上，回过来说"若夫白珩，先王之玩也，何宝焉"，意思说得更加确定，又在不经意间流露出轻蔑之意。然后意犹未尽，进一步泛论"国宝"。"圉闻国之宝，六而已"，说得极为自信，富有气势，概括论"宝"，在意思上推开一层，使对"宝"的认识提升到理性层面，与上文所论述相映照，使前后贯串一致。四个排比一气呵成，气势逼人。最后以"若夫哗嚣之美，楚虽蛮夷，不能宝也"，语气谦和，但鄙夷之意明显。王孙圉以不答为答，却又针锋相对，避实就虚，以对"宝"的认识相对照，立现高下。语言从容平和，既符合外交场合的礼仪，又自然地打压了对方的气焰。

真知灼见

子产论政宽猛

《左传·昭公二十年》

【题解】

宽政和猛政是治国的两种策略。子产临终前传授治国之道，强调了宽政虽好，但要慎用。太叔没有遵从，结果引发了社会动乱，改变策略后才恢复安定。孔子根据两个人的治国方略，提出了"宽猛相济"的主张，并高度赞颂了子产。他们对于宽猛的辩证认识和实践，具有深远的启发意义。

郑子产有疾，谓子大叔[1]曰："我死，子必为政。唯有德者能以宽服[2]民，其次莫如猛。夫火烈，民望而畏之，故鲜[3]死焉；水懦弱，民狎而玩[4]之，则多死焉。故宽难。"疾数月而卒。

大叔为政，不忍猛而宽。郑国多盗，取人于萑苻之泽[5]。大叔悔

郑子产有病，对子太叔说："我死后，你一定会担任执政。只有有德行的人能够用宽大的政策使人民服从，其次就没有比得上严厉政策的了。火猛烈，人民看到就害怕它，所以很少有死于火的；水柔弱，人民轻慢地玩弄它，所以很多人死于水，因此施行宽和的政策难。"（子产）病了几个月就去世了。

太叔任执政，不忍心行猛政而行宽政。郑国盗贼很多，在萑苻泽中劫取行人的财物。太叔后悔了，说："我早听从子产的话，也不至

1. 子大叔：游吉，郑国大夫。郑简公、郑定公时为卿，后继子产执政。大，同"太"。
2. 服：使动用法，使……服从。
3. 鲜：少。
4. 狎：轻慢。 玩：忽略。
5. 取：同"聚"，聚集。 萑苻之泽：沼泽湖泊的名，葭苇丛生便于藏身，成为郑国盗贼集聚的地方。

之，曰："吾早从夫子[1]，不及此。"
兴徒兵[2]以攻萑苻之盗，尽杀之，盗
少止。

仲尼曰："善哉！政宽则民慢[3]，
慢则纠之以猛。猛则民残，残则施
之以宽。宽以济[4]猛，猛以济宽，政
是以和。《诗》曰，'民亦劳止，汔
可小康；惠此中国，以绥四方[5]'，施
之以宽也。'毋从诡随，以谨无良；
式遏寇虐，惨不畏明[6]'，纠之以猛
也。'柔远能迩，以定我王[7]'，平之
以和也。又曰，'不竞不絿，不刚不
柔，布政优优，百禄是遒[8]'，和之至
也。"及子产卒，仲尼闻之，出涕曰：
"古之遗爱也。"

于弄到这个地步。"发动步兵来攻打萑苻的
盗贼，把他们全杀了，盗贼稍微平息。

孔子说："好啊！施政宽大百姓就轻
慢，轻慢了就用猛政来纠正。施政太猛了百
姓就会遭受残害，遭受了残害就再施行宽
政。宽用来调剂猛，猛用来调剂宽，政事因此
平和。《诗》说：'人民也太劳苦了，大概可
以（让他们得到）稍许安宁；赐恩给中原各
国，以此安定四方'，这是说施行宽政。'不
要放纵心术不正的人，用来约束不良之徒；
制止侵夺与暴虐，他们竟不怕法度'，这是说
用猛政来纠正偏差。'怀柔边远能（安抚）
近地，用来安定我君王'，这是说宽猛相济能
使国家安定和谐啊。又说，'不过强也不过
急，不太刚也不太柔。施政宽和，各种福禄聚
集在这里'，这是说和谐到了极点。"等到子
产死后，孔子听到这个消息，流着眼泪说：
"（子产）是古时能够给百姓留下恩惠的那
种人啊。"

---

1. 夫子：敬称，指子产。
2. 徒兵：步兵。
3. 慢：怠慢。
4. 济：停止，引申为调节。
5. 民亦劳止……以绥四方：这四句出自《诗经·大雅·民劳》。汔，副词，表示将近。
6. 毋从诡随……惨不畏明：欺诈叫诡，善变叫随，这里指欺诈善变之人。从，同"纵"，放纵。谨，约束。无良，就是无良之人，恶人。式，句首助词。惨，助词，曾，从来。明，明文规定的法律。
7. 柔远能迩，以定我王：平等地对待远方，温柔地对待近处，以使我王安定。柔，安抚。能，亲善。
8. 不竞不絿……百禄是遒：出自《诗经·商颂·长发》。絿，急。优优，温和宽厚的样子。遒，聚集。

赏 析

子产说"唯有德者能以宽服民",意思是"宽"是理想,一般人不能理想化,不能以宽治国。并用水火比喻"宽"和"猛"的利弊,揭示事物不为人察觉的关联,富有辩证的智慧。太叔治国先宽后猛,从正反两个方面佐证了子产的正确。以上是侧重展示"猛"的必要性。孔子则总结历史经验,根据更高目标——"政和",提出"宽猛相济"的完整主张。这不是对前人的否定,而是提升,使认识更加全面,措施更加有效,并连续引用诗句加以说明。语句工整、精练、对称、和谐,具有形式美,跟论述思路的特点一致,内容形式高度统一。两个人的事可以看作提出观点和证明观点,而孔子的话则可以看作综合分析后得出的结论。

子产论尹何为邑

《左传·襄公三十一年》

【题 解】

郑国执政大夫子皮打算委任自己喜爱的人尹何做自己封邑的长官，子产对此提出不同意见。子产对子皮的询问做到了知无不言，言无不尽。他对用人、培养人的卓越见解，在今天仍有很高的参考价值。子皮听后从善如流，并要把国政委托给子产。子皮虚怀若谷、主动让贤的高尚品格，也值得今天的人学习借鉴。

子皮欲使尹何为邑[1]。子产曰："少（shào），未知可否。"子皮曰："愿[2]，吾爱之，不吾叛也[3]。使夫（fú）往而学焉，夫亦愈知治矣。"子产曰："不可。人之爱人，求利之[4]也。今吾子爱人则以政，犹未能操刀而使割也，伤实多。子之爱人，伤之而已，其谁敢求爱于子？子于郑国，栋也。栋折榱（cuī）[5]崩，侨将厌（yā）[6]焉，敢不尽言？子有美锦[7]，不使人学制焉。大官、大

子皮想派尹何做自己封邑的长官。子产说："年纪轻，不知道行不行。"子皮说："（他）忠厚老实，我喜爱他，（他）是不会背叛我的。让他到那里学习治理，他也就更加懂得治理（政事）了。"子产说："不行。一个人喜爱另一个人，总希望使他获利。现在您爱一个人，却让他管理政事，这如同让一个不知道怎样拿刀的人去割东西，他受到的伤害一定很多。您爱别人，只是伤害他罢了，谁还敢再向您求得喜欢呢？您对于郑国，好比是栋梁。栋梁折断了，椽子将崩毁，我也将会被压在底下，怎敢不（把这些话）全说出来？您有一匹漂亮的锦缎，一定不会随便让人用它学裁剪。大官、大邑，是您自身

---

1. 子皮：郑卿公孙舍之子，名罕虎，为郑上卿。尹何：子皮的家臣。为邑：治理封邑。
2. 愿：谨慎老实。
3. 不吾叛也：否定句宾语前置，"不叛吾"。
4. 利之：使之有利。
5. 榱：屋椽。
6. 厌：同"压"。
7. 锦：有彩色花纹的绸缎。

邑，身之所庇也，而使学者制焉，其为美锦不亦多[1]乎？侨闻学而后入政，未闻以政学者也。若果行此，必有所害。譬如田猎，射御贯[2]，则能获禽[3]，若未尝登车射御，则败绩厌覆是惧[4]，何暇思获？"子皮曰："善哉！虎不敏。吾闻君子务知大者、远者，小人务知小者、近者。我，小人也。衣服附在吾身，我知而慎之；大官、大邑，所以庇身也，我远而慢之。微子之言，吾不知也。他日我曰：'子为郑国，我为吾家，以庇焉，其[5]可也。'今而后知不足。自今请虽吾家，听子而行。"子产曰："人心之不同如其面焉，吾岂敢谓子面如吾面乎？抑[6]心所谓危，亦以告也。"子皮以为忠，故委政焉，子产是以能为郑国。

的依托庇护，您却让学习政事的人学着治理，难道不是替漂亮的锦缎设想得比大官大邑还要多吗？我听说过学习以后才去管理政事，没听说过把管理政事当作学习的。如果真的这样做，一定有危害。好比打猎，（只有）习惯于射箭、驾车，才能够获得禽兽，如果从未登过车、射过箭，那就只害怕车辆崩毁翻倒压坏自己，哪里还有时间去考虑猎获禽兽呢？"子皮说："说得好！我不明事理。我听说君子致力于了解大的、远的事情，小人致力于了解小的、近的事情。我是小人啊。衣服穿在我身上，我知道小心爱惜它；大官、大邑，是用来庇护自身的，我却疏远并且轻视它。没有您的这番话，我还不知道啊。以前我说：'您治理郑国，我治理我的家邑，用来庇护自己，这就可以了。'现在才知道这样是不够的。从现在起，我请求您允许，即使是我的家族事务，也听您的意见办理。"子产说："人心不相同，就像他的面孔一样，我怎敢说您的面孔和我的面孔一样呢？不过是心里觉得危险，就把它告诉您。"子皮认为（子产）是忠诚的人，所以把郑国的国政委托给他，子产因此能够治理郑国。

---

1. 多：很重要，重要得多。
2. 射御贯：熟悉射箭、驾车。贯，同"惯"，熟习，熟练。
3. 禽：同"擒"。
4. 败绩厌覆是惧：宾语前置，"惧败绩厌覆"，"是"是宾语前置标志，倒装是为了强调"败绩厌覆"。败绩，这里指车辆崩毁。厌覆，就是"压覆"，指乘车的人被崩坏的车辆倾覆碾压。
5. 其：难道。用于句首，表示反问。
6. 抑：不过，可是。

赏　析

　　这是两位古代政治家的对话，两个人的性格与风度都在自己的话语中展现了出来。子产开始说"少，未知可否"，侧面委婉地表示了反对。子产的观点是"学而后入政，未闻以政学者也"，但话是层层展开的。先从子皮的意图出发，指出这样会事与愿违。而与"使夫往而学焉，夫亦愈知治矣"的观念不同，子产在议论中穿插了一连串比喻，如"未能操刀而使割""子有美锦，不使人学制"等，每个句法都不同，和上下句意融合，不显突兀，这些"层譬叠喻，珠玑错落"，又使文势起伏变化，抽象空洞的理念被转化为具体充实的形象。子产的劝谏是发自内心爱护子皮的，诚恳磊落，公正无私，因此恭谦得体，措辞得当。子皮说"善哉！虎不敏""微子之言，吾不知也"，展现了子皮敢于检讨自己、真正虚心接受建议的可贵品质。

子鱼论战

《左传·僖公二十二年》

【题 解】

宋襄公与楚成王争做霸主。宋襄公攻打亲楚的郑国，楚军为救郑国攻击宋军。大司马子鱼多次提出建议，均被宋襄公拒绝，最后宋国兵败。事后，宋襄公拿君子风范作为理由为自己辩护，大司马子鱼给予了全面的驳斥。

楚人伐宋以救郑。宋公[1]将战，大司马固[2]谏曰："天之弃商[3]久矣，君将兴之，弗可赦也已。"弗听。

及楚人战于泓[4]。宋人既成列[5]，楚人未既济[6]。司马曰："彼众我寡，及其未既济也，请击之。"公曰："不可。"既济而未成列，又以告。公曰："未可。"既陈[7]而后击之，宋师败绩。公伤股，门官[8]歼焉。

楚国人攻打宋国来救援郑国。宋襄公准备应战，大司马公孙固劝阻说："上天抛弃商朝很久了，您打算复兴它，（这）是不可饶恕的。"（宋襄公）不听。

等到和楚国人在泓水交战。宋国军队已经排成队列，楚国人还没有完成渡河。司马说："他们人多，我们人少，趁他们没有完成渡河，请下令攻击他们。"宋襄公说："不行。"（楚军）已经渡过了河，但还没有摆好战斗阵势，（司马）又把（这情况）报告（宋襄公）。宋襄公说："不行。"（楚军）已经排好阵势，（宋军）才进攻它，宋军大败。宋襄公伤了大腿，左右护卫全被歼灭。

---

1. 宋公：指宋襄公。鲁僖公二十二年（公元前 638 年）夏，宋与楚争霸，出兵攻打楚的属国郑，楚国为了救郑，出兵伐宋。
2. 大司马固：公孙固，字子鱼，宋襄公的庶兄。大司马，掌管军政的官员，当时公孙固担任此职。
3. 天之弃商：上天不肯降福给商。宋国为商微子的后代，其地为商旧都及周围地区。因宋是商的后代，商已被周所灭，故有此言。
4. 泓：泓水，旧河道在今河南柘（zhè）城西北，是古渔水的支流。
5. 成列：排成队列。
6. 未既济：还没完全渡过河。济，渡河。
7. 陈：同"阵"，动词，列阵，摆好阵势。
8. 门官：守卫宫门的官，战时在国君左右护卫，是国君的亲军卫队。

国人皆咎公。公曰："君子不 重
伤[1]，不禽二毛[2]。古之为军也，不以
阻隘也。寡人虽亡国之余，不鼓[3]不
成列。"

子鱼曰："君未知战。勍[4]敌之
人，隘而不列，天赞我也。阻而鼓
之，不亦可乎？犹有惧焉。且今之
勍者，皆吾敌也。虽及胡耇[5]，获则
取之[6]，何有于二毛？明耻[7]、教战，
求杀敌也。伤未及死，如何勿重？
若爱[8]重伤，则如勿伤；爱其二毛，
则如服焉。三军以利用[9]也，金鼓以
声气[10]也。利而用之，阻隘可也；声
盛致志[11]，鼓儳[12]可也。"

宋国人都埋怨宋襄公。宋襄公说："君
子不会再伤害已经受伤的人，不捉拿头发斑
白的老人。古人作战，不凭借险隘的地形。我
虽然是亡了国的商朝的后人，（也）不鸣鼓
进攻没有排成阵势的敌人。"

子鱼说："您不懂得作战。（遇到）强大
的敌人，遇到险阻而没有排列成战斗阵势，
这是上天在帮助我们啊。遇到险阻就击鼓进
攻他们，不也可以吗？（这样）还担心不能
取得胜利呢。况且现在强大的国家，都是我
们的敌人。虽然碰到老人，能俘获就抓回来，
还管什么头发斑白的敌人？明确耻辱、教导
作战，就是为了杀死敌人。那些受伤未死的
敌人，为什么不可以再把他们杀死？如果怜
悯（他们不忍）再次杀伤他们，那么还不如
不伤害他们；如果怜悯那些头发斑白的敌
人，那么还不如向他们屈服。军队凭借有利
的时机而行动，鸣金击鼓是用来鼓舞士气。
既然要抓住有利时机行动，当（敌人）遇
到险阻，（我们）可以（进攻）；金鼓的
声音盛大能增强士兵的战斗意志，击鼓进
攻不成阵势的敌人是可以的。"

---

1. 重伤：再次伤害已受伤的人。
2. 禽：同"擒"。二毛：头发有二色，就是头发花白的人，老人。
3. 不鼓：不战，不攻击。鼓，击鼓，号令进军攻击。
4. 勍：强大。
5. 胡耇：年纪很老的人。胡，颔下垂肉。耇，老年人面部的寿斑。
6. 获则取之：古代以割取敌人左耳来记军功。
7. 明耻：宣明失败误国是耻辱的道理。
8. 爱：怜悯。
9. 三军：诸侯大国设上、中、下三军，泛指军队。以利用：抓住有利时机采取行动。
10. 声气：以声音鼓励士气。
11. 致志：鼓起斗志。
12. 鼓儳：鸣鼓而进攻队伍混乱的敌人。儳，参差不齐，这里指队伍混乱的敌军。

赏　析

篇名"论战"，子鱼一开口就以"君未知战"定下议论的基调，以"天赞我"批驳"不以阻隘"，以"不亦可乎""犹有惧焉"表示"不鼓不成列"行不通，以"皆我敌也"批驳"不禽二毛"，用"明耻、教战"证明"求杀敌"是对的，再以"求杀敌也"批驳"不重伤"。然后连用两个反向假设，挖苦"不重伤""不禽二毛"的荒谬。最后以对"三军""金鼓"的基本认知，再次重申观点。一句一驳，始终扣住"不知战"三字。全文"可"字使用尤其出彩，子鱼先说"弗可"，宋襄公连说"不可""未可"。至子鱼论战，"不亦可乎"还是商量语气，经过连用三个反问，两个假设，一层一转，一步紧过一步，字字斩截，句句铿锵，如同短兵相接，转斗无前，酣畅淋漓，似把牢骚一吐为快，最后两个"可也"，又放缓语气收住全篇，仿佛余波荡漾。宋襄公事后拿君子行径作为借口，为自己辩护，更暴露了自己的愚蠢。

名师精讲

古文观止
120篇

杜韦滨 倪银环 编译

全两册 / 下册

中国华侨出版社
·北京·

目 录

思想的力量 **思辨性表达**

草野小事

捕蛇者说

柳宗元

【题 解】

本文是柳宗元被贬到永州以后写的。文中记叙了三代以捕蛇为业的蒋氏一家及其乡邻的悲惨遭遇,揭露唐代中期赋税、徭役的沉重,朝廷和官府的超经济掠夺,农村破产,农民生活极端困苦,指出赋敛之毒,甚于毒蛇猛兽,有力地控诉了封建统治者残酷剥削和迫害人民的罪行,表达了对劳动人民的深切同情。

永州之野产异蛇,黑质而白章,触草木尽死,以啮人,无御之者。然得而腊之以为饵[1],可以已[2]大风、挛踠、瘘、疠[3],去死肌,杀三虫[4]。其始,太医以王命聚之,岁赋[5]其二,募有能捕之者,当其租入,永之人争奔走焉[6]。

有蒋氏者,专其利三世矣。问之,则曰:"吾祖死于是,吾父死于

永州的郊野出产一种奇异的蛇,底子是黑色的,花纹是白色的。(它)触碰到草木,草木全都枯死,(它去)咬人,也没有谁能够抵御它。但是捕到它晾干做成药饵,可以用来治好麻风、手脚弯曲、颈部脓肿、毒疮,去除坏死的肌肉,杀死人体内的各种寄生虫。起初,太医奉皇帝的命令征集这种蛇,每年征收两次,招募能够捕捉这种蛇的人,(用蛇)抵他应缴的租税,(于是)永州的人都争着去捕蛇。

有个姓蒋的人,独自享有捕蛇免租税的好处已经三代了。(我)问他,(他)便说:"我祖父死在(捕蛇)这件事上,我父亲

---

1. 腊:干肉,这里作动词用,指把蛇肉晾干。 饵:糕饼,这里指药饵,即药引子。
2. 已:止,治愈。
3. 挛踠:四肢弯曲不能伸展。 瘘:颈部脓肿。 疠:毒疮。
4. 三虫:指人体内的寄生虫。古代道家把人的脑、胸、腹称为"三尸",虫入三尸,就会生病。
5. 赋:征收,敛取。
6. 焉:兼词,于之,在捕蛇这件事上。也可理解为语气词兼代词。

是，今吾嗣为之十二年，几死者数(shuò)矣。"言之，貌若甚戚者。

余悲之，且曰："若毒之乎？余将告于莅事者[1]，更若役，复若赋，则何如？"蒋氏大戚，汪然出涕曰："君将哀而生[2]之乎？则吾斯役之不幸，未若复吾赋不幸之甚也。向吾不为斯役，则久已病[3]矣。自吾氏三世居是乡，积于今六十岁矣，而乡邻之生日蹙(cù)[4]，殚(dān)其地之出，竭其庐之入，号呼而转徙，饥渴而顿踣(bó)[5]，触风雨，犯寒暑，呼嘘毒疠，往往而死者相藉也。曩(nǎng)[6]与吾祖居者，今其室十无一焉；与吾父居者，今其室十无二三焉；与吾居十二年者，今其室十无四五焉。非死则徙尔，而吾以捕蛇独存。悍吏之来吾乡，叫嚣(xiāo)乎东西，隳(huī)突乎南北，哗然而

死在（捕蛇）这件事上，如今我继承干这件差事十二年，有好几次差点儿送命。"他说着这番话时，脸上好像很悲伤的样子。

我很同情他，并且说："你憎恨捕蛇这件差事吗？我打算告诉主管政事的地方官，更换你的差事，恢复你的赋税，那怎么样？"姓蒋的更加伤心，眼泪汪汪地说："你是可怜我想让我活下去吗？那么我这件差事的不幸，还比不上恢复我的赋税的不幸那样厉害呢。假使当初我不做这捕蛇的差事，那早就困苦不堪了。从我家三代住在这个村里，累计到今天有六十年了，可是乡邻们的生活一天比一天窘迫艰难，（他们把）自己土地上生产的东西，家里所有的收入（都拿去缴了租税），哭喊着辗转迁徙，饥饿劳累得倒在地上，顶着风雨，冒着严寒酷暑，呼吸着毒气，常常死掉的人一个压着一个。从前和我祖父住在这里的人家，现在十家中不到一家了；和我父亲住在这里的人家，现在十家中不到两三家了；和我一起住了十二年的人家，现在十家中不到四五家了。不是死了，就是搬走了，而我凭着捕蛇独自活了下来。凶狠的差役来我们乡里时，到处狂喊乱叫，到处骚扰毁坏，吓得人们惊慌呼叫，连鸡狗都不得

---

1. 莅事者：负责的人。
2. 生：使……活下去，使动用法。
3. 病：困苦不堪。
4. 蹙：窘迫。
5. 顿踣：困顿倒毙。
6. 曩：从前，当初。

骇者，虽鸡狗不得宁焉。吾恂恂[1]而起，视其缶，而吾蛇尚存，则弛然而卧。谨食之，时[2]而献焉。退而甘食其土之有[3]，以尽吾齿。盖一岁之犯死者二焉，其余则熙熙而乐，岂若吾乡邻之旦旦有是哉！今虽死乎此，比吾乡邻之死则已后矣，又安敢毒邪？"

余闻而愈悲。孔子曰："苛政猛于虎也。"吾尝疑乎是，今以蒋氏观之，犹信。呜呼！孰知赋敛之毒，有甚是蛇者乎！故为之说，以俟夫观人风[4]者得焉。

安宁。我小心翼翼地起来，看看那个装蛇的瓦罐，捕的蛇还在里面，就放心地又躺下了。我小心地饲养它，到规定缴纳的时间就献上去。回家来就有滋有味地吃着那田地里生产出来的东西，来安度天年。一年中冒生命危险的时候只有两次，其余的时间都生活得很快活，哪像我的乡邻们天天有这样（死亡的危险）呢！现在即使死在捕蛇这件事上，比起我乡邻的死，已经在后面了，又怎么敢怨恨呢？"

我听了心里更加悲伤。孔子说："严苛的暴政比老虎更凶猛啊。"我曾怀疑这句话，现在从蒋氏（的遭遇）来看，还是真实可信的。唉！谁知道苛捐杂税会比毒蛇更厉害呢！所以我写了这篇文章，等待那些考察民情风俗的官吏对此有所得。

---

1. 恂恂：小心谨慎的样子。
2. 时：到（规定献蛇的）时候。
3. 有：生产出来的东西。
4. 人风：即民风。唐代为了避李世民的讳，用"人"字代"民"字。

赏　析

　　叙述事实平淡、客观，内中波澜起伏。从"异蛇"说起，带出"王命聚之"，转入捕蛇当租，再由一个典型事例讲述其不幸，揭露主题的严肃性。中间一转，由"貌若甚戚者"变为"大戚""汪然出涕"，转入与乡邻比较，才露出主旨。再改以铺张扬厉的语言，极力描写催租的惨烈，以"又安敢毒邪？"轻轻作结。蛇与赋，时而对比，时而映照，颠来倒去，用笔变化，语意暴露无遗。最后以议论说出主题和写作意图。强烈的批判激情和客观的记录态度，深沉激越的政治情绪与冷静理智的行文方式结合在一起，其人其文，都可以说深邃！全文以他人叙述为主，自己简短评论为辅，只引孔子语作证，用"孰知"句点睛。抑扬起伏，婉转回旋，无限悲伤凄婉。"毒"字贯穿全篇，前后伏笔，"甚戚""大戚""余悲之""余闻而愈悲"，增一二字，呼应收束，立言巧妙、结构精致。

成　语

　　鸡犬不宁：形容搅扰得十分厉害，连鸡狗都不得安宁。

卖柑者言

刘 基

【题 解】

本文出自《郁离子》，作者通过卖柑者之口，以"金玉其外，败絮其中"的柑子为喻，对元末实际上已腐败透顶而表面上仍装得冠冕堂皇的上层统治者进行了辛辣的讽刺。"金玉其外，败絮其中"二句，已成为人们讽刺那些虚有其表的人或商品时所习用的语言，其中隐含有对外部表象的警惕，值得人们深思。

杭有卖果者，善藏柑，涉[1]寒暑不溃。出之烨然[2]，玉质而金色。剖其中，干若败絮。予怪而问之曰："若[3]所市于人者，将以实笾豆[4]，奉祭祀，供宾客乎？将衒外以惑愚瞽[5]乎？甚矣哉为欺也！"

卖者笑曰："吾业[6]是有年矣。吾赖是以食[7]吾躯。吾售之，人取之，未闻有言，而独不足子所乎？

杭州城有个卖水果的人，很会保存柑子，经过严冬酷暑都不烂不坏。拿出来还是光彩鲜明的样子，玉石一样滋润，黄金一样灿烂。可是把它剖开来，里面干枯得像破烂的棉絮。我感到奇怪，就责问他："你卖给别人的柑子，是准备让人装满盆盘，去供奉祭祀、接待宾客呢？还是要炫耀它的外表去蒙混傻子和瞎子呢？你骗人的手段也太过分啦！"

卖柑的人笑道："我从事这个行当有好多年了，我靠它来养活自己。我卖柑子，人家买它，从来没有听说有意见的，却偏偏不合你的心意吗？人世间弄虚作假的不算少呀，

---

1. 涉：经过，经历。
2. 烨然：光彩鲜明的样子。
3. 若：代词，你，你们。
4. 实：填满，装满。 笾豆：古代祭祀时盛祭品用的两种器具。竹制的叫作笾，用来盛果脯；木制的叫作豆，用来盛鱼肉。
5. 衒：同"炫"，炫耀，夸耀。 愚瞽：愚蠢的人和瞎子。瞽，瞎子。
6. 业：从事，以……为职业。
7. 食：这里有供养、养活的意思。

世之为欺者不寡矣，而独我也乎？吾子未之思也。今夫佩虎符[1]、坐皋比[2]者，洸洸乎干城之具[3]也，果能授孙、吴之略耶？峨大冠、拖长绅者，昂昂乎[4]庙堂之器也，果能建伊、皋[5]之业耶？盗起而不知御，民困而不知救，吏奸而不知禁，法斁[6]而不知理，坐縻[7]廪粟而不知耻。观其坐高堂，骑大马，醉醇醴而饫[8]肥鲜者，孰不巍巍乎可畏、赫赫乎可象[9]也？又何往而不金玉其外、败絮其中也哉！今子是之不察，而以察吾柑！"

予默默无以应。退而思其言，类东方生滑稽[10]之流。岂其忿世嫉邪者耶？而托于柑以讽耶？

难道只有我一人吗？只不过先生你没有想过这个问题。现在那些佩戴着兵符、坐虎皮椅子的人，耀武扬威真像是保卫国家的人才，他们果真能拿出孙武和吴起的韬略吗？那些头戴高高的官帽、腰上垂着长长的衣带的人，器宇轩昂真像是朝廷的重臣，他们果真能建立起伊尹和皋陶的功业吗？盗贼兴起，不知道怎样防御；百姓穷困，不知道怎样救济；官吏贪赃枉法，不知道怎样禁止；法度败坏，不知道怎样整顿，坐在那里白白地耗费国家的俸禄却不知道羞耻。看他们坐在高堂之上，骑着大马，醉饮美酒，饱食鱼肉的样子，哪一个不是威风凛凛、令人望而生畏，气势烜赫让人羡慕效法呢？可是，又有哪一个不是金玉般的外壳、破棉絮的内里呢？现在，你不究责这些，却来究责我的柑子！"

我沉默了，没有话回答他。回来再想想他这番话，觉得他像是东方朔一类滑稽机警的人物。难道他是愤世嫉俗的人吗？是借用柑子来讽刺世事吗？

---

1. 虎符：即虎形兵符，古代调兵的凭证。
2. 皋比：虎皮。这里指虎皮椅子。
3. 洸洸：威武的样子。 干城之具：捍卫国家的将才。干，盾牌，文中意为捍卫。干和城都用以防御。具，将才。
4. 昂昂乎：器宇轩昂的样子。
5. 伊、皋：伊尹和皋陶，被后世称作贤臣的代表。伊尹，商时贤臣，曾辅佐商汤伐灭夏桀。皋陶，相传是舜时贤臣。
6. 斁：败坏。
7. 坐：白白地。 縻：同"靡"，耗费。
8. 醇醴：味道醇厚的美酒。饫：饱食。
9. 赫赫：气势烜赫的样子。 象：模仿，效法。
10. 东方生：指东方朔。汉武帝时曾任太中大夫，性格诙谐，善于讽谏。 滑稽：诙谐多讽、能言善辩。

赏　析

　　第一段入手擒题，写杭州卖果者善藏柑生意好，接着笔锋陡转，一语道破柑外表和内囊对比强烈，引出责问。前两问已造成气势，咄咄逼人，运用倒装句式，语气更强，点出"欺"字，导出论辩。第二段写卖柑者的话。先说买卖各得其宜，彼此从无怨言。进而反问，以守为攻，一问紧接一问，旨在说明"为欺者不寡"，其实借题发挥，辛辣讽刺。暗将柑与为官者类比，几笔就勾勒出文恬武嬉的现状，最后以责问作结，咄咄逼人。第三段以真切感触作结，末句连续反问，点明题旨。全文借由问答议论，气度从容，见解深刻，问得新奇突兀，引人入胜，答有尖酸反诘，形象描绘，巧妙比喻。卖柑者的形象生动，"怪""笑"，揭示内心情感有作者的影子。语言上，议论妙语连珠，反问、排比整齐而又跌宕，夹杂语气词、否定词及连词，句句紧逼，层层深入，一气呵成，掷地有声。

成　语

　　金玉其外，败絮其中：外面像金像玉，里面却是破棉絮。比喻外表漂亮，内里破败。现在常用来形容某些华而不实，外表光鲜美丽而无修养内涵的人。金玉，比喻华美。败絮，烂棉花。

　　愤世疾邪：犹"愤世嫉俗"。激愤、痛恨世间邪恶的现象。

圬者王承福传

韩 愈

圬¹之为技，贱且劳者也。有业之²，其色若自得者。听其言，约而尽³。问之，王其姓，承福其名，世为京兆长安⁴农夫。天宝之乱，发人为兵，持弓矢十三年，有官勋⁵，弃之来归，丧其土田，手镘⁶衣食。余三十年，舍于市之主人，而归其屋食⁷之当焉。视时屋食之贵贱，而上下其圬之佣以偿之。有余，则以与道路之废疾饿者焉。

粉刷墙壁作为一项技艺，是卑贱而辛苦的。有个人以此为职业，他的神态好像自在满足。听他说的话，简要而透彻。问他，说是姓王，名字叫承福，世世代代是京兆长安县的农夫。天宝年间发生安史之乱，（朝廷）征募百姓当兵。他手持弓箭从军十三年，得到了官家授给的勋级，（但他）放弃官职勋级回到了故乡，丧失了自己原来耕种的土地，（只得）拿起镘子来维持生计。此后三十多年，他住在雇主的家里，而交付主人适当的房租和伙食费。（他）参照当时房租和伙食费价格的涨落，来提高或降低粉刷墙壁的工价以偿付食宿费用。有了剩余的钱，就拿来施给道路上那些残废、患病和挨饿的人。

---

1. 圬：粉刷墙壁。
2. 业之：以此为职业。
3. 约而尽：简明透彻。约，简约，简明扼要。尽，详尽，这里可引申为透辟。
4. 京兆长安：京兆，原意是地方大而人口多的地方，指京城及其郊区。京，大。兆，众多。唐时长安属京兆府，故称京兆长安。
5. 官勋：官家授给的勋级。唐制有功劳者授以没有实职的官号，叫作勋官。勋官有十二级。
6. 镘：泥瓦匠所用的工具。
7. 屋食：房租和伙食费。

又曰：粟，稼而生者也；若布与帛，必蚕绩而后成者也；其他所以养生之具，皆待人力而后完也，吾皆赖之。然人不可遍为，宜乎各致其能以相生也。故君者，理¹我所以生者也，而百官者，承君之化者也。任有小大，惟其所能，若器皿焉。食焉而怠其事，必有天殃，故吾不敢一日舍镘以嬉。夫镘易能²，可力焉，又诚有功，取其直³，虽劳无愧，吾心安焉。夫力易强⁴而有功也，心难强而有智也；用力者使于人，用心者使人，亦其宜也。吾特⁵择其易为而无愧者取焉。嘻！吾操镘以入富贵之家有年矣。有一至者焉，又往过之，则为墟矣；有再至、三至者焉，而往过之，则为墟矣。问之其邻，或曰：噫！刑戮也。或曰：身既死而其子孙不能有也。或曰：死而

王承福还说：谷子，是靠耕种才能生长的；至于布和帛，必定要先养蚕、纺织而后才能制成；其他用来维持生计的东西，都要靠人力才能完成，我都依赖这些（生活）。然而，人不可能什么都做，应该每人贡献出自己的能力来相互供养。所以做君王的，是治理我们使我们能够生存下去的人，而文武百官，则是秉承君王（的旨意）来教化百姓的人。责任有大有小，只是各尽自己的能力（去做），就像各种食品容器那样。吃饱了饭却懈怠自己的本职工作，一定会有天降的灾祸，所以我一天也不敢放下镘子而去玩乐。用镘子粉刷墙壁是容易学会的技能，可以凭借力气去做，又确实有成效，能取得应有的报酬，虽然辛苦也不会感到惭愧，我也心安理得。气力是容易努力用劲并见到成效的，心智却难以勉强而获得聪明；靠力气干活儿的人受人差遣，用脑力做事的人差遣别人，这也是应该的。我只是选择容易做而又无愧于心的工作来获取钱财罢了。唉！我拿着镘子进入富贵人家（做工）有些年头了。有的人家我去过一次，再经过时就成为废墟了；有的人家去过两次、三次，后来再走过那里时，也（已经）成为废墟了。询问他们的邻居，有人说："唉！房主遭受刑罚被处死了。"有人说："房主已经死了，可他子孙后代保不住家产

1. 理：治。因唐高宗名治，唐人避讳，用"理"代"治"。
2. 易能：容易掌握的技能。
3. 直：同"值"，价值，这里指报酬。
4. 强：勉力、努力。
5. 特：只是。

归之官也。吾以是观之，非所谓食焉怠其事而得天殃者邪？非强(qiǎng)心以智而不足、不择其才之称[1]否而冒之者邪？非多行可愧、知其不可而强为之者邪？将[2]富贵难守、薄功而厚飨(xiǎng)[3]之者邪？抑丰悴[4]有时、一去一来而不可常者邪？吾之心悯(mǐn)焉，是故择其力之可能者行焉。乐富贵而悲贫贱，我岂(qǐ)异于人哉？

又曰：功大者，其所以自奉也博。妻与子，皆养于我者也，吾能薄而功小，不有之可也。又吾所谓劳力者，若立吾家而力不足，则心又劳也。一身而二任焉，虽圣者不可为也。

愈始闻而惑之，又从而思之，盖贤者也，盖所谓独善其身[5]者也。然吾有讥焉，谓其自为也过多，其为人也过少，其学杨朱[6]之道者邪？杨

啊。"有人说："主人死了以后家产充公了。"我从这种现象看出，这不正是那种吃饱了饭却懈怠自己本职工作而遭到了天降的灾祸吗？不正是勉强使自己心思变得乖巧偏又够不上，不按照自己才能是否合适去选择职业而盲目冒进的结果吗？不正是干了许多于心有愧之事，明知不行却硬要去做的结果吗？还是属于富贵难以长久保持，功劳浅薄却享受优厚的结果呢？抑或是属于富贵贫贱都有时运，有去有来不能长久保有的结果呢？我内心怜悯这些人，因此选择力所能及的工作去做。欢喜富贵而苦恼贫贱，我难道跟其他人有什么不同吗？

又说：功劳大的人，用来供养自己生活的钱财就多。妻子和儿女，都是要靠我来养活的，我的才能浅薄而功劳又小，没有妻子、儿女也是可以的。再说，我是个靠力气干活儿的人，如果成了家而赚钱的能力不足，那么又要多操心了。我一个人既要担负劳力又要付出心力，即使是圣人也做不到啊。

我（韩愈）刚听到他的话时感到很疑惑，又顺着他的思路想了想，觉得王承福真是贤人啊，他大概就是古人所说的独善其身的人吧。不过我对他还是有些批评意见的，我感觉他为自己考虑过多，为别人考虑太少，大概是学习杨朱之道的人吧？杨朱的学

---

1. 称：适合。
2. 将：还是。
3. 飨：同"享"。
4. 抑：表示选择，或者，还是。丰悴：丰富和衰弱。
5. 独善其身：指修身养性，保全己身，不管世事。《孟子·尽心上》："穷则独善其身，达则兼济天下。"
6. 杨朱：战国时人，成语"一毛不拔"说的就是他。

之道，不肯拔我一毛而利天下。而夫人以有家为劳心，不肯一动其心以畜（xù）其妻子，其肯劳其心以为人乎哉！虽然，其贤于世之患不得之而患失之者，以济其生之欲、贪邪而亡[1]（wú）道、以丧其身者，其亦远矣！又其言有可以警余者，故余为之传（zhuàn），而自鉴（jiàn）焉。

说，是不肯拔下自己的一根毫毛去为天下谋利益。而王承福把成家当作耗费心力的事，不肯开动脑筋来抚养妻子、儿女，（这样的人）难道肯操心思为别人吗！虽然这样，他比世上那些担心得不到、得到了又害怕失去的人（还是）好多了，（那些）用来满足自己的生活欲望、贪婪奸邪而丢掉道义以致丧命的人，（跟他比）实在太远啦！再加上他的言论有可以警醒我的地方，所以我为他写了这篇传记，自己引以为鉴。

---

1. 亡：同"无"。

赏　析

　　全文分五段，首段略述传主身世，中间三段传主自述对职业、对世态炎凉、对妻室儿女的看法，末段是作者对传主的评论。各段有明确的中心，言简意赅，语语相扣，贯通一气。写人有事迹有言论，由表及里；叙事有详有略，波澜起伏；最后的评论，其实是规劝世人，意蕴含蓄深远。采用传主口述的方式，将叙事和议论紧密地结合在一起。事实的记叙为议论提供了依据，使议论更加充实；而议论又为叙事画龙点睛，使整篇文章的主题思想更加鲜明。所以形式上是传记，其实是一篇杂文。笔墨轻松自由，作者借传主之口表述自己的见解，夹叙夹议，衔接自然灵活，最后作一个议论，波澜迭起，尤其新颖。写富贵人家败亡，连用三个"或曰"三个"非"，既是并列句，层次又很分明，一句追一句，说得很透彻。

成　语

　　独善其身：原指修身养性，保全己身，不管世事；现多指只顾自己，不管他人。

国家大事

治安策一

贾 谊

【题 解】

《治安策》节录自贾谊的《陈政事疏》。贾谊既是著名文人，又是具有远见卓识的政治家。面对诸侯割据，着眼于中央统一，他的现实忧虑感特别深切，又有强烈的参与意识。二者构成政论义章内在的张力，使他纵谈形势，尖锐指出危机，阐明"欲天下之治安，莫若众建诸侯而少其力"这一论点。事实证明，历史的走向和贾谊的预见基本一致。

夫树国固，必相疑之势，下数¹被其殃，上数爽其忧，甚非所以安上而全下也。今或亲弟²谋为东帝，亲兄之子西乡³而击，今吴又见告矣。天子春秋鼎盛⁴，行义未过，德泽有加焉，犹尚如是，况莫大诸侯，权力且十此者乎！然而天下少安，何也？大国之王幼弱未壮，汉之所

封立的诸侯国太强大，必然造成（中央与地方诸侯国）互相猜疑的形势，诸侯国屡次（因朝廷猜疑）遭受灾祸，中央朝廷经常（因诸侯的叛乱）而担忧，这绝不是用来安定朝廷、保全诸侯的办法。现在皇帝的亲弟弟图谋自立为东帝，亲哥哥的儿子向西进攻（朝廷），如今吴王又被告发了。天子正值壮年，行为得宜没有过失，对诸侯遍施恩泽，尚且如此，何况最大的诸侯，它的权力比这些诸侯国要大十倍啊！然而天下稍微安定，这是为什么呢？（是因为）大诸侯国的诸侯王年纪还幼弱没有成年，朝廷安置的太傅、

---

1. 数：屡次。
2. 亲弟：指汉文帝的弟弟淮南厉王刘长。淮南国都寿春（今安徽寿县），地在长安东，故曰"谋为东帝"。
3. 乡：同"向"。
4. 春秋鼎盛：年富力强的意思，即正当壮年。春秋，指年龄。

置傅[1]、相[2]方握其事。数年之后，诸侯之王大抵皆冠[3]，血气方刚，汉之傅、相称病而赐罢，彼自丞尉以上遍置私人，如此，有异淮南、济北之为邪？此时而欲为治安，虽尧、舜不治。

黄帝曰："日中必熭[4]，操刀必割。"今令此道顺而全安，甚易；不肯早为，已乃堕骨肉之属而抗刭[5]之，岂有异秦之季世乎？夫以天子之位，乘今之时，因天之助，尚惮以危为安，以乱为治。假设陛下居齐桓之处，将不合诸侯而匡天下乎？臣又知陛下有所必不能矣。假设天下如曩时，淮阴侯[6]尚王楚，黥布[7]王淮南，彭越[8]王梁，韩信王韩，

相国正掌管着政事。几年以后，各诸侯王大都加冠成年，血气方刚，而朝廷安置的太傅、相国都年老称病，朝廷恩准他们告老还乡，诸侯王就会从县丞、县尉以上，到处安排自己的亲信，这样，（他们的行为）与淮南王、济北王做的有什么不同呢？这个时候，要想使天下太平，即使是唐尧、虞舜也没办法治理了。

黄帝说："太阳到了正午就要赶快晒东西，持刀在手就要宰割牲畜。"现在使这个办法顺利实行，那么下全上安是很容易的；如果不肯及早行动，等到破坏诸侯王的骨肉至亲而诛杀他们，难道与秦朝末年的情况有什么不同吗？凭借天子的地位，趁着当今的时机，借着上天的帮助，还害怕把危险当作安定，把纷乱当作太平。假设陛下处在齐桓公当年的境地，难道不会联合诸侯匡正天下吗？臣又知道陛下一定不会那样做。假如天下还像从前那样，淮阴侯韩信仍旧做楚王，黥布做淮南王，彭越做梁王，韩王信做韩王，

---

1. 傅：指朝廷为年幼诸侯设的太傅、少傅。
2. 相：朝廷派到诸侯国的最高行政长官。
3. 冠：二十岁。古代男子二十岁时举行冠礼，标志已成年。天子、诸侯则在二十岁时加冠。
4. 熭：暴晒。
5. 堕：毁，破坏。抗刭：杀头。
6. 淮阴侯：韩信。汉初封为楚王，后贬为淮阴侯，最后以谋反被杀。
7. 黥布：即英布，汉初封为淮南王，后以谋反被杀。
8. 彭越：汉初封为梁王，后以谋反被杀，夷灭三族。

张敖（áo）[1]王（wàng）赵，贯高为相（xiàng），卢绾王燕，陈豨（xī）[2]在代，令此六、七公者皆亡（wú）恙[3]，当是时而陛下即天子位，能自王安乎？臣有以知陛下之不能也。天下淆乱，高皇帝与诸公并起，非有仄（cè）室之势以豫席[4]之也。诸公幸者乃为中涓，其次堇（jǐn）得舍（shè）人，材之不逮（dài）[5]至远也。高皇帝以明圣威武即天子位，割膏腴（gāo yú）之地以王（wàng）诸公，多者百余城，少（shǎo）者乃三四十县，德至渥（wò）也。然其后七年之间，反者九起。陛下之与诸公，非亲角（jué）材而臣之也，又非身封王（wàng）之也，自高皇帝不能以是一岁为安，故臣知陛下之不能也。

然尚有可诿（wěi）者，曰疏[6]。臣请试言其亲者。假令悼惠王王（wàng）齐，元王王（wàng）楚，中子王（wàng）赵，幽王王（wàng）淮阳，共（gōng）

张敖做赵王，贯高任赵国的国相，卢绾做燕王，陈豨还在代国，假如这六七位王公都还无灾无病，在这个时候陛下登上天子之位，能够自我安心吗？臣有理由知道陛下是不能（感到安心的）。天下动荡，高祖与各位王公一同起兵，他并没有宗族势力可以用来预先作为依靠。这些王公中幸运的仅做了中涓，其次的仅得到舍人（的职位），这些人的才能与高祖相比，相差很远。高祖依靠他的圣明威武登上天子之位，分割肥沃的土地来封诸公为侯王，封地多的有一百多座城，少的也有三四十个县，恩德是极为优厚的了。然而在随后的七年中，反叛的事件发生了九起。陛下跟各位王公，并不是亲自较量过才能的高下从而使他们臣服，也不是亲自封赏他们为诸侯王的，从高祖皇帝尚且不能因此而得到一年的安宁（的情况来看），所以臣知道陛下也是不能（得到安宁）的。

然而还是有可以推托的理由，（可以）说关系疏远。那么请允许我试着谈谈那些关系亲近的诸侯王。假如（还是）让悼惠王做齐王，元王做楚王，中子如意做赵王，幽王做

---

1. 张敖：刘邦女婿，袭父张耳爵位为赵王，后因谋反被杀，夷灭三族。
2. 陈豨：汉初封为阳夏侯，统率赵、代两地军队。高祖十二年自立为代王。
3. 亡恙：无病。亡，同“无”。
4. 豫席：预先凭借。豫，同“预”。
5. 不逮：不及。
6. 疏：疏远，指不同姓。相对于亲戚而言，韩信等都是异姓王。

王王梁，灵王王燕，厉王王淮南，六、七贵人皆亡恙，当是时陛下即位，能为治乎？臣又知陛下之不能也。若此诸王，虽名为臣，实皆有布衣昆弟之心，虑亡不帝制[1]而天子自为者。擅爵人，赦死罪，甚者或戴黄屋，汉法令非行也。虽行，不轨如厉王者，今之不肯听，召之安可致乎！幸而来至，法安可得加！动一亲戚，天下圜视而起。陛下之臣虽有悍如冯敬者，适启其口，匕首已陷其胸矣。陛下虽贤，谁与领此？故疏者必危，亲者必乱，已然之效也。其异姓负强而动者，汉已幸胜之矣，又不易其所以然。同姓袭是迹而动，既有征矣，其势尽又复然。殃祸之变，未知所移，明帝处之尚不能以安，后世将如之何！

屠牛坦一朝解十二牛，而芒刃不顿[2]者，所排击剥割，皆众理解

淮阳王，共王做梁王，灵王做燕王，厉王做淮南王，（假如）这六七位贵人都无灾无病，在这个时候，陛下登上天子之位，能使天下太平吗？我又知道陛下是不能的。像这些诸侯王，虽然名义上是臣子，但实际上都有（把自己与高祖的关系）看作像老百姓中的兄弟的心思，大概没有不想采用跟天子相同的礼仪制度而且自己当天子的。他们擅自赐人官爵，赦免死罪，甚至有人乘坐天子专用的黄屋车，汉朝的法令行不通了。即便遵行了，像厉王那样不守法度的人，如果他不肯听从，征召他又怎会前来呢！侥幸召来了，法令怎么能施加到他身上呢！触动一个亲戚，天下诸王都惊视而起。陛下的臣子中虽有悍勇像冯敬那样的人，（但他）刚开口，匕首已经刺进他的胸膛了。陛下虽然贤明，但谁（还敢）和您一同治理这些诸侯王呢？所以疏远的（异姓诸侯王）必定危险，亲近的（同姓诸侯王）也一定会作乱，这是已经被事实证明了的。那些异姓诸侯王倚仗强势而发动叛乱的，汉朝已经侥幸战胜他们了，却没有改变造成叛乱的缘由。同姓诸侯王也沿袭这种做法发动叛乱，已经有征兆了，他们的势力一时削弱了，（但不久）又恢复原来的样子。灾祸变故，还不知如何发展，圣明的天子处在这种情况下，尚且不能使天下安宁，后代又将怎么办呢！

屠牛坦一早上宰杀了十二头牛，而锋利的刀刃并没有变钝的原因，是因为他在解

---

1. 虑：大约，大概。　帝制：指仿行皇帝的礼仪制度。
2. 顿：同"钝"，不锋利。

也。至于髋髀之所，非斤则斧。夫仁义恩厚，人主之芒刃也；权势法制，人主之斤斧也。今诸侯王皆众髋髀也，释斤斧之用，而欲婴以芒刃，臣以为不缺则折。胡不用之淮南、济北？势不可也。

臣窃迹[1]前事，大抵强者先反。淮阴王楚，最强，则最先反；韩信倚胡，则又反；贯高因赵资，则又反；陈狶兵精，则又反；彭越用梁，则又反；黥布用淮南，则又反；卢绾最弱，最后反。长沙乃在二万五千户耳，功少而最完，势疏而最忠，非独性异人也，亦形势然也。曩令樊、郦、绛、灌据数十城而王，今虽已残，亡可也；令信、越之伦列为彻侯而居，虽至今存，可也。然则天下之大计可知已。欲诸王之皆忠附，则莫若令如长沙王；欲臣子之勿菹醢[2]，则莫若令如樊、郦等；欲天下

剖、敲击、剥骨、割肉时，都是从肌理、关节等处用刀。碰到胯骨、大腿骨所在的地方，不是用砍刀就是用斧头。仁义恩德，好比君主的刀刃；权势和法令，好比是君主的砍刀和斧头。现在诸侯王好比是胯骨、大腿骨，如果放弃砍刀和斧头的用途，而要用刀刃去触碰，臣认为（这刀刃）不是出现缺口就是被折断。为什么（仁义恩厚）不能用在（反叛的）淮南王、济北王的身上呢？是因为形势不容许啊。

臣私下里考察以前的事件，大体上是实力强大的诸侯王先反叛。淮阴侯做楚王，最强大，就最先反叛；韩王信依靠了匈奴的力量，就又反叛了；贯高借助了赵国的力量，就又反叛了；陈狶部队精良，就又反叛了；彭越利用梁国的势力，就又反叛了；黥布利用淮南的势力，就又反叛了；卢绾势力最弱，最后反叛。长沙王吴芮仅有二万五千封户，功劳少却最后得以保全，关系最远而对朝廷最忠心，这不只是因为性情不同于别人，也是形势使他这样啊。倘若从前让樊哙、郦商、周勃、灌婴占据有几十个城而成为诸侯王，到今天即使已经破败衰亡，也是有可能的；假使让韩信、彭越之流只居于彻侯之位，纵使（他们的后代）到今天还存在，也是有可能的。既然如此，那么治理天下的策略就可以知道了。要想使天下诸侯王都忠心归附，那最好让他们都像长沙王一样；要想让臣下没有杀身之祸，那最好让他们像樊哙、郦商那样；要想使天下安定，莫过于多封诸侯国而

---

1. 迹：追寻，考察。
2. 菹醢：古代一种把人剁成肉酱的酷刑。

之治安，莫若众建诸侯而少其力。力少则易使以义，国小则亡邪心。令海内之势如身之使臂，臂之使指，莫不制从；诸侯之君不敢有异心，辐凑[1]并进而归命天子；虽在细民，且知其安，故天下咸知陛下之明。割地定制，令齐、赵、楚各为若干国，使悼惠王、幽王、元王之子孙毕以次各受祖之分地，地尽而止，及燕、梁他国皆然。其分地众而子孙少者，建以为国，空而置之，须其子孙生者，举使君之。诸侯之地，其削颇入汉者，为徙其侯国及封其子孙也，所以数偿之。一寸之地，一人之众，天子亡所利焉，诚以定治而已，故天下咸知陛下之廉。地制一定，宗室子孙莫虑不王，下无倍畔[2]之心，上无诛伐之志，故天下咸知陛下之仁。法立而不犯，令行而不

减少他们的势力。力量弱小就容易用道义去管理他们，封国狭小就不会有反叛的邪念。这样就使全国的形势如同身体使唤手臂，手臂使唤手指一样，没有不受节制而服从的；诸侯王不敢有反叛的想法，如同辐条集向轴心般听命于天子；即使是小民百姓，也知道国家很安稳，所以天下就都知道陛下的英明。分割土地，确定制度，把齐、赵、楚几个大封国各自分成若干小封国，让悼惠王、幽王、元王的子孙，全都依次受封先人的封地，一直到分完为止，燕、梁等其他各诸侯国也都这样。那些封地多而子孙少的诸侯国，也分成若干小封国，空着王位放在那里，等到他们的子孙出生以后，全部再封为诸侯。诸侯的土地因犯罪被削减收归朝廷的，就把这个诸侯迁到另一个地方，或者封给这个诸侯的子孙，按封国应有的户数偿还他们。一寸地，一个人，天子不从中获利，确实是为了安定太平罢了，所以天下就都知道陛下的廉明。分封土地的制度一旦确定，宗室子孙不用担心不能封王，诸侯没有背叛的心思，朝廷没有诛杀讨伐的想法，所以天下就都知道陛下的仁德。法令制定了没有人触犯，政令推行

---

1. 辐凑：像车轮的辐条那样聚集于车轮中央。意即从四面八方集中。辐，车轮中连接轮圈与轮轴的直木。
2. 倍畔：同"背叛"。

逆,贯高、利几[1]之谋不生,柴奇、开章[2]之计不萌,细民乡[3]善,大臣致顺,故天下咸知陛下之义。卧赤子天下之上而安,植遗腹,朝委裘,而天下不乱,当时大治,后世诵圣。一动而五业附,陛下谁惮而久不为此?

天下之势方病大瘇[4]。一胫之大几如要[5],一指之大几如股,平居不可屈信[6],一二指搐,身虑无聊[7]。失今不治,必为锢疾,后虽有扁鹊,不能为已。病非徒瘇也,又苦蹊盭。元王之子,帝之从弟也;今之王者,从弟之子也。惠王之子,亲兄子也;今之王者,兄子之子也。亲者或亡分地以安天下,疏者或制大权以逼天子。臣故曰非徒病瘇也,又苦蹊盭。可痛哭者,此病是也。

了没有人违反,贯高、利几的阴谋不会发生,柴奇、开章的诡计不会萌生,老百姓都一心向善,朝廷大臣人人效忠,所以天下就都知道陛下的恩义。即使让幼主执政,天下也会安定太平,即使册立遗腹子为君,让大臣朝拜先帝遗留下来的衣服,天下也不会混乱,当代达到大治,后代称颂圣明。一项举动就能使五种功效聚集于身,陛下又在担心什么而久久不这样做呢?

现在天下的形势就像人得了严重的脚肿病。一条小腿粗得几乎像腰,一个脚趾粗得几乎像大腿,平时都不能屈曲伸展,一两个脚趾抽搐,整个身体就担心无所依靠。错过如今的机会不进行治疗,一定会发展成经久难治的疾病,以后纵使有扁鹊那样的神医,也无法治好。这病不只是浮肿,还苦于脚掌扭折无法行走。楚元王的儿子,是陛下的堂弟;当今的楚王,就是陛下堂弟的儿子。悼惠王的儿子,是陛下胞兄的儿子;当今的齐王,是胞兄的孙子。皇室嫡系子孙有的还没有得到封地来使天下安定,疏远的人有的却掌握大权来威胁天子。我因此说不只是得了浮肿病,还苦于脚掌扭折无法行走。令人痛哭的,就是这种病啊!

---

1. 利几:原项羽的大将。汉初封颍川侯,后因叛逆被杀。
2. 柴奇、开章:两人都是淮南王的谋士。
3. 乡:同"向"。
4. 瘇:脚肿病。
5. 要:同"腰"。
6. 平居:平时。信:同"伸"。
7. 无聊:无所依靠,难以支撑。

赏　析

　　本文紧扣时代脉搏，处处针砭时弊，忧患意识和积极参与现实的精神共同推动感情的流水汹涌澎湃，使文章具有深沉而又昂扬的风格，气势充沛。文字量大，论述充分。整篇文章所包含的信息既丰富又密集，形成一条水量充沛的语言符号的河流。作者铺陈典型事例，比喻深刻生动，情文并茂，具有很强的说服力。援引大量典型事例，使文章论证合理，而且有事实作依据，更令人信服，并且运用了生动深刻的比喻。对照手法突出了问题的严重性和解决问题的迫切性。贾谊上疏时由心境而生成的话语，不是轻描淡写，而是危言耸听；不是从容舒缓，而是迫不及待。为了加强说服力，作了各种假设，给人一种紧迫感。类似自问自答的句式在文中反复出现，使得作品一波未平，一波又起。全文写得透辟晓畅，深刻犀利，言辞激切，理足气盛，令人折服。

成　语

　　血气方刚：形容年轻人精力正旺盛。

论贵粟疏

晁错[1]

【题 解】

《论贵粟疏》节选自晁错向汉文帝的上书，"复言守边备塞、劝农务本，当世急务二事"。他针对当时社会由治向兴过程中的问题和弊端，着重论证了农业的重要性，提出了发展农业生产，打击投机牟利，促进粮食储备，从而富国强民的主张。他的主张具有强烈的现实针对性，加以分析透彻，逻辑谨严，很有说服力，因此迅速被付诸实施。

圣王在上而民不冻饥者，非能耕而食[2]之，织而衣之也，为开其资财之道也。故尧、禹有九年之水，汤有七年之旱，而国无捐瘠者，以畜积[3]多而备先具也。今海内为一，土地人民之众不避禹、汤，加以亡天灾数年之水旱，而畜积未及者，何也？地有余利，民有余力，生谷之土未尽垦，山泽之利未尽出也，游食之民未尽归农也。民贫，则奸邪

圣明的君王在位之时，百姓不挨饿受冻的原因，并不是君主能够耕种粮食给他们吃，纺织衣服给他们穿，（而是由于他能）替百姓开辟（创造）物质财富的道路。所以（虽然）唐尧、夏禹时代有过连续九年的水灾，商汤时代有过七年的旱灾，但是国内没有（因饿死而）被丢弃和饿瘦的人，因为蓄积的粮食多，事先做了准备啊。如今国家统一，国土之大、百姓之多并不亚于夏禹、商汤时代，再加上没有连续多年的水旱灾害，然而粮食的蓄积比不上（禹、汤之时），为什么呢？这是因为土地还有余利没开发，百姓还有余力没发挥，生产粮食的土地还未完全开垦，山林河川的资源还未全部开发出来，外出游荡求食的人还没有全部回乡从事农业

---

1. 晁错：（公元前 200 年—公元前 154 年），颍川（今河南禹州）人，西汉政治家、文学家。少学申商刑名之学；汉文帝时，任太常掌故，后历任太子舍人、博士、太子家令；汉景帝即位后，任为内史，后迁至御史大夫。公元前 154 年，以吴王刘濞为首的七国诸侯以"诛晁错，清君侧"为名，举兵反叛。景帝为求七国罢兵，腰斩晁错于东市。
2. 食：给……吃。"食"作动词用。
3. 畜积：同"蓄积"。

生。贫生于不足，不足生于不农，不农则不地著[1]，不地著则离乡轻家，民如鸟兽，虽有高城深池，严法重刑，犹不能禁也。

夫寒之于衣，不待轻暖；饥之于食，不待甘旨；饥寒至身，不顾廉耻。人情，一日不再食则饥，终岁不制衣则寒。夫腹饥不得食，肤寒不得衣，虽慈母不能保其子，君安能以有其民哉！明主知其然也，故务民于农桑，薄赋敛，广畜积，以实仓廪，备水旱，故民可得而有也。

民者，在上所以牧[2]之，趋利如水走下，四方无择也。夫珠玉金银，饥不可食，寒不可衣，然而众贵之者，以上用之故也。其为物轻微易藏，在于把握，可以周海内而亡饥寒之患。此令臣轻背其主，而民易去其乡，盗贼有所劝[3]，亡逃者得轻

生产。百姓生活贫困了，就会产生奸邪的念头。贫困产生于不富足，不富足是由于不从事农业生产，不从事农业生产就不能安居乡土，不能安居乡土就会离乡背井轻视家园，百姓们像鸟兽那样（四处奔散），即使有高峻的城墙、深险的护城河，严厉的法令、酷重的刑罚，还是不能禁止他们。

人在寒冷时对于衣着，不要求轻暖舒适；在饥饿时对于食物，不要求甜美可口；饥寒交迫，就顾不上廉耻了。人之常情，一天吃不上两顿饭就会感到饥饿，一年到头不添衣服就会感到寒冷。肚子饿了没有食物吃，身上寒冷没有衣服穿，即使是慈母也不能保全他的儿子，国君又怎能保全他的百姓呢！贤明的君主明白这个道理，所以让百姓致力于种田养蚕，减轻赋税，增加蓄积，以充实粮仓，防备水旱灾害，因此就能得到民心而拥有人民。

当百姓的，在于君主怎样管理，（他们）追逐利益就如水往低处流，是不选择东南西北的。那些珠玉金银，饿了不能当食物吃，冷了不能当衣服穿，然而大家都认为它珍贵，这是因为君主需要它的缘故。这些东西分量轻体积小，容易收藏，拿在手里，就可以周游天下而没有饥寒的威胁。这就使得臣子轻易地背弃他的君主，百姓轻易地离开自己的家乡，盗贼受到鼓励，逃亡者有了便于

---

1. 地著：定居一地。《汉书·食货志》："理民之道，地著为本。"颜师古注："地著，谓安土也。"
2. 牧：养，引申为统治、管理。
3. 劝：鼓励。

资也。粟米布帛，生于地，长于时，聚于力，非可一日成也。数石[1]之重，中人弗胜，不为奸邪所利，一日弗得而饥寒至。是故明君贵五谷而贱金玉。

今农夫五口之家，其服役者不下二人，其能耕者不过百亩，百亩之收不过百石。春耕夏耘，秋狝冬藏，伐薪樵，治官府，给徭役；春不得避风尘，夏不得避暑热，秋不得避阴雨，冬不得避寒冻，四时之间无日休息；又私自送往迎来，吊死问疾，养孤长幼在其中。勤苦如此，尚复被水旱之灾，急政暴虐[2]，赋敛不时，朝令而暮改。当其有者半贾而卖，亡者取倍称之息，于是有卖田宅、鬻子孙以偿债者矣。而商贾大者积贮倍息，小者坐列贩卖，操其奇赢[3]，日游都市，乘上之急，

携带的资财。粮食和布匹，生长在土地里，要按季节生长，又要花很大气力，不是一天就能长成的。几石重的粮食，一般的人是拿不动的，不会成为坏人贪图的东西，但是只要一天没有它，饥饿和寒冷就会降临。因此，贤明的君主重视五谷而轻视金玉。

如今农民五口之家，为公家服役的不少于两人，能耕种的田地不超过一百亩，一百亩的收成不超过一百石粮食。春季耕种，夏季耘田，秋季收获，冬季储藏，（还要）砍柴伐薪，修缮官府，供给徭役；春天不能避风尘，夏天不能避暑热，秋天不能避阴雨，冬天不能避寒冻，一年四季，没有一天休息；又有私人之间的交际往来，吊祭死者，探望病人，赡养孤老，养育幼儿，（所需的费用）都在这当中。如此辛勤劳苦，还要遭受水旱灾害，急迫沉重的租税，（加以官吏）征收赋税不按季节，早上发布的命令晚上就改了。交赋税时，农民有粮食的，只得半价卖出以缴税，没有粮食的，只好以加倍的利息去借贷纳税，于是就出现卖田卖房、卖儿子孙子来还债的人了。而那些商人，资金多的囤积粮食牟取成倍的利润，资金少的开店设摊，投机取巧获得更大的利润，（他们）每天在集市游逛，乘朝廷需用急迫，卖出的价格必

---

1. 石：古代用"石"作为衡量轻重的单位，汉制三十斤为钧，四钧为一石；又用"石"作为容量的单位，以十斗为一石。
2. 急政暴虐：有的版本叫"急政暴赋"。政，同"征"。
3. 操其奇赢：以特殊的手段获得更大的利润，即囤积居奇，投机倒把。操，掌握。奇赢，指利润。

所卖必倍。故其男不耕耘，女不蚕织，衣必文采，食必粱肉，亡农夫之苦，有阡陌之得[1]。因其富厚，交通王侯，力过吏势，以利相倾，千里游敖[2]，冠盖相望，乘坚策肥，履丝曳缟[3]。此商人所以兼并农人，农人所以流亡者也。今法律贱商人，商人已富贵矣；尊农夫，农夫已贫贱矣。故俗之所贵，主之所贱也；吏之所卑，法之所尊也。上下相反，好恶乖迕[4]，而欲国富法立，不可得也。

方今之务，莫若使民务农而已矣。欲民务农，在于贵粟。贵粟之道，在于使民以粟为赏罚。今募天下入粟县官[5]，得以拜爵，得以除罪。如此，富人有爵，农民有钱，粟有所渫[6]。夫能入粟以受爵，皆有余者也。取于有余，以供上用，则贫民

然加一倍。因而他们男的不用种田地，女的不用养蚕织布，穿的一定是华美的衣服，吃的一定是细粮和肉，没有农民的劳苦，却占有田地的收成。他们凭借着富厚的钱财，交结王侯，势力超过官吏，由于争利相互排挤，千里之间四处奔走，来来往往，接连不断，他们乘着坚固的车，骑着肥壮的马，脚穿丝鞋，身披绸衣。这就是商人掠夺农民，农民破产流亡的原因。而今的法律是轻贱商人，但商人已经富贵了；法律尊崇农民，但农民已经贫贱了。所以世俗尊贵的人，正是君主轻贱的商人；官吏轻贱的人，正是法律尊重的农民。朝廷和世俗的想法完全相反，喜好和厌恶正相违背，想要国家富强法律实施，是不可能的。

当今的事情，没有比使百姓从事农业生产更重要的了。想让老百姓从事农业，在于重视粮食。重视粮食的办法，在于让百姓可以用粮食来求赏免罚。现在募集天下人向官府交纳粮食，就能够受封爵位，就能够赎免罪行。这样一来，富人有了爵位，农民有了钱，粮食也能得到流通。那些能够交纳粮食得到爵位的人，都是资财富裕的人。从富人那里索取粮食供朝廷使用，那么贫苦农民

---

1. 阡陌之得：指田地的收成。阡陌，田间小路，此代田地。
2. 游敖：同"游遨"。本指游玩，这里指奔走。
3. 履丝曳缟：脚穿丝鞋，身披绸衣。曳，拖着。缟，一种精致洁白的丝织品。
4. 乖迕：相违背。
5. 县官：汉代每以"县官"指皇帝。这里指朝廷、官府。
6. 渫：散出，流通。

之赋可损，所谓损有余、补不足，令出而民利者也。顺于民心，所补者三：一曰主用足，二曰民赋少，三曰劝农功。今令民有车骑马一匹者，复卒三人。车骑者，天下武备也，故为复卒。神农之教曰："有石城十仞[1]，汤池[2]百步，带甲百万，而亡粟，弗能守也。"以是观之，粟者，王者大用，政之本务。令民入粟受爵至五大夫[3]以上，乃复一人耳。此其与骑马之功相去远矣。爵者，上之所擅，出于口而无穷。粟者，民之所种，生于地而不乏。夫得高爵与免罪，人之所甚欲也。使天下人入粟于边，以受爵免罪，不过三岁，塞下之粟必多矣。

的赋税就能减轻，这就是所说的减少有余、弥补不足，命令一出百姓就能受益的办法。它顺应民心，好处有三点：一是国君需用的物资充足，二是农民的赋税减少，三是鼓励人们从事农业生产。现在下令规定，凡百姓有一匹战马的，可以免除家中三个人的兵役。战马是国家的战备物资，所以可以免除兵役。神农氏教导说："有十仞高的石头城，宽达百步充溢沸水的护城河，披甲的军队一百万，但没有粮食，还是守不住城市的。"以此看来，粮食是国君最重要的物资，是国家政务的根本所在。让百姓交纳粮食得到爵位，封到五大夫以上，才免除一个人的兵役，这与一匹战马的功用相比差得太远了。爵位，是国君专有的，出于皇帝的口可以无穷尽地（封给百姓）。而粮食，是农民耕种的，在土地里生长而不会缺乏。得到高的爵位和赎免罪行，是人们非常渴望的事情。让天下的人把粮食输送到边境，以此取得爵位赎免罪行，不超过三年，边境的军粮必定会多起来。

---

1. 仞：古代以七尺或八尺为一仞。十仞，不是实数，形容很高。
2. 汤池：比喻险要的城防。汤，沸水。池，护城河。
3. 五大夫：汉代的爵位有二十级，五大夫属第九级。凡纳粟四千石，即可封赐。

赏　析

作者把自己的主张分三层说出，沿着提出问题、分析问题、解决问题的线索布局谋篇，一层比一层具体，一层比一层深入。文章一开始以古比今，把现实中的一个严重问题摆出来，引起读者注意。然后，针对问题进行分析、揭示危害，之后及时转入对应应措施的陈述，论证了这样做的益处。前后段落或是因果关系，或是递进攀升，联系极其紧密，层层推进，步步为营，有着严密的逻辑性，恰好揭示出作者的主张和现实中存在的问题之间的紧密联系，一环扣一环的结构，又正好适应了读者的认识规律。在论述中多处运用对比，从历史事实、现实情况、各种利弊得失等方面的对比分析中，使立论精确而切于实际。各项对比都极力渲染对立双方的区别、差异，使是非利害一目了然。文中叙述文字较多，文字简练，语言有感情，富有表现力。排比句式的频繁运用，增强了文章的气势。

成　语

高城深池：指高高的城墙，深深的护城河。形容防守坚固。

秋收冬藏：秋天收割谷物，冬天储藏粮食，后被喻为一年的农事。

送往迎来：走的欢送，来的欢迎。形容忙于交际应酬。

吊死问疾：形容关心人民群众的疾苦。

朝令夕改：早晨发布的命令，晚上就改了。比喻经常改变主张和办法，一会儿一个样。该成语的结构为连动式；一般在句中作谓语、定语、补语、分句；用于政策的变更。

冠盖相望：官吏戴的帽子和坐的车子互相看得见。形容官吏往来不断。也指世代仕宦，相继不断。也作"冠盖相属"，冠盖：指古代官吏的帽子和车篷。

履丝曳缟：指脚穿丝鞋，身披绸衣。形容奢侈。

尚德缓刑书

路温舒

【题 解】

　　本文的"尚德"特指崇尚道德教化，不以刑罚压制言论；"缓刑"指废除诽谤罪，允许人发表不同意见，是针砭时弊而非空谈教条之作。路温舒狱吏出身，深知大量冤案使社会不安宁，想乘汉宣帝刚即位的时机，改变过去的严重状况。文章呼唤广开言路，闪烁着人道主义的光辉。在当时的情况下，敢于向皇帝提出这种问题，是难能可贵的。

　　昭帝[1]崩，昌邑王贺[2]废，宣帝初即位，路温舒上书，言宜尚德缓刑。其辞曰：

　　"臣闻齐有无知[3]之祸，而桓公以兴；晋有骊姬[4]之难，而文公用伯[5]。近世赵王[6]不终，诸吕作乱，而孝文[7]为太宗。由是观之，祸乱之作，将以开圣人也。故桓、文扶微兴

　　汉昭帝驾崩，昌邑王刘贺被废黜，宣帝刚刚即位，路温舒就呈上奏章，说应该崇尚仁德、放宽刑罚。他的奏章说：

　　"我听说齐国有公孙无知造成的祸事，桓公因此兴起；晋国有骊姬带来的灾难，文公所以称霸。近世赵王未能寿终而死，吕氏家族发动叛乱，因而孝文帝成为太宗。由此看来，祸乱的发生，将会为圣人的出现开辟道路。因此齐桓会、晋文会扶持弱小的国家、

---

1. 昭帝：西汉昭帝刘弗陵，武帝少子。武帝死，大臣霍光、金日磾、上官桀等受遗诏辅佐刘弗陵即位。在位十三年。
2. 昌邑王贺：刘贺，武帝之孙，封昌邑王。昭帝死后无子，由刘贺继位。但他淫乱后宫，霍光奉太后命废之。
3. 无知：公孙无知，春秋时齐国人。齐襄公无道，他杀襄公自立，亦为国人所杀，齐桓公于是归国即位。
4. 骊姬：春秋时晋献公的宠妃。她想让自己所生子继位，因此设法逼死太子申生，又赶走公子重耳和公子夷吾，后来重耳在秦国帮助下回到晋国，掌握了政权。
5. 伯：同"霸"，称霸。
6. 赵王：指高祖宠姬戚夫人所生子如意，高祖死后，如意被吕后毒死。
7. 孝文：汉文帝刘恒，原为代王。汉惠帝死，太后吕雉专政，吕氏家族中许多人封王封侯，并图谋作乱。太尉周勃、丞相陈平消灭诸吕势力后，迎立刘恒为皇帝，庙号太宗。

坏，尊文、武之业，泽加百姓，功润诸侯，虽不及三王[1]，天下归仁焉。文帝永思至德，以承天心，崇仁义，省刑罚，通关梁，一远近，敬贤如大宾，爱民如赤子，内恕情之所安，而施之于海内，是以囹圄（líng yǔ）空虚，天下太平。夫继变化之后，必有异旧之恩，此贤圣所以昭天命也。往者，昭帝即世[2]而无嗣，大臣忧戚，焦心合谋，皆以昌邑尊亲，援而立之。然天不授命，淫乱其心，遂以自亡。深察祸变之故，乃皇天之所以开至圣也。故大将军[3]受命武帝，股肱（gōng）[4]汉国，披肝胆，决大计，黜亡（chù wú）义，立有德，辅天而行，然后宗庙以安，天下咸宁。

"臣闻《春秋》正[5]即位，大一统[6]而慎始也。陛下初登至尊，与天

复兴颓败的旧业，尊崇周文王、周武王开创的基业，恩泽施于百姓，功劳惠及诸侯，虽然赶不上夏禹、商汤和周文王，但天下万民都称赞他们的仁德。文帝拥有深远的思虑和崇高的道德，以秉承上天的旨意，崇尚仁义，减少刑罚，开通关隘和桥梁，统一远近，尊敬贤人如同尊敬贵宾，爱护百姓如同爱护婴儿，推己及人后觉得心安的，再在四海之内施行，因此监狱内空虚无犯人，天下太平安宁。政局变动之后，一定要有与以往不同的恩惠（加于百姓），这就是圣贤的君主用来昭示上天授予使命的途径。先前昭帝去世后没有后嗣，大臣们忧虑悲伤，怀着焦急的心情，共同商议后，都认为昌邑王刘贺尊贵亲近，于是遵循旧制拥立了他。但是上天不授予他帝王之命，而是让他内心迷惑混乱，于是以致自取灭亡。深入考察发生祸乱的原因，是皇天用来为最圣明君主的出现开辟道路啊！所以大将军霍光接受武帝遗命辅助汉朝，披肝沥胆，决定大计，废黜无义的人，拥立有德的明君，帮助上天行事，而后朝廷得以安定，天下都得到太平。

"我听说《春秋》注意端正新君即位的名分，重视统一天下的事业，慎重地对待事业的开始。现在新登帝位，与天意相符，应

---

1. 三王：指夏禹、商汤、周文王。
2. 即世：逝世。
3. 大将军：指霍光，武帝临终前任命为大司马大将军，辅佐幼主昭帝。
4. 股肱：股，大腿；肱，手臂。比喻像左膀右臂一样匡扶国家，即辅佐的意思。
5. 正：把……看得很正统、正规。《春秋》记载古代帝王诸侯即位，很讲究名分，名分正的，就写即位，名分不正的，就不写即位。
6. 大一统：重视天下统一的事业。大，尊重，重视。

合符，宜改前世之失，正始受命之统，涤烦文，除民疾，存亡继绝，以应天意。

"臣闻秦有十失，其一尚存，治狱之吏是也。秦之时，羞文学[1]，好武勇，贱仁义之士，贵治狱之吏，正言者谓之诽谤，遏过者谓之妖言，故盛服先生[2]不用于世，忠良切言皆郁于胸，誉谀之声日满于耳，虚美熏心，实祸蔽塞。此乃秦之所以亡天下也。方今天下赖陛下恩厚，亡金革[3]之危、饥寒之患，父子夫妻勠力安家，然太平未洽者，狱乱之也。夫狱者，天下之大命也，死者不可复生，刭者不可复属。《书》曰：'与其杀不辜，宁失不经。'今治狱吏则不然，上下相驱，以刻为明，深者获公名，平者多后患。故治狱之吏皆欲人死，非憎人也，自安之道在人之死。是以死人之血流离于市，

该改正前代的失误，纠正初即位时继承的法制，削除烦琐的政令条文，解除百姓的疾苦，使将灭亡的国家得以保存，将断绝的后嗣得以延续，以顺应上天的旨意。

"我听说秦朝有十大过失，其中有一条现在还存在，那就是司法官吏（的过失）。秦朝的时候，看不起儒术，崇尚武勇，蔑视主张仁义的人士，尊崇主管刑狱的官吏，正直的言论被看作诽谤，阻止错误的话被当作妖言，所以那些衣冠楚楚的儒者得不到任用，忠良切实的言论只能郁积在胸中，浮夸谄谀的赞誉整天灌满（君主的）耳朵，虚假的美名熏染着君主的心，实在的祸害却被掩盖住了。这就是秦朝失去天下的原因。而今天下依赖陛下的厚恩，没有战争的危险和饥寒的忧患，父子夫妻齐心协力治理家园，但是太平的世道还有不协调的事，那就是治狱之乱。治狱，是天下最重要的事，被处死的人不可能再活过来，割断了的肢体不可能再接起来。《尚书》上说：'与其杀无罪的人，宁愿不合常规。'而今管理刑狱的官吏可不是这样，他们上下相互追逐，把苛刻当作廉明，判得重就获取公正的名声，判得公平反而留下后患。所以管理刑狱的官吏，都想置人于死地，并不是真的憎恨谁，而是保全自己的途径，就在于判人死刑。因此死人的血流淌在

---

1. 文学：先秦时期曾将哲学、历史、文学等书面著作都称为文学，这里指文教方面的事。
2. 盛服先生：衣冠楚楚的儒者。
3. 金革：兵革，这里指战争。

被刑之徒比肩而立，大辟[1]之计岁以万数，此仁圣之所以伤也。太平之未洽，凡以此也。夫人情安则乐生，痛则思死。棰楚之下，何求而不得？故因人不胜痛，则饰辞以视之；吏治者利其然，则指道以明之；上奏畏却，则锻练而周内[2]之。盖奏当之成，虽咎繇[3]听之，犹以为死有余辜。何则？成练者众，文致之罪明也。是以狱吏专为深刻，残贼[4]而亡极，媮为一切，不顾国患，此世之大贼也。故俗语曰：'画地为狱，议不入；刻木为吏，期不对。'此皆疾吏之风，悲痛之辞也。故天下之患，莫深于狱；败法乱正，离亲塞道，莫甚乎治狱之吏。此所谓一尚存者也。

"臣闻乌鸢之卵不毁，而后凤凰集；诽谤之罪不诛，而后良言进。故古人有言：'山薮藏疾，川泽纳

街市上，受刑的人肩并肩地站立着，处以死刑的人统计起来每年数以万计，这是仁德圣明的圣主感到悲伤的原因。太平世道不够协调，大都是因为这个缘故。人之常情，平安就欢喜活着，痛苦就想一死了之。在严刑拷打之下，有什么口供得不到呢？所以囚犯经不起痛苦的折磨，就编造假的供词给狱吏看；审案官吏就利用这种情况，指出罪状并引导受审者招认罪名；上奏后又怕被驳回来，就修饰文辞来罗织周密的罪状，让人陷入法网。到了审理完毕向上级报告时，纵使皋陶听了，也认为犯人死有余辜。为什么呢？这是因为罗织的各种罪名太多，文饰而使人获得的罪名也很明白。所以司法官吏专做残酷苛刻的事，无休止地残害别人，只顾苟且一时，不管国家的后患，这可是世上的大祸害啊！所以俗话说：'就是在地上画一个牢，人们也不会考虑进去；就是木头刻的狱吏，人们也决不愿同他对质。'这都是痛恨狱吏的民谣，悲伤痛苦的议论啊！所以天下的祸患，没有比刑狱更厉害的了；败坏法纪、扰乱政事，离散亲人、堵塞道义，没有比治狱的酷吏更厉害的了。这就是所说的一条现在还存在的（秦朝十大过失）。

"我听说乌鸦和老鹰的蛋不被毁掉，然后凤凰才会飞来；'诽谤'的罪而不加诛罚，然后良臣才敢进谏。因此古人有这样的话：'深山草泽隐藏有害之物，江河湖沼容纳污

---

1. 大辟：死刑。
2. 锻练：同"锻炼"。比喻酷吏枉法，多方编造罪名。周内：网罗罪名，陷人于罪。内，同"纳"，接纳，容纳。
3. 咎繇：又作"皋陶"，相传是舜时掌刑法的官。
4. 贼：败坏，伤害。

污，瑾瑜匿恶，国君含诟。'唯陛下除诽谤以招切言，开天下之口，广箴谏之路，扫亡秦之失，尊文、武之德，省法制，宽刑罚，以废治狱，则太平之风可兴于世，永履和乐，与天亡极。天下幸甚！"

上善其言。

泥浊水，美玉隐匿着缺陷，国君要能容忍辱骂。'希望陛下革除'诽谤'的罪名，以招纳直切的言论，让天下人都敢开口，广开规劝诤谏的道路，扫除亡秦的过失，尊崇周文王、周武王的德政，精简法律条文，放宽刑罚，以至于废止刑狱，那么天下太平的风气就能在社会上兴起，君王和百姓才能永远生活在和平康乐中，同苍天一样无限长久。天下人将无比庆幸！"

皇上认为他的话很好。

赏 析

　　文章宗旨是劝说汉宣帝缓刑，但没有直接提出这个问题，而是先从兴废的角度论述，把汉宣帝推到中兴之主的位置上，启发他作出缓刑的决定。汉人对秦朝迅速灭亡的印象深刻，所以再从总结秦朝灭亡的历史教训入手，指出严刑峻法的危害。又联系当下，揭露刑罚的严酷、狱吏的残忍。把酷吏专制造成的种种惨祸写得具体生动，话语极其激切。结尾重申缓刑的必要性，以比喻、引用劝说宣帝，与前面关于秦朝的文字形成鲜明对照，正反呼应，一脉相承。本文论点明确，论据充分，起承转合，脉络清晰。从颂扬入手，暴露社会问题，鼓励皇帝改变现实。不仅使皇帝易于接受，又可使他在语句中感受人臣对君主的真挚感情，令人感到深切悲痛，有很强的说服力。本文语言流畅，三字句、四字句构成排比，读来朗朗上口，引用《春秋》《尚书》和民间俗语，恰到好处。

成 语

　　披肝沥胆：比喻真心相见，倾吐心里话。也形容非常忠诚。

　　比肩而立：肩并肩地站立，比喻彼此距离极近。

　　存亡继绝：指使将灭亡的国家得以保存，使将断绝的后嗣得以延续。后也指保存绝学、绝技，不使其失传、灭绝。存，保存。亡，灭亡了的国家。继，接续。绝，指断绝的后代。

事有新思

待漏院记

王禹偁

【题　解】

　　待漏院，是宰相等候皇帝召见的休息场所。王禹偁当时被从地方调到京城准备重用。他在京城开封写这篇文章时，是希望能把它抄在待漏院的墙壁上，提醒宰相为国为民勤谨政事，不为私利误国误民，或保全自身无所事事。王禹偁出身"磨家儿"，依靠勤学步入仕途，关心民生，心忧天下，他对政治充满热情，对自己也有很高期许。

天道[1]不言，而品物亨、岁功[2]成者，何谓也？四时之吏[3]，五行之佐[4]，宣其气[5]矣。圣人不言，而百姓亲、万邦宁者，何谓也？三公论道[6]，六卿[7]分职，张其教矣。是知君

大自然并不说话，却能使万物顺利生长，每年农业都有收成，这是为什么呢？因为掌管四季、五行的天神，疏导了天地之气。皇帝并不说话，却能使百姓和睦、万国安宁，这是为什么呢？因为三公讨论治国之道，六卿职责分明，宣扬了他的教化啊！由此可

---

1. 天道：天之道，这里指天，即大自然。
2. 品物：万物。品，众。亨：通达顺利。岁功：一年中的农业收获。
3. 四时之吏：上古设官，以四时为名，有春官、夏官、秋官、冬官，分掌教育、军事、司法、财政等。（见本文"六卿"注）这里指掌管四季（春、夏、秋、冬）的天神。
4. 五行之佐：这里指掌管五行（金、木、水、火、土）的天神。佐，辅助。古代阴阳家认为四时的变化是由于五行"相生"的结果。
5. 宣其气：古人认为万物的生长、四时的运转都由于一种内在的"气"的促动。这里是说，使万物、四时顺守自然的规律生长和运转。宣，疏导。
6. 三公：按《周礼》的说法，三公是指太师、太傅、太保。这里泛指朝廷中的最高级别的官员。论道：讨论治国的大道。
7. 六卿：《周礼》中指天官冢宰、地官司徒、春官宗伯、夏官司马、秋官司寇、冬官司空。这里泛指朝廷中分管各部的大臣。

逸于上，臣劳于下，法乎天也。古之善相天下者，自咎、夔至房、魏[1]，可数也。是不独有其德，亦皆务于勤耳。况夙兴夜寐[2]，以事一人[3]，卿大夫[4]犹然，况宰相乎！

朝廷自国初因旧制[5]，设宰相待漏院于丹凤门[6]之右，示勤政也。乃若北阙向曙[7]，东方未明，相君[8]启行。煌煌火城[9]，相君至止，哕哕鸾声[10]。金门未辟[11]，玉漏犹滴[12]。撤盖[13]下车，于焉[14]以息。待漏之际，相君

知，国君在上清闲安逸，臣属在下勤劳国事，这是在效法大自然。古代善于辅助国君治理天下的大臣，从咎陶（皋陶）、后夔到房玄龄、魏徵，是屈指可数的。这不仅是（他们）有德行，而且都勤于职守。早起晚睡，为国君效力，卿大夫都是如此，何况宰相呢！

朝廷从建国初就沿袭唐朝旧制，在丹凤门右边设立宰相待漏院，表示要勤于政务。当北面的宫殿将要泛起天光，东方还未全亮，宰相就开始起行；（待漏院中）列烛繁多犹如"火城"，宰相驾到，马车铃声叮当作响；宫门还没有开，玉漏还在滴。撩开帷篷下车，就在此暂候休息。等待上朝的时候，宰相

1. 咎、夔：皋陶和后夔，舜时贤臣。 房、魏：房玄龄和魏徵，唐太宗时的名相。他们都是封建时代奉为典范的杰出政治家。

2. 夙兴夜寐：早起晚睡。

3. 一人：指皇帝。

4. 卿大夫：指上言"三公""六卿"等朝廷大臣。

5. 因旧制：沿袭唐朝的旧制（待漏院是从唐朝开始设置的）。

6. 待漏院：百官早晨到皇宫等候上朝时休息的地方。漏，即漏刻，是古代的一种计时工具，漏是指漏壶，刻是指划分一天的时间单位，通过漏壶的浮箭来计量一昼夜的时刻。此代称时间。 丹凤门：北宋首都汴京皇城的正南门。

7. 北阙：原指宫殿北面的门楼，是大臣等候朝见或上书奏事的地方。后来成为帝王宫禁的通称。 向曙：天快亮。

8. 相君：宰相。

9. 煌煌：光亮的样子。 火城：封建时代每次朝会，百官先集合，宰相后到，宫门前点燃蜡烛数百支作为仪仗，叫作"火城"。

10. 哕哕：形容有节奏的车铃声。 鸾声：车铃声。

11. 金门：宫门。 未辟：还没有开。

12. 玉漏犹滴：指夜还没有过去，漏壶中水仍在漏滴。

13. 盖：车篷。

14. 于焉：在此。

其有思乎！

　　其或兆民[1]未安，思所泰之[2]；四夷[3]未附，思所来[4]之；兵革[5]未息，何以弭[6]之；田畴[7]多芜，何以辟[8]之；贤人在野，我将进之；佞人[9]立朝，我将斥之；六气[10]不和，灾眚荐至[11]，愿避位以禳之[12]；五刑未措[13]，欺诈日生，请修德以厘[14]之。忧心忡忡[15]，待旦而入。九门[16]既启，四聪[17]甚迩。相君言焉，时君纳[18]焉。皇风于是乎清夷[19]，苍生以之而富庶。若然，则总[20]

大概有所思考吧！

　　或是在想万民尚未安宁，考虑使他们安泰的办法；四境尚未归顺，考虑使他们归顺的措施；战事未停，用什么办法使它平息；田地荒芜，怎样去开辟它们；贤士还在草野，我将（怎样）推荐进用他们；奸邪小人在朝，我将（怎样）斥退他们；阴阳风雨晦明不调，灾祸接连不断地来，情愿解去官职来祈求上天消灾去祸；五刑没有废止，欺诈行为每天发生，请（君上）修养德行来整治它。深怀忧虑不安，等待天明进宫。宫门开后，善听各方民情的皇帝离得很近。宰相进言，皇帝纳谏。国家风气由此清明，百姓由此富裕。如是

---

1. 其：大概。兆民：百姓。
2. 泰之：使（百姓）安泰。泰，形容词使动用法。
3. 四夷：四方少数民族。
4. 来：动词使动用法，招徕、安抚。
5. 兵革：指战争。兵，兵器；革，盔甲。
6. 弭：消除，平息。
7. 田畴：田地。畴，已经耕过并整治好的田地。
8. 辟：开辟垦植。
9. 佞人：奸邪小人。
10. 六气：指阴、阳、风、雨、晦、明六种自然现象。
11. 灾眚：灾异。荐至：接连不断地来。
12. 愿避位以禳之：愿意解去官职来祈求上天消除灾殃。禳，祭祷消灾。
13. 五刑未措：轻重不等的五种刑法。措：废止。
14. 厘：整理，矫正。
15. 忡忡：忧虑不安的样子。
16. 九门：泛指宫门。
17. 四聪：古代国君随时视察四方民情称为四聪。这里代指皇帝。
18. 纳：接受。
19. 皇风：国家的政治风气。清夷：清明平静。
20. 总：统率。

百官，食万钱[1]，非幸[2]也，宜也。

其或私仇未复，思所逐之；旧恩未报，思所荣之；子女玉帛，何以致之[3]；车马玩器，何以取之；奸人附势，我将陟之[4]；直士抗言[5]，我将黜之；三时[6]告灾，上有忧色，构巧词以悦之；群吏弄法，君闻怨言，进谄容以媚之。私心慆慆[7]，假寐而坐。九门既开，重瞳屡回[8]。相君言焉，时君惑[9]焉。政柄于是乎隳[10]哉，帝位以之而危矣。若然，则死下狱，投远方，非不幸也，亦宜也。

是知一国之政，万人之命，悬于宰相，可不慎欤？复有无毁无誉，旅进旅退[11]，窃位而苟禄[12]，备员

这样，那么宰相统率百官，享用优厚的俸禄，就不是侥幸所得，（而是）应该的了。

或是私仇未报，在想怎么来贬逐仇人；旧恩还没报答，在想怎么能使恩人获得荣华富贵；美女金钱，用什么方法去获得；车马玩物，用什么方法去求取；奸佞之人阿谀附势，我要提拔他们；正直之士直言指谪，我要贬黜他们；春、夏、秋三个农忙季节各地报告灾情，皇帝忧愁，（我便）编造巧言来取悦他；官吏贪赃枉法，皇帝听到怨言，要阿谀奉承来逢迎他。个人的盘算没完没了，勉强坐着打个瞌睡。宫门开后，皇帝屡次注视他。宰相进言，皇帝却被迷惑。政权由此毁坏，帝位由此岌岌可危。如果这样，那么宰相被打入死牢，或是流放远方，也不算不幸，也是应该的。

由此可知一国的政事，万人的命运，都系于宰相，能不谨慎吗？还有（一类宰相），（他们）没有恶名也没有美名，跟随众人进退，窃居高位而苟求厚禄，在朝廷充数而只想着保

---

1. 食万钱：享受优厚的俸禄。
2. 幸：侥幸。
3. 致之：取得这些东西（美女、宝玉、丝绸）。
4. 陟之：使（奸人）能爬到高位。陟，提升。
5. 直士抗言：正直的人直言指谪。
6. 三时：指春、夏、秋三个农忙季节。
7. 私心慆慆：个人打算没完没了。慆慆，放纵无度，纷乱不息的样子。
8. 重瞳：相传舜的眼睛有两个瞳仁，这里泛指皇帝的眼睛。这里指天子。屡回：屡屡顾视。
9. 惑：被（宰相之言）迷惑。
10. 政柄：指国家政权。隳：毁坏，败落。
11. 旅进旅退：随众人进退。旅，众。
12. 窃位而苟禄：窃取高位，苟求厚禄。

而全身[1]者，亦无所取焉。

全自身，（这样的人）也没什么可取之处。

棘寺小吏[2] 王禹偁为文，请志院壁，用规[3]于执政者。

大理寺的小官王禹偁作了这篇文章，请求把它刊记在待漏院的墙壁上，用来劝诫执政的大臣。

---

1. 备员而全身：虚充职位，保全身家。备员，充数，虚充职位。
2. 棘寺：大理寺的别称。大理寺，掌管刑狱的最高机构。小吏：谦词，当时王禹偁是大理寺的官员。
3. 用：以。规：劝诫。

赏 析

由天道、圣人两句对偶设问，说到臣子的责任，气势宏大非凡。历数古代贤相，带出"勤"字，又以反问转入正题。再引出待漏院景象，宰相所思，即待漏时所思。"勤"与"待"对应，休息等候时也要思考准备。由"待"字提出"思"字再生出贤、奸两种人，可见并非不勤，而是不慎，以"慎"字结束令人猛醒。不以说理解释主题，而把态度寓于对形象的描写中，形象鲜明生动，写法独到。庸相部分轻轻带过，使立论更加严密，无懈可击。末段自署官职、姓名，表示敬谨，"用规"表明目的。本文以"记"为名，不写庭院布局，而写其功能，实质是"箴"。写法上吸收了赋、骈偶手法，对两种宰相的描述，正说复反说，使形象对立，词句对应，独具匠心，还无堆砌之感。描述多运用排比。语言上善于点化经史，增添了文章的典雅。反问句多次使用，推动思考，深化主题。

成 语

夙兴夜寐：早起晚睡，形容非常勤奋。

忧心忡忡：形容心事重重，非常忧愁、担心。

旅进旅退：与众人一起进退，形容跟着大家走，自己没有什么主张。

谏院题名¹记

司马光

【题 解】

谏院是向皇帝提批评建议的机构。司马光担任知谏院时，把谏官姓名刻在石头上，并写文章说明。文章阐述了谏官的重大责任及应有的品德，敦促谏官们为自己留下清名。本文的内容和语言都显现出司马光高度的史学素养，也体现了宋人对于人性和制度之间复杂关系的成熟认识和个体在历史中的自觉意识。

古者谏²无官，自公、卿、大夫至于工、商³，无不得谏者。汉兴以来始置官⁴。夫以天下之政，四海之众，得失利病，萃⁵于一官使言之，其为任亦重矣。居是官者，当志其大，舍其细，先其急，后其缓，专利国家，而不为身谋。彼汲汲⁶于名者，犹汲汲于利也，其间相去何远哉！

天禧⁷初，真宗诏置谏官六员，

古时候进谏没有专门的官员，从公卿大夫一直到从事手工业和从商的人，没有不能进谏的。汉朝建立以后，才设置谏官。（朝廷）将天下的政事，四海百姓的（意见），（所有的）得失和利弊，都集中在一个官职上，让他去向皇帝进谏，他担负的责任也够重的了。做谏官的人，应当抓牢那些大的事情，放弃那些微不足道的事，先办理要紧的事，后处理不急于办的事，一心一意为国家谋取利益，而不为自身利益考虑。那些热衷于名的人，就和那些热衷于利的人一样，他们相距能有多远呢！

天禧初年，真宗皇帝下诏设置六名谏

---

1. 题名：谏官把自己的名字题写在木板上，立于谏院中，以警戒后人。
2. 谏：指向皇帝提批评建议。
3. 工、商：从事手工业和从商的人，代指市井百姓。
4. 始置官：东汉班固《白虎通·谏诤》："君至尊，故设辅弼置谏官。"汉代始设谏议大夫，是专职谏官。
5. 萃：集中。
6. 汲汲：心情急迫不肯休息的样子。
7. 天禧：宋真宗年号（1017—1021 年）。《宋史·真宗纪》：天禧元年二月，"置谏官、御史各六员。每月一员奏事。有急务，听非时入对"。

责其职事。庆历[1]中，钱君始书其名于版[2]。光恐久而漫灭，嘉祐八年[3]，刻著于石。后之人将历指其名而议之曰：某也忠，某也诈，某也直，某也曲。呜呼！可不惧[4]哉？

官，责成他们的职务事宜。庆历年间，钱君开始将谏官的名字写在木板上。我担心时间久了字迹会模糊消失。嘉祐八年，（我把他们的名字）刻在石头上。后来者将依次指点着石上的姓名评说道：某某人忠诚，某某人奸诈，某某人正直，某某人邪曲。啊！这能不叫人心存戒惧吗？

---

1. 庆历：宋仁宗年号（1041—1048 年）。
2. 钱君：一说为钱惟演，字希圣，博学能文，很受真宗赏识。一说为钱惟演之侄钱明逸，字子飞，庆历四年（1044 年）为右正言，谏院供职，六年擢知谏院。一说为钱公辅，曾任天章阁待制。版：木板。
3. 嘉祐八年：1063 年。嘉祐，宋仁宗年号（1056—1063 年）。
4. 惧：令人警戒。

赏　析

　　首两句回顾谏官设置，第三句概括为"萃于一官"，"为任亦重矣"的结论就水到渠成。转入第四、第五句正反说明谏官能力和品德要求，以反问结束。第二段以年号冠头，将设置谏官、谏院题名、易版为石三件事交代清楚。并笔锋一转，以丰富的想象，点出题名的意义。首段为议，讲"谏院"；次段为记，讲"题名"。议的特点是周详无遗，记的特点是简洁利落。两部分截然分开，看似游离，实则紧密相关，都围绕"专利国家，而不为身谋"这个主旨。本文从古者起，用后人结，起笔突兀，收笔凛然，为文章增色不少。记谏院题名，却以"古者谏无官"开头，陡峭之笔，增强了文章的吸引力。面对"历指其名"的评判，谁不凛然生畏？意味深长，语言朴实，词句简洁，不事雕琢。曲折周到，层次分明。言简意赅，包括无遗，节短音长，文约势宽。

成　语

　　汲汲营营：形容人急切求取名利的样子。

袁州州学记

李 觏（gòu）

【题 解】

宋代要求各地设立学馆，本文就是为袁州学馆新舍建成而写的。作者在文中记叙了营建经过，称赞了办学行为，并引证历史说明兴学的意义。始终把兴学同忠君联系起来，办学是执行君命，维护君权，教人尽忠。作者想问题透彻，说道理直白。由此可以看出，封建统治者兴办学校的根本目的，正是为了巩固自己的统治。

皇帝二十有三年[1]，制诏州县立学[2]。惟时守令有哲[3]有愚。有屈力殚（dān）[4]虑，祗（zhī）[5]顺德意；有假官借师[6]，苟[7]具文书。或连数城，亡诵弦声（wú）[8]。倡而不和，教尼（nì）[9]不行。

三十有二年，范阳祖君无泽知袁州[10]。始至，进诸生，知学宫阙状，

仁宗皇帝二十三年，下诏要各州县设立学校。不过当时的太守和县令，有贤明的也有愚昧的。有的竭尽心力，恭敬地执行天子的意图；有的徒有官员、教师的名义，随便发一个公文（虚应故事）。有些地方接连数城都没有读书的声音。（朝廷）提倡而州县不响应，教化受阻而无法推行。

三十二年，范阳祖无泽任袁州知州。（他）刚到任，就召见众儒生，知道了学宫残

---

1. 二十有三年：指宋仁宗即位的第二十三年，即庆历四年（1044 年）。
2. 立学：设立学校。据《宋史·职官志七》记载，庆历四年三月，朝廷采纳范仲淹、宋祁等人建议，诏令天下州县皆立学。
3. 守令：指州太守和县令。 哲：智。
4. 屈力：竭力。 殚：竭尽。
5. 祗：恭敬。
6. 假官借师：虚设教官学师。"假""借"同义。
7. 苟：苟且。
8. 亡：同"无"，没有。下文"亡"字与此相同。 诵弦声：弦歌之声与诵读之声。这里指学校里传出的声音。
9. 尼：止，受阻。
10. 范阳：郡名。治所在今河北涿州。宋代没有范阳郡，这是用古地名代指当时地名。 祖君无泽：即祖无泽，字择之，上蔡（今属河南）人。以进士高第，累官知制诰，历典大州。 袁州：治所在今江西宜春。

大惧人材放失，儒效阔疏，亡以称上意旨。通判颍川陈君佹¹，闻而是之，议以克合²。相³旧夫子庙狭隘不足改为，乃营治⁴之东。厥⁵土燥刚，厥位面阳⁶，厥材孔⁷良。殿堂门庑⁸，黝垩丹漆⁹，举以法¹⁰。故生师有舍，庖廪¹¹有次。百尔器备，并手偕作。工善吏勤，晨夜展力，越明年成。

舍菜¹²且有日。盱江李觏谂¹³于众曰：惟四代之学¹⁴，考诸经可见

破的状况，非常担心人才放纵，儒学的效用衰减，无法符合圣上的旨意。袁州通判颍川人陈佹，听说后也认为正确，两人的议论因此相合。他们察看了旧有的夫子庙，发现面积狭隘无法改建，于是在知州官署的东面新建（学宫）。那里土地干燥坚硬，那里地势向阳，那里用的材料优良。正殿门廊，都涂上黑白红等各种颜色，都符合应有的规格。所以学生老师都有住所，厨房和粮仓都有次序。各种器具都准备好了，于是大家一起动手建造。工匠娴熟，官吏勤勉，日夜出力，过了一年（学宫）就建成了。

选定开学并祭祀孔子的日期后，盱江人李觏规谏大家说：虞、夏、商、周四代的学校情况，考察儒经就可看到。秦国凭崤山之

---

1. 通判：官名。宋代州、府置通判与知州、知府共理政事。宋代初年朝廷削藩镇之权，命朝臣通判州府军事，与知州、知府共治政事。　颍川：郡名。治所在今河南禹州。　陈君佹：即陈佹，字复之，福建长乐人，道学家。

2. 克合：指观点一致。

3. 相：视，察看。

4. 治：治所，官署衙门，也指州衙所在地。

5. 厥：代词，其，那。

6. 面阳：朝南。

7. 孔：很。

8. 庑：堂周的廊屋。

9. 黝垩丹漆：这是说殿堂的墙涂泛青黑色的白土，门窗上涂红漆。垩，白土，用来刷墙。

10. 举以法：都按照规矩。

11. 庖：厨房。　廪：粮仓。

12. 舍菜：入学之初祭祀先圣先师的一种仪式。舍，同"释"，陈设。菜，指芹藻一类的祭祀物。《周礼·春官·大胥》："春入学，舍采合舞。"古代入学之始，学生须执芹藻之类祭祀先圣先师。

13. 盱江：即建昌江，又名汝水，今江西东部。　谂：规谏。

14. 四代之学：远古时的学校。《孟子·滕文公上》："设为庠序学校以教之。庠者，养也；校者，教也；序者，射也。夏曰校，殷曰序，周曰庠，学则三代共之，皆所以明人伦也。"四代，指虞、夏、商、周四个朝代。

已。秦以山西鏖六国[1]，欲帝万世[2]，刘氏一呼而关门[3]不守，武夫健将卖降恐后，何耶？《诗》《书》之道废[4]，人惟见利而不闻义焉耳。孝武乘丰富[5]，世祖出戎行[6]，皆孳孳学术[7]。俗化之厚，延于灵、献[8]。草茅危言[9]者，折首[10]而不悔。功烈震主者[11]，闻命而释兵。群雄[12]相视，不敢去臣位[13]，尚数十年。教道之结人心如此。今代遭圣神，尔袁得圣君，俾尔由庠序[14]践古人之迹。天下治，则

西（的国土）与六国激战，想要万世称帝，结果刘邦振臂一呼，函谷关的大门就守不住了，秦国的武官和战将们争先恐后地卖国投降，为什么呢？是因为《诗经》《尚书》的教化已经倾废，人们只看到利益，却不懂道义。汉武帝在民殷国富之时登基，汉光武帝出身于军伍之中，他们却都勤于推广儒学。汉代风俗教化的淳厚，一直延续到灵帝、献帝时。在野的直言之士，即使杀头也不后悔。功高震主之臣，听到皇帝命令就会交出兵权。当时各路诸侯眼盯着皇帝的宝座，但仍不敢去掉臣子的名号而称帝，这也持续了数十年。道德教化能够维系人心到如此程度。如今遇到圣明神武的皇帝，你们袁州得到了一位贤能的知州，使你们可以通过学校的教化追随古代圣贤的足迹。天下太平，就谈论

---

1. 山西：崤山以西，就是战国时的秦国。崤山在今河南洛宁西北。 鏖：激战。 六国：指战国时除秦之外的楚、齐、燕、韩、魏、赵六国。

2. 欲帝万世：谓帝王的基业要世世代代传下去。《史记·秦始皇本纪》："朕为始皇帝，后世以计数，二世、三世至于万世，传之无穷。"

3. 刘氏：这里指汉高祖刘邦。公元前 206 年，刘邦率兵攻入咸阳，覆灭了秦王朝。 关门：指函谷关。

4. 《诗》《书》之道废：指秦始皇曾下令焚书坑儒，严禁国中士人传授儒家《诗经》《尚书》等典籍。

5. 孝武：这里指西汉武帝刘彻，谥孝武。 乘丰富：是说汉武帝即位时，国家经过文帝和景帝两朝的发展，经济上获得很大成功。

6. 世祖：东汉光武帝刘秀，庙号世祖。刘秀是西汉皇族，西汉末加入绿林起义军，以恢复汉家制度为号召，最后登上帝位。 戎行：军队行伍。

7. 孳孳：同"孜孜"，勤勉不懈的样子。 学术：这里指儒家学说。史载，汉武帝采纳了董仲舒"罢黜百家，独尊儒术"的建议，设太学，置五经博士。汉光武帝常引公卿、郎官在退朝后讲论经理，自谓"乐此不疲"。

8. 灵、献：这里指东汉末年的灵帝刘宏和献帝刘协。

9. 草茅：代指在野之人。《仪礼·士相见礼》："在野则曰草茅之臣。" 危言：直言，真言。

10. 折首：砍头。东汉末年如李膺、陈蕃、范滂、张俭等人因反对宦官专权而被杀。

11. 功烈震主者：可能指董卓。灵帝中平六年（189 年），诸侯杀十常侍。汉少帝及后来的汉献帝逃出洛阳，董卓带兵往迎。"帝诏却兵，卓遂不敢越礼"（《资治通鉴》卷五十九）。

12. 群雄：指东汉末年曹操等割据势力。

13. 去臣位：指不敢称帝。《三国志》载，孙权请曹操称帝，操云："是儿（指孙权）欲踞吾著炉火上耶！"后陈郡等又劝进，操曰："若天命在吾，吾为周文王矣。"不肯称帝。

14. 庠序：学校。商代称庠，周代称序。

谭礼乐以陶¹吾民；一有不幸，尤当仗大节²，为臣死忠，为子死孝。使人有所赖，且有所法，是惟朝家教^{cháo}学之意。若其弄笔墨以侥利达³^{jiǎo}而已，岂徒二三子⁴之羞，抑亦为国者之忧。

礼乐来陶冶百姓的性情；一旦遭逢变故，尤其应当秉持大节，做大臣的就为尽忠而死，做儿子的就为尽孝而死。使百姓有所依靠，并有所效法，这便是朝廷倡导教育的意图。如果有人舞文弄墨只是用来追求名利，这样岂止是你们个人的羞辱，也是治理国家者所忧虑的。

---

1. 谭：同"谈"。陶：陶冶。
2. 仗大节：是说为大节而死。大节，指死生危难之际的操守。
3. 侥：同"邀"，谋求，要求。利达：指牟利和做官。
4. 二三子：大家，诸位，诸君，几个人。这里指各位学生。《论语·阳货》："二三子，偃之言是也。"原意指学生。

赏　析

本文首段概述政策和实施，次段记叙营治学舍过程，虽客观记叙，但有首段铺垫，在先"抑"后"扬"中，赞赏之意不言而喻。语言简洁，叙事节奏明快，写出祖无泽办学的雷厉风行，与他人对比鲜明。第三段首句写祭祀，承上启下，引出一大段话。一句迈过先王教化，作学记不落俗套。引秦代灭亡和汉代事迹，正反对照阐述兴学意义，也是对祖、陈无形的赞美，与前文遥相呼应。再落笔到当下，点出主旨。直言国家"不幸"，要能死忠死孝，言人所不敢言，胆识过人。最后反收一笔，指出为做官而求学，也属于"见利而不闻义"，逻辑更严密，立论更警醒，也使结尾掀起波澜，令人深思。本文立论高远，行文平实，化用经书语言，古奥、典雅、庄重，与兴学的内容表里呼应。后半部从振起名节的角度论述，立论宏大，以秦汉的差别进行论证，思路巧妙，也很有说服力。

成　语

殚精竭虑：形容用尽精力，费尽心思。

倡而不和：意思是有人领导，但无人响应的冷清局面。

人有别论

管仲论

苏洵

【题 解】

苏洵写史论善于翻案，观点石破天惊，但论证严密，使人折服。管仲功业显赫，他却说管仲是罪人。这是因为立论角度不同，从关注个人的才能与功业转为能否荐用贤才。古人的史论常以古讽今，本文的用意并不在评价管仲的功过，而在于说明举贤的重要意义。这体现了苏洵对政治中人的重要性的深刻认识和从根源上分析问题的思维特点。

管仲相威公[1]，霸诸侯，攘夷狄[2]，终其身齐国富强，诸侯不敢叛。管仲死，竖刁、易牙、开方[3]用，威公薨[hōng][4]于乱，五公子争立[5]，其祸蔓[màn]

管仲帮助齐桓公，称霸诸侯，攘除夷狄，在他活着的时候齐国一直富强，各国诸侯不敢背叛。管仲一死，竖刁、易牙、开方被重用，桓公死于内乱，五位公子争夺王位，这

---

1. 管仲：(？—公元前645年)，名夷吾，字仲，颍上（颍水之滨）人，春秋初期齐国人。初由挚友鲍叔牙推荐，被齐桓公任命为卿，尊为"仲父"。他在齐国推行一系列政治措施，建立了一套行之有效的政治、经济和人才选拔制度，使齐国国力大增，并帮助齐桓公成为春秋时期的第一个霸主。 威公：(？—公元前643年)，即齐桓公。姜姓，名小白，齐襄公之弟。襄公被杀后，他回国取得政权，在管仲的辅佐下使国家富强。这里改桓为威，是宋代人为了避宋钦宗赵桓的名。
2. 攘夷狄：指齐桓公以"尊王攘夷"为号召，成功地遏止了戎狄等对中原地区的进攻。攘，排斥。夷狄，古代对少数民族的称呼。
3. 竖刁：春秋时齐国宦官。 易牙：春秋时齐桓公宠幸的近臣，著名厨师。因擅长烹调、善于逢迎得宠，相传他曾把亲生儿子烹成羹进献桓公。 开方：卫国公子。管仲死后，竖刁与易牙、开方专权。桓公死后，诸子争夺皇位，竖刁便与易牙等杀害群臣，立公子无诡为君，太子昭出奔宋，齐国由此大乱。
4. 薨：诸侯或大夫死称为薨。
5. 五公子争立：据《史记·齐太公世家》记载："桓公病，五公子各树党争立。及桓公卒，遂相攻，以故宫中空，莫敢棺。桓公尸在床上六十七日，尸虫出于户。"桓公死后，无诡、孝公、昭公、懿公、惠公、顷公、灵公、庄公、景公、悼公、简公各朝，国中内乱不止。简公以后，齐政权事实上已为田氏掌握。至田和，终于夺取齐政权。

延，讫简公，齐无宁岁。

夫功之成，非成于成之日，盖必有所由起；祸之作，不作于作之日，亦必有所由兆。故齐之治也，吾不曰管仲，而曰鲍叔[1]。及其乱也，吾不曰竖刁、易牙、开方，而曰管仲。何则？竖刁、易牙、开方三子，彼固乱人国者，顾其用之者，威公也。夫有舜[2]而后知放四凶，有仲尼而后知去少正卯[3]。彼威公何人也？顾其使威公得用三子者，管仲也。仲之疾也，公问之相。当是时也，吾意以仲且举天下之贤者以对。而其言乃不过曰：竖刁、易牙、开方三子，非人情[4]，不可近而已。

呜呼！仲以为威公果能不用三

一祸患蔓延开去，一直延续到简公时，齐国没有过安宁的日子。

功业的完成，不是完成于成功之日，而是必然有其成功的缘由；祸乱的形成，不是形成于它发生之日，也一定会有将要发生的预兆。因此，齐国的安定太平，我不认为是管仲的功劳，而认为是鲍叔牙的功劳。至于齐国的混乱，我不认为是竖刁、易牙、开方引起的，而认为是管仲引起的。为什么呢？竖刁、易牙、开方这三个人，他们固然是祸乱国家的奸人，但重用他们的是齐桓公啊。有舜这样的贤臣而后才知道放逐四凶，有孔子这样的圣人而后才知道除掉少正卯。他桓公是什么人呢？但是使齐桓公重用这三个人的，正是管仲。管仲病重，齐桓公问他谁可以继任为相。在那个时候，我以为管仲会推举天下的贤能之士来回答齐桓公，但是他的话不过是说竖刁、易牙、开方这三个人违反人情，不能亲近而已。

唉！管仲以为桓公果真能够不重用这

---

1. 鲍叔：鲍叔牙，春秋时齐大夫。以知人重义著称。早年与管仲友善。后因齐国内乱，随公子小白出奔莒，而管仲随公子纠出奔鲁。齐襄公被杀后，纠和小白争夺王位。小白获胜，即位为桓公。桓公任命鲍叔牙为宰相，鲍叔牙辞谢，却保举管仲出任。后管仲辅佐桓公完成霸业。
2. 舜：传说中父系氏族社会后期的部落联盟领袖。相传因四岳推举，受尧之命摄政。舜摄政后巡行四方，除掉鲧、共工、驩兜和有苗"四凶"。尧去世后，舜继位。
3. 仲尼：孔子，字仲尼。据史书记载，孔子任鲁国司寇时，诛杀了乱政的鲁大夫少正卯。　少正卯：姓少正，名卯。一说少正为官名。据说他有一套学说，很受欢迎，使"孔子之门三盈三虚"（《论衡·讲瑞》）。孔子出任鲁国司寇，"三月而诛少正卯"（《史记·孔子世家》）。
4. 非人情：管仲认为他们不合人情。相传竖刁为进宫而自阉；易牙杀子而迎合君主；开方原是卫国公子，后来抛弃双亲，到齐国臣事齐桓公。

子矣乎？仲与威公处几年矣，亦知威公之为人矣乎？威公声不绝于耳，色不绝于目，而非三子者则无以遂其欲。彼其初之所以不用者，徒以有仲焉耳。一日无仲，则三子者可以弹冠[1]而相庆矣。仲以为将死之言可以絷[2]威公之手足耶？夫齐国不患有三子，而患无仲。有仲。则三子者，三匹夫耳。不然，天下岂少三子之徒哉？虽威公幸而听仲，诛此三人，而其余者，仲能悉数而去之耶？呜呼！仲可谓不知本者矣。因[3]威公之问，举天下之贤者以自代，则仲虽死，而齐国未为无仲也。夫何患三子者？不言可也。

五伯莫盛于威、文[4]。文公之才，不过威公，其臣[5]又皆不及仲；

三个人吗？管仲与桓公相处已经多年了，也应该了解桓公的为人吧？桓公的耳朵离不开声乐，眼睛离不开美色，而如果不重用这三个人，就无法满足他的欲望。他起初之所以没有重用这三人，只是因为有管仲在朝中啊。一旦没有了管仲，则这三人就该弹着帽子互相庆贺高升了。管仲以为他临死时说的话能捆住桓公的手脚吗？那齐国不担心有这三个人，就怕没有管仲。有了管仲，则这三个人不过是三个普通人罢了。不然的话，天下难道还少像这三个人那样的人吗？即使桓公侥幸听从了管仲的告诫，杀死了这三个人，而其余的奸人，管仲能全部除去吗？唉！管仲可说是不懂得事情的根本了。（如果）趁着桓公的问话，推举天下贤人来接替自己，则管仲虽然死了，而齐国却不能说没有管仲了。何必要担心这三个人呢？（其中的道理）不说也可以明白的了。

春秋五霸中，国势的强盛没有能超过齐桓公、晋文公的。晋文公的才能超不过齐桓公，他的大臣又都比不上管仲；晋灵公的

---

1. 弹冠：弹去帽子上的灰尘。《汉书·王吉传》："吉与贡禹为友，世称'王阳在位，贡公弹冠'，言其取舍同也。"此指将做官而互相庆贺。
2. 絷：用绳索绊马足。这里是束缚的意思。
3. 因：顺着。
4. 五伯：即五霸，指春秋时先后称霸的五个诸侯：齐桓公、晋文公、楚庄王、吴王阖闾、越王勾践。另一说指齐桓公、晋文公、秦穆公、宋襄公、楚庄王。伯，同"霸"。威：指齐桓公。文：指晋文公。
5. 其臣：指晋文公的大臣如狐偃、赵衰、先轸、阳处父等。

灵公[1]之虐，不如孝公[2]之宽厚。文公死，诸侯不敢叛晋，晋袭文公之余威，犹得为诸侯之盟主[3]百余年。何者？其君虽不肖[4]，而尚有老成人[5]焉。威公之薨[6]也，一败涂地，无惑也，彼独恃一管仲，而仲则死矣。

夫天下未尝无贤者，盖有有臣而无君者矣。威公在焉，而曰天下不复有管仲者，吾不信也。仲之书[7]，有记其将死论鲍叔、宾胥无[8]之为人，且各疏其短。是其心以为数子者皆不足以托国。而又逆知[9]其将死，则其书诞谩[10]不足信也。吾

暴虐，不如齐孝公的宽厚。晋文公死后，诸侯们不敢背叛晋国，而晋国承袭文公的余威，还能做诸侯联盟的盟主达一百多年。为什么呢？因为晋国的国君虽然不贤明，可是（朝廷中）还有年高有德、老成练达的大臣存在。齐桓公一死，齐国马上一败涂地，这是毫无疑问的。齐国只依靠一个管仲，然而管仲已经死了。

天下未尝没有贤人，只是有贤臣却没有明君（去重用他）。威公在时，就说天下不再有管仲那样的贤人，我是不相信的。管仲写的书，有一段记载他将死的时候评论鲍叔、宾胥无的为人，而且分别指出他们的短处。这说明他内心以为这几个人都不足以承担国家的重任。同时又预知他自己将要死了，那么，管仲的书便荒诞虚妄不值得相信

---

1. 灵公：指晋灵公，名夷皋，晋文公之孙。
2. 孝公：指齐孝公，名昭，齐桓公之子。
3. 盟主：即诸侯盟会之主，霸主。
4. 不肖：不贤明，不成器。肖，这里是贤明的意思。
5. 老成人：指年高有德、老成练达的大臣。
6. 薨：周代诸侯之死称为薨。
7. 仲之书：指管仲的著作《管子》。现在的《管子》是后人根据管仲的思想言论编纂而成。
8. 有记：有记载。据《管子》记载："管子寝，疾病，对桓公曰：'鲍叔为人也，好直而不能以国强；宾胥无之为人也，好善而不能以国绌。'"宾胥无：齐桓公时齐国贤大夫。
9. 逆知：预知。
10. 诞谩：荒诞虚妄。

观史鳅[1]，以不能进蘧伯玉[2]，而退弥子瑕[3]，故有身后之谏[4]。萧何[5]且死，举曹参以自代。大臣之用心，固宜如此也。夫国以一人兴，以一人亡。贤者不悲其身之死，而忧其国之衰，故必复有贤者，而后可以死。彼管仲者，何以死哉？

了。我看史鳅这人，因为不能进用蘧伯玉、斥退弥子瑕，所以有死后以尸谏主的举措。萧何将死的时候推举曹参来代替自己。大臣的用心，本来理应如此。国家因为一人而兴盛，也因为一人而衰亡。贤人不为他自己的死而悲哀，而为他的国家衰落而担忧，所以必须再找到贤者，然后才可以死去。那个管仲，凭什么死去呢？

---

1. 史鳅：即史鱼，字子鱼，春秋时卫国大夫。他多次为卫灵公不用贤臣蘧伯玉，却宠爱善于逢迎的弥子瑕而进谏，但卫灵公一直不听，于是，他就让儿子在自己死后将尸身放到灵公窗下，表示死后仍要进谏。灵公终于醒悟，用蘧伯玉而不用弥子瑕。

2. 蘧伯玉：即蘧瑗，春秋时卫国大夫，卫灵公时贤臣，天下闻名，孔子很敬重他。

3. 弥子瑕：春秋时卫国大夫，善于奉承，曾深得卫灵公宠爱。

4. 身后之谏：是说陈尸牖下，以尸为谏。《孔子家语》记载："史鱼病将卒，命其子曰：'吾在卫朝，不能进蘧伯玉，退弥子瑕，是吾为臣不能正君也，生而不能正君，则死无以成礼，我死，汝置尸牖下，于我毕矣。'"

5. 萧何：西汉初丞相。汉丞相萧何向来与曹参不友善。萧何病重时，汉惠帝亲往探视，问："君即百岁后，谁可代君者？"对曰："知臣莫如主。"惠帝说："曹参如何？"何顿首曰："帝得之矣！臣死不恨矣！"（《史记·萧相国世家》）萧何病中向汉惠帝推荐曹参继之为相，曹参任丞相时，也恪守萧何成法。

赏　析

　　第一段简明扼要地交代管仲生前死后齐国因用人不同造成的不同局面，对照鲜明，为下文"用人"话题作铺垫。第二段笔锋陡转，提出分析评价要抓根源，先讲道理后摆事实，以舜和孔子为例证，指出管仲没有抓根源。第三段进一步指出举贤为相是根本，而管仲"不知本"。第四段将齐晋对比，佐证贤者为相的重要性。第五段回到管仲，以史鳅、萧何为例，指出管仲没有以国家为念。全文一开头就对人们熟知的历史事件提出一个标新立异的说法，视角独特，翻新出奇，然后逐层推驳，充分论证，把问题引向深入，指出要以国家为念，把举贤用能作为根本。对历史人物的分析切中要害，有发人深省的功效。主张得当有理，很有启迪性，使人警醒。

全文议论精到，语言犀利、流畅，行文波澜起伏，有抑扬，有顿挫，有擒纵，光景不穷。结尾"管仲何以死哉"一句，冷峻而耐人寻味。

成　语

弹冠相庆：指官场中一人当了官或升了官，同伙就互相庆贺将有官可做；亦用于指即将做官而互相庆贺；后用来形容坏人得意的样子。弹冠，弹去帽子上的灰尘。

晁错论

苏 轼

【题 解】

晁错建议汉景帝"削藩"，吴、楚等七国贵族以"诛晁错，清君侧"为名发动叛乱，使得汉景帝被迫处死晁错。以往评论多惋惜晁错的被冤杀，但本文认为，晁错被处死，是因为他缺乏坚忍不拔、临危不惧的精神，危急关头只想保全自己，不敢冒风险、担重担。观点未必完全正确，但"亦必有坚忍不拔之志"的道理还是很有启发意义的。

天下之患，最不可为者，名为治平[1]无事，而其实有不测之忧。坐观其变，而不为之所[2]，则恐至于不可救。起而强为之，则天下狃[3]于治平之安，而不吾信。惟仁人君子豪杰之士，为能出身为天下犯大难，以求成大功。此固非勉强期月[4]之间，而苟以求名之所能也。天下治平，无故而发大难之端。吾发之，吾能收之，然后有辞于天下。事至而

天下的祸患，最难处理的，就是表面上社会安定没有祸乱，而实际上却潜伏着不可预测的隐患。坐在那里看着它在变化，而不采取相应的措施，那就恐怕会发展到不可挽救的地步。但如果一开始就用强硬的措施去处理，那么天下人已经习惯（当前那种表面的）太平生活，就不会信任我们。只有仁人、君子、豪杰这类人，才做得到挺身而出为天下冒大风险，以求成就伟大功业。这本来就不是能够在短时间内一蹴而就的，更不是企图从中求得个人名利的人所能做到的。天下安定太平，无缘无故地挑起大祸的事端。我引发了祸患，我又能终止混乱的局面，这样才能有力地说服天下人。事到临头却想躲躲

---

1. 治平：政治清明，社会安定。
2. 所：处所。这里指解决问题的措施。
3. 狃：习以为常。
4. 期月：一个月。这里形容时间短促。

循循焉[1]欲去之，使他人任其责，则天下之祸，必集于我。

昔者晁错[2]尽忠为汉，谋弱山东[3]之诸侯。山东诸侯并起，以诛错为名。而天子不之察，以错为之说[4]。天下悲错之以忠而受祸，不知错有以取之也。

古之立大事者，不惟有超世之才，亦必有坚忍不拔之志。昔禹[5]之治水，凿龙门[6]，决大河[7]，而放之海。方其功之未成也，盖亦有溃冒冲突[8]可畏之患，惟能前知其当然，事至不惧而徐[9]为之图，是以得至于成功。夫以七国之强，而骤削之，其为变岂足怪哉？错不于此时捐其

闪闪地避开它，让别人来承担平定它的责任，那么天下的灾祸，必定会集中到我身上。

当年晁错忠心耿耿为汉王朝服务，谋划削弱山东各国诸侯王的力量。山东各国诸侯王合力起兵，以诛杀晁错的名义（反叛朝廷）。但是汉景帝不能明察（他们的险恶用心），就把晁错杀了让他们退兵。天下人都为晁错因尽忠而遭受杀身之祸而悲痛，却不明白晁错有自取其祸的原因。

自古以来成就大事业的人，不仅有超越当世的才能，而且一定有坚忍不拔的意志。从前大禹治理洪水，凿开龙门，疏导黄河，让洪水东流入海。当他治水功业还未完成时，大概也存在发生堤防被冲毁、洪水奔腾泛滥等可怕灾祸的可能，只是他能够预料到这些可能发生的情况，当灾难来临时，毫不惊慌失措，而能从容设法解决它，因此能够最终取得成功。七国那样强大，而想突然削弱它们，它们发动叛乱难道值得奇怪吗？晁错不在这时候豁出自己的性命，为天下人

---

1. 循循焉：缓慢的样子。循循，徐徐。焉，……的样子。
2. 晁错：西汉景帝时为御史大夫。力主削藩，颍川（今河南禹州）人。汉文帝时，为太子家令，号为"智囊"。太子即位为景帝，被任为御史大夫。他建议削夺诸侯王国封地，以巩固中央集权制度，被景帝采用。七国之乱爆发后，景帝在叛乱的军事压力下听从晁错政敌袁盎的建议，杀晁错以平叛乱。
3. 山东：指崤山以东地区。
4. 说：同"悦"。这里为使动用法，即使七国诸侯满意。
5. 禹：相传为上古夏后氏部落首领，奉部落联盟领袖虞舜的命令治理洪水，有功而被选为舜的继承人。
6. 龙门：今山西河津西北。《尚书·禹贡》："导河积石，至于龙门。"
7. 大河：指黄河。
8. 溃冒冲突：洪水冲破堤防，奔腾泛滥。
9. 徐：缓慢。这里有从容的意思。

身，为天下当大难之冲而制吴、楚之命，乃[1]为自全之计，欲使天子自将而已居守。且夫发七国之难者谁乎？己欲求其名，安所逃其患？以自将之至危，与居守之至安，己为难首，择其至安，而遗天子以其至危，此忠臣义士所以愤怨而不平者也。当此之时，虽无袁盎[2]，亦未免于祸。何者？己欲居守，而使人主自将，以情而言，天子固已难之矣，而重[3]违其议，是以袁盎之说得行于其间。使吴、楚反，错以身任其危，日夜淬砺[4]，东向[5]而待之，使不至于累其君，则天子将恃之以为无恐。虽有百盎，可得而间哉？

嗟夫！世之君子欲求非常之功，则无务[6]为自全之计。使错自将

站到抵挡大难的最前头，而控制吴、楚等国的命运，竟然为了保全自己的性命，想让天子御驾亲征平定叛乱，而自己留守京城。再说，挑起七国叛乱的是谁呢？自己既想求得（削藩）的美名，又怎能逃脱由此带来的祸患呢？以亲自带兵迎战这种最大的危险，与留守京城这种最大的安全（作比较），自己是引发这场祸乱的主要人物，却选择最安稳的差事，把最危险的事留给皇帝，这正是使忠臣义士感到极其愤恨不平的原因。在那个时候，即使没有袁盎，晁错也不能免于灾祸。为什么呢？自己想安居留守，却让皇帝亲自带兵出征，从情理上说，皇帝对此本来已经很难忍受了，但又不好再反对他的建议，所以袁盎的挑拨之词就在其中起了作用。假如在吴、楚叛乱发生后，晁错自己能够担当最危险的任务，日夜不停地做好应战准备，率领军队向东进发，等待狙击敌人，使叛乱不至于连累皇帝，那么皇帝就会依靠他而无所畏惧。这样即使有一百个袁盎，哪里能得到机会进行离间呢？

唉！世上的君子，想要建立不平凡的功业，那就不要有保全自己生命的打算。假

---

1. 乃：竟然。
2. 袁盎：字丝，楚人。历任齐相、吴相。向来与晁错不和。因与吴王刘濞有关系，曾被晁错告发，贬为庶人。七国反叛时，袁盎通过贵戚窦婴见景帝，说吴反是被晁错逼迫，只有速斩晁错，吴王才会退兵。于是景帝令晁错穿朝服至东市受斩。
3. 重：大，很。
4. 淬砺：锻炼磨砺。引申为冲锋陷阵，发愤图强。淬，把烧红了的铸件往水、油或其他液体里一浸立刻取出来，用以提高合金的硬度和强度。砺，磨刀剑。
5. 东向：面向东。七国都在京城长安的东或东南边。
6. 务：从事，考虑。

而讨吴、楚，未必无功。惟其欲自固其身，而天子不悦，奸臣得以乘其隙。错之所以自全者，乃其所以自祸欤！

如晁错自己率军讨伐吴、楚七国，不一定没有胜算。只是他想保全自身，而使皇帝不高兴，奸臣才能够乘这个空子（挑拨离间）。晁错用来保全自身的打算，正是他遭到杀身之祸的原因啊！

赏　析

　　第一段从大处立论，说明能成大事业者，必须能发之，能收之，不能临事退却。第二段以寥寥数语，对晁错的评价作出彻底的翻案。第三段离开晁错的具体情事，从普遍处立论，说明成大事业者必须有坚忍不拔之志。第四段再回到晁错，仔细分析其不能任事之过。文章立意陡健，布局也很见匠心，先从道理上立论，再引出所论事实，两相对照，增强了说服力。通篇衔接缜密，一气呵成。文章大开大合，收放有致，从普遍的论断转入晁错自身，笔力劲健而无突兀之感，体现了作者很强的论述功力。

成　语

　　坚忍不拔：形容信念坚定，意志顽强，不可动摇。

豫让论

方孝孺

【题 解】

　　豫让是被司马迁称赞的忠义之士。方孝孺对豫让的评论则别有卓见，既超越司马迁的认识，又无矫枉过正之偏颇。他认为，真正的忠臣烈士应以国家的利益为重，有政治远见，敢于犯颜直谏，防患未然，而不应计较个人恩怨，或在祸患发生之后，凭血气之勇，怀死名之义，以沽名钓誉。本文观点不拘于旧说，强调实效，思想通达。

　　士君子立身事主，既名[1]知己，则当竭尽智谋，忠告善道[2]，销患于未形，保治于未然[3]，俾[4]身全而主安。生为名臣，死为上鬼，垂光[5]百世，照耀简策[6]，斯为美也。苟遇知己，不能扶危于未乱之先，而乃捐躯殒命于既败之后，钓名沽誉，眩世炫俗[7]，由君子观之，皆所不取也。

　　君子修养立身，侍奉君主，既然称作知己，就应当竭尽自己的聪明才智，向君主提出忠诚的劝告，并善意地劝说他，把祸患消除在尚未形成之时，在天下太平尚未被破坏时尽力维护它，从而使自身得以保全，使君主平安无事。活着是著名的忠臣，死后是上等的鬼神，流芳百世，光照史册，这才是值得称道赞美的。假使遇上了知己（的君主），不能在没有发生变乱前辅助他消除危机，却在已经失败之后才牺牲自己的生命，沽名钓誉，迷惑世人，炫耀于世俗，（这种行为，）在君子看来，是不足取的。

1. 名：用作动词，称为。
2. 忠告善道：诚恳地劝告，善意地引导。出自《论语·颜渊》："忠告而善道之。"道，同"导"，引导。
3. 未然：事情尚未发生。
4. 俾：使。
5. 垂光：比喻流传美名。
6. 简策：即简册，本指编连成册的竹简，后代指史籍。简，削制成的狭长竹片或木片，上面刻写文字，是古代的一种主要书写材料。若干简编缀在一起就叫策（册）。
7. 眩世炫俗：迷惑、吓唬世俗之人，引申为欺世盗名之意。眩，迷惑。炫，炫耀。

盖尝因[1]而论之。豫让[2]臣事智伯[3]，及赵襄子[4]杀智伯，让为之报仇，声名烈烈，虽愚夫愚妇[5]，莫不知其为忠臣义士也。呜呼！让之死固忠矣，惜乎处死之道有未忠者存焉。何也？观其漆身吞炭[6]，谓其友曰："凡吾所为者极难，将以愧天下后世之为人臣而怀二心者也。"谓非忠可乎？及观斩衣三跃[7]，襄子责以不死于中行氏[8]而独死于智伯，让应曰："中行氏以众人[9]待我，我故以众人报之。智伯以国士[10]待我，我故以国士报之。"即此而论，

我曾经因此而评论豫让。豫让以家臣身份侍奉智伯，等到赵襄子杀了智伯，豫让为智伯复仇，声名显赫，即使是普通老百姓，也没有不知道他是忠臣义士的啊！唉！豫让的死自然称得上是忠诚了，只可惜他死的方式也有不够忠诚的地方。为什么呢？我们看他用漆涂身（以改变形貌），吞食炭块（以改变声音），对他的友人说："我做的事情非常困难，我要用这种做法使天下后世做人臣却怀有二心的人感到惭愧。"说他不够忠诚可以吗？及至他三次跳起来，用剑斩赵襄子的衣服，赵襄子指责他不为中行氏而死，偏偏为智伯送死时，豫让回答说："中行氏以普通人的礼节对待我，所以我用普通人的礼节回报他；智伯用国士的礼节对待我，所以我用国士的礼节回报他。"就从这点来说，豫

---

1. 因：根据。

2. 豫让：春秋末年人，曾为晋国贵族范氏、中行（háng）氏家臣，后投奔智伯。在赵、魏、韩三家贵族灭智氏之后，他屡次刺杀赵襄子未遂，伏剑自杀。

3. 智伯：名瑶，春秋时晋国贵族，曾联合韩、赵、魏三家吞并瓜分了范氏、中行氏的土地，后又向韩、赵、魏索地，与赵襄子发生矛盾，引起战争，被赵、魏、韩吞灭，并三分其地。

4. 赵襄子：赵孟，晋国贵族赵简之子。与韩康子、魏桓子共同打败智伯军，杀智伯而灭其族，尽分其地。

5. 愚夫愚妇：指普通老百姓，古代统治阶级对劳动人民的蔑称。

6. 漆身吞炭：豫让为了给智伯报仇，谋刺赵襄子，就漆身改变形貌，吞炭改变声音。

7. 斩衣三跃：赵襄子出行的时候，豫让伏于桥下谋刺，但是被俘获了。豫让说："今日之事，臣固伏诛，然愿请君之衣而击之，焉以致报雠之意，则虽死不恨。"豫让请求用自己的剑刺击赵襄子的衣服，赵襄子认为他的行为符合道义便答应了，把衣服给了他，豫让举着衣服，持剑三跃，呼天击之。做完这一切，豫让就伏剑自尽了。

8. 中行氏：复姓中行。春秋时晋国大夫荀林父因为掌管中行军，后就以官为姓。豫让曾经做过中行氏的家臣。

9. 众人：一般人，普通人。

10. 国士：一国之杰出人物。

让有余憾矣。段规之事韩康[1]，任章之事魏献[2]，未闻以国士待之也，而规也、章也，力劝其主从智伯之请，与之地以骄其志，而速其亡也。郗疵[3]之事智伯，亦未尝以国士待之也，而疵能察韩、魏之情以谏智伯，虽不用其言以至灭亡，而疵之智谋忠告，已无愧于心也。让既自谓智伯待以国士矣，国士，济国之士也。当伯请地无厌[4]之日，纵欲荒暴之时，为让者，正宜陈力就列[5]，谆谆然[6]而告之曰："诸侯大夫，各安分地，无相侵夺，古之制也。今无故而取地于人，人不与，而吾之忿心必

让有不足的地方。段规侍奉韩康子，任章侍奉魏献子，从没听说（韩康子、魏献子）以国士的礼节对待他们，然而段规和任章尽力劝说他们的主子接受智伯的要求，给智伯土地使智伯的意志骄纵，从而加速他的灭亡。郗疵侍奉智伯，（智伯）也不曾用国士的礼节对待他，但是郗疵觉察了韩康子、魏献子的实情，来规谏智伯，智伯虽然没有采纳他的意见以致灭亡，但是郗疵的智谋和忠告，已经问心无愧了。豫让既然自称智伯以国士的礼节待他，（而所谓）国士，是拯救国家的杰出人士啊。当智伯索求他人的土地永无满足的时候，（当智伯）放纵私欲、昏庸残暴的时候，作为豫让来说，正应当贡献自己的才力，尽人臣之责，诚恳地劝告智伯说："诸侯大夫，应该各自安于自己的封地，不要互相侵略掠夺，这是自古以来的规定。现在（您）无缘无故地索取别人的土地，（假若）人家不给，那么我必定产生愤恨的心理；如

1. 段规：韩康子的谋臣。 韩康：韩康子，名虔，春秋时晋国贵族。智伯曾向韩康子索要土地，韩康子打算拒绝，段规劝韩康子满足智伯的要求，以使智伯越来越骄横。等智伯从这里得到土地，向别人索要而不能满足要求时，必定会动用武力从而自取灭亡。这样韩氏家族就可以坐等事态发展。韩康子听从了段规的建议。

2. 任章：魏献子的谋臣。 魏献：魏献子，名驹，春秋时晋国贵族。智伯从韩氏获得土地后，又向魏献子索要土地，魏献子也不想给他。任章劝道："智伯无缘无故向别人索要土地，各位大夫定会害怕。我们给他土地，他定会骄纵，这样，智氏的命运必不长久。"魏献子因此也把土地给了智伯。

3. 郗疵：智伯的家臣。智伯从韩、魏获得土地后，越发骄横，又向赵襄子索要土地，遭到拒绝。智伯逼迫韩、魏出兵，跟自己的军队一起攻打赵城晋阳，用水灌城。郗疵察觉到这样做可能会逼迫韩、魏反叛，劝智伯说："你领了韩、魏之兵攻赵，韩、魏两家担心赵亡后会波及他们的安危，这样，韩、魏就会反叛我们。"智伯不听。后赵襄子派人和韩、魏约定，三家果然联手里应外合，消灭智氏。不久，韩、赵、魏把晋国一分为三，成立赵国、韩国和魏国，史称"三家分晋"。

4. 无厌：没有满足。

5. 陈力就列：施展才力，而胜任自己的职位。列，本职，职位。

6. 谆谆然：形容忠诚恳切貌。

生；与之，则吾之骄心以起。忿必争，争必败；骄必傲，傲必亡。"谆切恳告，谏不从，再谏之；再谏不从，三谏之；三谏不从，移其伏剑[1]之死，死于是日。伯虽顽冥[2]不灵，感其至诚，庶几[3]复悟，和韩、魏，释赵围，保全智宗，守其祭祀。若然，则让虽死犹生也，岂不胜于斩衣而死乎？让于此时，曾无一语开悟主心，视伯之危亡犹越人视秦人之肥瘠也[4]。袖手旁观，坐待成败，国士之报曾[5]若是乎？智伯既死，而乃不胜血气之悻悻[6]，甘自附于刺客之流，何足道哉？何足道哉？

虽然，以国士而论，豫让固不足以当矣。彼朝为仇敌，暮为君臣，觍然[7]而自得者，又让之罪人也。噫！

果给了我，那我的骄横之心也就因此生起。愤恨必然引起争斗，争斗必然会失败；骄横必然傲视一切，傲视一切必然会灭亡。"恳切地劝说忠告，（一次）劝谏不听就再劝谏；再次劝谏还是不听，就第三次劝谏；第三次劝谏仍然不听从，就把那自刎的行动移动到这个时候，（提早）死在这一天。智伯即使愚昧无知，被他这种至诚之心感动，或许也会重新醒悟过来，跟韩、魏和解，解除对赵地的包围，从而保全智氏的家族，守住智氏宗庙的祭祀。如果能这样，那么豫让即使死了，却还是像活着一样（让人怀念），难道这不比仅仅刺杀他人衣服再自尽更好吗？豫让在这个时候，竟没有一句话去开导主君的心智，看着智伯的危亡，就像越人看待秦人的肥瘦一样（漠不关心）。袖手旁观，坐等双方的成功与失败，国士（对君主的）报答之情，难道就像这个样子吗？智伯死后，豫让却控制不住自己一时的血气冲动，甘愿把自己归附于刺客一类的人，有什么值得称道的呢？有什么值得称道的呢？

虽然这样，用国士的标准衡量，豫让固然是不配的了。但是，那些在早上还是仇敌，到了晚上就成了君臣，还厚着脸皮扬扬自得的人，又是豫让的罪人了。唉！

1. 伏剑：自刎。
2. 顽冥：犹言愚昧。
3. 庶几：也许可能。
4. 视伯之危亡犹越人视秦人之肥瘠也：秦在西北，越在东南，相去甚远，秦国人的胖瘦跟越国人没有关系。这里用越人看秦人的肥瘦作比喻，说豫让看着智伯的危亡无动于衷。
5. 曾：竟然。
6. 不胜：不克制。悻悻：恼怒愤恨的样子。
7. 觍然：厚颜无耻的样子。觍，同"腆"。

赏 析

第一段正面提出观点，并正反两个方面比较，深入阐明主旨。第二段联系豫让立身事主的言行，先总体上肯定豫让，再对其"死"提出"未忠"的异议。又举豫让事前事中两句话，从目的和动机两个方面分析证实。这部分剖析论证，由于洞见豫让思想症结及司马迁对此认识的不足，着意引豫让的言行加以剖析，举重若轻，水到渠成，词不泛设，语不虚置，无隔靴搔痒、空发议论的弊端。然后更深入一层，用国士为尺度来衡量豫让，以段规、任章和郗疵为例，对比待遇和行为，并设想豫让应有的言行，对比得出"未忠"的结论。后连用三次反诘和两个"何足道哉"，深沉感慨，表明了作者的意向。阐述透辟，使人深思而获益。第三段总体评价，抑扬得体，评论公允，是全文有机的组成部分。全文据实说理，剖析透彻，评论抑扬得体，颇有见地。文章层层深入，具有无懈可击的逻辑性。

成 语

沽名钓誉：故意做作或用某种手段谋取名誉。

陈力就列：能贡献才力，担任相应的官职。即在自己所任职位上恪尽职守。陈力，贡献才力。就，担任。列，官职、职位。

顽冥不灵：也作"冥顽不灵"。形容愚昧无知。

袖手旁观：把手笼在袖子里，在一旁观看。比喻置身事外，不加过问的冷淡态度。袖手，把手笼在袖子里。

司马迁·论人

孔子世家赞[1]

《史记》

【题 解】

"世家"是《史记》记叙诸侯之事的体裁。司马迁把孔子与诸侯等同，表现了对孔子的极高推崇。孔子的伟大，用语言是无法全面表达的，无论怎么叙说都不能穷尽。司马迁在写《赞》时避实就虚，不直接写孔子，而是融入了自己阅读、探访的体验，又将孔子放在历史长河和文化思想潮流中进行认识，使有限的语言引起读者的无限遐想。

太史公曰:《诗》[2]有之，"高山仰止，景行行止[3]。"虽不能至，然心乡[4]往之。余读孔氏[5]书，想见其为人。适[6]鲁，观仲尼庙堂、车服、礼器[7]，诸生以时习礼[8]其家，余

太史公说:《诗经》中有这样的句子，"一个人的品德像山一样高尚，人们就会敬仰他;一个人的行为像大道一样光明正大，人们就会跟着他走"。虽然不能达到这种境界，但是内心一直向往。我读了孔子的书，便想见他的为人。到了鲁地，参观了孔子的庙堂、车服、礼器，众儒生按时在他家里演习礼

---

1. 世家:《史记》的五种体例之一，主要记载世袭封国诸侯的事迹。孔子虽非诸侯，但司马迁出于对他的崇敬和向往，将其列入"世家"。 赞:也叫"论赞"。《史记》的人物传记末尾，由"太史公曰"引起的一段说明评论文字。同类文字在《汉书》中称"赞"，也有称"论""序""评"等。
2. 《诗》:又称《诗经》，我国最早的一部诗歌总集。
3. 高山仰止，景行行止:出自《诗经·小雅·车辖（xiá）》。高山，比喻品德高尚。仰，仰望。止，句尾语气词，无意义。景行，大道，比喻行为光明正大。行，这里是效法的意思。
4. 乡:同"向"，倾向，向往。
5. 孔氏:就是孔子，名丘，字仲尼，春秋末鲁国人。做过鲁国司寇，后周游列国。记录其言行的著作主要有《论语》。
6. 适:到。
7. 礼器:祭祀用的器具。
8. 诸生:众儒生。 以时习礼:按时演习礼仪。

低回¹留之，不能去云。天下君王至于贤人众矣，当时则荣，没则已焉。孔子布衣²，传十余世，学者宗之。自天子王侯，中国言六艺者折中于夫子³，可谓至圣矣！

仪，我徘徊留恋，舍不得离去。天下的君王乃至贤人很多，他们在世时十分荣耀，死后则什么也没有了。孔子是个平民，（但他的学说）流传了十几代，读书人都尊崇他。从天子王侯，到中国谈论六艺的人，都把孔子的学说作为标准，（孔子）可以说是至高无上的圣人！

---

1. 低回：这里是心怀敬意而流连徘徊。也有版本作"祗（zhī）回"，恭敬地徘徊。
2. 布衣：平民，古代没有官职的人都穿粗布衣服，所以称布衣。
3. 六艺：指六经，即《易》《礼》《乐》《诗》《书》《春秋》。折中：调和取其中正，用以断定事物正确与否的准则。夫子：古代对男子的尊称。这里专称孔子。

赏 析

司马迁一开头就引用诗句，说常人不能尽知孔子的伟大，只能充满无限向往。于是带出两层内容：一层着重通过自己来侧面写孔子，写自己读孔子书，探访孔子遗迹，徘徊不愿离开等，由想象进而感受孔子的伟大；另一层侧重通过和其他君王、贤人比较来衬托孔子的影响是深远的，以说明孔子的不朽。避开了正面评价孔子，重点表达了对孔子的向往，避实击虚，全是衬托写法。最后却又推开一笔，一锤定音，说孔子的确是"至圣"，研究文化思想都要以他为准。一百多字里面，有具体内容，也有概括评价，有平实记叙，也有高度称颂，有陈述，也有判断，写法不断变化。对孔子的称呼，从"仲尼"到"孔子"到"至圣"，从亲切到恭敬到敬仰之至，层层提升。语句的抒情意味浓，蕴含的感情充沛，因为绵绵情思蕴含其中，自然而然就流露出来，轻轻松松就达成了写作意图。

成 语

高山仰止，景行行止：出自《诗经·小雅·车辖》。仰，这里是仰慕、敬仰的意思。高山，比喻高尚的品德。景行，大道，比喻行为正大光明。指品德像高山一样崇高的人就会有人敬仰，行为光明正大的人就会有人效仿他。比喻崇高的德行。

项羽本纪¹赞

《史记》

【题解】

　　"本纪"是《史记》中记载帝王之事的体裁。项羽虽未称帝，但司马迁将他等同于帝王。项羽短时间内迅速兴起和败亡的巨大变化，引起了司马迁的思考，他要理解这一历史现象的历史意义。由于项羽的事迹已经写在本纪中，赞语选择从一个有趣的细节说起，用不到二百个字，扼要地作了历史的总结，解释自己对项羽的定位，并抒发了对这个富有传奇色彩的历史人物的感慨。

　　太史公曰：吾闻之周生曰"舜目盖重瞳²子"，又闻项羽亦重瞳子。羽岂其苗裔邪？何兴之暴也！夫(fú)秦失其政³，陈涉首难(nàn)⁴，豪杰蜂起，相与并争，不可胜数。然羽非有尺寸⁵，乘势起陇亩(lǒng)⁶之中，三年，遂将五诸侯⁷灭秦，分裂天下而封王侯，政由羽出，号为"霸王"。位虽

　　太史公说：我从周生那里，听说"舜的眼睛大概有两个瞳仁"，又听说项羽也是双瞳仁。项羽难道是舜的后代吗？为什么他兴起得这么迅猛啊！秦朝政治衰败，陈涉便首先发难反秦，天下豪杰蜂拥而起，共同争夺天下，人数多得数也数不清。然而项羽没有一尺一寸的封地，趁着时势从乡野崛起，三年时间，便统领韩、赵、魏、燕、齐五国诸侯灭掉了秦朝，分割天下，封赏王侯，朝廷政令皆由项羽发布，自号为"霸王"。虽然

1. 本纪：《史记》的五种体例之一，记载的是历代帝王的事迹，将并未完成帝业的项羽列入本纪，是因为在秦亡以后汉兴以前的过渡阶段中，项羽实际上支配当时的政局，享有帝王一样的权威，同时表明了司马迁对项羽的欣赏态度。

2. 周生：姓周的儒生，名不详，当为司马迁同时代的儒生。　重瞳：一只眼睛里有两个瞳仁。后人以重瞳为帝王之相。

3. 失其政：政治混乱。

4. 陈涉首难：指秦末陈胜、吴广农民起义。详见《史记·陈涉世家》。陈涉，陈胜，字涉。首难，首先发难、起义。公元前209年，陈胜与吴广在大泽乡率九百戍卒揭竿起义，成为反秦义军的先驱。

5. 尺寸：一点点凭借，指土地或权力。

6. 陇亩：田间，民间。

7. 五诸侯：指当时齐、赵、韩、魏、燕五国的义军。项羽属楚，合为六国起义军队。

不终，近古以来未尝有也。及羽背关怀楚[1]，放逐义帝[2]而自立，怨王侯叛己，难矣。自矜功伐[3]，奋其私智而不师古，谓霸王之业欲以力征经营天下，五年卒亡其国，身死东城[4]，尚不觉寤[5]（jué wù）而不自责，过矣。乃引"天亡我，非用兵之罪也"，岂不谬（miù）哉！

他的王位没有坐到底，但近古以来（像他这样的人物）不曾有过。等到项羽放弃关中，怀恋故乡楚地，定都彭城，放逐义帝而自立为王，（这时候再）抱怨王侯们背叛自己，（形势）就难了。自己夸耀功劳，施展个人的才智而不效法古代帝王，认为想要实现称霸大业，就要以武力征伐统治天下，五年时间便使得自己的国家灭亡了，自己死在东城，还没有觉醒，不责备自己，这是错误的！竟然还借口说"这是上天要灭亡我，不是我用兵的过错"，难道不荒谬吗？

1. 背关怀楚：放弃关中，怀念楚地。项羽放弃秦地，自立为西楚霸王，东归建都彭城（今江苏徐州）。
2. 义帝：徒有名义的假帝，指楚怀王之孙熊心，项梁立为楚怀王。项羽尊其为义帝，后项羽自号西楚霸王，将其迁都湖南郴州，并暗地派人在途中将其杀害。
3. 矜：夸耀。伐：功劳。
4. 东城：地名，今安徽定远东南。项羽从垓（gāi）下突围，逃往东城，再向南至乌江边自刎而死。
5. 寤：同"悟"。

赏 析

　　这篇赞语从传奇型人物的特殊之处入手，抓住项羽和虞舜都是双重瞳孔这种共同特征，赋予项羽神秘色彩，使其笼罩在灵光之中。貌似无关紧要的细节，其实是将两个截然相反的历史人物相提并论，从而提出自己的疑问。随即点出"暴"字，概括项羽一生成败。通篇以"暴"字作主题，分为前后两部分。前面是赞扬，肯定其功绩；后面"难矣""过矣""谬哉"都是批评。前后呼应，对照鲜明，一扬三抑，形成大起大落的文势。加上"何兴之暴也""未尝有也""过矣""岂不谬哉"等评语的运用，惋惜之意，呼之欲出，韵味悠长。最后扣住"天亡"二字，与本纪原文呼应，作出历史反思，表现了作者的卓然史识，也是对项羽的盖棺定论。全文夹叙夹议，情理并重。全篇以四字句为主，有紧凑急迫的气势。

成 语

　　不可胜数：不能计算数目，形容非常多。

　　事不师古：形容做事不遵守古训。

五帝[1]本纪赞

《史记》

【题　解】

《五帝本纪》是《史记》的第一篇。撰写《五帝本纪》，缺乏史料，又难辨史料的真伪。司马迁在文中简要回顾了自己的写作过程，道出自己的写作依据：以实地考察和梳理史料相互印证，在新材料中选择可靠的部分。这表明《五帝本纪》是有坚实基础和以严肃审慎的态度写成的。

太史公[2]曰：学者多称五帝，尚[3]矣。然《尚书》独载尧[4]以来，而百家言黄帝[5]，其文不雅驯[6]，荐绅[7]先生难言之。孔子所传《宰予问五帝德》及《帝系姓》[8]，儒者或不传。余尝西至空峒[9]，北过涿鹿[10]，

太史公说：学者们多称赞五帝，已经很久远了。但是《尚书》只记载尧以来（的史事），而诸子百家虽谈论黄帝，但他们的文章不太规范，士大夫们难以作为根据来讲说。孔子传下来的《宰予问五帝德》和《帝系姓》，有些儒家学者认为不是圣人之言，不可信，因而不传授学习。我曾经向西到达崆峒山，向北经过涿鹿，向东到达海滨，向南游

---

1. 五帝：黄帝、颛顼、帝喾、尧、舜。

2. 太史公：司马迁自称，司马迁曾任太史令。

3. 尚：久远。

4. 《尚书》：记录上古政治文诰和部分古代事迹的汇编书，也称《书》《书经》。尧：就是唐尧，传说中的远古帝王。

5. 百家：就是诸子百家。黄帝：就是轩辕氏，传说中的远古帝王，中原各族的共同祖先。

6. 雅驯：正确可信。雅，正确。驯，同"训"，规范。

7. 荐绅：就是搢绅，又作缙绅，是古代高级官员上朝时的装束，就是在腰带里插笏（hù，上朝时所持手板），后指有身份地位的人。搢，插。绅，腰带。

8. 《宰予问五帝德》《帝系姓》：是《大戴礼记》和《孔子家语》中的篇名。有些儒者认为不是圣人之言，不可信，因而不传学。

9. 空峒：崆峒山，今甘肃平凉，传说黄帝曾问道于此。

10. 涿鹿：涿鹿山，今河北涿鹿东南，山边有涿鹿城，相传黄帝和尧、舜都曾在这里建都。

东渐¹于海,南浮江淮矣,至长老²皆各往往称黄帝、尧、舜之处,风教固殊焉。总之,不离古文³者近是。予观《春秋》《国语》,其发明《五帝德》《帝系姓》章⁴矣,顾弟⁵弗深考,其所表见⁶皆不虚。《书》缺有间⁷矣,其轶⁸乃时时见于他说。非好学深思,心知其意,固难为浅见寡闻道也。余并论次,择其言尤雅者,故著为本纪书首。

历江淮,到过那些年长之人往往称颂黄帝、尧、舜的地方,其风俗教化本来就有所不同。总之,以不背离《尚书》所记载的为接近正确。我翻看《春秋》《国语》,它们阐述《五帝德》和《帝系姓》的内容是很明白的,只不过没有深入考察,它们记载的内容都不虚妄。《尚书》残缺有脱漏,它散失的内容常常在其他著作中看到。如果不是喜欢学习、深入思考,心中领会这些书的含义,本来就很难向见识浅薄、孤陋寡闻的人说清楚。我(将有关五帝的材料)综合起来论定编次,选择那些言语最为规范的说法,写成《五帝本纪》,作为全书的头一篇。

---

1. 渐:入,到。
2. 长老:年纪大的人。
3. 古文:这里指用古文字(金文、战国文字、篆文)写成的典籍。
4. 发明:阐发,阐述。章:同"彰"。明白,明显。
5. 顾:不过。弟:同"第",仅,只是。
6. 见:同"现"。
7. 有间:指有脱漏。
8. 轶:同"佚",散失。

赏 析

全文为一段,介绍写作中面临的"疑"和"信"。段内又有多层,每层一个话题,也都围绕着"疑"和"信"。有大开大合,也有小开小合,没有下一个绝对的结论,表现了一个史学家不盲目自信的审慎和对"好学深思,心知其意"的向往。连续运用转折句式,用以表达自己的感慨、体会,或表困扰,或表叹惋,或表喜悦,或表自信，造成转折委曲、往复回环的文势，道出了司马迁写作的甘苦。句子内有转折，外能连接，虚活灵转，摇曳多变，加上语言古雅，具有文简意深、娓娓动听的效果。

成　语

好学深思：喜欢学习，勤于思考。

司马迁·论史

酷吏列传序
zhuàn

《史记》

【题 解】

西汉武帝时期刑罚酷烈，《酷吏列传》揭露酷吏的残暴行为，所记载的人物以这一时期居多。酷吏出现以后，百姓犯法变多，盗贼滋生，归根结底是皇帝暴政造成的。司马迁曾入狱受辱，对酷吏肆虐有亲身体验，但不便批评现实。他在序中讨论表达了道德与刑政的关系，全篇无一句直接指斥现实，又无处不是在抨击武帝重用酷吏这一现实。

孔子曰："道¹之以政，齐²之以刑，民免而无耻³。道之以德，齐之以礼，有耻且格⁴。"老氏称："上德不德⁵，是以有德；下德不失德⁶，是以无德。法令滋章，盗贼多有。"太史公曰：信哉是言也！法令者治之具，而非制治清浊之源也。昔天

孔子说："用政令来引导人民，用刑法来整治人民，人民（虽能）免于犯罪但无羞耻心。用道德来引导人民，用礼义来整治人民，人民就既懂得羞耻而且很规矩。"老子说："最有道德的人不标榜自己有德，因此他才具有真正的有道德；道德低下的人常标榜自己没有离失道德，所以他并不具有真正的道德。法令越是繁杂明白，盗贼反而越多。"太史公说：这些话很真实啊！法令是治理国家的工具，但并不是使天下大治、扬清去

---

1. 道：同"导"，引导。后文"道之以德"的"道"字同此解。
2. 齐：整治。
3. 无耻：没有羞耻心。
4. 格：方正、规矩、规范，有所归依。
5. 上德不德：最有德的人不标榜自己有德。
6. 不失德：与"不德"相对，即标榜自己有德。

下之网尝密矣,然奸伪萌起[1],其极也,上下相遁,至于不振。当是之时,吏治若救火扬沸[2],非武健严酷(wǔ),恶[3]能胜其任而愉快乎?言道德者,溺其职[4]矣。故曰"听讼[5],吾犹人也,必也使无讼乎!""下士闻道大笑之",非虚言也。汉兴,破觚(gū)而为圜[6](yuán),斫雕而为朴(zhuó),网漏于吞舟之鱼,而吏治烝烝[7](xīng),不至于奸,黎民艾安[8](yì)。由是观之,在彼不在此。

浊的根本。从前秦朝时国家的法网曾经是严密的,但奸诈欺伪之事接二连三,最为严重的时候,上下互相推诿责任,以致国家不能振兴。当这个时候,吏治如同负薪救火、扬汤止沸,不采取强硬严酷的手段,怎么能胜任其职而心情愉快呢?讲求道德的人,没有尽到他的职责了。所以说:"审理案件,我和别人一样,如果有不同,那就是尽量不要有案件!""下愚的人听人说起道德就嘲笑他",这不是假话。汉朝兴起,废除苛刻的法律,去掉烦琐的条文,法网宽疏得可以使能吞舟的大鱼从中漏掉,但是官吏的政绩很辉煌,没有奸邪不法的事发生,百姓生活安定。由此看来,(治理国家的关键)在于道德,而不是严酷的刑罚。

---

1. 萌起:像草木初生那样接连不断地发生。
2. 救火:即负薪救火。犹谓想消灭灾害,反使灾害扩大。 扬沸:即扬汤止沸,播扬开水,使沸腾暂时停息。比喻非治本之道。
3. 恶:怎么。
4. 溺其职:失职,不尽职。
5. 听讼:审理案件。
6. 破觚而为圜:觚,有棱角的酒器。圜,同"圆"。把方形物的棱角去掉变成圆形。这里指把苛刻的法律改变得简约浑厚,即除去严法。
7. 烝烝:兴盛、美好的样子。此指政绩辉煌。
8. 艾安:治理安定,平安无事。艾,治理。

赏　析

　　全文第一层,阐述治国应依靠道德、毋使刑罚滋生犯罪的观点。先引圣贤的话作立论的理论基础,再补充解释法令只是工具,不能从根本上解决问题,并以秦朝法律烦苛,结果适得其反作为例证。第二层说刑罚治国的危害,会使其陷入恶性循环,难以自拔，更加不愿以道德治国，并再次引述圣贤的话，表示这话没错。第三层显示取舍态度，以西汉初年废除严刑苛法，国家蒸蒸日上为例，再次强调全文观点。全文论点与论据紧密配合，层层深入，紧针密线，浑然一体。作者本人的话语不多，而是在引用、举例中寓有深意。反复引用圣贤，是代自己立言。说秦朝法网严密，其实是暗指武帝。说汉初刑罚宽简，不仅与上文正反对比，也是对比武帝时期，流露失望、遗憾，寓意深长。称酷刑弊端是"若救火扬沸"，说法律疏阔是"网漏于吞舟之鱼"，比喻生动，用词巧妙，也有深意在其中。

成　语

有耻且格：人有知耻之心，则能自我检点而归于正道。出自《论语·为政》。

救火扬沸：比喻治标不治本，祸患难除。救，制止。沸，滚水。按："救火"是负薪救火。"扬沸"是扬汤（热水）止沸（热水）。

游侠列传序

《史记》

【题 解】

司马迁因为李陵仗义执言，下狱受刑，交往之人无一伸手相救，所以特别感慨游侠的侠义精神，这篇序说出了他写《游侠列传》歌颂出身下层的英雄讲信义、救危难、不畏强暴的苦心。儒、墨、法三家都轻视游侠，当政者更反对游侠，社会上受到称扬的多是儒士而很少是侠士，司马迁认为他们都有益于社会，只是实现人生价值的方式不同，所以力排众议，显示出不同寻常的见解和胆识。

韩子[1]曰："儒以文[2]乱法，而侠以武[3]犯禁。"二者皆讥，而学士多称于世云。至如以术取宰相、卿大(dà)夫，辅翼其世主，功名俱著于春秋，固无可言者。及若季次、原宪[4]，闾巷[5]人也，读书怀独行君子[6]之德，义不苟合当世，当世亦笑之。故季次、原宪终身空室蓬户[7]，褐衣疏食[8]不厌。死而已四百余年，而弟子志

韩非子说："儒者用文献扰乱法制，而游侠用暴力触犯禁令。"这两种人都受到讥评，而有学问的儒者还是多被世人称道的啊。至于像那些靠权术谋取宰相、卿大夫等高官的人，辅佐当世的君主，功名都已记载在史书上了，本来就没有值得多说的。至于像季次、原宪二人，都是民间百姓，熟读诗书，保持独善其身不随波逐流的君子节操，坚守正义，不与世俗苟合，当世的人们也讥笑他们。所以季次、原宪一生都住在家徒四壁的蓬屋之中，连布衣粗食也得不到满足。他们死了已有四百多年了，但后世儒者依然

1. 韩子：韩非子，战国时期法家代表人物。
2. 文：指儒家所推崇的先王之道和礼乐制度。
3. 武：暴力。
4. 季次、原宪：孔子弟子。季次，名公皙哀，字季次。原宪，字子思，曾居于乱草穷巷而不以贫为耻。
5. 闾巷：里巷，指民间。
6. 独行君子：指独守个人节操，而不随波逐流之人。
7. 蓬户：用蓬草编成的门户。
8. 褐衣：粗布上衣。　疏食：粗食。

之不倦。今游侠，其行虽不轨于正义[1]，然其言必信，其行必果[2]，已诺必诚，不爱其躯，赴士之厄困[3]，既已存亡死生[4]矣，而不矜[5]其能，羞伐[6]其德，盖亦有足多[7]者焉。

且缓急[8]，人之所时有也。太史公曰：昔者虞舜窘于井廪[9]，伊尹负于鼎俎[10]，傅说匿于傅险[11]，吕尚困于棘津[12]，夷吾桎梏[13]，百里饭牛[14]，仲尼畏匡，菜色[15]陈、蔡。此皆学士所谓有道仁人也，犹然遭此菑[16]，况以中材[17]

怀念他们。如今的游侠，他们的行为虽然不合乎国家法令，但他们说话一定讲信用，他们办事一定很果决，已经答应别人的一定会兑现，不爱惜自己的生命，为别人的危难而奔走，已经（做到了）使危难者获生、施暴者丧命，却不夸耀自己的才能，羞于宣扬自己的功德，所以也有值得称赞之处啊。

况且急难的情况，是人们经常有的。太史公说：从前虞舜曾在淘井和修粮仓时受到迫害，伊尹曾背着鼎锅、砧板当奴隶，傅说曾隐没在傅岩筑墙，吕尚在棘津过困窘日子，管仲遭到囚禁，百里奚喂过牛，孔子在匡地受过威胁，又在陈国、蔡国（绝粮挨饿）面有菜色。这些人都是儒者所说的有道德的仁人，尚且遭受如此灾难，何况凭中等才智而

---

1. 正义：指国法。

2. 果：坚定，不改变。

3. 厄困：灾难，困境。

4. 存亡死生：指打抱不平，使遇害将亡者得以生存，使仗势害人者死。

5. 矜：炫耀。

6. 伐：自夸。

7. 足多：值得称赞。

8. 缓急：偏义复词，急。

9. 虞舜窘于井廪：指虞舜被其父瞽叟和其弟象迫害，他们让舜修米仓，企图把舜烧死；此后又让舜挖井，两人填井陷害舜，然而舜均逃脱了。

10. 伊君负于鼎俎：伊尹乃商汤的旧臣，据传说最初伊尹为了接近汤，曾到汤的妻子有莘氏家里当奴仆，后又以"媵臣"的身份，背着做饭的锅和砧板见汤，用做菜的道理阐释他的政治见解，终于被汤重用。

11. 傅说匿于傅险：傅说乃商代武丁的名臣，在未遇武丁时，是一个奴隶，在傅岩筑墙服役。匿，隐没。傅险，即傅岩（今山西平陆东）。

12. 吕尚困于棘津：吕尚就是姜子牙，相传其七十岁时曾在棘津屠牛卖饭谋生。棘津，古水名，故道在今河南延津东北，已久湮。

13. 夷吾桎梏：夷吾，管仲字。桎梏，脚镣与手铐。此指被囚禁。

14. 百里饭牛：百里即百里奚，是春秋时秦国大夫，入秦前其曾卖身为奴，替人喂牛。饭，作动词，喂的意思。

15. 菜色：饥饿面色，因没有粮食只吃野菜造成。

16. 菑：同"灾"。

17. 中材：中等才智的人。

而涉乱世之末流[1]乎？其遇害何可胜道哉！

鄙人[2]有言曰："何知仁义，已飨[3]其利者为有德。"故伯夷丑周，饿死首阳山，而文、武不以其故贬王[4]；跖、蹻[5]暴戾，其徒诵义无穷。由此观之，"窃钩者诛，窃国者侯；侯之门，仁义存"，非虚言也。

今拘学[6]或抱咫尺之义，久孤于世，岂若卑论侪俗[7]，与世浮沉而取荣名哉！而布衣之徒，设取予、然诺[8]，千里诵义，为死不顾世，此亦有所长，非苟而已也。故士穷窘而得委命，此岂非人之所谓贤豪间者[9]邪？诚使乡曲[10]之侠，予季次、原宪比权量力[11]，效功[12]于当世，不同日而

又身处乱世黑暗时期的人呢？他们遭受的灾祸如何能说得完呢！

老百姓有这样的话："哪里知道什么仁义不仁义，给好处的人就是有德的人。"因此伯夷以帮助周朝做事为耻，（便不食周粟而）饿死在首阳山，然而周文王、周武王不会因此而使圣王的声名受损；盗跖、庄蹻暴虐凶狠，他们的徒众却不断地称颂他们的义气。由此看来，"偷别人衣带钩的要受罚，夺别人国家的却封侯；只有王侯的门庭，（才有所谓的）仁义存在"，这不是假话。

如今那些拘泥于教条的学者死守着他们所认定的狭隘的教条，长期地孤立于世俗之外，怎么比得上降低论调，迁就世俗，与世俗同沉浮去猎取功名富贵的人呢！而那些平民出身（的游侠），重视获取和给予的原则并信守诺言，义气传诵千里，为别人牺牲自己，不顾世人的议论，这些人也有他们的长处，不是随便马虎的。所以有道之士在穷困窘迫的时候，就把自己的命运委托给游侠了，（那么）这些游侠难道不是人们所说的贤人豪杰、杰出人才吗？如果将乡间的游侠与季次、原宪比较一下（他们在社会上的）权威和影响力，（以及）他们对当世做出的

---

1. 末流：犹"末世"。
2. 鄙人：居住在郊野的普通人，这里译作老百姓。
3. 飨：同"享"，受到，获得。
4. 贬王：降低王者的声誉，这里指使圣王的名声受损。
5. 跖、蹻：即盗跖和庄蹻，古时被诬为大盗的造反领袖。
6. 拘学：拘泥于教条的学者。此指季次、原宪之类。
7. 侪俗：迁就世俗。
8. 然诺：信守诺言。
9. 间者：杰出的人才。
10. 乡曲：乡里。
11. 比权量力：比较（儒者和侠者）双方的权威和影响力量。
12. 效功：做出的功效。

论矣。要以功见言信，侠客之义又曷^{xiàn}^{hé}可少¹哉！

古布衣之侠，靡^{mǐ}得而闻已。近世延陵、孟尝、春申、平原、信陵²之徒，皆因王者亲属，借于有土卿相之富厚，招天下贤者，显名诸侯，不可谓不贤者矣。比如顺风而呼，声非加疾，其势激也。至如间巷之侠，修行砥^{dǐ}名，声施^{yì 3}于天下，莫不称贤，是为难耳。然儒、墨皆排摈^{bìn 4}不载。自秦以前，匹夫之侠，湮^{yān}灭^{jiàn}不见，余甚恨⁵之。以余所闻，汉兴^{xīng}有朱家、田仲、王公、剧孟^{mèng}、郭解^{jiě 6}之徒，虽时扞^{hàn 7}当世之文罔^{wǎng}，然其私义，廉洁退让，有足称者。名不虚立，士不虚附。至如朋党⁸宗强，

贡献，那是不能相提并论的啊。总之从功效的显著和言语的信用来说，侠客的正义行为又怎么可以轻视呢！

古时候民间的侠士，不可能知道了。近代的延陵季子、孟尝君、春申君、平原君、信陵君等人，都因为是国君的亲属，凭借着有封地和卿相地位等富厚条件，招揽天下贤能之士，在诸侯之中声名显赫，不能说不是贤能的人。好像顺风呼叫，声音本没有加大，只是风势激荡，（所以传得很远）。至于民间的侠士，修养自身的品行，砥砺自己的名节，名扬天下，没有人不称赞他们的贤能，这是很难的。但是儒家、墨家都排斥游侠而不记载（他们的事迹）。秦代以前的民间的侠士们的事迹，都已埋没而无法见到，我非常遗憾。根据我听说的，汉朝兴起以来，有朱家、田仲、王公、剧孟、郭解这些人，虽然时常触犯当世的法网，但他们个人的品德，廉洁谦让，有值得称道的地方。他们的名声不是凭空建立起来的，人们也不是凭空依附他们的。至于像那些结党营私的人和豪强互相勾结，倚仗钱

1. 曷：何，怎么。　少：轻视，鄙视。
2. 延陵：春秋时吴国公子季札，又称延陵季子。　孟尝：孟尝君，齐国贵族田文。　春申：春申君，楚国黄歇。平原：平原君，赵惠文王之弟赵胜。　信陵：信陵君，魏安釐王异母弟魏无忌。孟尝君、春申君、平原君和信陵君并称"战国四公子"。
3. 施：及。这里指传遍。
4. 排摈：排斥，摈弃。
5. 恨：遗憾。
6. 朱家、田仲、王公、剧孟、郭解：此五人皆为汉初著名的游侠。
7. 扞：违犯，抵触。
8. 朋党：指牟取不正当利益的团伙。

比周¹设财役贫，豪暴侵凌孤弱，恣欲自快，游侠亦丑之。余悲世俗不察其意，而猥以朱家、郭解等令与豪暴之徒同类而共笑之也。

财奴役穷人，以野蛮的暴力侵害欺凌势单力弱之辈，放纵私欲只图自身快乐，游侠也是很憎恨这些丑行的。我悲叹世俗不了解游侠的心志，却随随便便地把朱家、郭解等人与那些豪强横暴之徒视为同类而一起加以讥笑。

1. 比周：互相勾结。

赏　析

开篇引述韩非子的论述将儒侠相提并论。然后先比较儒士中的幸运者和不幸者，转入评论侠士者，揭示侠义精神的内涵。进而比较儒士以仁义，侠士以侠义，都是给人利益、幸福。再比较侠士中的幸运者和不幸者，赞叹匹夫之侠、乡间之侠慷慨允诺、扶危济困、排忧解难是尤其难能可贵的。又比较不幸的儒士保持节操而受人效仿，不幸的侠士义无反顾却不为人所知，点出为他们立传的苦心。最后比较游侠之士与豪暴之士的不同，使评价更为公允。全文反复把儒和侠相对照，以儒衬侠，借儒形侠，有的置于同一段落，有的则首尾呼应，层层回环，步步转折，对比衬托，曲尽其妙，有的是印证，有的是解释，充分表达颂扬之情。比较之后常有感叹语句，还有不少语句蕴含深情，传递作者的无限感慨。这种对照的写法，使文章波澜起伏，抑扬顿挫，往复回环，余味深长。

成　语

空室蓬户：空的屋子，简陋的门户。形容生活穷困，居住条件差。

褐衣疏食：穿粗布衣服，吃粗糙食物。形容生活清贫。也作"褐衣蔬食"。

与世浮沉：随波逐流，附和世俗。

货殖列传序

《史记》

【题 解】

《货殖列传》叙述巨贾富商的发迹史，司马迁在序中阐述了他对于"利"的看法。不但承认趋利的合理性，货物的生产和交换能实现富国裕民，而且提到形而上的高度加以论证，患贫趋富是人的本性，符合自然规律，是人力所无法改变的。不仅抽象地肯定，而且具体论证"利"的功用，认为政府应该顺应这种心理，不强行干涉，更不能同他们争利。

《老子》曰："至治之极，邻国相望，鸡狗之声相闻，民各甘其食，美其服，安其俗，乐其业，至老死不相往来。"必用此为务，挽¹近世涂民耳目，则几无行矣。

太史公曰：夫神农以前，吾不知已²。至若《诗》《书》所述虞、夏以来，耳目欲极声色之好，口欲穷刍豢³之味，身安逸乐，而心夸矜势能⁴之荣，使俗之渐⁵民久矣，虽

《老子》说："国家治理到最好的程度，相邻国家的人民可以互相望见，鸡狗的叫声可以互相听见，老百姓们各自认为自己的饮食甘美，自己的衣服漂亮，安享本地的风俗，喜欢自己的职业，直至老死也不互相往来。"如果一定要以此作为追求的目标，想扭转近代的风俗，堵塞百姓的耳目，则几乎是行不通的。

太史公说：神农以前的事情，我不清楚了。至于像《诗经》《尚书》里所记述的虞舜、夏禹以来，人们总想使自己的耳朵和眼睛享受最好的音乐和美色，使自己的嘴巴享尽各种肉食美味，使自己的身体安于舒适、安乐的环境，而内心又夸耀有权势、有才能的光荣，并让这种风气浸染民心已经很久

---

1. 挽：这里指扭转。
2. 已：同"矣"。
3. 刍豢：指牲畜的肉。用草饲养的叫作"刍"，如牛、羊；用粮食饲养的叫作"豢"，如猪、狗。
4. 势能：权势、才能。
5. 渐：浸染，潜移默化。

户说以眇论[1]，终不能化。故善者因之[2]，其次利道[3]之，其次教诲之，其次整齐[4]之，最下者与之争。

夫山西饶材、竹、榖、纑、旄[5]、玉石，山东多鱼、盐、漆、丝、声色[6]，江南出楠、梓、姜、桂、金、锡、连、丹沙、犀、瑇瑁、珠玑、齿、革[7]，龙门、碣石北多马、牛、羊、旃、裘、筋、角[8]，铜、铁则千里往往山出棋置。此其大较[9]也。皆中国人民所喜好，谣俗被服饮食、奉生送死[10]之具也。故待农而食之，虞[11]而出之，工而成之，商而通之。此宁有政教发征期会哉？人各任其能，竭其力，以得所欲。故物贱之征[12]贵，贵之征贱，

了，即使用老子这样精妙的言论挨家挨户地去劝说，也终究不能改变过来。所以最好的方法是顺应形势的发展，其次是用利益去引导他们，再其次是教导他们，又其次是用规章制度来加以限制他们，最愚蠢的办法是与老百姓争利。

崤山以西一带盛产木材、竹子、楮树、野麻、牦牛尾巴、玉石，崤山以东一带多产鱼、盐、漆、丝、歌伎舞女，长江以南一带出产楠木、梓木、姜、桂、金、锡、铅矿石、朱砂、犀牛角、玳瑁、珍珠、象牙、皮革，龙门山和碣石山以北多出产马、牛、羊、毛毡、皮衣、皮条、兽角，铜矿和铁矿则广布千里，到处都是，如棋子密布。这是大略情况。这些都是中原百姓喜好的，是各地风俗习惯用来作为穿衣吃饭、养生送死所必备的东西。所以依靠农民种地吃饭，依靠开发山林川泽的人才能把物品采集运送出来，依靠工匠做工才能制造器物，依靠商人使物产流通。这难道是靠发布政令、征调百姓定期会集（做到的）吗？每个人各自发挥自己的能力，竭尽自己的力量，借此获得他们想要得到的东西。所以物价贱是贵的征兆，物价贵是贱的征兆，人们

1. 户说：挨家挨户劝说。眇论：曲折精妙的理论，指上述老子的言论。眇，同"妙"，美好，精致。
2. 因之：顺其变化。因，顺。
3. 道：同"导"。
4. 整齐：用规章制度来加以限制。
5. 山西：指崤山以西，今陕西一带。榖：即楮树，树皮可造纸。旄：牦牛尾巴，可以用作旌旗的装饰。
6. 山东：指崤山以东。声色：指歌伎舞女。
7. 江南：指长江以南。连：铅矿石。丹沙：即丹砂，也叫朱砂，矿物名。犀：犀牛角。瑇瑁：即玳瑁，海中动物，似海龟，甲壳可做珍贵的装饰品。珠玑：泛指珍珠。玑，不圆的珍珠。齿：象牙。革：皮革。
8. 旃：同"毡"，毛毡。筋、角：皮条、兽角，可以用来制造弓弩。
9. 大较：大略，大概。
10. 奉生送死：供养生者，礼葬死者。
11. 虞：掌管山林川泽出产的官员，此指开发山林川泽的人。
12. 征：征兆，预先出现的苗头。

各劝其业，乐其事，若水之趋下，日夜无休时，不召而自来，不求而民出之。岂非道之所符而自然之验邪^{yé}？

《周书》曰："农不出则乏其食，工不出则乏其事，商不出则三宝¹绝，虞不出则财匮^{kuì}少。"财匮少而山泽不辟^{pì}矣。此四者，民所衣食之原²也。原大则饶，原小则鲜^{xiǎn 3}。上则富国，下则富家。贫富之道，莫之夺予，而巧者有余，拙者不足。故太公望封于营丘，地潟卤^{xì lǔ 4}，人民寡，于是太公劝其女功⁵，极技巧，通鱼盐，则人物归之，襁^{qiǎng}至而辐凑⁶。故齐冠带衣履天下，海岱^{dài}之间敛袂^{mèi 7}而往朝^{cháo}焉。其后齐中衰，管子修之，

各自勉力从事自己的职业，乐于从事自己的工作，就像水往低处流，日夜不停，不用召唤自己就来了，不用去寻求人民就自己会生产出来。这难道不是符合自然规律而且得到自然的验证吗？

《周书》上说："农民不拿出粮食就会缺少吃的；工匠不制出器物就缺少用具；商人不出来经商，粮食、器物、物财这三宝就断了来源；开发山林川泽的人不出力，物财就会匮乏。"社会财富匮乏，山林川泽就得不到开发。这四个方面是老百姓穿衣吃饭的来源。源泉广就财富多，源泉窄小就财富少。对上来说可以富国，对下来说可以富家。贫富的法则，没有谁能够夺走或给予的，只是聪明的人能使自己有余，笨拙的人常使自己不足。所以姜太公被封在营丘，那里的土地多是盐碱地无法耕种，人口稀少，于是姜太公就鼓励女子养蚕纺织，极力钻研技术，将鱼和盐贩运到其他地区销售，这样其他地区的人民和财物尽归向齐国，像绳索相连似的络绎不绝，好像车轮中辐条凑集到车毂上一样。所以齐国制造的衣服鞋帽遍布天下，从渤海到泰山一带的诸侯，都整敛衣袖（恭敬地）前来朝拜。后来齐国中途衰弱，管仲

1. 三宝：亦指食、事、财。
2. 原：同"源"。
3. 鲜：少。
4. 潟卤：盐碱地。
5. 劝：劝勉。 女功：妇女劳动，指刺绣、纺织等事。
6. 襁：穿钱的绳索。比喻接连不断。 辐凑：形容人或物聚集像车辐集中于车毂一样。辐，车轮中连接车毂和轮圈的直条。凑，聚集。
7. 海岱之间：指山东半岛。海，指今渤海。岱，泰山。 敛袂：整敛衣袖以示恭敬。袂，衣袖。

设轻重九府[1]，则桓公以霸，九合诸侯，一匡（kuāng）天下；而管氏亦有三归，位在陪臣，富于列国之君。是以齐富强至于威、宣也。

故曰："仓廪（lǐn）实而知礼节，衣食足而知荣辱。"礼生于有而废于无。故君子富，好（hào）行其德；小人富，以适其力。渊深而鱼生之，山深而兽往之，人富而仁义附焉。富者得势益彰，失势则客无所之，以而不乐。谚曰："千金之子，不死于市。"此非空言也。故曰："天下熙熙（xī），皆为利来；天下壤壤[2]，皆为利往。"夫千乘（shèng）之主、万家之侯、百室之君尚犹患贫，而况匹夫编户[3]之民乎！

修复姜太公的遗业，设立轻重九府（管理财政），于是齐桓公因而称霸，多次会盟诸侯，匡正天下；而管仲本人也拥有三归，（虽然他的）地位仅是个陪臣，却比各国的国君还要富有。因此齐国的富强局面一直维持到齐威王、齐宣王时期。

所以说："仓廪实而知礼节，衣食足而知荣辱。"礼义产生于富足而废弃于贫穷。所以君子富有，就愿意去做仁德之事；小人富有，就会把精力用在适当的地方。潭水很深，就有鱼类生活在那里；山林很深，野兽就会到那里去；人很富有，仁义也就依附在他身上。富人得势就更加显赫，失掉权势则连客人也没有去处，因而内心闷闷不乐。谚语说："家有千金的富人子弟，是不会（因犯法而）被处死在闹市中的。"这不是空话。所以说："天下人熙熙攘攘，都是为利益奔走往来。"即使拥有千辆战车的国君，占有万户封地的诸侯，据有百室封邑的大夫，尚且担心贫穷，何况编入户口册上的平民百姓呢！

---

1. 轻重九府：主管金融货币的官府。轻重，权衡货物贸易关系的方法。九府，指大府、玉府、内府、外府、泉府、天府、职内、职金、职币九种职官。
2. 壤壤：同"攘攘"。
3. 编户：编入户口册。

赏 析

本文是标准的论说。先引老子的主张作为批驳的反面观点，指出其不可行，从反面提出全文观点。再分别论述"货殖"的必然性和重要性：社会发展和人们需求的必然，对富国利民和促进礼义的重要性。全文据事论理，层次分明，而且采用多种论证方法，因此论证有力而摇曳多姿。事实论证，有概括事实论证，如各地出产；有具体事实论证，如齐国的富强。引用论证，有转述略引，如引《诗》《书》；有直接引用，如引《周书》。直接引用中，有正面引用，如管子的观点；有反面引用，如老子的言论。还有因果论证，如第二段从人欲推出正道；正反论证，如第三段说农、虞、工、商的重要，第四段又说不用的后果。类比论证，如"渊深而鱼生之，……人富而仁义附焉"。还有比喻、对偶、排比、反问、层递等多种手法，因此议论的语言生动、形象、表现力强。

成 语

一匡天下：消除混乱局面，使天下安定下来。

韩愈·物有所说

杂说 [1] 四

韩愈

【题 解】

本文以千里马作喻，说明人才是到处都有的，关键在于能否识别，并给予较好的条件。作者基于自身经历和见闻，指责当权者昏庸偏私，讽刺了那种压抑人才的不合理现象，为受屈的人才鸣不平。从总体上看，文章的表达一直没有越出客观说理的界限，但悲愤之情是始终含在里面的。

世有伯乐 [2]，然后有千里马。千里马 [3] 常有，而伯乐不常有，故虽有名马，祇辱于奴隶人之手，骈死 [4] 于槽枥 [5] 之间，不以千里称也。

世上有了伯乐，然后才会有千里马。能日行千里的马是常有的，然而伯乐不是常有的。因此，即使有了名马，也只能辱没于养马的奴仆之手，和平常的马一起死在马厩之中，不能凭借日行千里而受到别人的称赞。

马之千里者，一食或尽粟一石 [6]，食 [7] 马者不知其能千里而食也。是马也，虽有千里之能，食不饱，力

日行千里的马，一餐有时要吃完一石粟。养马的人不知道这马能日行千里，（不按千里马的食量）喂养它。这样的马，虽有日行千里的能力，但是吃不饱，力气不足，才

---

1. 杂说：一种随感性的议论文，内容、形式都比较自由。《韩昌黎集》中有四篇杂说。
2. 伯乐：孙阳，字伯乐，春秋时秦人，善相马。伯乐识千里马事，见《战国策·楚策四》《列子·说符》《庄子·马蹄》诸篇，历来作为善于识拔人才的典故。
3. 千里马：指具有日行千里之能而尚未被发现的好马。
4. 骈死：并列而死，一起死。
5. 槽：盛饲料喂马的器具。枥：马厩（jiù）。
6. 一食：吃一顿。尽粟一石：吃完一石粟，极言好马食量大。
7. 食：同"饲"，喂养。下文"食之不能尽其材"中"食"同。

不足,才美不外见¹,且欲与常马等不可得,安求其能千里也!

策²之不以其道,食之不能尽其材,鸣之而不能通其意,执策而临之曰:"天下无马。"呜呼!其真无马邪?其真不知马也!

干特长也就不能表现出来,就是想要它与平常的马相等的水平都不可得,哪里还能要求它日行千里呢?

(那些饲养马的人,)驾驭马时不能用驾驭千里马的方法,喂养马又不能按照它的才力需要给足饲料,听到马的嘶鸣又不懂它的意思,反而手里拿着马鞭,指着它说:"天下没有千里马。"唉!难道真的没有千里马吗?恐怕是他们真的不认识千里马啊!

---

1. 才美:才具、长处。见:同"现",呈现。
2. 策:马鞭。这里用作动词,驾驭。

赏 析

故事源自典故,却自出新意,以马喻人,写未遇时的悲愤。开头即论题,强调伯乐的重要和难得,悖于常识,让人迷惑,由此展开论辩,将思想带入新认识,有思辨之美。再从三个层面揭示论题:发现之难,饲养不当,使用更难。步步深化,托物寓理,反面论证,意在言外。最后转为讽刺鞭挞。三句排比,文气恢宏,一反话一叹,归结于"不知",文有尽而韵无尽。发言直率,感愤浓烈,"鸣之而不能通其意"的细节描写,使悲愤之情明朗,虽无事件和情节的发展,刻画形象却惟妙惟肖。借比喻、寓言增强形象性,使论题在形象化的过程中得到证实,使直接描述和就事论事的平铺直叙变得波澜壮阔、摇曳生姿,说服力强,发人深思。文风活泼,文意跌宕,句法多变,盘旋曲折。陈述、感叹语气互用,警句式议论、具象式议论交织。篇幅短小,流畅明快,笔锋活泼,笔力雄健。

杂说一

韩　愈

【题　解】

　　"杂说"是一种感性的议论文，韩愈写了四篇杂说，本篇为第一篇，又称《龙说》，由《周易》中的"云从龙"一句话，想到君臣必须相互依赖的关系。写作目的在于提醒君主要重用贤臣。但由于准确使用了辩证思维，可启发我们对文章主旨有更多理解：人的主观能动性就在于积极地创造条件，使自己的抱负得以实现。

　　龙嘘气¹成云，云固弗灵于龙也。然龙乘是气，茫洋穷乎玄间²，薄日月，伏光景³，感⁴震电，神⁵变化，水下土⁶，汩⁷陵谷。云亦灵怪矣哉！

　　云，龙之所能使为灵⁸也。若龙之灵，则非云之所能使为灵也。然龙弗得云，无以神其灵矣，失其所凭依，信不可欤！异哉！其所凭

　　龙吹出气变成云，云原来并不比龙灵异。然而，龙乘着这云气，可以自由自在地到达天的尽头，靠近太阳月亮，使天光黯然失色，使雷电为之震动，神奇地发生变化，可以降雨浸润土地，使水在山谷间汩汩奔流。这云也真是灵妙奇异的啦！

　　云，是龙的能力使它变成灵异的。像龙那样的灵异，那就不是云的能力使它变成灵异的。然而，龙不能得到云，就无法显示出它的灵异了。失去它所依靠的东西，是确实不可以的！奇异啊！它所依靠的东西，竟然

---

1. 嘘气：吐气。
2. 茫洋：同"徜徉"，自由自在地往来。玄间：苍穹，太空。玄，幽远。古代有"天玄地黄"之说，玄是青黑色。
3. 伏：藏匿，遮蔽。光景：日光。
4. 感：同"撼"，摇动。
5. 神：形容词的使动用法，使……神奇。
6. 水：浸润。下土：土地。
7. 汩：水流不止。
8. 使为灵：使之为灵。"使"后省掉的"之"指代云。

依，乃其所自为也。《易》曰："云 从龙。"既曰龙，云从之矣。

是它自身制作出来的。《易经》中说："云从龙。"既然叫龙，云当然跟随着它啦。

【赏 析】

赏 析

本文虽然仅有百余字，却写得形象生动，气势雄伟，文字简洁，笔法活脱，跌宕婉转，波澜起伏，富于变化，读来仿佛那腾云驾雾的神龙跃然纸上。韩愈用诗家"比""兴"的方法，托物寓意，形意交融，使龙的形象宏伟瑰丽。全文以"灵"字为线索，围绕"龙"和"云"展开，从各个不同的角度，阐述"龙""云"相依的关系，一时写"龙"，一时写"云"，一时又合写两者，全文文意有五六次转折，一转一意，层层转换，每下一转，也如游龙夭矫，变幻莫测，令人心迷目眩。这不单是笔法的问题，而是其立意和短篇体制本身所决定的。立意深曲，喻旨出人意表，篇幅又短，不能不层层转折。本文揭示了为人处世的深刻哲理，贯穿全文的生动形象的比喻，同层次分明的议论紧密地结合在一起，增强了文章的说服力。

获麟[1]解

韩　愈

【题 解】

文章非以"麟"而以"获麟"为题，源自《春秋》中的西狩获麟而不知一事，并反其意而用之，反复辩论《左氏传》"以为不祥"之说。抓住经史中的一词一句一事深加阐说，加以翻案，务言人之所未言，思人之所未思，往往是有感触和寄托的。作者有感于自己怀才不遇，生不逢时，在文中以麒麟自喻，在"知""不知"上寄托感慨。

麟之为灵，昭昭也。咏于《诗》[2]，书于《春秋》[3]，杂出于传记百家之书，虽妇人小子皆知其为祥也。

然麟之为物，不畜于家，不恒有于天下。其为形也不类[4]，非若马、牛、犬、豕、豺、狼、麋[5]、鹿然。然则虽有麟，不可知其为麟也。角者，吾知其为牛；鬣[6]者，吾知其为马；犬、豕、豺、狼、麋、鹿，吾知其为犬、豕、豺、狼、麋、鹿；惟麟也不可知。

麒麟是灵异的动物，这很清楚明白。在《诗经》中吟咏过它，在《春秋》里记录过它，在史书和诸子百家的著作内也零散地提及，即使是妇女和小孩子，也都知道它是祥瑞。

然而麒麟作为一种动物，不在人家中饲养，不经常在天下出现。它的外形不好归类，不像马、牛、狗、猪、豺、狼、麋、鹿那样。既然这样，那么即使存在麒麟，人们也不知道它就是麒麟。有角的，我就知道它是牛；有鬣毛的，我就知道它是马；狗、猪、豺、狼、麋、鹿，我知道它们是狗、猪、豺、狼、麋、鹿，只有麒麟不知道（它的模样）。不知道（它的模

---

1. 麟：麒麟，古代传说中的一种动物，生性柔和，是吉祥的象征。
2. 咏于《诗》：《诗经》有《麟之趾》篇。
3. 书于《春秋》：《春秋·鲁哀公十四年》有"西狩获麟"的记载。
4. 不类：不好归类，指不像这样，也不像那样。类，名词作动词，归类。
5. 麋：兽名，就是驼鹿。
6. 鬣：马颈上的长毛。

不可知，则其谓之不祥也亦宜。虽然，麟之出，必有圣人在乎位，麟为圣人出也。圣人者，必知麟。麟之果不为不祥也。

又曰："麟之所以为麟者，以德不以形。"若麟之出不待圣人，则谓之不祥也亦宜。

祥），那么叫它作不祥之物也合适。虽然这样，麒麟出现时，一定有圣人在位，麒麟是为圣人现身的。圣人一定了解麒麟。麒麟果真不是不祥之物。

又说："麒麟成为麒麟的原因，在于德行而不在于外形。"如果麒麟没等到圣人在位就出现了，那么说它是不祥之物也合理。

赏　析

本文仅一百八十余字，以《左传》"不祥"二字立论，却由麟"祥"说到人"不祥"，字少意多，有许多转换，读来好像有无限曲折在其中。第一段说麟为灵物；第二转说"不知其为麟"；第三转说"惟麟不可知"；第四转说"麟不祥亦宜"；第五转说"圣人知之，不为不祥"；第六转说"麟不必论其形"；第七转说"人谓不祥也"。不是用"祥""不祥"，而是用"知""不知"两字转换。忽"知"忽"不知"，感慨的是"不知"；忽"祥"忽"不祥"，自信为"祥"。层层翻剥，抑扬开合，将尽忽转，将绝复生，曲折反复，跌宕起伏，变幻莫测，愈变化而愈劲厉，穷尽文章诡幻，有转无竭，议论层出不穷，所以甚佳。层层转折、富于变化的写法，与深微曲折的立意正好相应，让我们感到有一股郁郁不平之气在其中。笔法灵活，寄托深远，文章越短，越曲折变化，显得波澜起伏，寓意深远。

韩愈·理有所辩

原道

韩愈

【题解】

　　唐朝中后期，由于帝王的热心提倡，导致佛教、道教泛滥。在佛、道两家大谈其道、"道"的观念深入人心时，儒家也将其理念"仁义"说成儒家的"道"。"原道"实际上是"原仁""原义"。"仁"者爱人，"义"者宜也，儒家重视维护人伦、社会，道、佛则相反。韩愈从维护社会的立场出发讲明了这一点，也就把儒家之"道"立起来了。

　　博爱之谓仁，行而宜之之谓义，由是而之焉之谓道，足乎己无待于外之谓德。仁与义为定名[1]，道与德为虚位[2]。故道有君子小人，而德有凶有吉。老子之小仁义，非毁之也，其见者小也。坐井而观天，曰"天小"者，非天小也。彼以煦煦[3]为仁，孑孑[4]为义，其小之也则宜。其所谓

　　泛爱一切人叫作"仁"，行动合宜的叫作"义"，循此而往叫作"道"，自身具有的不依赖于外界的叫作"德"。"仁"和"义"是意义确定的名称，"道"和"德"是意义不确定的名称。所以道有君子之道和小人之道，"德"有吉德和凶德。老子小看仁义（的意义），并不是诋毁仁义，而是他的见识小。（正如）坐在井里看天，说天很小，这并不是天小。他把和颜悦色、小恩小惠当作"仁"，把谨小慎微当作"义"，那么他小看仁义是很自然的事。他所说的"道"，是把他的道当

---

1. 定名：事物固定的名称。仁和义是具体事物的固定名称，循名责实，有其实际内容。
2. 虚位：空位，抽象的东西。道德可言作不同的解释，是从不同的内容和准则中抽象出来的，故曰"虚位"。
3. 煦煦：小恩小惠。
4. 孑孑：谨小慎微。

道，道其所道[1]，非吾所谓道也；其所谓德，德其所德[2]，非吾所谓德也。凡吾所谓道德云者，合仁与义言之也，天下之公言也；老子之所谓道德云者，去仁与义言之也，一人之私言也。

周道衰，孔子没[3]，火于秦[4]。黄、老[5]于汉，佛于晋、魏、梁、隋之间。其言道德仁义者，不入于杨[6]，则入于墨，不入于老，则入于佛。入于彼，必出于此。入者主之，出者奴之；入者附之，出者污之。噫！后之人其欲闻仁义道德之说，孰从而听之？老者曰："孔子，吾师之弟子也。"佛者曰："孔子，吾师之弟子也。"为孔子者，习闻其说，乐其诞而自小也，亦曰："吾师亦尝师之云尔。"不惟举之于其口，而又笔之

作道，并非我所说的"道"；他所说的"德"，是把他的德当作德，并非我所说的"德"。凡是我所说的道德，都是和仁义相结合来说的，是天下的公论；老子所说的道德，是丢开了仁义说的，只是他个人的说法。

周道衰落，孔子去世，儒家诗书被秦烧毁，黄老学说在汉代（盛行），佛教在晋、魏、梁、隋各代（流行）。那时候，谈论道德仁义的，不归入杨朱一派，就归入墨子一派；不归入老子的道家，就归入佛教。归入那一家，必然离开这一家。归入那一家，就奉为尊主；离开那一家，就把它看作隶属；归入那一家，就附和那一家；离开那一家，就污蔑那一家。唉！后世的人想要知道仁义道德的学说，从谁那里听得到呢？（推崇）老子道家的人说："孔子，是我们老师的学生。"（信奉）佛教的人说："孔子，是我们老师的学生。"（推崇）孔子学说的人，听惯了那些话，乐于听从那些荒诞之说而小看自己，也说："我们的老师也向他们学习过呢！"不但在他们的口里称道，而且在他们的书上也有记载。

---

1. 道：意动用法，以……为道。
2. 德：意动用法，以……为德。
3. 没：同"殁（mò）"，死。
4. 火于秦：指秦始皇焚书。火，用火烧。
5. 黄、老：指汉初流行起来以黄帝、老子为祖的黄老学说。
6. 杨：杨朱，战国时卫国著名思想家，主张"为我"，与儒家思想对立。

于其书。噫！后之人虽欲闻仁义道德之说，其孰从而求之？甚矣！人之好怪也！不求其端，不讯其末，惟怪之欲闻[1]。

古之为民者四[2]，今之为民者六；古之教者处其一，今之教者处其三。农之家一，而食粟之家六；工之家一，而用器之家六；贾之家一，而资焉[3]之家六。奈之何民不穷且盗也！

古之时，人之害多矣。有圣人者立，然后教之以相生相养之道，为之君，为之师。驱其虫蛇禽兽，而处之中土。寒然后为之衣，饥然后为之食。木处而颠，土处而病也，然后为之宫室。为之工以赡[4]其器用，为之贾以通其有无，为之医药以济其夭死，为之葬埋、祭祀以长其恩爱，为之礼以次其先后，为之乐以宣其

唉！后世的人虽然想知道仁义道德的学说，可是从谁那里探求它呢？人们喜好怪诞的心理太过分了！他们不去探求事情的开端，也不讯问事情的结果，唯有怪论才是（他们）想听的。

古代，作为民众，只有四类，当今呢，民众有六类；古代，负有教民任务的，只有一类，当今呢，负有教民任务的有三类。务农的只有一家，而食用粮食的有六家；做工的只有一家，而使用器皿的有六家；经商的只有一家，而取资于此的有六家。（这种情况，）又怎么能使民众不穷困（而被迫去）偷盗呢！

古时候，人们遭受的灾害太多了。有圣人出现，这才把互相供给生活资料、提供生活条件的道理教给民众，做他们的君主、当他们的师长。驱赶那些蛇虫禽兽，把民众安顿在中原地区；天气冷了以后教他们做衣裳（来御寒），肚子饿了以后教他们煮食物（来充饥）。住在树木上容易掉下来，住在土洞里容易得病，于是就教他们营造房屋。教他们做工来丰富生活用具，教他们经商来互通有无，教他们医药知识来救治那短命夭死的人，（为他们）制定丧葬、祭祀（的办法）来增长人与人之间的恩情，制定礼节来分清尊卑先后的秩序，创设音乐来宣泄人们

---

1. 惟怪之欲闻：即"惟欲闻怪"，代词"之"复指前置宾语"怪"。
2. 古之为民者四：指士、农、工、商四种人，士是从事教化的人，故下文说"古之教者处其一"。作者认为现在又增加了佛教徒、道教徒，"为民者六"，这两种人也是从事教化的，故"今之教者处其三"。
3. 资焉：取资于此。资，作动词。焉，兼词。
4. 赡：充分供应。

湮郁，为之政以率其怠倦，为之刑
以锄其强梗。相欺也，为之符玺[1]、
斗斛、权衡[2]以信之；相夺也，为之
城郭、甲兵以守之。害至而为之备，
患生而为之防。今其言曰："圣人
不死，大盗不止；剖斗折衡，而民
不争。"呜呼！其亦不思而已矣！
如古之无圣人，人之类灭久矣。何
也？无羽毛鳞介以居寒热也，无爪
牙以争食也。

是故君者，出令者也；臣者，行
君之令而致之民者也；民者，出粟
米麻丝、作器皿、通货财以事其上
者也。君不出令，则失其所以为君；
臣不行君之令而致之民，则失其所
以为臣；民不出粟米麻丝、作器皿、
通货财以事其上，则诛。今其法曰：
"必弃而[3]君臣，去而父子，禁而相
生相养之道。"以求其所谓"清静

心中的郁闷；实施政令来督率那怠惰懒散的人，建立刑法来铲除那强悍不驯之徒。（人们）互相欺诈，就制作出符节、玺印、斗斛、秤尺等作为凭信；（人们）互相争夺，就设置城郭、盔甲、兵器来守卫。祸害将至，早做准备；忧患将生，及早预防。现在道家那些人说："圣人不死，大盗贼就不会止息。毁掉了升斗，折断了秤杆，人们就不会争夺。"唉！说这种话的人，都不过是不加思考而说说罢了。如果古代没有圣人，人类早已灭亡了。为什么呢？人类没有羽毛鳞甲来适应严寒酷暑的环境，也没有坚硬的爪牙来（与禽兽）夺取食物呀！

因此，君主是发布命令的；臣子是执行君主的命令并传达给民众的；民众，是生产粮食丝麻、制造器皿、流通货物钱财来供奉居于上位的君臣的。君主不发布命令，就丧失了用来为君的权力；臣子不执行君主的命令并传达给民众，就丢掉了他用来做臣子的职责；民众不生产粮食丝麻、不制作器皿、流通货物钱财来供奉居于上位的君臣的，就要受到惩处。现今佛教的法规说："一定要废弃你们的君臣关系，抛弃你们的父子关系，禁止你们那种相生相养的办法。"（这样）来求得他们所谓的清

---

1. 符：符节，双方各执一半以为凭信。 玺：玉制的印信。秦以后成为帝王专用印信的名称。
2. 权衡：称物体重量的衡器。权，秤锤。衡，秤杆。
3. 而：你，你的。

寂灭"[1]者。呜呼！其亦幸而出于三代之后，不见黜[chù]于禹、汤、文、武、周公、孔子也；其亦不幸而不出于三代之前，不见正于禹、汤、文、武、周公、孔子也。

帝之与王，其号虽殊，其所以为圣一也。夏葛[gé]而冬裘[qiú]，渴饮而饥食，其事虽殊，其所以为智一也。今其言曰："曷不[hé][2]为太古之无事？"是亦责冬之裘者曰："曷不为葛之之易也？"责饥之食者曰："曷不为饮之之易也？"传[zhuàn][3]曰："古之欲明明德于天下者，先治其国；欲治其国者，先齐其家；欲齐其家者，先修其身；欲修其身者，先正其心；欲正其心者，先诚其意。"然则古之所谓正心而诚意者，将以有为也。今也欲治其心，而外天下国家，灭

净寂灭（的境界）。哎哟！他们幸而出生在三代之后，才不为夏禹、商汤、周文王、周武王、周公、孔子所贬斥；他们也不幸而不出生在三代之前，没有得到夏禹、商汤、周文王、周武王、周公、孔子的教诲和纠正。

称为帝和称为王，他们的名号虽然不同，但是他们作为圣人的原因是一样的。夏天穿葛衣，冬天穿皮裘，渴了要饮水，饿了要吃饭，事情虽然不同，但它们被称为智慧的原因是一样的。现在道家的人说："为什么不像远古那样无为而治？"这也就是责备冬天穿皮裘的人说："为什么不过只穿葛衣那样的简单生活？"责备饿了吃饭的人说："为什么不过只喝水那样的简单生活？"《礼记》说："古代想将光辉德行彰明于天下的人，要先治理好他的封国；想治理好他的封国的人，要先治理好他的家庭；想治理好他的家庭的人，要先修养好他自身；想修养他自身的人，要先端正他的心性；想端正他的心性的人，一定先使自己具有诚意。"这样，那么古代所说的端正心性、使情志真诚，是将要以此有所作为。现在想修养心性，却将天下国家置之度外，泯灭伦理，儿子不把

---

1. 清净寂灭：佛教语。清净，指脱离一切恶行、烦恼和污垢。《俱舍论》十六："诸身语意三种妙行，名身语意三种清净，暂永远离一切恶行烦恼垢，故名为清净。"寂灭，即涅槃，指超脱一切、进入不生不灭的境界。《佛说无量寿经·卷上》："诚谛不虚，超出世间，深乐寂灭。"后称佛或僧人死为寂灭或涅槃。
2. 曷不：何不。
3. 传：解释儒家经典的书。

其天常[1]，子焉而不父其父，臣焉而不君其君，民焉而不事其事。孔子之作《春秋》也，诸侯用夷礼则夷之，进于中国则中国之[2]。经曰："夷狄之有君，不如诸夏之亡。"《诗》曰："戎狄是膺[3]，荆舒是惩[4]。"今也举夷狄之法，而加之先王之教之上，几何其不胥[5]而为夷也！

夫所谓先王之教者，何也？博爱之谓仁，行而宜之之谓义，由是而之焉之谓道，足乎己无待于外之谓德。其文，《诗》《书》《易》《春秋》；其法，礼、乐、刑、政；其民，士、农、工、贾；其位，君臣、父子、师友、宾主、昆弟、夫妇；其服，麻、丝；其居，宫、室；其食，粟米、果蔬、鱼肉。其为道易明，而其为教易行也。是故以之为己，则顺而祥；以之

自己的父亲当父亲，大臣不把自己的君主当君主，百姓不做自己该做的事。孔子写作《春秋》，诸侯用夷狄礼节的就将其视为夷狄，进步而使用中原礼节的就将其视为中原诸侯。经书里说："夷狄有君主，不如中原诸侯国没有君主。"《诗经》说："打击戎狄，惩罚荆舒。"现在却标举夷狄的法度，并把它抬高到先王教化之上，（那么，即使）没有都成为夷狄，其间又有多少距离呢？

我所说的先王政教是什么呢？泛爱一切人叫作"仁"，行动合宜的叫作"义"，循此而往叫作"道"，自身具有的不依赖于外界的叫作"德"。其典籍文献是《诗经》《尚书》《周易》《春秋》；其法度是礼节、音乐、刑罚、政令；其民众是士、农、工、商；其位置秩序是君臣、父子、师友、宾主、兄弟、夫妇；衣服是麻丝，住处是房屋；食物是粮食、蔬果、鱼肉。它作为道理简单明了，作为教令容易施行。因此，用它来对待自己，就和顺而吉祥；用它来对待民众，就博爱而公正；用它来

1. 天常：即所谓天伦，指封建社会中人际关系之总和，如君臣、父子、师友、宾主、昆弟、夫妇等伦理纲常关系。
2. 中国之：以之为中国。中国，指中原地区。
3. 戎狄是膺：宾语前置，相当于"膺戎狄"，打击戎狄。膺，抵挡，打击。戎狄，古代指西北地区的少数民族。
4. 荆舒是惩：相当于"惩荆舒"。荆舒，古代指东南地区的少数民族。
5. 几何：相当于"几乎"。胥：都。

为人，则爱而公；以之为心，则和而平；以之为天下国家，无所处而不当。是故生则得其情，死则尽其常；郊焉而天神假[1]，庙焉而人鬼飨[2]。曰："斯道也，何道也？"曰："斯吾所谓道也，非向所谓老与佛之道也。尧以是传之舜，舜以是传之禹，禹以是传之汤，汤以是传之文、武、周公，文、武、周公传之孔子，孔子传之孟轲。轲之死，不得其传焉。荀与扬[3]也，择焉而不精，语焉而不详。由周公而上，上而为君，故其事行；由周公而下，下而为臣，故其说长。"然则如之何而可也？曰："不塞不流，不止不行。人其人[4]，火其书，庐其居[5]，明先王之道以道之，鳏寡孤独废疾者有养也。其亦庶乎其可也。"

涵养心性，就祥和而平静；用它来治理天下国家，就没有地方是不适宜的。因此人活着就会感受到人与人之间的情谊，人死了就能得到按照礼法的安排；祭祀天地，天神就会降临；祭祀祖先，祖先的灵魂就会来享用祭品。有人问："这个道是什么道？"回答是："我所说的这个道，不是之前所说的老子和佛教的道。尧将这道传给舜，舜将这道传给禹，禹将这道传给汤，汤将这道传给文王、武王、周公，文王、武王、周公传给孔子，孔子传给孟轲；孟轲死后，这个道就没有传人了。荀子与扬雄，对此道虽有拣择但不精练，虽有论述但不详备。从周公往上，得道者都居于上位而为君主，所以儒道得以推行；从周公往下，得道者都居于下位而为人臣，所以儒学流传长久。"既然这样，怎么办才能行呢？回答是："（佛老之说）不阻塞、不禁止，（先王之道）就不能流传、不能推行。让僧道还俗，焚毁他们的典籍，把佛寺道观改为民居，彰明先王之道来引导他们，使鳏夫、寡妇、孤儿、孤老和残障者得到赡养。这样，也就差不多可以了！"

---

1. 假：同"格"，到。
2. 庙：祭祖。飨：同"享"，享用。
3. 荀：荀子，名况，战国末年思想家。扬：扬雄，西汉思想家、文学家。
4. 人其人：使僧道还俗为民。上一"人"字，当为"民"字，作动词用，使为民。下一"人"字，指僧道其人。
5. 庐其居：把佛寺道观改为民居。

赏　析

　　一开头就界定概念，为全文的正面论证和反面批驳奠定基础。转述老子观点，随立随破。将正面论述与反面批驳结合在一起的论述方式，使行文摇曳多姿，变化有致。作者回顾了思想史历程，采用以叙事代议论的方式，以正面事实批驳对方意见，使驳论带有强烈的感情色彩，将深刻的哲理思辨化为通俗的感性叙述，并以"是故"关联，导出理性的概括。后又从反面加以论证，正反结合，不仅使行文通畅，而且在气势上也有坚不可摧之态；最后引用了大量经典证明自己的观点合于先圣的论述，也为道统的论述建立了坚实的基础。中间以数个"古"字、"今"字贯穿，一正一反，错综震荡，翻出许多议论波澜。本文以思想性见长，义正词严，平易朴实。文风受诸子说理畅尽的影响，又加以气势造奇，有唐文的雄伟之美。大开大合，有破有立，反复论述，气势充沛，有如大江奔流，一泻千里。

成　语

　　坐井观天：坐在井底看天。比喻眼界狭小，见识有限。

　　语焉不详：说了但不详细。焉，语助词。另有作兼词"于之"讲。

　　不塞不流，不止不行：比喻只有破除旧的、错误的东西，才能建立新的、正确的东西。

原毁

韩愈

【题解】

　　人性的缺点是喜欢诋毁他人，以掩己之短或扬己之长。韩愈有感于自己"动而得谤"的遭遇，但超越了个人恩怨，冷静分析这种现象，推原人们好毁人的原因是思想中的"怠"和"忌"。本文批评了社会风气，又为有志之士怀才不遇鸣不平，提醒统治者只有明白毁谤多发的原因才能判断人，表现出了拯济世俗人心的博大胸怀。

古之君子，其责[1]己也重以周，其待人也轻以约。重以周，故不怠；轻以约，故人乐为善。闻古之人有舜者，其为人也，仁义人也。求其所以为舜者，责于己曰："彼，人也；予，人也。彼能是，而我乃不能是！"早夜以思，去其不如舜者，就[2]其如舜者。闻古之人有周公者，其为人也，多才与艺人[3]也。求其所以为周公者，责于己曰："彼，人也；予，人也。彼能是，而我乃不能是！"早夜以思，去其不如周公

古代的君子，他们要求自己严格而全面，对待别人宽容而简约。严格而全面，因此不会懈怠；宽容而简约，因此别人就乐于做好事。听说古代有个叫舜的人，从他的为人看，是个仁义之士。推求他成为舜的原因，（对照着）要求自己说："他是人，我也是人。他能做到这样，而我竟不能做到这样！"日夜思索，改掉自己不如舜的地方，发扬那些与舜相似的地方；听说古代有个叫周公的人，从他的为人来看，是个多才多艺的人。推求他成为周公的原因，（对照着）要求自己说："他是人，我也是人。他能做到这样，而我竟不能做到这样！"日夜思索，改掉自己不如周公的地方，发扬那些与周公相似的

---

1. 责：要求。
2. 就：走向、择取，这里指追求、发扬。
3. 艺人：有才能的人。艺，技能。

者，就其如周公者。舜，大圣人也，后世无及焉；周公，大圣人也，后世无及焉。是人也，乃曰："不如舜，不如周公，吾之病也。"是不亦责于身者重以周乎？其于人也，曰："彼人也，能有是，是足为良人矣。能善是，是足为艺人矣。"取其一，不责其二；即其新，不究其旧。恐恐然[1]惟惧其人之不得为善之利。一善，易修也。一艺，易能也。其于人也，乃曰："能有是，是亦足矣。"曰："能善是，是亦足矣。"不亦待于人者轻以约乎？

今之君子则不然。其责人也详[2]，其待己也廉[3]。详，故人难于为善；廉，故自取也少。己未有善，曰："我善是，是亦足矣。"己未有能，曰："我能是，是亦足矣。"外以欺于人，内以欺于心，未少有得而止矣。不亦待其身者已廉乎？其于人

地方。舜是大圣人，后世没人比得上他；周公也是大圣人，后世没人能比得上他。这种人却说："不如舜，不如周公，这就是我的缺陷呀！"这不就是要求自己严格而全面吗？他们对待别人却说："那个人，能有这样的优点，这就足以成为有德之士了；能擅长这些，这就足以成为有一技之长的人了。"取别人一个优点，不苛求他还有第二点；只就别人现在的表现看，不追究他的过去。惶恐不安，生怕别人得不到做好事的益处。一种善良品德是容易修养的，（精通）一项技艺是容易做到的。他们对待别人却说："能做到这样，这也就足够了。"说："能擅长这种技艺，这也就足够了。"这不就是对待别人宽容而简约吗？

现在的君子却不是这样。他们对别人要求很多很细，对待自己要求却很少很低。要求得既多又细，因此别人很难去做好事；要求得又少又低，因此自己获得的进步就少。自己没什么长处，却说："我擅长这个，这也就够了。"自己没什么才能，却说："我能做到这样，这也就够了。"在外以此欺骗别人，在内以此欺骗良心，还没获得一点进步就停止了。这不就是对自己的要求太低吗？他们对待别人却说："那个人虽然能做到这

---

1. 恐恐然：谨慎小心的样子。
2. 详：周备，全面，详尽。
3. 廉：低，狭窄，范围小。

也，曰："彼虽能是，其人不足称也。彼虽善是，其用[1]不足称也。"举其一，不计其十；究其旧，不图其新。恐恐然惟惧其人之有闻也。是不亦责于人者已详乎？夫是之谓不以众人[2]待其身，而以圣人望于人，吾未见其尊己也。

虽然，为是者，有本有原[3]，怠与忌[4]之谓也。怠者不能修，而忌者畏人修。吾尝试之矣。尝试语于众曰："某良士，某良士。"其应者，必其人之与也；不然，则其所疏远不与同其利者也；不然，则其畏也。不若是，强者必怒于言，懦者必怒于色矣。又尝语于众曰："某非良士，某非良士。"其不应者，必其人之与也；不然，则其所疏远不与同其利者也；不然，则其畏也。不若是，强者必说[5]于言，懦者必说于色矣。

样，但他的人品不值得称道。那个人虽然擅长这个，但他的才能不值得称扬。"举出别人一项（不足），不考虑他的十样（长处）；追究他的过去，不考虑他现在的表现。惶恐不安，生怕别人拥有好的声望。这不就是对别人要求太多太细（的表现）吗？这样做就叫不按普通人的标准约束自身，却按圣人的标准期望别人，我看不出这样是在尊重自己。

虽然这样，（这些人）这样做是有思想根源的，那就是懈怠与妒忌。懈怠的人不能提高自身修养，妒忌的人害怕别人修养提高。我不止一次地试验过。试着对众人说："某人是个贤良之士，某人是个贤良之士。"那些应和的人一定是那个人的朋友；不然的话，就是那个人平时疏远、不与他有共同利益的人；再不然，就是畏惧那个人的人。若非如此，刚强的人一定会在言语间表示出愤怒，懦弱的人一定会在脸色上显示出愤怒。我又曾对众人说："某人不是贤良之士，某人不是贤良之士。"那些不应和的人，一定是那个人的朋友；不然，就是那个人平时疏远、不与他有共同利益的人；再不然，就是畏惧他的人。若非如此，刚强的人一定会在言语间表示出欢悦，懦弱的人一定会在脸色上显示出欢悦。因此事情做得好，诽谤便随之兴

1. 用：作用，指才能。
2. 众人：普通人。
3. 原："源"的本字，根源。
4. 怠与忌：怠，懈怠，指对自己；忌，妒忌，指对别人。
5. 说：同"悦"，喜欢，高兴。下句"说"字同此。

是故事修而谤兴，德高而毁来。呜呼！士之处此世，而望名誉之光、道德之行，难已！

将有作于上者，得吾说而存之，其国家可几而理¹ 欤！

起；道德修养提高了，诋毁的话就随之而来。哎呀！读书人身处这样的世道，还期望名誉能够光大、道德能够推行，真难啊！

想要有所作为而居于上位的人，如能听取我的说法而牢记在心，那国家就差不多能治理好了吧！

---

1. 几：将近，差不多。理：治理好。唐人避唐高宗李治讳，往往用"理"代替"治"字。

赏 析

此文一是论断分明、逻辑性强。文章推原人们好毁人的原因，认为是"其责人也详，其待己也廉"。深层的原因则在于"怠与忌"。全文逻辑层次即此已经完备。但又设古今对比一层，指出古人刚好相反。并且文章一开始就先写"古之君子"，将在思考顺序上属于后面，在表达层次上提到前面，文章波澜由此而生。二是善于描写古今毁誉的具体情状，使用形象塑造的笔法，而且每个层次中都在采用。巧妙在假托他人言辞，模写世俗之情状，如穿插"某良士""某非良士"的一正一反的"试语"，把"今之君子"的卑劣嘴脸刻画得入木三分，写人情恶薄曲尽其态。三是在此逻辑结构上自然形成排比对应的修辞艺术。逻辑层次的对应与形象层面的对应相映照。宾主开合，通篇排比，段段对应，又宽转，又紧峭，又平易，又古劲。笔则曲折，意则刻露，波澜壮阔，词义和平。

讳辨 ^{huì biàn} ¹

韩愈

【题 解】

　　君主与尊长的名字不许说或写，在唐代，过分到成了限制人们言行的精神桎梏。李贺因父名"晋肃"而不能参加进士科考试，韩愈也因劝说李贺考进士而遭到众人的非议。这种没有独立思考、习非成是的风气，令韩愈深恶痛绝。本文既是为李贺而写，也是为当时社会而写，其中有义正词严，也有嬉笑怒骂，写得痛快淋漓。

　　愈与李贺²书，劝贺举进士³。贺举进士有名，与贺争名者毁之，曰："贺父名晋肃，贺不举进士为是，劝之举者为非。"听者不察也，和而倡之，同然一辞。皇甫湜⁴曰："若不明白，子与贺且得罪。"愈曰："然。"

　　律曰："二名不偏讳⁵。"释之

　　我给李贺写信，劝他参加进士科考试。李贺被推举去应考进士有了名声，和李贺争名的人就诋毁他说："李贺的父亲名叫晋肃，李贺不参加进士科考试是对的，劝他参加考试的人是不对的。"听到这种议论的人不仔细想想就随声应和，全都说同样的话。皇甫湜说："如果不把这件事辨白清楚，您与李贺都会获罪。"我说："是的。"

　　礼法上说："名有两个字的就不单独

1. 辨：古代论说文中的一种，侧重辨析和反驳。
2. 李贺：（790—816年），字长吉，唐代著名诗人，因避父讳，不能应试出身，只做过奉礼郎之类的小官。著有《昌谷集》。
3. 进士：唐代科举制度分常科和制科，常科是定期分科举行的考试，有秀才、明经、进士、明法等名目；制科是皇帝临时特设的考试。
4. 皇甫湜：字持正，唐代文学家，元和年间（806—820年）进士，官至工部郎中。曾从韩愈学古文，文思敏捷，在古文运动中起过积极作用。
5. 二名不偏讳：最早见于《礼记》的《典礼上》及《檀弓下》，意为二字之名在用到其中某一字时不避讳。讳，旧时对帝王及尊长不敢称其名，叫避讳。因亦以指所讳者的名字。

者¹曰："谓若言'徵'不称'在'²，言'在'不称'徵'是也。"律曰："不讳嫌名³。"释之者曰："谓若'禹'与'雨'、'丘'与'蓲'之类是也。"今贺父名晋肃，贺举进士，为犯二名律乎？为犯嫌名律乎？父名晋肃，子不得举进士。若父名仁，子不得为人乎？

夫讳始于何时？作法制以教天下者，非周公、孔子欤？周公作诗不讳，孔子不偏讳二名，《春秋》不讥不讳嫌名。康王钊之孙，实为昭王。曾参之父名晳，曾子不讳"昔"。周之时有骐期，汉之时有杜度，此其子宜如何讳？将讳其嫌，遂讳其姓乎？将不讳其嫌者乎？汉讳武帝名"彻"为"通"，不闻又讳车辙之"辙"为

讳其中的一个字。"解释这规定的人说："它说的就像（孔子因为母亲名徵在）在讲到'徵'时不讲'在'，讲到'在'时不讲'徵'。"礼法又说："和人名声音相近的字不避讳。"解释这规定的人说："它说的就像（夏禹的）'禹'字和'雨'字、（孔丘的）'丘'字和'蓲'字这类情况啊。"现在李贺的父亲名叫晋肃，李贺应举去参加进士科考试，算是违反了关于两个字的名字不必对两个字都避讳的律法规定呢？还是违反了和人名声音相近的字不避讳的律法规定呢？父亲名字叫晋肃，儿子就不能应举参加进士科考试。那么如果父亲名叫"仁"，儿子就不能叫人了吗？

避讳是从什么时代开始的？制定礼法制度来教导天下人的，不就是周公、孔子吗？然而周公作诗并不避讳，孔子对母名中的两个字也不单独讳其中的一个，《春秋》对不避和名字读音相近之讳的现象并没有谴责。周康王钊的孙子谥号叫昭王。曾参的父亲名叫晳，曾子并不讳说"昔"字。周朝的时候有个叫骐期的人，汉朝的时候有个叫杜度的人，这样他们的儿子应该怎样避讳呢？难道为了讳避父名读音相近的字，就连他们的姓也避讳了吗？还是不讳避那个读音相近的字了呢？汉代回避汉武帝之名"彻"字的讳而把它改为"通"字，但没有听说再讳避车辙的"辙"字而把它改为别

1. 释之者：指注《礼记》的东汉人郑玄。
2. 言'徵'不称'在'：孔子母亲的名字叫作徵在，孔子在用到这两个字时，讲到"徵"时不讲"在"。意即只要不连用，就不用避讳。
3. 嫌名：指与名字中所用字音相近的字。音近则有称名之嫌，所以叫嫌名。

某字也。讳吕后名"雉"为"野鸡"，不闻又讳治天下之"治"为某字也。今上章及诏，不闻讳"浒""势""秉""机"[1]也。惟宦官宫妾，乃不敢言"谕"及"机"，以为触犯。士君子[2]立言行事，宜何所法守也？今考之于经，质之于律，稽之以国家之典，贺举进士为可邪？为不可邪？

凡事父母，得如曾参，可以无讥矣。作人得如周公、孔子，亦可以止矣。今世之士，不务行曾参、周公、孔子之行，而讳亲之名则务胜于曾参、周公、孔子，亦见其惑也。夫周公、孔子、曾参，卒不可胜。胜周公、孔子、曾参，乃比于宦官宫妾。则是宦官宫妾之孝于其亲，贤于周公、孔子、曾参者邪？

的字啊；回避吕后之名"雉"字之讳而把它改为"野鸡"，但没有听说再讳避治天下的"治"字而把它改为别的字啊。现在上呈给皇帝的奏章和皇帝的诏书中也不曾听说讳避"浒""势""秉""机"这些字啊。只有那些宦官、宫女才不敢说到"谕"和"机"等字，认为（这）是触犯（皇帝名讳）。君子著书行事，究竟应该遵照什么样的礼法呢？现在考察经书，用礼律加以对照，用国家的典章加以核查，李贺参加进士科考试是可以呢？还是不可以呢？

但凡服侍父母，能像曾参那样，就可以无人指责了。做人能像周公、孔子那样，也算是达到极致了。现在社会上那些读书人，不努力实践曾参、周公、孔子的品行，却在对父亲名字的避讳方面力求胜过曾参、周公、孔子，也可以看到他们的糊涂啊！像周公、孔子、曾参（这类人），最终不可能超越（他们的）。（如果说在避讳的事情上）超过了周公、孔子、曾参，那就是跟宦官、宫女等同了。那么这些宦官、宫女对亲人的孝顺，（难道）胜过周公、孔子、曾参了吗？

---

1. 浒、势、秉、机：这四个字分别与唐太祖名"虎"、太宗名"世民"、世祖名"昞"、玄宗名"隆基"同音。
2. 士君子：古时候指有志操和学问的人。

赏　析

　　本文是辩驳文。开头交代写作因由，同时点出辩驳的错误观点。此事牵涉三四方人物，颇为复杂，但仅用数语就交代清楚。而其行文顺序，又像没有用心设置，都是随着事情本身的先后自然展开。再以三个方面的论据来证明观点：一是引律，二是引史实，三是引国家之典。层层辩驳，深刻透彻，然后归结三层而作一个总的质问。最后又以幽默的笔调抒发感慨，以二圣一贤与宦官宫妾相对，痛痛快快地将对方讥笑了一番，极尽嬉笑怒骂之能事，文字上也曲折灵活，不乏机趣。本文前半部分结构层叠而起，后半部分是连环而下。文章说理充分，辩驳有力，但对于正面结论没有一字点破，只是在引经据典之后，用一连串的反诘句提出质问，步步紧逼，用设疑两可之词，让读者自己选择，可以说别具一格。

苏轼·人物史论

范增论

苏轼

【题解】

　　苏轼在嘉祐六年应"制科"时进呈了《进策》《进论》各二十五篇。每一篇讨论一个问题，自出新意，发前人所未发。《进论》多借议论历史人物来探讨士人从政之道，是宋代士大夫在参政程度加深后关注的问题，体现了对时代政治新问题的敏感。本文认为范增的悲剧在于不能"知几"，不能及早地掌握政治变化的趋势。

　　汉[1]用陈平计，间疏楚君臣。项羽疑范增与汉有私，稍[2]夺其权。增大怒曰："天下事大定矣，君王自为之，愿赐骸骨归卒伍[3]。"归未至彭城，疽[4]发背死。苏子曰：增之去善矣。不去，羽必杀增。独恨其不早耳。

　　然则当以何事去？增劝羽杀沛公，羽不听，终以此失天下，当于是

　　汉王刘邦采用陈平的计谋，离间、疏远西楚的君臣关系。（于是）项羽怀疑范增和汉王有秘密往来，逐渐削减他的权力。范增非常恼怒地说："天下大事已经大体定局了，（以后）君王自己治理吧，希望赏赐我这把老骨头回老家去。"（范增）回乡还没走到彭城，背上毒疮发作，就死了。苏子说：范增离去得对啊！不离去，项羽一定会杀死他的。只是遗憾他没有早点儿离开。

　　既然这样，那么范增应当因为什么事情离开呢？范增劝项羽杀掉刘邦，项羽不听，最终因此失掉天下，（范增）应当在此

1. 汉：指汉王刘邦。
2. 稍：渐渐。
3. 骸骨：多指尸骨，也代指身体。古代臣子事君，看作以身许人。赐骸骨，意思是辞官引退。　卒伍：秦时乡里基层组织，这里指家乡。
4. 疽：毒疮。

去耶？曰：否。增之欲杀沛公，人臣之分也。羽之不杀，犹有君人之度也。增曷^{hé}为以此去哉？《易》曰："知几[1]其神乎！"《诗》曰："相彼雨雪，先集维霰^{xiàn}。"增之去，当于羽杀卿子冠军[2]时也。陈涉之得民也，以项燕、扶苏[3]。项氏之兴也，以立楚怀王孙心[4]。而诸侯叛之也，以弑^{shì}义帝。且义帝之立，增为谋主矣。义帝之存亡，岂独为楚之盛衰，亦增之所与同祸福也。未有义帝亡而增独能久存者也。羽之杀卿子冠军^{guàn}也，是弑义帝之兆也。其弑义帝，则疑增之本也，岂必待陈平哉？物必先腐也，而后虫生之；人必先疑也，而后谗^{chán}人之。陈平虽智，安能间无疑之主哉？

时离去吗？回答说：不是。范增要杀刘邦，是尽臣子的职责。项羽不杀刘邦，（说明他）还有君主的气度。范增怎能因为此事而离开他呢？《周易》上说："能够发现事物微小变化的，那就是神明吧！"《诗经》里讲："看那天要下雪了，先凝结降落的总是小雪珠。"范增离开，应当在项羽杀害卿子冠军的时候。陈胜得到百姓拥护，是因为借用了项燕、扶苏的名义。项家兴起，是因为拥立了楚怀王孙子熊心。而诸侯背叛项羽，是因为他杀害了义帝。况且义帝的拥立，范增是主谋。义帝的生死存亡，哪里只是（关系）到楚国的兴衰成败，也是和范增同祸福的。不会有义帝死了而范增却能长久生存的道理。项羽杀卿子冠军宋义，是杀义帝的先兆。项羽杀害义帝，就是怀疑范增的开始，哪里一定要等到陈平（使用反间计）呢？物体一定是先坏了，然后才会生虫；人一定是先有了疑心，然后人家才会进谗言。陈平虽然极为聪明，又怎么能够离间得了没有疑心（下臣）的君主呢？

---

1. 几：事物发生变化的细微迹象。
2. 卿子冠军：即宋义，为义帝所封，被项羽所杀。卿子，当时对人的尊称。冠军，指地位在其他将领之上的上将。
3. 项燕：战国末年楚国名将，项羽的祖父。 扶苏：秦始皇长子。始皇死，宦官赵高主谋，诈称始皇之命，令扶苏自杀。
4. 楚怀王孙心：楚怀王的孙子熊心。秦国曾将楚怀王骗去扣留，后楚怀王客死秦国，楚国灭亡后，熊心隐藏在民间替人牧羊。公元前208年，范增向项羽的叔父项梁献计，拥立楚怀王的后代，并仍称怀王，以争取民心。项梁听从范增计，在民间找到熊心，拥立之。后项梁战死，项羽自立为西楚霸王，尊楚怀王熊心为义帝。
5. 弑：古时称臣杀君、子杀父为"弑"。

　　吾尝论义帝天下之贤主也。独遣沛公入关，不遣项羽；识卿子冠军于稠人[1]之中，而擢以为上将。不贤而能如是乎？羽既矫杀[2]卿子冠军，义帝必不能堪。非羽弑帝，则帝杀羽。不待智者而后知也。增始劝项梁立义帝，诸侯以此服从；中道而弑之，非增之意也。夫岂独非其意，将必力争而不听也。不用其言而杀其所立，羽之疑增，必自是始矣。

　　方羽杀卿子冠军，增与羽比肩[3]而事义帝，君臣之分未定也。为增计者，力能诛羽则诛之，不能则去之，岂不毅然大丈夫也哉？增年已七十，合则留，不合则去。不以此时明去就之分[4]，而欲依羽以成功名，陋矣！虽然，增，高帝之所畏也。增不去，项羽不亡。呜呼！增亦人杰也哉！

　　我曾经评论义帝，认为他是天下的贤君明主。他单单派刘邦进入函谷关，而不派项羽；能够从众人中识别宋义，而提升他为上将。不贤明能够这样做吗？项羽已经假托义帝的命令杀了宋义，义帝必然忍受不了。不是项羽谋害义帝，就是义帝杀死项羽。这是用不着聪明人指点就可能明白的事。范增当初劝项梁拥立义帝，诸侯因此服从指挥；中途谋杀义帝，不是范增的意思。非但不是他的意思，而且他必然会极力反对，而项羽不听。不采纳范增的主张，而杀掉他所拥立的义帝，项羽怀疑范增，一定是从这时开始的。

　　在项羽杀宋义时，范增和项羽并肩同位侍奉义帝，君臣之间的名分还没有确定。替范增考虑，有能力诛杀项羽就杀了他，不能诛杀就离开他，这岂不是坚决果断的大丈夫吗？范增年纪已经七十岁了，与项羽意见相合就留下来，不相合就离开他。不在此时弄明白是去是留，却想依靠项羽来成就功名，真是见识浅陋啊！虽然如此，范增毕竟是汉高祖畏惧的人。范增不离开，项羽就不会灭亡。唉！范增也是人中的豪杰呀！

1. 稠人：众人。
2. 矫杀：此处指项羽假托义帝命令杀了卿子冠军宋义。
3. 比肩：并肩，这里比喻地位相当。
4. 去就之分：成语，比喻进取、取舍的分寸。去就，进退或取舍。分，分寸。引申为应持的态度。

赏　析

第一段叙范增"去"一事，点出"疑"字，以为"善"，翻新，再转入话题"不早"。第二段承上提问，再荡开一笔自问自答翻一层，然后引典籍名句点出"知几"，即要预见征兆，再指出范增和义帝、宋义的关联，得出杀宋义是范增"去"的征兆。并用两个问句推翻传统看法，呼应开头。第三段再从义帝、宋义和项羽的对立，合理假设，推测弑义帝是范增被疑的本源。第四段分析范增应有的做法，点出"去"的标准，附带说范增是"人杰"。以叹息结尾，余波荡漾，开篇用抑，结尾用扬，避免了"攻其一点，不及其余"，也反面烘托"知几"的重要。论点鲜明而集中，紧紧围绕"知几"来论证，无意对项羽、范增等人作全面的评价。开篇即翻案，开门见山。分析项羽之疑起于何时，层层递推，逻辑严密，一波三折，曲折起伏，避免行文平直，善用反问加强语气。

成　语

去就之分：去就，进退或取舍。分，分寸。引申为应持的态度。比喻进取、取舍的分寸。

留侯论

苏 轼

【题 解】

说圯上老人教张良以"忍"，这是苏轼的附会。所以不感到牵强，在于能立足张良前后的变化来论证。锤杀始皇和教刘邦忍，史书有载，但联系到"忍"上，足见苏轼读书有悟。把自己的奇思假想说得凿凿有据，使子虚乌有之事也有一种存在的必然性。本文将修养功夫"忍"归为"所挟持者甚大，而其志甚远"，识见不凡。

古之所谓豪杰之士，必有过人之节[1]，人情有所不能忍者。匹夫[2]见辱，拔剑而起，挺身而斗，此不足为勇也。天下有大勇者，卒然[3]临之而不惊，无故加之而不怒，此其所挟持者[4]甚大，而其志甚远也。

夫子房受书于圯上之老人[5]也，其事甚怪。然亦安知其非秦之世有

古代所说的英雄豪杰人物，必定有超出凡人的节操。人在感情上总有无法忍耐的事。普通人被欺辱，就会拔出刀剑，挺身搏斗，这算不上是勇敢。天下有真正勇敢的人，突然遇到变故而不惊慌，无故受到触犯而不愤怒，这是因为他的抱负极大，而他的志向又很高远。

张良从桥上的老人那儿得到兵书，这件事非常怪异。但是又怎么知道那不是秦朝

---

1. 节：节操。
2. 匹夫：普通人。
3. 卒然：突然。卒，同"猝"。
4. 所挟持者：指理想、抱负。
5. 老人：指黄石公。据《史记·留侯世家》载，张良年轻时，曾漫游至下邳（今江苏睢宁北）的一座桥上，遇一老人。老人故意把鞋扔到桥下，让张良捡来给他穿上，张良照办了。老人说："孺子可教矣。"约张良五日后一早来见。但张良前两次都比老人晚到，受到老人责备。第三次提前于半夜等在桥上，老人大喜，送他一部《太公兵法》，告诉他："读此则为王者师矣。"

隐君子[1]者，出而试之？观其所以微见[2]其意者，皆圣贤相与警戒之义，而世不察，以为鬼物，亦已过矣。且其意不在书。当韩之亡、秦之方盛也，以刀锯鼎镬[3]待天下之士，其平居无罪夷灭者不可胜数。虽有贲、育[4]，无所获施。夫持法太急者，其锋不可犯，而其势未可乘。子房不忍忿忿之心，以匹夫之力，而逞于一击[5]之间。当此之时，子房之不死者，其间不能容发[6]，盖亦危矣。千金之子，不死于盗贼。何者？其身可爱，而盗贼之不足以死也。子房以盖世之才，不为伊尹、太公之谋[7]，而特出于荆轲、聂政之计[8]，以侥幸于不死，此圯上老人所为深惜

隐居的高士，出来试探张良的呢？观察那老人隐约显露出的用意，都是圣人贤士相互警告劝诫的道理，但世人不细察，以为（那老人）是鬼怪，这也太荒谬了。况且老人的用意并不在于那本兵书。当韩国灭亡、秦国正在兴盛时，（秦始皇）用残酷的刑法对待普天下的士人，那些平时无罪而被杀戮灭族的人多得不可计数，即使有像孟贲、夏育那样的勇士都无能为力。大凡执法太急切的时候，它的锋芒不可触犯，并且当时的形势也没有可乘之机。张良忍不住心中的愤怒，凭一个普通百姓的力量，想逞强靠一次击杀（获得成功）。在这个时候，张良能脱险不死，那距离已容不下一根头发了，这也已是很危险的。富贵人家的子弟不会死于干盗贼之类的事。为什么呢？因为他的身体值得珍惜，不值得因为干盗贼之类的事而去死。张良凭着他压倒世人的才华，不去策划伊尹、姜太公之类安邦定国的谋略，而只想出荆轲、聂政这种行刺的计谋，靠着侥幸而不死，这就是桥上老人为他深深痛惜的原

---

1. 隐君子：隐居的高士。指圯上老人。
2. 微：略微，隐约。见：同"现"。
3. 刀锯鼎镬：古代施酷刑的刑具。鼎镬，烹煮人的大锅。亦作"鼎镬刀锯"。
4. 贲、育：孟贲、夏育，古代著名勇士。
5. 逞于一击：快意于一击。据传，张良为报秦灭韩之仇，在秦始皇东巡至博浪沙时，派刺客用铁锤击杀始皇，未获成功。张良匿名逃亡。
6. 间不能容发：相隔得非常近，中间容不下一根头发。比喻情势危急到了极点。
7. 伊尹、太公之谋：谓安邦定国之谋。伊尹辅佐汤建立商朝。吕尚（太公望）是周武王的开国大臣。
8. 荆轲、聂政之计：谓行刺之下策。荆轲刺秦王与燕政刺杀韩相侠累两事，俱见《史记·刺客列传》。

者也。是故倨傲鲜腆¹而深折之。彼其能有所忍也，然后可以就大事，故曰"孺子可教也"。

楚庄王伐郑，郑伯肉袒²牵羊以迎。庄王曰："其主能下人，必能信用其民矣。"遂舍之。勾践之困于会稽，而归臣妾于吴者，三年而不倦。且夫有报人³之志，而不能下人者，是匹夫之刚也。夫老人者，以为子房才有余，而忧其度量之不足，故深折其少年刚锐之气，使之忍小忿而就大谋。何则？非有平生之素，卒然相遇于草野之间，而命以仆妾之役，油然⁴而不怪者，此固秦皇之所不能惊，而项籍之所不能怒也。

观夫高祖之所以胜，项籍之所以败者，在能忍与不能忍之间而已矣。项籍唯不能忍，是以百战百胜

因啊。因此老人故意用傲慢无礼来狠狠挫辱张良，张良如果能够忍耐的话，然后才能成就大事，（张良忍耐了）所以（老人说）"这孩子是可以教育的"。

楚庄王讨伐郑国，郑伯袒胸露乳牵着羊来迎接。庄王说："那里的国君能屈己人下，一定能让他的百姓信任拥护。"于是就放弃了（灭郑的计划）。越王勾践被围困在会稽山，就归顺吴国，在吴国像臣子婢妾那样，长达三年而没有倦怠之意。如果只有报仇的志向，而不能屈己下人的，这是普通人的刚烈。而老人认为张良才华有余而担忧他度量不足，所以狠狠挫辱他年轻人刚强锐利的气焰，使他能忍住小愤怒而成就大谋略。为什么呢？老人与张良向来不认识，突然在野外相遇了，就用捡鞋穿鞋这类奴仆婢妾的差事驱使张良，（而张良也）顺从去做而不以为怪，这正是秦始皇不能使他惊慌，而项羽不能使他暴怒的原因。

考察汉高祖刘邦得胜的原因和项羽失败的原因，就在于他们能忍耐和不能忍耐的区别而已。项羽只因不能忍耐，所以他百战百胜，而轻率地消耗他的锋芒锐气；而刘邦

---

1. 鲜腆：无礼，指说话不礼貌。腆，善，美好。
2. 肉袒：脱衣露体。表示等待对方责打或杀死。
3. 报人：向人报仇。
4. 油然：顺从的样子。

而轻用其锋；高祖忍之，养其全锋而待其敝，此子房教之也。当淮阴破齐而欲自王，高祖发怒，见于词色。由是观之，犹有刚强不能忍之气，非子房其谁全之！

太史公疑子房以为魁梧奇伟，而其状貌乃如妇人女子，不称其志气。呜呼！此其所以为子房欤！

能忍，养足全部锐气等待敌人的疲弊，这是张良教给他的啊。当淮阴侯韩信攻破齐国想自立为王时，刘邦发怒，表现在言语和脸色上。由此看来，（刘邦）还有刚强不能忍耐的脾气，不是张良还有谁能成全他的大业呢！

太史公司马迁猜测张良是一位身材魁梧、仪表奇伟的人，但画像中的状貌如同妇人女子，（认为）与他的志向气概不相称。唉！这也许正是张良之所以是张良的原因吧！

赏 析

第一段由"过人之节"具体到"忍"是论点，指出忍、勇对立统一，有辩证思维，精警深刻。第二段由"怪"切入，重作解释，以为证据，"其意不在书"是翻案关键。描写丝丝入扣。几层意思紧密勾连，互为论证，结构非常严密。第三段引郑伯、勾践为证，解释"忍"的极端重要性。第四段把刘邦能"忍"归张良，证实上文，说明"忍"的大用处，老人启导的大作用。抽丝剥茧，增强了全文说服力。末段以揣度容貌作结，反衬张良志向。议论开始闲笔作结，思致新颖，横生情趣。注重通过塑造人物形象说理，通篇构思是从如何懂得"忍"来论证"忍"的重要，用他的先"不能忍"证出他的其后"能忍"，有正说，有反说，有古，有今，有引证，有陪衬，使结构和行文都波澜起伏。全文见解精辟，围绕论点，反复论说，辞气雄辩，奇正相形，虚实相生，纵横跌宕，变化无穷。语言明快犀利，说理透彻。

成 语

刀锯鼎镬：亦作"鼎镬刀锯"。指古代刑具，也泛指各种酷刑。

间不容发：相隔得非常近，中间容不下一根头发。比喻情势危急到了极点。

孺子可教：原意是小孩子是可以教诲的，喻指年轻人有培养前途。

百战百胜：每战必胜，是使对方产生错觉以出奇制胜的一种战术。

贾谊论

苏 轼

【题 解】

　　自司马迁以来，都认为贾谊怀才不遇，抱恨终天。本文绕开传统思路，从其自身找原因，指出他不能自用其才，操之过急，气量狭小，并提出有大志者，一定要养其识量，不为一时的坎坷所困。这种新颖独到的见解颇有启发意义，其真正的用意，不在说贾谊一人之事，而在表达对政治的认识。

　　非才之难，所以自用者实难。惜乎！贾生[1]，王者之佐，而不能自用其才也。

　　夫君子之所取者[2]远，则必有所待；所就者大，则必有所忍。古之贤人，皆负可致之才，而卒不能行其万一者，未必皆其时君之罪，或者其自取也。

　　愚观贾生之论，如其所言，虽三代[3]何以远过？得君如汉文，犹且以不用死。然则是天下无尧、舜，终不可有所为耶？仲尼圣人，历试于天

　　一个人有才能并不难，要使自己的才能得到运用实在困难。可惜啊！贾谊虽然有辅佐帝王的大才，却不能使自己的才能得到运用。

　　君子要想达成远大的抱负，就必须有所等待；要想成就伟大的功业，就必须有所忍耐。古时候的贤人，都具备建功立业的才能，最终却不能发挥其才能万分之一的原因，未必都是当时君主的过错，也有可能是他们自己造成的。

　　我看过贾谊的议论，照他所说的规划目标，即便夏、商、周三代的成就又怎能超过他呢？贾谊遇到的是像汉文帝那样的贤明君主，尚且因未被重用抑郁而死。既然这样，那么如果天下没有唐尧、虞舜那样的君主，（贤能之士）就终究不可能有所作为了吗？

---

1. 贾生：贾谊，西汉洛阳（今属河南）人。汉文帝时曾召为博士，任太中大夫，后被贬为长沙王太傅和梁怀王太傅，三十三岁即抑郁而死。
2. 所取者：指理想抱负。
3. 三代：指夏、商、周。

下，苟非大无道之国，皆欲勉强扶持，庶几[1]一日得行其道。将之荆，先之以冉有，申之以子夏。君子之欲得其君，如此其勤也。孟子去齐，三宿而后出昼，犹曰："王其庶几召我。"君子之不忍弃其君，如此其厚也。公孙丑问曰："夫子何为不豫[2]？"孟子曰："方今天下，舍我其谁哉？而吾何为不豫？"君子之爱其身，如此其至也。夫如此而不用，然后知天下果不足与有为，而可以无憾矣。若贾生者，非汉文之不能用生，生之不能用汉文也。

夫绛侯[3]（fú jiàng）亲握天子玺（xǐ）而授之文帝，灌婴[4]连兵数十万，以决刘、吕之雌雄，又皆高帝之旧将，此其君臣相得之分，岂特父子骨肉手足哉？贾生，洛阳之少年。欲使其一

孔仲尼是位圣人，（曾周游列国，）以求在天下试一试（自己的治国之道），只要不是太无道的国家，他都想尽力扶持它，希望有朝一日能够推行他的政治主张。他将要去楚国，先派冉有（去试探），又叫子夏去申明自己的意思。君子希望被贤明的君主所任用，是这样的努力辛勤！孟子离开齐国时，在齐国边境昼地住了三夜后才走，还说："齐王可能还会召见我。"君子不忍心离开自己的君主，感情是这样的深厚。公孙丑问他说："先生为什么不高兴？"孟子回答说："当今世上，（要行仁政）除了我还有谁呢？我为什么要不高兴呢？"君子爱护自己的身体，是这样周到啊！如果做到这种程度，仍然得不到重用，那么就明白天下真的不值得自己去做什么，这才可以没有遗憾了。像贾谊这样，并不是汉文帝不重用他，而是他自己不能利用汉文帝啊。

绛侯周勃亲手捧着皇帝的印玺交给文帝，灌婴联合几十万兵力，用来决定刘、吕两家的胜败，他们又都是汉高祖的老部属，那种君臣间的情分，亲密程度，难道只有父子骨肉兄弟间才能有的吗？贾谊是洛阳的一个年轻人，想要让汉文帝在一天内全部放弃

---

1. 庶几：也许可以。表示希望。
2. 豫：喜悦。《孟子·公孙丑下》："孟子去齐，充虞路问曰：'夫子若不豫色然，前日虞闻诸夫子曰："君子不怨天，不尤人。"' 曰：'……夫天未欲平治天下也，如欲平治天下，当今之世，舍我其谁也？吾何为不豫哉？'" 充虞，孟子弟子，苏轼这里误为公孙丑。
3. 绛侯：即周勃。秦末随刘邦起事，汉代封为绛侯。
4. 灌婴：西汉初大臣。与周勃等共谋与齐王联合，平定诸吕，拥立文帝。

朝之间，尽弃其旧而谋其新[1]，亦已难矣。为贾生者，上得其君，下得其大臣，如绛、灌之属，优游浸渍[2]而深交之，使天子不疑，大臣不忌，然后举天下而唯吾之所欲为，不过十年，可以得志。安有立谈之间，而遽[3]为人"痛哭"哉！观其过湘为赋以吊屈原，萦纡[4]郁闷，趯然有远举[5]之志。其后以自伤哭泣，至于夭绝。是亦不善处穷者也。夫谋之一不见用，则安知终不复用也？不知默默以待其变，而自残至此。呜呼！贾生志大而量小，才有余而识不足也。

古之人，有高世之才，必有遗俗之累[6]。是故非聪明睿智不惑之

原有的政策而制定新的，这也太难了。作为贾谊本人，应该先做到上面得到君王（的信任），下面得到大臣们（的支持），像绛侯、灌婴这些人，从容地（跟他们搞好关系）逐渐渗透，同他们结成深交，使得皇帝不猜疑，大臣不忌恨，然后才能使整个国家按照自己的主张去治理，不超过十年，就能实现自己的理想。哪里有在短时间的交谈后，就突然替人家"痛哭"的呢？我看他路过湘水时所作凭吊屈原的辞赋，郁结烦闷，心绪不宁，表露出心情激动、远走高飞的退隐之志。这以后，又因自怨自艾，常常悲伤哭泣，终于过早地死了。这也是不善于在逆境中生活啊。自己的谋略，一次没有被采用，怎么知道就永远不再被采用了呢？不懂得默默地等待形势的变化，却自我摧残到这般地步。唉！贾谊真是志气远大而气量狭小，才能有余但见识不足啊。

古代的人，（如果）有超越世俗的才能，就必定会有鄙弃世俗而带来的不幸。所以不是非常英明有远见，不受他人蒙蔽的君

---

1. 弃其旧而谋其新：意思是弃旧求新。贾谊为太中大夫时，曾向文帝提出"改正朔，易服色，法制度，定官名，兴礼乐"以及列侯就国，更改律令等一系列建议，得罪了周勃、灌婴等人。他做梁怀王太傅时，又向文帝献治安策，对治国、御外等方面提出了建议。
2. 优游浸渍：从容不迫，逐渐渗透。优游，从容不迫的样子。浸渍，渐渐渗透的样子。
3. 遽：副词，急速，骤然，迫不及待地。指贾谊在《治安策》的序中所说："臣窃惟事势，可为痛哭者一，可为流涕者二，可为长太息者六。"
4. 萦纡：缭绕的样子。这里指赋中反映出的感情委婉复杂。
5. 趯然：超然的样子。 远举：原指高飞，这里比喻退隐。贾谊《吊屈原赋》："见细德之险微兮，遥曾击而去之。"正是远举的意思。
6. 累：忧虑。

主,则不能全其用。古今称苻坚得王猛[1]于草茅之中,一朝尽斥去其旧臣,而与之谋。彼其匹夫略[2]有天下之半,其以此哉!愚深悲生之志,故备论之。亦使人君得如贾生之臣,则知其有猖介[3]之操,一不见用,则忧伤病沮[4],不能复振。而为贾生者,亦谨其所发[5]哉!

主,就不能充分使用这些人的才能。古今都称赞苻坚能够在草野中发现王猛这个人才,在极短的时间内全部撇开他的旧臣,而和王猛一起谋划国家的大事。那个本是普通人的苻坚,却夺取了天下一半的疆土,大概就是因为这个缘故吧!我深深地惋惜贾谊的志向(未能实现),所以详细评论了他。也想使君主明白,假如得到像贾谊这样的臣子,就应该理解他孤高耿介的操守,一旦不被重用,就会忧郁感伤乃至沮丧颓废,再也振作不起来。而像贾谊这样的人,也应该谨慎地立身处世啊!

---

1. 苻坚:南北朝时前秦皇帝。王猛:年轻时贩卖畚箕,隐居华山,受苻坚征召而出,屡有升迁。
2. 略:夺取。当时前秦削平群雄,占据着北中国,与东晋对抗,所以说"略有天下之半"。
3. 猖介:孤高,性情正直,不同流合污。
4. 病沮:困顿灰心。沮,颓丧。
5. 所发:所为。这里指处世,也就是上文所谓"自用其才"。

赏 析

　　开篇点明题旨,思路开阔,立论新异,惊悚警众。第二段从目标、结果同手段的关系强调自身因素。第三段指出不能单纯归因外部,以孔孟为正面事例,以贾谊反衬,正反结合,对比论证自身也要积极主动。并从反面说明,只有自身尽力方能无憾。第四段分析历史背景,从现实的可行性角度看出贾谊急于求成,又缺少忍耐,得出对贾谊"志大而量小""才有余而识不足"的评价。第五段以苻坚、王猛为例说明用好人才的好处,也警示君王要正确对待、珍惜人才。全文见识高明,辨析详明, 逻辑严密, 说理透辟。高屋建瓴,围绕中心多侧面强化观点。逐层展开,一步紧一步。文字翻覆变幻，无限烟波。通篇批评贾谊，但语气上并非简单的批评，而是充满了惋惜和遗憾。

成 语

舍我其谁：意思是形容人敢于担当，遇到该做的事，绝不退让。

舍旧谋新：意思是弃旧求新。

王安石·思有别致

读孟尝君[1]传

王安石

【题 解】

　　王安石在读了《史记·孟尝君列传》后有所感想，他不满书中"孟尝君能得士"这个传统观点，一举予以驳倒。这是历代传颂的翻案名篇，并借题发挥，抒发作者豪迈自负的志向与气魄。

　　世皆称孟尝君能得士[2]，士以故归[3]之，而卒[4]赖其力以脱于虎豹之秦。

　　嗟乎！孟尝君特鸡鸣狗盗之雄[5]耳，岂足以言得士？不然，擅[6]齐之强，得一士焉，宜可以南面[7]而制秦，尚何取鸡鸣狗盗之力哉？鸡鸣狗盗之出其门，此士之所以不至也。

　　世人都称道孟尝君能够收揽人才，士人因此而投奔他，而他最终依靠士人们的力量从虎豹一样凶暴的秦国逃脱出来。

　　唉！孟尝君只不过是那些鸡鸣狗盗之徒的首领罢了，哪里说得上能够收揽人才呢？不是这样的话，他完全可以凭借齐国的强大力量，只要得到一个人才，就应该可以凭此南面称王去制服秦国，哪里还要用那些鸡鸣狗盗之徒的力量呢？那些鸡鸣狗盗之徒出在他的门下，这就是人才不来的原因啊！

---

1. 孟尝君：姓田名文，战国时齐国公子（贵族），封于薛地（今山东滕州东南）。
2. 得士：指孟尝君能"礼贤下士"，与士相得。据《史记·孟尝君列传》记载，孟尝君在他的封地招致食客数千人，无论贵贱，给他们以与自己相同的优厚待遇。士，士人，指品德好、有学识或有才能的人。
3. 归：投奔，投靠。
4. 卒：终于，最终。
5. 特：只，仅，不过。雄：长、首领。
6. 擅：依靠，拥有。
7. 南面：泛指国君。古时国君听政或接见臣下，坐北面南，故说"南面"。

赏　析

全文仅四句九十字，摆现象、驳观点、说理由、析原因，发挥反向批驳的说服力和揭示深层原因的证实力，无一句多余。连用两个反问，打破认识窠臼，发人深思。最妙在于文极短而曲折多，句句语意转折却又思路承接，新意迭出却又严密完整，不愧为短文中的精品。

成　语

鸡鸣狗盗：原意指学鸡鸣叫以骗人，装成狗的样子盗窃；后来比喻低贱卑下的技能或行为，亦指具有这种技能或行为的人。

同学一首别子固 [1]

王安石

【题 解】

庆历四年（1044 年），二十四岁的王安石在读了朋友曾巩写给他的《怀友》一文后写了这篇文章，表现了他和友人之间互相敬慕、勉励，以期携手共进的情怀。这和他在青年时期就怀有的企慕圣人、有所作为的志向相契合。

江之南有贤人焉，字子固，非今所谓贤人者，予慕而友之。淮之南有贤人焉，字正之 [2]，非今所谓贤人者，予慕而友 [3] 之。二贤人者，足未尝相过 [4] 也，口未尝相语也，辞币 [5] 未尝相接也，其师若 [6] 友，岂尽同哉？予考其言行，其不相似者何其少也！曰：学圣人而已矣。学圣人，则其师若友必学圣人者。圣人之言行，岂有二哉？其相似也适然 [7]。

江南有一位贤人，字子固，他不是当今世俗所说的那种贤人，我敬慕他并和他交朋友；淮南有一位贤人，字正之，他也不是当今世俗所说的那种贤人，我敬慕他并和他交朋友。这两位贤人，行动上不曾登门相访，言语上不曾相互交谈，书信、礼物也不曾交换，他们的老师和朋友，难道都相同吗？我观察他们的言行，彼此不相似的地方是多么的少呀！我说：（这是）学习圣人的结果啊。学习圣人，那么他们的老师和朋友必定也是学习圣人的人。圣人的言行，怎能有两样呢？他们相似也是当然的了。

---

1. 子固：曾巩（1019—1083 年），字子固，汉族，建昌军南丰（今江西南丰）人，后居临川，北宋散文家、史学家、政治家。著有《元丰类稿》。
2. 正之：孙侔，字正之，一字少述。吴兴（今浙江湖州）人。早年丧父，事母至孝。多次被人推荐，曾授校书郎扬州州学教授。
3. 友：与……交朋友，动词。
4. 相过：拜访，交往。过，访问。
5. 辞：这里指书信往来。币：这里指相互赠送的礼品。本来只用丝织品，后来包括车马玉帛。
6. 若：和，与。
7. 适然：理所当然的事情。

予在淮南，为正之道子固，正之不予疑[1]也。还江南，为子固道正之，子固亦以为然。予又知所谓贤人者，既相似又相信不疑也。子固作《怀友》一首遗[2]予，其大略欲相扳以至乎中庸[3]而后已。正之盖亦尝云尔。夫安驱[4]徐行，轥中庸之庭而造于其室[5]，舍二贤人者而谁哉？予昔非敢自必其有至也，亦愿从事于左右焉尔，辅而进之其可也。

噫！官有守[6]，私有系[7]，会合不可以常也。作《同学》一首别子固，以相警，且相慰云。

我在淮南，向正之介绍子固，正之不怀疑我（说的话）。回到江南，向子固介绍正之，子固也认为（我的话）对。我因此又知道那些被称为贤士的人，既相似又互相信任不疑。子固作了一篇《怀友》送给我，文章大意是要互相学习，达到中庸的境界才罢休；正之大概也曾这样说。稳稳地驾车缓缓前进，经过中庸的门庭进入内室，除了这两位贤人，还有谁（能做到）呢？我以前不敢肯定自己能否达到这个境界，也（就）希望跟着他们去做，（在他们的）帮助下向这方向前进就可以了。

唉，做官有职守，个人有杂事牵绊，（我们之间）不可能经常相聚。作《同学》一首留别子固，用来互相警策，并且互相慰勉。

---

1. 不予疑："不疑予"的倒装。
2. 遗：赠送。
3. 中庸：儒家伦理思想，认为不偏为中，不变为庸，即不偏不倚，无过与不及的态度。儒家认为"中庸"是最高的道德标准。
4. 安驱：稳稳当当地驾车。
5. 轥：车轮碾过。　造于其室：《论语·先进》："子曰：'由也升堂矣，未入于室也。'"后世便以升堂入室比喻学习由浅入深的两个阶段。王安石在这里化用其意。造于，到达。
6. 守：职守，工作岗位。
7. 系：牵系，系念。

赏 析

　　巧妙地扣住"同""学"两字安排思路，反复强调他们志同道合和具有共同的言行，说明要互相勉励以实现理想。全篇运用陪衬写法，写正之就是在写子固，构成双重表达，将向对方表达和借他事表白相融合，产生间离效果，使不便表达的情感能自然流露出来，增强了全文的抒情色彩。结构紧凑绵密，虽然文字不多，却写得摇曳多姿，情深意笃。

成 语

　　登堂入室：也作"升堂入室"。登上厅堂，进入内室。比喻学问或技能由浅入深，循序渐进，达到了高深的境界。堂，古代宫室的前厅。室，古代宫室的后屋。

游褒禅山¹记

王安石

【题 解】

　　本文虽是游记，却以说理新警深刻流传后世。王安石和友人同游褒禅山，两件小事让他明白了成功的主客观条件，要"尽吾志""不随"，要"深思""慎取"。这是本文最引人入胜、使人难忘的地方，思考和写作都是"入之愈深，其进愈难，而其见愈奇"，体现了一个优秀的政治家认识问题的深刻和通达。

　　褒禅山亦谓之华山。唐浮图慧褒始舍²于其址，而卒葬之，以故其后名之曰褒禅。今所谓慧空禅院者，褒之庐冢³也。距其院东五里，所谓华山洞⁴者，以其乃华山之阳⁵名之也。距洞百余步，有碑仆道⁶，其文漫灭⁷，独其为文犹可识，曰"花山"。今言"华"如"华实"之"华"者，盖音谬也。

　　褒禅山也叫作华山。唐代和尚慧褒当初在这山脚下盖房居住，而且最后又埋葬在这里，因为这个缘故，后来人们就称呼它叫"褒禅"。现在所谓的慧空禅院，是慧褒的庐舍和坟墓。距离这院子东面五里，有个叫华山洞的地方，因它在华山的南面，所以这样命名。距离洞口一百多步，有块石碑倒在路旁，碑文大体已经模糊不清，只有碑文少量的字还可辨认，叫作"花山"。现在念"华"为"华实"的"华"，大概是读音错了。

---

1. 褒禅山：在今安徽含山北。褒，指慧褒，唐朝著名僧人。禅，梵语译音"禅那"的简称，意思是"静思"，指佛家追求的一种境界。后来泛指有关佛教的人和事物，如禅师、禅子、坐禅、禅房、禅宗、禅林、禅杖等。
2. 浮图：这里指佛教徒，即和尚。舍：名词活用作动词，建舍定居。
3. 庐冢：古时为了表示孝敬父母或尊敬师长，在他们死后的服丧期间，为守护坟墓而盖的屋舍，也称"庐墓"。这里指慧褒弟子在慧褒墓旁盖的屋舍。庐，屋舍。（一说指慧褒生前的屋舍。）冢，坟墓。
4. 华山洞：南宋王象之《舆地纪胜》写作"华阳洞"，根据文意似应写作"华阳洞"。
5. 阳：山的南面。古代称山的南面、水的北面为"阳"，山的北面、水的南面为"阴"。
6. 仆道："仆（于）道"的省略，倒在路旁。
7. 文：碑文，与下文"独其为文（碑上残存的文字）"的"文"不同。漫灭：指因风化剥落而模糊不清。

其下平旷，有泉侧出，而记游者甚众，所谓"前洞"也。由山以上[1]五六里，有穴窈然[2]，入之甚寒，问其深，则其好游者不能穷也，谓之"后洞"。予与四人拥火以入，入之愈深，其进愈难，而其见[3]愈奇。有怠而欲出者，曰："不出，火且尽。"遂与之俱出。盖予所至，比好游者尚不能十一，然视其左右，来而记之者已少。盖其又深，则其至又加少矣。方是时，予之力尚足以入，火尚足以明[4]也。既其[5]出，则或咎其欲出者，而予亦悔其随之，而不得极[6]乎游之乐也。

于是予有叹焉。古人之观于天地、山川、草木、虫鱼、鸟兽，往往有得，以其求思之深而无不在也。夫夷以近，则游者众；险以远，则至者

洞下地势平坦旷阔，有股泉水从旁边流出，而且游人的题字很多，这就是人们所说的"前洞"。沿山向上走五六里，有一个幽深的洞穴，走进洞里觉得很冷，问这洞的深度，就算是那些喜好游玩的人也不能走到尽头，人们称之为"后洞"。我与同游的四个人举着火把进去，越到深处，前进就越困难，然而看见的景致就越奇妙。有一个退缩了而想出去的人说："如不出去，火把将要烧完了。"（大家）就与他一起出来了。大概我所到达的地方，比起喜好游玩的人还不到十分之一，然而看山洞的左右两边，到过这里并记下姓名的人已经很少了。大概洞越深，来的人就越少了。那时，我的体力还足以前进，火把还足以照明。退出洞后，就有人责怪那个提议出去的人，而我也后悔自己随他们一道退出，而不能尽情享受这次游玩的快乐。

于是我对这件事深有感叹。古人观察天地、山川、草木、虫鱼、鸟兽，往往有心得，这是因为他们探求、思考问题深刻而且广泛全面无所不在。平坦而距离又近（的地方），游人就多；艰难而距离又远（的地方），到的

---

1. 上：名词活用作动词，向上走。
2. 窈然：深远幽暗的样子。
3. 见：动词活用作名词，见到的景象。
4. 明：形容词活用作动词，照明。
5. 其：第一人称代词，指自己。
6. 极：尽，这里有尽情享受的意思，形容词活用作动词。

少。而世之奇伟、瑰怪、非常之观，常在于险远，而人之所罕至焉。故非有志者不能至也。有志矣，不随以止也，然力不足者，亦不能至也。有志与力，而又不随以怠，至于幽暗昏惑[1]而无物以相之，亦不能至也。然力足以至焉，于人为可讥，而在己为有悔。尽吾志也而不能至者，可以无悔矣，其[2]孰能讥之乎？此予之所得也。

予于仆碑，又有悲夫古书之不存，后世之谬其传[3]而莫能名者，何可胜道也哉！此所以[4]学者不可以不深思而慎取之也。

四人者：庐陵萧君圭君玉，长乐王回深父，予弟安国平父、安上纯父。

人就少。然而世上的奇特雄伟、壮丽怪异、不同寻常的景象，常常是在艰险遥远，而又是人们很少到达的地方，所以缺乏意志的人，是不能到达的；有意志，不随着别人（中途）停止，然而体力不足的人，也是不能到达的；有意志和体力，并且又不（盲目）跟随别人而且不懈怠，到了幽深黑暗令人迷糊昏乱的地方而没有外物来帮助他，也是不能到达的。然而能力足够到达而没有到达，在别人看来是可以讥笑的，而在自己看来也是感到后悔的。尽了我的努力却还是不能到达，那就没有什么可以后悔的了，谁能讥笑我呢？这就是我的心得。

对于那块倒在路上的石碑，我又因此而感叹古代典籍不能保存，后代人以讹传讹而不能说明（真相的事情），哪里能说得完呢！这就是求学之人对于学问不能不深入思考而审慎选择的原因啊！

同游的四个人是：庐陵人萧君圭字君玉，长乐人王回字深父，我的弟弟安国字平父、安上字纯父。

---

1. 幽暗昏惑：幽暗，深远黑暗，指客观情况。昏惑，迷糊困惑，指主观感受。
2. 其：加强反问语气的副词，难道。
3. 谬其传：把那些（有关的）传说弄错。谬，使……谬误，把……弄错。
4. 所以：表示"……的原因"。

赏 析

第一段写游山所见，开篇以洗练的语言交代了山、洞名称的由来。辨碑认字，设下伏笔。第二段写游前后洞。两相对照，感受真切深刻。记一件遗憾的事，以"咎"衬"悔"，为下文做铺垫。第三段以感叹接转，围绕"悔"字写心得体会。由"险与远"想到有志、不随、力足和有物四个因素，抓住四个"不能至"，交错叠用"然""而"等转折性连接词，步步扭转，运用否定句式，层层析理，文意愈进愈深，文笔曲折多变。把"至"与"不至"的主客观条件和评价成败的标准，说得透辟。第四段以小喻大，提出"深思而慎取"的态度。第五段交代同游人。本文捕捉独特感受，不因袭，立意深刻，启迪性强。寓理于事，由事入理，以小见大，有叙有议，叙议结合，抓住内涵，驰骋想象，情理互见，虚实相生。行文明快，节奏鲜明，语言简约质朴，文气贯通，风清骨峻，踔厉风发。

成 语

无所不在：到处都存在，到处都有。

人迹罕至：意思是人的足迹很少到达；指荒凉偏僻的地方。

深思慎取：指做事要深入思考，谨慎采取办法。

情感的世界
文学性写作

借物抒怀

瘞旅¹文

王守仁

【题 解】

王守仁被贬至贵州龙场做驿丞时，目睹吏目主仆三人惨死于赴任途中，不禁触类伤怀，亲自率人收尸并作了这篇祭文。作者把对死者的同情和对自己身世的感叹结合在一起，发出诸多疑问，其实也是表达对自身命运前途深深的茫然。在哀祭别人时的冷静和坚韧，是不屈从于命运的坚强意志，使人感受到生命的活力和人的勇气。

维正德四年秋月²三日，有吏目³云自京来者，不知其名氏，携一子一仆，将之任，过龙场⁴，投宿土苗家。予从篱落间望见之，阴雨昏黑，欲就问讯北来事，不果。明早，遣人觇⁵之，已行矣。薄午⁶，有人自蜈蚣坡来，云："一老人死坡下，傍

正德四年秋季某月三日，有一位据称是从京城来的吏目，不知他的姓名，带了一子一仆，将要去上任，经过龙场地方，投宿在当地苗人家中。我从篱笆间看到他们，（当时正是）阴雨天气，昏黑一片，想前去打听北方近来的情况，没有去成。第二天早晨，派人去察看，（他们）已经走了。将近中午时分，有人从蜈蚣坡来，说："有一老人死在

---

1. 瘞旅：埋葬客死他乡的人。瘞，掩埋，埋葬。旅，客，这里指客死他乡的人。
2. 维：古代祭文开头的发语词，无实际意义。常用在表示时间的词语之前，用以加强语气。 正德四年：1509年。正德，明武宗年号（1506—1521年）。秋月：这里指秋季的某月。
3. 吏目：掌管官府文书的低级官吏。明代的安抚、招讨、市舶、盐课、提举诸司及五城兵马司，以及各州、各千户所等衙门均有设置的属官，从九品或未入流。
4. 龙场：今贵州修文。
5. 觇：观察，察看，窥视。
6. 薄午：将近中午。薄，迫近。下文有"薄暮"。

两人哭之哀。"予曰："此必吏目死矣，伤哉！"薄暮，复有人来云："坡下死者二人，傍一人坐哭。"询其状，则其子又死矣。明日，复有人来云："见坡下积尸三焉。"则其仆又死矣。呜呼伤哉！

念其暴¹骨无主，将二童子持畚、锸²往瘗之。二童子有难色然。予曰："噫！吾与尔犹彼也。"二童闵然³涕下，请往。就其傍山麓为三坎⁴，埋之。又以只鸡、饭三盂，嗟吁涕洟⁵而告之，曰：呜呼伤哉！繄⁶何人？繄何人？吾龙场驿丞余姚⁷王守仁也。吾与尔皆中土之产⁸。吾不知尔郡邑，尔乌乎⁹来为兹山之鬼乎？古者重去其乡¹⁰，

山坡下，旁边有两个人哭得很伤心。"我说："这一定是那位吏目死了，真可怜啊！"傍晚时分，又有人来说："山坡下死了两个人，旁边有一位坐着哭泣。"我问了他所见的情形，那么他的儿子又死了。第二天，又有人来说："看到山坡下堆着三具死尸。"那么他的仆人又死了。唉，真是痛心啊！

我顾念他们尸骨暴露在荒野，无人收敛，就带领两个童仆拿着畚箕和铁锹去埋葬他们。两个童仆脸上露出为难的神色。我说："唉！我与你们（的境遇）正像他们啊。"两个童仆伤心地流下了眼泪，请求一同前去。在靠近他们身边的山脚下挖了三个坑，把他们埋了。又用一只鸡、三碗饭，叹息着，流着眼泪祭告他们，说：唉，可怜啊！（你）是什么人？（你）是什么人啊？我是龙场驿丞，余姚人王守仁。我与你都出生在中原地区。我不知道你是哪郡哪县的人，你为什么要来做这山的一个鬼？古时候的人不轻

1.暴：暴露。
2.将：带领。畚：用竹篾或草绳编成的盛物器具，现在叫作畚箕，也叫簸箕。锸：铁锹。
3.闵然：哀伤的样子。闵，同"悯"。
4.就：靠近，就近。山麓：山脚。坎：坑。
5.嗟吁涕洟：悲伤哭泣，叹息流泪。涕洟，名词用作动词，哭泣。涕，泪。洟，鼻涕。
6.繄：句首语气词。
7.驿丞：明代所设掌管邮递迎送的官员，也是古代驿站的长官。正德二年（1507年），王守仁因触犯宦官刘瑾，被贬为龙场驿丞。余姚：今浙江余姚。
8.中土之产：生长于中原一带的人。
9.乌乎：为什么。
10.重去其乡：不轻易离开家乡。

游宦[1]不逾千里，吾以窜逐[2]而来此，宜也。尔亦何辜乎？闻尔官吏目耳，俸不能五斗[3]，尔率妻子躬耕可有也，胡为乎以五斗而易尔七尺之躯？又不足，而益[4]以尔子与仆乎？呜呼伤哉！尔诚恋兹五斗而来，则宜欣然就道，胡为乎[5]吾昨望见尔容，蹙然[6]盖不胜其忧者？夫冲冒霜露，扳[7]援崖壁，行万峰之顶，饥渴劳顿，筋骨疲惫，而又瘴疠[8]侵其外，忧郁攻其中，其能以无死乎？吾固知尔之必死，然不谓若是其速，又不谓尔子、尔仆亦遽然奄忽[9]也。皆尔自取，谓之何哉！吾念尔三骨之无依而来瘗耳，乃使吾有无穷之怆也。呜呼伤哉！纵不尔瘗[10]，

易离乡背井，（因此）出外谋官不超过千里之外，我因为被贬官流放到这里，理所当然。你也是犯了什么过失吗？听说你只不过是一名吏目，俸禄不满五斗，（这一点收入，）你带着妻子儿女，在家亲自耕作也能得到，为什么要为了五斗的收入而换掉你七尺之躯呢？这还不够，再要搭上你的儿子和仆人（的性命）吗？唉，真是可怜哪！你如果贪图这五斗米的俸禄而来，就该高高兴兴地上路，为什么我昨天看你的面容，悲悲戚戚禁不住忧愁的样子？冒着风霜雨露，攀登悬崖绝壁，翻越群山顶峰，饥渴劳累，筋骨疲乏，而又外有瘴疠瘟湿之气侵害，内有忧郁攻心，难道还能不死吗？我本来知道你一定会死，但是没有料到会这么快，又没有料到你的儿子、你的仆人也会突然死去。这都是你自取其祸，还有什么可说的！我哀怜你等三具尸骨无处依托而来埋葬，却使我感到无限凄怆。唉，真是可怜啊！纵然我不来埋葬你

---

1. 游宦：外出做官。
2. 窜逐：放逐、流放。这里指贬谪。
3. 五斗：代指微薄的官俸。古代薪俸为粮，以斗论。
4. 益：加上。
5. 胡为乎：疑问句宾语前置，即"为胡乎"。胡，疑问代词，什么。
6. 蹙然：忧愁的样子。
7. 扳：同"攀"。
8. 瘴疠：感受瘴气而生的疾病。瘴，旧指南方山林间湿热郁蒸致人疾病的气。疠，恶疾。
9. 遽：急速。奄忽：死亡。
10. 纵不尔瘗：即使不埋葬你们。不尔瘗，否定句宾语前置，即"不瘗尔"。

幽崖之狐成群，阴壑之虺[1]如车轮，亦必能葬尔于腹，不致久暴尔。尔既已无知，然吾何能为心[2]乎？自吾去父母乡国而来此，三年矣，历瘴毒而苟能自全，以吾未尝一日之戚戚也。今悲伤若此，是吾为尔者重，而自为者轻也，吾不宜复为尔悲矣。吾为尔歌，尔听之。

歌曰：连峰际天[3]兮飞鸟不通，游子怀乡兮莫知西东。莫知西东兮维[4]天则同，异域殊方兮环海之中[5]。达观随寓兮莫必予宫[6]。魂兮魂兮无悲以恫[7]。

又歌以慰之曰：与尔皆乡土之离兮，蛮之人言语不相知兮。性命不可期[8]，吾苟死于兹兮，率尔子仆，来从予兮。吾与尔遨以嬉兮，

（等尸骨），深山中狐狸成群，深邃的山谷中毒蛇粗如车轮，你们也必定会葬身它们的腹中，不至于长期暴露在野。你等既然已经没有知觉，但我怎能忍心？自从我离开父母之邦来到此地，已经三年了，历尽瘴疠之毒而勉强保全了自己的性命，因为我从未有一天伤心悲戚过。今日我悲伤到这样，这是我为你想得太多，而为自己着想得太少了，我不该再为你忧伤了。让我为你唱一曲挽歌，你听着。

歌词说：连绵的山峰直插青天啊，鸟飞不通，游子怀念家乡啊，不辨西东。不辨西东啊，却顶着同样的一片天空。虽说是异方他乡啊，却同处环海之中。胸襟开朗到处可以为家啊，何必一定要住在自己家乡的屋中。灵魂啊灵魂，不要悲伤哀痛。

又作了一首挽歌安慰说：（我）与你都是离乡背井来到这里啊，蛮人的语言听不懂啊。人的寿命难以预料，我如果死在此地啊，你就带着儿子与仆人前来相随啊。我与

---

1. 虺：毒蛇。
2. 为心：犹言安心。
3. 际天：与天接近。
4. 维：同"惟"，只有。
5. 环海之中：指中国。古人认为中国四面环海。
6. 达观随寓：乐观，随处可以安身。随寓，即随遇，顺应际遇。 莫必予宫：何必非待在自己的房屋中。宫，室，房屋。这里指家。
7. 恫：害怕，恐惧。
8. 期：预料。

骖紫彪而乘文螭¹兮，登望故乡而嘘唏²兮。吾苟获生归兮，尔子、尔仆尚尔随兮，无以无侣为悲兮！道傍之冢累累兮，多中土之流离兮，相与呼啸而徘徊兮。餐风饮露，无尔饥兮。朝友糜鹿，暮猿与栖兮。尔安尔居兮，无为厉于兹墟³兮。

你一同漫游嬉戏啊，驾着紫彪，乘着文螭啊，登上高冈遥望故乡叹息流泪啊。我如果能活着归去啊，你还有儿子、仆人追随着你啊，不要因为失去了朋友而伤悲啊！道旁累累的坟冢啊，当中埋着的大多是中原流落在此的人啊，你与他们一起呼啸，一起散步逍遥啊。餐风饮露你不会挨饿啊。早上与糜鹿为友，晚上与猿猴一同栖息啊。你在此安分地居住啊，可别化为厉鬼为害这一方村落啊。

---

1. 骖：三匹或四匹马同拉一车时，两侧的马叫骖。 紫彪：有紫色斑纹的小虎。 文螭：有花纹的蛟龙。螭，古时传说的一种无角的龙。
2. 嘘唏：哽咽，抽泣。
3. 厉：厉鬼。 墟：村墟。

赏 析

　　第一、第二段交代哀悼死者的原委，篇幅不长，点明时间，伏笔和细节描写都精心设计，匠心巧妙。细节描写生动逼真，艺术感染力大。如三个动态的描写，作者"眷恋故土"的急切心态，宛然在目。第二段写埋葬死者的过程，从二童子的感情变化，写出明暗两层感情。第三段是祭文，三次以呼告开头，引出三层连续问句，以问代叙述和抒情，感情强烈，让一个隐藏着的"我"在感情的波涛中跳跃出来。文中不但时时以"我"与"吏目"对比，而且通过死者生活中的矛盾，深刻地反映作者的思想矛盾。无论是诘问之辞，还是宽解之语，都强烈地反映了作者被迫害、被斥逐的悲愤心情。最后的二首祭辞运用了"骚"的形式，基本上是一句一韵。韵密调哀，情真意切，给人以无限低回、一唱三叹的艺术感受。全文在哀悼之外，有惊怪，有责备，有割绝，愈转愈深，言有尽而意无穷。

成 语

　　餐风饮露：形容旅途或野外生活的艰苦。

司马季主论卜^{bǔ}

刘 基

【题解】

　　刘基写的《郁离子》一书里有很多寓言故事。本文借东陵侯为重新得到起用向司马季主问卜的对话，说明事物有盛必有衰的道理，人世的变迁是正常的现象，意在讽劝不被元朝任用的元末旧臣，同时对天道、鬼神及占卜也提出了怀疑和否定意见。对人的理性的尊崇和事物变动不居的认识，使人警醒。

东陵侯¹既废，过司马季主²而卜焉。

季主曰："君侯何卜也？"东陵侯曰："久卧者思起，久蛰者思启³，久懑^{tì}者思嚏⁴。吾闻之蓄极则泄，闷^{bì}⁵极则达，热极则风，壅^{yōng}⁶极则通。一冬一春，靡^{mǐ}屈不伸⁷；一起一伏，无往不复。仆窃有疑，愿受教焉。"季主曰："若是，则君侯已喻⁸之矣，

东陵侯邵平被废黜以后，访问司马季主，请他占卜。

季主问："君侯您要占卜什么呢？"东陵侯说："睡得太久的人就想起身，隐藏太久的人就想出来（与人交往），烦闷久了的人就想打喷嚏。我听说，积满过多就要发泄，闭塞过度就要通达，热得过头就会生风，堵塞过分就会流通。有一个冬天就有一个春天，没有总是屈伏而不伸直的；有一起就有一伏，没有只去不来的。我心里对自己的前途有怀疑，希望得到您的指点。"季主说："照这么说，君侯您已明白这个道理了，还要占

---

1. 东陵侯：就是邵平，也叫召平。据《史记·萧相国世家》，邵平秦时为东陵侯，汉代被废为布衣，在长安城东种瓜。瓜美，世称之为"东陵瓜"。
2. 过：访问，拜访。司马季主：西汉初年的南方人，曾游学长安，善于占卜。
3. 蛰：动物冬眠，这里比喻潜伏。启：开，引申为出来。
4. 懑：郁闷。嚏：打喷嚏。
5. 闷：闭。
6. 壅：堵塞。
7. 靡屈不伸：没有只屈伏而不伸展的。
8. 喻：知晓；明白。

又何卜为？"东陵侯曰："仆[1]未究其奥也，愿先生卒[2]教之。"

季主乃言曰："呜呼！天道何亲？惟德之亲；鬼神何灵？因人而灵。夫蓍[3]，枯草也；龟[4]，枯骨也，物也。人，灵于物者也，何不自听而听于物乎？且君侯何不思昔者[5]也？有昔者必有今日[6]。是故碎瓦颓垣，昔日之歌楼舞馆也；荒榛[7]断梗，昔日之琼蕤玉树[8]也；露蚕风蝉[9]，昔日之凤笙龙笛[10]也；鬼磷[11]萤火，昔日之金缸[12]华烛也；秋荼春荠[13]，昔日之象白驼峰[14]也；丹枫白荻[15]，昔日之蜀锦

卜什么呢？"东陵侯说："我还没有完全弄清它的奥秘，希望先生能透彻地开导我。"

于是季主说道："唉！天道和什么人亲近呢？（它）只亲近有德的人；鬼神有什么灵验呢？（它是）靠人才能灵验。占卜用的蓍草，不过是几根枯草；龟甲也只是一块枯骨，它们都是物啊。人比物更灵慧聪明，（您）为什么不听信自己却去信那些物呢？再说，君侯为什么不想想过去呢？有过去就一定有现在。所以，现在的破瓦残墙，就是过去的歌楼舞馆；现在的荒草野木，就是过去的琼花玉树；那露水中蟋蟀的叫声和风中的蝉声，就是过去的凤笙和龙笛吹奏出的音律；现在的磷火和萤光，就是过去的金灯彩烛；现在秋天的苦菜和春天的荠菜，就是过去的象白和驼峰；现在的红枫叶和白荻花，就是过去的蜀锦和齐绢。过去没有的，现在

---

1. 仆：自称谦词。
2. 卒：尽，彻底。
3. 蓍：草名，俗称锯齿草。古人拿它的茎来占卜。
4. 龟：指龟甲。古人用火炙烤龟的腹甲，根据龟甲的裂纹来占卜吉凶。
5. 昔者：过去。这里指东陵侯秦时为官的时候。
6. 今日：现在。这里指东陵侯被废黜以后。
7. 榛：草木丛生。
8. 琼蕤玉树：绚丽的花草，珍贵的树木。这里泛指繁茂的园林。
9. 露蚕风蝉：露水中的蟋蟀，风中鸣叫的蝉。蚕：有写作"蛬"，也有写作"蛩（qióng）"，就是蟋蟀。
10. 凤笙龙笛：精美的管乐器，这里指悦耳的音乐。凤笙，笙的外形像凤鸟。龙笛，笛管首端以龙头为装饰。马融《长笛赋》："龙鸣水中不见己，截竹吹之声相似。"所以又称笛为龙笛。
11. 鬼磷：鬼火，就是磷火，夜间呈淡绿色，是动物腐朽后骨骼中磷质氧化闪光所致，旧时人认为是鬼火。
12. 金缸：金制的盛油灯具。缸，有写作"釭（gāng）"，灯。
13. 荼：苦菜。荠：荠菜。荼、荠嫩时都可以食用。
14. 象白驼峰：象的脂肪和骆驼背上的肉峰，相传象白、驼峰味极美，这里指名贵食品。象白，有人认为是象鼻。
15. 荻：多年生草本植物，与芦苇相似，生于路旁和水边，秋季开白花。

齐纨¹也。昔日之所无，今日有之不为过；昔日之所有，今日无之不为不足。是故一昼一夜，华²开者谢；一秋一春，物故者新。激湍之下，必有深潭；高丘之下，必有浚谷³。君侯亦知之矣，何以卜为？”

有了不算是过分；过去有的，现在没有了也不算是不足。所以，昼夜之间，盛开的花朵会凋谢；秋去春来，万物凋零而又复苏。湍急的水流之下，一定有深潭；高峻的山岭之下，必定有深深的峡谷。君侯您也领悟这些道理了，为什么还占卜呢？”

---

1. 蜀锦齐纨：四川出产的锦缎、山东出产的白细绢，这两地的锦、绢在古代很有名。这里指各种贵重的丝织品。
2. 华：同“花”。
3. 浚谷：深谷。浚，深。

赏　析

　　第一段交代故事起因。第二段两问两答中罗列九种现象。司马季主的作答，由感慨起头，设两个问答、两组对偶和一个反问，充分肯定人的理性精神，而否定了占卜的偶然性和荒唐性。然后列举了六对互相转化的事物，并用比喻来阐明有无的必然转变是自然造就的规律。本文有模仿《楚辞·卜居》的成分，充分发挥了寓言的说理性和虚构性，通过对话，一层深入一层地阐明一个深邃而抽象的哲理，一步一步引导读者思考、推理、探索事物规律，具有极大的说服力和感染力。旨在说理，故议论极少，取譬浅近，善于把抽象哲理变为具体的事物，深入浅出，善作比喻，言近旨远，对比强烈，论辩犀利。句式整齐，对偶排比，铺陈畅叙，气势不可遏止，使主旨鲜明，结构紧凑，感情交替跌宕跃然纸上。不但思想深沉，而且音韵铿锵，辞藻华丽，自然活泼，文采斐然。

卜 居[1]

《楚辞》

> ## 【题 解】
>
> 屈原被流放三年，对人生产生怀疑，向郑詹尹问卜。"居"指安身立命之地，非指房屋。本文相传为屈原所作，也有说是楚人哀悼屈原的作品，有认为是纪实，也有说是虚构。这对作品理解有一定影响：作品是借他人之口肯定屈原为人，还是主人公对自己人生选择的一次认真反思与抉择，或是后人对屈原人生态度的理解和赞颂？

屈原[2]既放，三年不得复见。竭智尽忠，而蔽障[3]于谗；心烦虑乱，不知所从。乃往见太卜[4]郑詹尹曰："余有所疑，愿因先生决之。"詹尹乃端策拂龟[5]，曰："君将何以教之？"

屈原曰："吾宁悃悃款款[6]，朴以忠乎？将送往劳来[7]，斯无穷[8]乎？宁诛锄草茆以力耕乎？将游

屈原已被放逐，三年不能再见（楚怀王）。（他）竭尽智慧，忠贞不贰，却被谗言遮蔽；心烦意乱，不知该往哪里去。于是就去见太卜郑詹尹说："我有些疑惑的事，希望通过先生您来决定。"郑詹尹就摆正蓍草，拂去龟壳上的灰尘，问："先生您有何见教呢？"

屈原说："我是宁可忠实诚恳，朴实忠厚呢，还是随俗高下不陷入困境呢？是宁可割茅锄草，勤力耕作呢，还是去游说达官贵

---

1. 卜居：占卜自己该怎么处世。卜，占卜。居，处世的方法与态度。
2. 屈原：名平，字原，战国时期楚国人。楚怀王时曾任左徒、三闾大夫，后被流放，长期过着流亡生活，最后投汨罗江而死。他传世的代表作品有《离骚》《九歌》《天问》《九章》等。
3. 蔽障：遮蔽阻隔。指屈原遭谗被楚怀王疏远隔绝。
4. 太卜：掌管占卜的官员。
5. 策：蓍草。龟：龟甲。龟和策都是古代占卜用的工具。端策拂龟，是占卜前表示虔诚的准备动作。
6. 宁：表选择，宁可。悃悃款款：诚实忠信的样子。
7. 将：表选择，还是。送往劳来：意思是随处周旋、巧于应酬。
8. 斯：连词，则。穷：困境。

大人以成名乎？宁正言不讳以危身乎？将从俗富贵以媮¹生乎？宁超然高举²以保真乎？将呢訾栗斯³，喔咿嚅唲⁴，以事妇人⁵乎？宁廉洁正直以自清乎？将突梯滑稽⁶，如脂如韦⁷，以絜楹⁸乎？宁昂昂⁹若千里之驹乎？将氾氾若水中之凫¹⁰乎？与波上下，偷以全吾躯乎？宁与骐骥亢轭¹¹乎？将随驽马¹²之迹乎？宁与黄鹄¹³比翼乎？将与鸡鹜¹⁴争食乎？此孰吉孰凶？何去何从？世溷浊¹⁵而不清：蝉翼为重，

人来谋取名声呢？是宁可直言不讳而使自己遭受危险呢，还是去顺从世俗贪图富贵而苟且偷生呢？是宁可超尘脱俗，远走高飞，保持自己本有的天真呢，还是阿谀奉承，强作笑颜来侍奉妇人呢？是宁可廉洁正直以保持自己的呢，还是圆滑谄媚，像脂膏、熟牛皮那样柔软地去趋炎附势呢？是宁可气宇轩昂像那日行千里的骏马呢，还是浮游不定像那水中的野鸭，随波逐流，苟且偷生以保全自身呢？是宁可与良马并驾齐驱呢，还是跟着劣马的足迹呢？是宁可与天鹅比翼齐飞呢，还是去和鸡鸭争食呢？这些，哪个是吉，哪个是凶？什么该舍弃，什么该听从？世道混乱污浊：以为蝉翼是重的，

---

1. 媮：苟且，怠慢。
2. 高举：远走高飞。
3. 呢訾栗斯：阿谀奉承，以言献媚。呢訾，以言献媚。栗斯，阿谀奉承的样子。栗，恭谨，恭敬。斯，语助词。
4. 喔咿嚅唲：强颜欢笑的样子。
5. 妇人：指楚怀王的宠妃郑袖，她与朝中重臣上官大夫等人联合排挤谗毁屈原。
6. 突梯滑稽：迎合世俗、态度圆滑的样子。突梯，滑溜的样子。滑稽，一种能转注吐酒、终日不竭的酒器，后借以指圆滑的样子。
7. 如脂如韦：比喻处世圆转，如油脂般光滑，如兽皮般柔顺。脂，油脂。韦，熟牛皮。
8. 絜楹：指把方状物体做成屋的柱子，引申为削方为圆，随圆而转，形容处世圆滑随俗，引申为谄媚阿谀。絜，用绳子围绕圆柱形物体度量周长。楹，柱子。
9. 昂昂：气宇轩昂、昂首挺胸、堂堂正正的样子。
10. 氾氾：漂浮不定的样子。凫：野鸭子。
11. 与骐骥亢轭：指与骏马齐驱。骐骥，两种良马的名字。亢轭，并驾。亢，同“伉”，并。轭，车辕前套在牲口颈上用来卡住它的横木。
12. 驽马：劣马。
13. 黄鹄：天鹅。
14. 鹜：鸭。
15. 溷浊：混乱污浊。

千钧[1]为轻；黄钟毁弃，瓦釜雷鸣[2]；谗人高张[3]，贤士无名。吁嗟默默兮，谁知吾之廉贞？"

詹尹乃释策而谢曰："夫尺有所短，寸有所长；物有所不足，智有所不明；数有所不逮[4]，神有所不通。用君之心，行君之意。龟策诚不能知此事！"

千钧是轻的；黄钟被毁坏舍弃，瓦釜却发出雷鸣般的声音；谗佞小人嚣张跋扈，贤明之士默默无闻。唉，还是沉默吧，有谁了解我的廉洁忠贞呢？"

郑詹尹于是放下蓍草推辞说："尺有所短，寸有所长，事物有不足的地方，智者也有糊涂的时候，占卜有预见不到的地方，神明有不能通达之处。就按照您的心意，实行您的主张吧。龟壳和蓍草实在不能卜知这些事情！"

---

1. 千钧：最重的东西。古制三十斤为一钧。
2. 黄钟毁弃，瓦釜雷鸣：贵重的黄钟遭到毁坏遗弃，劣质的瓦器发出雷鸣般的声音，比喻黑白颠倒、小人得志。黄钟，古乐律中十二律之一，也有说是一种形体最大、声音最洪亮的乐器。这里比喻有才能的人。瓦釜，陶土烧制的瓦罐，可以作为击打乐器。这里代表鄙俗的音乐，也比喻无才无德的人。
3. 高张：指坏人气焰嚣张、趾高气扬。
4. 数：占卜。逮：及，到。

赏 析

屈原与郑詹尹对话，借占卜陈述内心疑惑，上问"所从"，是实问，下问"所去"，是比喻，各有八句，意思贯一，却不觉得重复。夸张的比喻，生动的形象，鲜明的对比，层层设问，形成语言和情感的波澜。八对疑问中，大量修饰性形容词，如"悃悃款款""超然""昂昂""氾氾"与"呫訾栗斯""喔咿嚅唲""突梯滑稽"等语，绘声绘色，感情色彩强烈。八个"宁……将……"选择句式，每句"乎"字收尾，语意深长，内心纠结，虽为质疑之问，但坚定不移的态度自见言外。最后的反诘宣泄满腔悲愤。共有六处换韵，六次转折。郑詹尹从愿意占卜到谢绝占卜，说"神有所不通""行君之意"，既点明主旨，又不影响首尾回环。全文文采斐然，铺排夸张，却不平淡板滞，以主人公自我正反提问的对比，形象真切地展示了屈原坚持理想的个人品格，立意精巧。

祭悼哀痛

祭十二郎文 [1]

韩愈

【题 解】

　　十二郎和韩愈名为叔侄，实为"兄弟"，感情深厚。韩愈在得知十二郎去世的消息时非常震惊和悲痛。七天后写下的这篇发自肺腑的祭文，打破了传统祭文的固定格套，用自由的散体追忆幼时共患难的情景，诉说对对方的关切和家常琐事，反复抒发无尽的悲痛之情。全文融注了深挚的骨肉之情，感人至深。

　　年、月、日，季父 [2] 愈闻汝丧之七日，乃能衔哀致诚，使建中远具时羞 [3] 之奠，告汝十二郎 [4] 之灵：

　　呜呼！吾少孤 [5]，及长，不省所怙 [6]，惟兄嫂是依。中年，兄殁南方，吾与汝俱幼，从嫂归葬河阳。既又与汝就食江南 [7]，零丁孤苦，未尝一

　　某年某月某日，小叔叔韩愈在听到你去世的消息后的第七天，才能含着悲痛来向你表达心意，派遣建中从远路置办了时鲜食物作为祭品，祭告你十二郎的灵前：

　　唉！我从小失去父亲，等到长大，不知道依靠谁，只有依靠着哥哥嫂嫂。哥哥中年时在南方去世，（那时）我和你都还年幼，跟随着嫂嫂（送哥哥的灵柩）回河阳安葬。随后又和你一起到江南度日，孤苦伶仃，未

---

1. 祭文：由祝文演变而来，用于祭祀、祭奠时表示哀悼或祷祝的文章。
2. 季父：父辈中排行最小的叔父。古人排兄弟次序为伯、仲、叔、季。韩愈在兄弟中最小，故对十二郎自称季父。
3. 时羞：应时的鲜美佳肴。羞，同"馐"。
4. 十二郎：韩愈次兄韩介之子韩老成，过继给其长兄韩会，因在族中排行十二，故称十二郎。
5. 孤：幼年丧父称"孤"。大历五年（770年），韩愈父亲韩仲卿亡故，韩愈三岁。
6. 怙：依靠。《诗经·小雅·蓼莪》里有"无父何怙"，后来就常用来形容对父亲的依靠。
7. 就食江南：去江南庄园过日子。就，向，归。唐德宗建中二年（781年），北方藩镇李希烈反叛，中原局势动荡。韩愈随嫂迁家避居宣州（今安徽宣城）。因韩氏在宣州置有田宅别业。韩愈《复志赋》："值中原之有事兮，将就食于江之南。"《祭郑夫人文》："既克返葬，遭时艰难，百口偕行，避地江渍。"均指此。

日相离也。吾上有三兄，皆不幸早世，承先人后者，在孙惟汝，在子惟吾，两世一身，形单影只。嫂尝抚汝指吾而言曰："韩氏两世，惟此而已！"汝时尤小，当不复记忆；吾时虽能记忆，亦未知其言之悲也。

吾年十九，始来京城。其后四年，而归视汝。又四年，吾往河阳省[1]坟墓，遇汝从嫂丧来葬。又二年，吾佐董丞相[2]于汴州，汝来省吾，止一岁，请归取其孥。明年，丞相薨[3]，吾去汴州，汝不果来。是年，吾佐戎[4]徐州，使取汝者始行，吾又罢去，汝又不果来。吾念汝从于东，东亦客也，不可以久，图久远者，莫如西归，将成家而致汝。呜呼！孰谓汝遽去吾而殁乎！吾与汝俱少年，以为虽暂相别，终当久相与处，

曾一天相互分离过啊！我上面有三位哥哥，都不幸早逝。继承已故上辈的后代，在孙子辈里只有你，在儿子辈里只有我，两代都仅剩下一个人，形影孤单。嫂嫂曾经抚摸着你指着我说："韩家两代，只有你们这两个人了！"那时你（比我）小，大概已不记得了；我那时虽然能够记忆，却不懂得这句话中蕴含的悲痛啊！

我十九岁时，才来到京城。此后过了四年，才回家看望你。又过了四年，我往河阳凭吊先人坟墓，遇到你送我嫂嫂的丧来安葬。再过两年，我在汴州辅佐董丞相，你来看望我，住了一年，你要求回去接妻子来。第二年，董丞相逝世了，我离开了汴州，你终于没有来成。这年，我去徐州助理军务，派去接你的人刚启程，我又被罢职离开徐州，你又没有来成。我想你如跟随我来到东方，东方也是客地啊，不能够永久住下来，从长远打算，不如回到西边，我准备安顿好家庭然后接你去。唉！谁知你竟会突然匆促地离开我而去世呢！我和你都还年轻，以为虽然暂时分别，终究会长久地相处在一起的，所以离开

---

1. 省：探望，此引申为凭吊。
2. 董丞相：指董晋。贞元十二年（796年）七月，董晋以检校尚书左仆射、同中书门下平章事出任宣武军节度使，汴、宋、亳、颍等州观察使。韩愈在他属下任节度推官。
3. 薨：古时诸侯或二品以上大官死曰薨。贞元十五年（799年）二月，董晋死于汴州任所，韩愈随葬西行。去后第四天，汴州即发生兵变。
4. 佐戎：辅佐军事。韩愈当时在徐州任节度推官。

故舍汝而旅食京师，以求斗斛之禄¹。诚知其如此，虽万乘²之公相，吾不以一日辍³汝而就也！

去年，孟东野⁴往，吾书与汝曰："吾年未四十，而视茫茫，而发苍苍，而齿牙动摇。念诸父⁵与诸兄，皆康强而早世⁶，如吾之衰者，其能久存乎？吾不可去，汝不肯来，恐旦暮死，而汝抱无涯之戚也。"孰谓少者殁而长者存，强者夭而病者全乎？呜呼！其信然邪？其梦邪？其⁷传之非其真邪？信也，吾兄之盛德而夭其嗣乎？汝之纯明而不克蒙其泽乎？少者强者而夭殁、长者衰者而存全乎？未可以为信也！梦也，传之非其真也，东野之书，耿兰⁸之报，何为而在吾侧也？

你到京师去旅居谋生，以便求得几斗几斛的微薄俸禄。如果知道真的会这样，即使有万乘车辆的公卿宰相职位，我一天也不会丢下你而去上任的！

去年，孟东野前往（江南），我写信给你说："我年龄还不到四十岁，却已视力模糊，头发灰白，牙齿松动。想到我的几位父辈和几位兄长，都是健康壮盛时便过早去世的，像我这样衰弱的身体，怎么能长久地活着呢？我不能离开（这儿），你又不肯来，只怕（我）早晚死了，你就要怀着无穷的悲哀了。"谁知年少的去世了而年长的还存活着，强壮的早死而病弱的却得保全呢？唉！难道确实是这样吗？是做梦呢？还是传来的消息不真实呢？（如果是）真的，为什么我哥哥有这样美好的品德而老天反使他的后嗣早死呢？为什么你这样纯朴聪明却不能承受他的德泽呢？为什么年少身强的反而早死，年长身弱的反而生存保全呢？不该当作是真的吧！（如果是）做梦，传来的消息不真实，（但是）孟东野的信，耿兰的报丧，又为什么在我身边呢？唉！这大概是

1. 斗斛之禄：指微薄的俸禄。斗斛，唐时十斗为一斛。韩愈离开徐州后，于贞元十七年（801年）来长安选官，调四门博士，贞元十九年（803年）迁监察御史。
2. 万乘：周朝制度，封国大小，以兵赋计算。战国时，凡地方千里的大国，称为万乘之国，意思是出兵车万乘。这里用"万乘"形容最大俸禄。
3. 辍：中止，这里指离开。"辍汝"和上句"舍汝"义同。
4. 孟东野：孟郊（751—814年），字东野，唐代著名诗人。
5. 诸父：伯父、叔父的统称。韩愈父韩仲卿有兄弟四人，仲卿为长，次为少卿、云卿、绅卿。
6. 早世：早死。
7. 其……其：选择副词，相当于"是……还是……"。
8. 耿兰：十二郎的仆人。

呜呼！其信然矣！吾兄之盛德而夭其嗣矣！汝之纯明宜业[1]其家者，不克蒙其泽矣！所谓天者诚难测，而神者诚难明矣！所谓理者不可推，而寿者不可知矣！

虽然，吾自今年来，苍苍者或化而为白矣，动摇者或脱而落矣，毛血[2]日益衰，志气[3]日益微，几何不从汝而死也！死而有知，其几何离？其无知，悲不几时，而不悲者无穷期矣。汝之子始十岁，吾之子始五岁。少而强者不可保，如此孩提者，又可冀其成立邪？呜呼哀哉！呜呼哀哉！

汝去年书云："比得软脚病[4]，往往而剧。"吾曰："是疾也，江南之人常常有之。"未始以为忧也。呜呼！其竟以此而殒其生乎？抑别有疾而致斯乎？汝之书，六月十七日也；东野云，汝殁以六月二日；耿

确实的了！我哥哥品德美好而他的后嗣却早死了！你这样纯朴聪明理应继承他的家风的，竟不能蒙受他的德泽了！所谓天公实在难以测料，而神灵也实在难以明白呀！所谓事理实在难以推究，而寿命也是不可料知呀！

尽管这样，我从今年以来，灰白的头发有的变成全白了，松动的牙齿有的掉落下来了，体质一天比一天衰退，精神一天比一天萎靡，要不了多少时间就会跟着你而死去！如果死后仍有知觉，那我们分离的日子就不会太久了？如果死后没有知觉，那我也悲伤不了多少时间，而没有悲伤的日子却将是无穷无尽的了。你的儿子才十岁，我的儿子刚五岁。年轻而壮盛的人都不能保全，像这样幼小的孩童，又怎么能希望他们成长自立呢？唉，真悲哀啊！唉，真悲哀啊！

你去年的信中说："近来得了脚气病，时常发作得很厉害。"我说："这种病啊，江南的人是常常有的。"并不曾把它当作可忧虑的事啊。唉！难道你竟然因为它而丧失你的生命吗？还是另有其他疾病而发展到这种地步呢？你的信，是六月十七日写的；孟东野说，你是六月二日去世的；耿兰的报

---

1. 业：动词，继承。
2. 毛血：指体质。
3. 志气：指精神。
4. 比：近来。 软脚病：即脚气病。这种病从脚起，足胫肿大，浑身软弱无力。

兰之报无月日。盖东野之使者，不知问家人以月日；如耿兰之报，不知当言月日；东野与吾书，乃问使者，使者妄<ruby>妄<rt>wàng</rt></ruby>称以应之耳。其然乎？其不然乎？

今吾使建中祭<ruby>祭<rt>jì</rt></ruby>汝，吊¹汝之孤与汝之乳母。彼有食可守以待终丧²，则待终丧而取以来；如不能守以终丧，则遂取以来。其余奴婢，并令守汝丧。吾力能改葬，终葬汝于先人之兆³，然后惟其所愿。呜呼！汝病吾不知时，汝殁吾不知日，生不能相养以共居，殁不能抚汝以尽哀，敛<ruby>敛<rt>liàn</rt></ruby>⁴不凭其棺，窆<ruby>窆<rt>biǎn</rt></ruby>不临其穴，吾行负神明，而使汝夭，不孝不慈，而不得与汝相养以生、相守以死，一在天之涯，一在地之角，生而影不与吾形相依，死而魂不与吾梦相接，吾实为之，其又何尤！"彼苍者天"，"曷<ruby>曷<rt>hé</rt></ruby>其有极"。

丧没有写明你去世的月日。大概孟东野的使者，不知道向你家人询问你的去世月日；而像耿兰那样报丧，不懂得应该说明你去世的月日；（或是）孟东野给我写信时，才问了使者，使者就胡乱说个日期来应付他罢了。是这样的呢？还是不是这样的呢？

现在我派建中来祭奠你，慰问你的孤儿和你的奶妈。他们有粮食可以守你的灵到丧期终了，那就等到丧期终了再接他们到我这里来；如果不能守满丧期，那就立即把他们接过来。其他奴婢，都叫他们守你的丧。我有能力给你迁葬，最终一定把你葬到祖先的墓地里，此后才算了却我的心愿。唉！你生病我不知道时间，你去世我不知道日期，你活着我不能和你生活在一起相互照顾，你去世我没能抚摸你的遗体来充分表达我的哀思，你入殓时我没能在你的棺木旁凭吊，你落葬时我没能亲临你的墓穴，我的行为对不起神明，因而使得你早死，我对上不孝顺，对下不慈爱，不能和你相互照顾一起生活，相互厮守一直到死，如今我们一个在天边，一个在地角，活着的时候你的身影不和我的形体相依偎，死后你的灵魂也不和我梦中接触，这实在是我造成的，这又能怨谁呢！那苍苍的上天啊，我的悲痛哪里有尽头呢！

---

1. 吊：此指慰问。
2. 终丧：古礼，父丧三年除服，称为终丧。
3. 兆：墓地。
4. 敛：同"殓"。为死者更衣称小殓，尸体入棺称大殓。

自今以往，吾其无意于人世矣！当求数顷之田于伊、颖^{yǐng}之上，以待余年。教吾子与汝子，幸其成；长^{zhǎng}¹吾女与汝女，待其嫁。如此而已。呜呼！言有穷而情不可终，汝其知也邪？其不知也邪？呜呼哀哉！尚飨^{xiǎng}²！

从今以后，我对人世间的事情应该也没有什么心思了！应当将在伊水、颖水之畔置办几顷田地来度过我的晚年。教育我的儿子和你的儿子，期望他们成长；养育我的女儿和你的女儿，等到她们出嫁。就是这样罢了。唉！言语有说完的时候而哀伤之情却绵绵没有终绝，你是知道呢？还是不知道呢？唉，真悲哀啊！希望你来享用祭品吧。

---

1. 长：动词，养育。
2. 尚飨：古代祭文结语用词，也作"尚享"，意思是希望死者来享用祭品。尚，表示希望。

赏 析

第一段至第八段分别是交代事由、回忆往事、记叙聚散、说自己衰老、想象未来、叙去世消息、祭告、抒情结尾。段落内先叙事再由感叹词转入抒情，甚至一转再转重叠感叹。全文一气贯注，脉络清楚，条理分明，结构严谨，章法多变。按照自然发展顺序记叙，选取细节，层层深入，寄深情于淡语中。情因事起，事中见情，多角度抒情，多重情感交织。发自肺腑，自然流露，直抒胸臆，情深语切，反衬、反诘等反复深化，捶胸顿足，感人至深。语言上复沓重叠，回环转折，骈散长短交相运用，变化多姿。"信邪""真邪""梦也"连串疑问反复申说，迷离惝恍。两句排比自叙衰老，语意相同但表达不同，错落有致。两个"不知""不能""不与"句，变化多姿。语助词穿插缀合以抑扬顿挫，句尾连用三"耶"、三"乎"、四"也"、七"矣"字，反复出没，变化不测。

成 语

零丁孤苦：孤单困苦，无所依傍。

形单影只：只有自己的身体和自己的影子。形容孤独，没有同伴。也说形只影单。形，身体。只，单独。

柳子厚墓志铭[1]

韩愈

【题 解】

柳宗元死于柳州时，韩愈刚结束贬官潮州的生涯，对柳宗元的不幸和痛苦感同身受。韩愈在墓志铭中赞扬柳宗元的才华和成就，称赞他关心百姓、对朋友讲信义和舍己为人的美德，惋惜和哀悼之情自然深切。但也因政治见解分歧，有委婉的批评。正因为韩愈思想真实，态度公正，感情真挚，使得文章自然流畅，感人至深。

子厚，讳[2]宗元。七世[3]祖庆，为拓跋魏[4]侍中，封济阴公。曾伯祖奭，为唐宰相，与褚遂良、韩瑗俱得罪武后，死高宗朝。皇考[5]讳镇，以事母弃太常博士[6]，求为县令江南；其后以不能媚权贵，失御史；权贵人死，乃复拜侍御史；号为刚直，所与游皆当世名人。

子厚名叫宗元。七世祖柳庆做过北魏的侍中，封为济阴公。曾伯祖柳奭担任过唐朝的宰相，同褚遂良、韩瑗都（因为）得罪武皇后，在唐高宗时被处死。他父亲名叫镇，因为要侍奉母亲而放弃太常博士的职位，请求到江南去做县令；后来因为不能讨好权贵人物，丢掉了御史的官职；当权的贵人死了，他才又被任命为侍御史；（柳镇）以刚强正直著称，同他交往的，都是当代的知名人士。

---

1. 墓志铭：一种悼念性质的文体，一般由志和铭两部分组成。志多用散文写成，叙述逝者的姓名、籍贯、生平事略；铭用韵文写成，常是对逝者一生的评价。志是纪事的文字或文章。铭本是铸、刻在器物上的文字，后指用来警诫自己或称述功德的一种文体。

2. 讳：避讳。在死者名字前加一"讳"字以表示尊敬。

3. 七世："七"应为"六"。柳庆在北魏时任侍中，位同宰相，封为平齐公。子柳旦，任北周中书侍郎，封济阴公。此处可能是传写错误，或是韩愈所记有误。

4. 拓跋魏：北魏（386—534年），鲜卑族拓跋氏所建政权。

5. 皇考：称呼已故的父亲，也叫考。

6. 太常博士：太常寺掌宗庙礼仪的属官。柳镇在唐肃宗时授左卫率府兵曹参军，辅佐郭子仪守朔方。后调长安主簿，母亲去世后守丧，后被认命为太常博士。柳镇以有尊老孤弱在吴，再三辞谢，愿担任宣城（今属安徽）县令。这里说"以事母弃太常博士"，可能是作者的失误。

子厚少精敏，无不通达。逮^{dài}其父时，虽少年，已自成人，能取进士第，崭^{zhǎn}然见头角，众谓柳氏有子矣。其后以博学宏词[1]授集贤殿正字。俊杰廉悍^{hàn}[2]，议论证据今古，出入经史百子，踔厉风发^{chuō}[3]，率[4]常屈其座人，名声大振，一时皆慕与之交。诸公要人，争欲令出我门下，交口[5]荐誉之。

贞元十九年，由蓝田尉拜[6]监察御史。顺宗即位，拜礼部员外郎[7]。遇用事者[8]得罪，例出为刺史[9]。未至，又例贬州司马。居闲益自刻苦，务记览，为词章，泛滥停蓄[10]，为深博无涯涘^{sì}，而自肆于山水间。元和

子厚年轻时就精明聪敏，没有什么不通晓的。当他父亲还在世的时候，他虽然年轻，但已自立成才，能考取进士及第，显露了出众的才能，大家都说柳家有个好儿子了。此后他因为考取博学宏词科，被任命为集贤殿正字。他才能出众，方正勇敢，讨论起问题来引古证今，融会贯通、深入浅出地（引用）经籍、史书和诸子百家的著述，见识高远，议论纵横，言辞奋发，经常使在座的人屈服，（子厚）名声大振，一时人们都因仰慕他（而愿意）和他交往。许多显要的大人物都争着让他做自己的门生，异口同声地推荐称赞他。

贞元十九年，（子厚）从蓝田县尉升任为监察御史。顺宗登上皇帝位，授予他为礼部员外郎。遇上（有关的）当权人物获罪，按例遣出朝廷做了刺史。还没到任，又按例被贬为州司马。处在闲散的境地，他自己更加刻苦，努力地记诵和阅览，写作诗文像大水那样汪洋浩荡、汇集积蓄，渊深宽广，无边无际，而自己却放纵于山水之间。元和年间，

---

1. 博学宏词：唐代临时设置的考试科目之一，为选拔博学能文的人而设。柳宗元于贞元十二年（796 年）中博学宏词科，年二十四（一说二十六）。
2. 廉悍：方正、廉洁和坚毅有骨气。
3. 踔厉风发：精神奋发，言论纵横，气势磅礴。
4. 率：常常。
5. 交口：众口，齐声。
6. 拜：古代授予官职时须举行一定的仪式，后来称任命官职叫"拜"。
7. 礼部员外郎：礼部掌管礼仪的官员。
8. 用事者：当权的人，这里指王叔文。唐顺宗做太子时，王叔文任太子属官，顺宗即位后，王叔文任户部侍郎，深得顺宗信任。于是引用新进，施行改革。旧派世族和藩镇宦官拥立其子李纯为宪宗，将王叔文贬黜，后又将其杀戮。和柳宗元同时贬作司马的共八人，号"八司马"。
9. 出：遣出京城。刺史：一州的行政长官。
10. 停蓄：文笔雄厚凝练。

中,尝例召至京师,又偕出为刺史,
而子厚得柳州。既至,叹曰:"是岂
不足为政邪?"因其土俗,为设教
禁,州人顺赖。其俗以男女质钱,约
不时赎,子本[1]相侔,则没为奴婢。
子厚与设方计,悉令赎归。其尤贫
力不能者,令书其佣,足相当,则使
归其质。观察使下其法于他州,比
一岁,免而归者且千人。衡、湘以南
为进士者,皆以子厚为师。其经承
子厚口讲指画为文词者,悉有法度
可观。

　其召至京师而复为刺史也,中
山刘梦得禹锡[2]亦在遣中,当诣播
州。子厚泣曰:"播州非人所居,而
梦得亲在堂,吾不忍梦得之穷,无
辞以白其大人,且万无母子俱往
理。"请于朝,将拜疏[3],愿以柳易
播,虽重得罪,死不恨。遇有以梦得
事白上者,梦得于是改刺连州。呜

（子厚）曾按例被召回京城,又（和其他的
人）一起外放为刺史,子厚被外放到柳州。
到任之后,他叹息道:"这里难道不值得做出
政绩吗?"（于是他）依据当地人们的风
俗,替（他们）设置教化措施和禁令,柳州
人民都遵从信赖。那里有把儿子女儿作抵押
去借钱的陋俗,约定不按规定时间赎回,利
息和本金相等时,子女就被没收为奴婢。子
厚替（欠债人）想方设法,全部让他们赎回
去。那些特别贫困没有能力去赎的,就命令
记下子女在质押时期做工的工钱,（工钱达
到）足够抵销债务时,就让（债主）归还那
些人质。观察使把这办法推广到其他的州,
等到一年后,获得解免而回家的将近一千
人。衡山、湘江以南应考进士科的人,都把子
厚当作老师。那些经过子厚亲自讲授指点的
人所写的文章,都有规范值得观览。

　当他被召回京城而又（外派）为刺史
的时候,中山人刘梦得（禹锡）也在被派遣
之列,应当前往播州。子厚流着泪说:"播州
不是（中原）人所能居住的地方,况且刘梦
得还有母亲在堂,我不忍心（看到）梦得的
困窘,他没法把（这事）告诉他的老母,再
说绝没有让母子一起去的道理。"（他）向
朝廷请求,准备递呈奏章,情愿拿柳州来换
播州,即使罪上加罪,死也不感遗憾。正碰上
有人把刘梦得的情况告诉了皇上,梦得因此
改任为连州刺史。唉! 士人在困窘中才显现

---

1. 子本:利息和本钱。
2. 刘梦得禹锡:刘禹锡（772—842 年）,字梦得,唐代中期诗人、文学家、哲学家、政治家。
3. 疏:向皇帝陈述意见的文书。

呼！士穷乃见节义。今夫平居里巷相慕悦，酒食游戏相征逐[1]，诩诩[2]强笑语以相取下，握手出肺肝相示，指天日涕泣，誓生死不相背负，真若可信。一旦临小利害，仅如毛发比，反眼若不相识；落陷阱，不一引手救，反挤之，又下石焉者，皆是也。此宜禽兽夷狄所不忍为，而其人自视以为得计，闻子厚之风，亦可以少愧矣。

子厚前时少年，勇于为人，不自贵重[3]顾藉，谓功业可立就，故坐废退。既退，又无相知有气力得位者推挽[4]，故卒死于穷裔[5]，材不为世用，道不行于时也。使子厚在台省[6]时，自持其身，已能如司马、刺史时，亦自不斥；斥时，有人力能举之，且必复用不穷。然子厚斥不久，

出气节道义。如今那些平时同住在里巷中，互相仰慕要好，吃喝玩乐往来频繁，相互吹捧讨好并且勉强说笑以示谦卑对待对方，手拉手好像掏出肺肝来给对方看，指天对日哭泣，发誓无论生死都不相背弃，（简直）像真的可以相信。有朝一日碰到小小的利害冲突，仅仅像毛发那样，便翻脸白眼相看如同不认识；对方落入陷阱，不伸一下手救援，反倒推挤对方并往下扔石头的人，到处都是这样啊。这些事情应该连禽兽动物和野蛮人都不忍心做的，然而那些人自以为得计，（他们）听到子厚的气度，也可以稍微（知道）惭愧了吧。

子厚当初年纪轻，勇于帮助别人，自己不珍重顾惜自己，认为功业可以立刻成就，所以受到牵连而被废黜贬谪。被贬退以后，又没有熟识而有力量和权位的人推举提携，所以终于死在边远地方，才干不能被社会重用，政治主张不能在当时推行。假使子厚在御史台、尚书省时，能够约束自身，已经能够像在做司马、刺史的时候那样，也自然不会被贬斥；贬斥之后，如有一个有力量的人能推举他，将必定重被起用而不困窘。然而（如果）子厚的贬斥不长久，困窘不到极点，

---

1. 征逐：往来频繁。征，约之来。逐，随之去。
2. 诩诩：能说会道，取悦别人。
3. 自贵重：宾语前置，珍重顾惜自己。
4. 推挽：推举提携。
5. 穷裔：很远的边区。穷，极。裔，远。
6. 台省：即御史台、尚书省。二者均为唐代中央政府机构的名称。

穷不极，虽有出于人，其文学辞章，必不能自力以致必传于后，如今，无疑也。虽使子厚得所愿，为将相于一时，以彼易此，孰得孰失，必有能辨之者。

子厚以元和十四年十一月八日卒，年四十七。以十五年七月十日归葬万年[1]先人墓侧。子厚有子男二人，长曰周六，始四岁；季曰周七，子厚卒乃生。女子二人，皆幼。其得归葬也，费皆出观察使河东裴君行立。行立有节概[2]，重然诺，与子厚结交，子厚亦为之尽，竟赖其力。葬子厚于万年之墓者，舅弟卢遵。遵，涿人，性谨慎，学问不厌。自子厚之斥，遵从而家焉，逮其死不去。既往葬子厚，又将经纪其家，庶几有始终者。

铭曰：是惟子厚之室，既固既安，以利其嗣人。

虽（在功业上）会出人头地，他的文章学术言辞作品，必定不能自我努力以达到像今天那样必然能够流传后世的水平，这是毫无疑问的啊。即使让子厚得到他所愿望的，在一个时期内做到将军宰相，拿那个来换这个，哪是得，哪是失，必定有能够辨别它的人。

子厚在元和十四年十一月八日去世，终年四十七岁。在元和十五年七月十日，灵柩运回葬在万年县祖先坟墓的旁边。子厚有两个儿子，大的叫周六，才四岁；小的叫周七，子厚死后才出生。两个女儿，都还幼小。他的灵柩能够回乡落葬，费用都是观察使河东人裴行立先生资助的。行立为人有节操气概，重视承诺的话，和子厚结为朋友，子厚也为他极尽心力，终于靠他帮助（办理了后事）。把子厚葬在万年墓地的是他的表弟卢遵。卢遵是涿州人，性格谨慎，求学问永不满足。自从子厚被贬斥，卢遵就跟着他并且以贬所为家，直到他去世也不离去。他安葬好子厚后，还将安排料理子厚的家属，应该算得上是一个有始有终的人了。

铭文：这就是子厚的墓穴，既牢固又安稳，（希望）有利于他的子孙后代。

---

1. 万年：今陕西西安市内。
2. 节概：节操度量。

赏 析

本文依墓志铭体例，交代墓主先世、生平、政绩、为人、一生得失及身后情况。主要有四：一是赞赏才华，"少精敏"一段写得神采飞扬，句句生动，音韵铿锵，为悲剧命运添一抹异样光辉。二是激赏文章，分为三处，以"传后"为总结，评价极高。肯定政绩，精选一件善政，写出宅心仁厚，爱民如子。赞扬人格，最为精彩。"呜呼"以下，对照世态人情，盛赞柳宗元，又衬托无人"推挽"，情感至此达到高潮。三是虽政治取态不同，却以推想人生得失来抒发激荡低回之情思。前述先人刚直的节操，后述友人生死不变的友情，都与墓主的为人相辉映，浑然一体。四是铭文同样语似淡而情实深。全文于叙事中夹入议论，以议论写法使得奇峰突起。语句融入褒贬感情，酣恣淋漓，顿挫盘郁，至性至情。选材布局点面结合，详略分明，重点突出。用词精准，长短句交错，灵活多变。

成 语

崭露头角：头上的角已明显地突出来了。比喻突出地显露出才能和本领（多指青少年）。崭，突出。露，显露。

踔厉风发：议论纵横，言辞奋发，见识高远。形容精神振作，意气风发。踔厉，精神振奋，言论纵横。风发，像刮风一样迅猛。

落井下石：也说落井投石、投井下石。看见人要掉进陷阱里，不伸手救他，反而推他下去，又扔下石头。比喻趁人危难时加以陷害。

祭石曼卿文

欧阳修

【题 解】

　　欧阳修六十一岁时又经历了一场宦海波涛，离开朝廷到地方做官。人到暮年，孤寂中不免以追忆往昔为精神寄托。欧阳修与石延年感情深厚，在石延年去世二十六年后，又派人祭扫其墓。祭文想象着墓地的荒凉破败，看出了种种寄托与希望的虚无，有一种天意茫然的深悲巨痛。这是感知死亡真相的心灵为无法化解的痛楚所发出的哀歌。

维治平四年七月日，具官[1]欧阳修，谨遣尚书都省令史[2]李敭至于太清，以清酌庶羞[3]之奠，致祭于亡友曼卿[4]之墓下，而吊之以文曰：

嗚呼曼卿！生而为英，死而为灵。其同乎万物生死，而复归于无物者，暂聚之形；不与万物共尽，而卓然其不朽者，后世之名。此自古圣贤莫不皆然，而著在简册[5]者昭如日星。

嗚呼曼卿！吾不见子久矣，犹

治平四年七月某日，具官欧阳修郑重地派尚书都省令史李敭到太清，用清酒和各种食品作为祭品，到亡友石曼卿的墓前祭奠，并用祭文悼念他：

唉，曼卿！你在世时是英杰，死后（一定）为神灵。那同万物一样有生有死，而最后化为乌有的，是暂时存在的形体；那不与万物一道灭亡，而超然出众永远不朽的，是流传后世的声名。自古以来的圣贤之人没有一个不是这样，而那记录在史册中的，就如太阳和星星一样光辉灿烂。

唉，曼卿！我不见你已经很久了，但还

---

1. 具官：唐宋以来，官吏在奏疏、函牍及其他应酬文字中，常把应写明的官职爵位，写作具官，表示谦敬。欧阳修写作此文时官衔是观文殿学士刑部尚书亳州军州事。
2. 尚书都省：即尚书省，管理全国行政的官署。令史：管理文书工作的官。
3. 清酌：祭奠时所用之酒。庶羞：各种食品。庶，各种。羞，同"馐"，食品，这里指祭品。
4. 曼卿：石延年（994—1041年），字曼卿，北宋人。工诗善书。官至太子中允、秘阁校理。
5. 简册：指史籍。简，古代用来写字的竹简。

能仿佛¹子之平生。其轩昂磊落，突兀峥嵘²，而埋藏于地下者，意其不化为朽壤，而为金玉之精。不然，生长松之千尺，产灵芝而九茎³。奈何荒烟野蔓，荆棘纵横，风凄露下，走磷⁴飞萤？但见牧童樵叟，歌吟而上下，与夫惊禽骇兽，悲鸣踯躅⁵而咿嘤。今固如此，更千秋而万岁兮，安知其不穴藏狐貉与鼯鼪？此自古圣贤亦皆然兮，独不见夫累累乎旷野与荒城！

呜呼曼卿！盛衰⁶之理，吾固知其如此，而感念畴昔⁷，悲凉凄怆，不觉临风而陨涕者，有愧夫太上之忘情⁸。尚飨！

能依稀记得你在世的样子。你的气度高昂，心地光明磊落，才华出众，气质超群，因而那埋藏在地下（的形体），想来不会变成腐朽的泥土，而会变成金玉般的精英。不然的话，也会生长出高达千尺的松树，孕育出有九根茎的灵芝。为什么荒原里烟雾弥漫，墓地上野草丛生，荆棘到处都是，风声凄厉，霜露降下，磷火飘动，萤虫飞舞？只看见放牧的小孩和砍柴的老人唱着歌，在你墓前来回奔走，还有那惊慌的禽鸟与野兽发出悲鸣，徘徊不前，不住地啼叫。眼下就已经这样，再过千秋万代，怎知道不会有狐狸、貉子、鼯鼠和黄鼠狼之类在此打洞藏身？这也是自古以来圣贤都要遭遇的情景，难道没看见那相连不断的旷野和荒坟吗！

唉，曼卿！生死存亡的道理，我本来知道它就是这样，可是追念往日（的情谊），就觉得悲凉凄惨，不知不觉迎风流泪，惭愧不能像圣人那样忘情。希望你来享用这些祭品吧！

---

1. 仿佛：依稀记得。

2. 突兀峥嵘：高迈挺拔，比喻石曼卿的精神气质杰出优秀。突兀，高而不平的样子。峥嵘，高峻的样子。

3. 九茎：九茎一聚者是灵芝中品质最好的一种，被当作珍贵祥瑞之物。《汉书·宣帝纪》："金芝九茎产于函德殿铜池中。"

4. 走磷：夜空中磷氧化而产生的青光。磷，鬼火。

5. 踯躅：徘徊不前。

6. 盛衰：指生死。

7. 畴昔：往昔，从前。

8. 太上之忘情：指圣人能达到不动感情的境界。太上，最上，指圣人。典出《世说新语·伤逝篇》。晋人王戎儿子死了，山简前去慰问，见他悲痛欲绝，就说："孩抱中物，何至于此？"王戎说："圣人忘情，最下不及情，情之所钟，正在我辈。"

赏　析

第一段交代致祭的背景，引出以下向死者倾诉的三段，都以"呜呼曼卿！"开头，声声呼唤，悲情浓郁，扣人心弦。第二段"英灵"二句，情切语急，笔势突兀。然后泛论"形""名"，表达对石延年的景仰。第三段先说往日历历在目，再转为想象墓地荒凉，并由眼前想以后，无限悲凉，又以"圣贤"两句宽解"千古不免"的遭遇。第四段抒发不能忘情之痛。本文感情真挚深厚，抒情色彩极浓，不详于叙事，重在抒情，并且是在议论物之盛衰、人之生死、形名之存亡中交织事实与情感、常理与心理、客观与主观的矛盾，事不胜悲悲不已，理不解情情更伤，一波一折，缠绵凄恻。结构严密，感慨逐层加深，在高潮处戛然而止。语言平易流畅，句式灵活多变，一韵到底，读来低回跌宕，富有情韵，转换、顿束、开宕颇显精神，短篇幅中有百折千回之妙。

成　语

千秋万岁：形容岁月长久，祝人长寿的敬辞，讳称帝王死亡。

明人笔墨

沧浪亭记

归有光

【题 解】

僧人文瑛重修了沧浪亭，请归有光作文。按别人拟好的题目作文难免受一些限制，何况同一题目前人已有著作传世，另辟蹊径才是正途。本文记述了沧浪亭演变的始末，通过王侯贵戚与苏舜钦的对比，指出垂名后世，不在于富贵，而在于人格品德。主题思想虽然老套，但归有光的科举仕途受尽挫折，因此说到这种情况时特别真切。

浮图[1]文瑛，居大云庵，环水，即苏子美[2]沧浪亭之地也。亟[3]求余作《沧浪亭记》，曰："昔子美之记，记亭之胜也，请子记吾所以为亭者。"

余曰：昔吴越有国时，广陵王[4]镇吴中，治南园于子城之西南，其外戚[5]孙承佑，亦治园于其偏。迨淮

僧人文瑛，居住在大云庵，（此庵四面）环水，就是苏子美（筑）沧浪亭的地方。（他）屡次请我写一篇《沧浪亭记》，说："从前苏子美的记文，是记述沧浪亭的美景，请你记下我要修建沧浪亭的缘由。"

我说：从前五代吴越国存在时，广陵王钱元璙镇守吴中，在内城西南地方建造了南园，他的外戚孙承佑也在它的旁边建造园林。一直到吴越国把淮南地方献给宋朝时，

---

1. 浮图：也作"浮屠"，梵语的音译，指佛或佛塔，这里代指佛教徒。
2. 苏子美：即苏舜钦（1008—1048 年），字子美，宋代梓州铜山县（今四川省中江县）人。北宋文学家，提倡古文运动，善于诗词，与宋诗"开山祖师"梅尧臣合称"苏梅"。因支持范仲淹推行的庆历新政，遭到御史中丞王拱辰劾奏，罢职闲居苏州。曾修沧浪亭，并作《沧浪亭记》。"沧浪"取义于古代民歌"沧浪之水清兮，可以濯吾缨；沧浪之水浊兮，可以濯吾足"，寓有政治污浊则隐退闲居的意思。
3. 亟：屡次。
4. 广陵王：即钱元璙（guàn），吴越王钱镠的儿子。
5. 外戚：指帝王的母族或妻族。

海纳土[1]，此园不废。苏子美始建沧浪亭，最后禅者居之。此沧浪亭为大云庵也。有庵以来二百年，文瑛寻古遗事，复子美之构于荒残灭没之余，此大云庵为沧浪亭也。夫古今之变，朝市改易。尝登姑苏之台[2]，望五湖[3]之渺茫，群山之苍翠，太伯[4]、虞仲之所建，阖闾、夫差之所争，子胥、种、蠡之所经营，今皆无有矣，庵与亭何为者哉？虽然，钱镠因乱攘窃，保有吴、越，国富兵强，垂及四世，诸子姻戚，乘时奢僭，宫馆苑囿，极一时之盛，而子美之亭，乃为释子所钦重如此。可以见士之欲垂名于千载，不与澌然[5]而俱尽者，则有在矣。

文瑛读书喜诗，与吾徒游，呼之为沧浪僧云。

这座园林还没有荒废。苏子美开始建造沧浪亭，最后僧人居住在这里。这沧浪亭就成了大云庵。有大云庵以来二百年，文瑛寻访古代遗迹，在荒废残破的废墟上恢复苏子美的建筑，这大云庵又变成了沧浪亭。古今变迁，朝廷和集市改容易态。（我）曾经登上姑苏台，眺望浩渺的太湖，苍翠的群山，太伯、虞仲创建的国家，阖闾、夫差争逐的地盘，伍子胥、文种、范蠡经营的事业，现在都已经没有了，大云庵与沧浪亭又算得了什么呢？虽然这样，钱镠乘乱窃取王位，占有吴越，国富兵强，延续了四代，（他的）许多子孙和姻戚，乘机奢侈僭越，（所造）宫馆园林，盛极一时，而苏子美（修建）的沧浪亭，竟被僧人如此看重。（由此）可见士人要想千载之后流传美名，而不像冰块那样很快消融，那是有（一定的道理）存在的。

文瑛读书喜好诗歌，与我们交游，（大家）称他为沧浪僧。

1. 淮海纳士：指吴越国主钱俶献其地于宋。
2. 姑苏之台：姑苏台，在今苏州城西南。据传是春秋末期由吴王阖闾、夫差两代君主所建，工程浩大。越灭吴，被焚毁。
3. 五湖：这里指太湖。
4. 太伯：又作"泰伯"，周先祖太王长子，相传太王欲传位给季历，他和弟弟仲雍避居江南，开发吴地，为吴国的始祖。太伯死，无子，弟仲雍（虞仲）立。
5. 澌然：冰块消融，形容灭尽的样子。

赏　析

第一段交代写作原因，借文瑛的话点明不记"亭之胜"，而是记再筑的原因，寥寥数语，把必要的话都交代了。第二段先列举沧浪亭兴废演变，两次用"此……也"顿挫。再总结古今之变为朝市改易，作一停顿。又荡开一笔，转为写景，用一组排比，以"所建""所争""所经营"与"今皆无有矣"形成落差。然后由问句转入议论，通过对比，突出子美之亭为人所重。层层铺垫，蓄势已足，终于进入正题，但末句只点到为止，没有完全揭明。第三段简单介绍文瑛个性，呼应全文。全文主体为两人对话，文风平淡朴素，自然流畅，言简意赅，文意大于字面意思，言有尽而意无穷，是一种高明写法。

成　语

国富兵强：国家富裕，军队强盛。

名垂千古：比喻好的名声永远流传。

吴山图记

归有光

【题 解】

　　归有光的朋友魏用晦曾任吴县知县，离任时，有"好事者"作《吴山图》相赠。三年后的一天，魏用晦向归有光出示此图，并请他写了这篇记。这样的文章，显然不能大肆歌颂官员的"德政"，归有光改从吴地的名胜古迹切入，生动地写出了他的朋友在担任县令期间，与当地百姓所结下的难以忘怀的真挚情谊。

　　吴、长洲二县，在郡治所，分境而治。而郡西诸山，皆在吴县。其最高者，穹窿(qióng lóng)、阳山、邓尉、西脊、铜井。而灵岩，吴之故宫在焉，尚有西子之遗迹。若虎丘、剑池及天平、尚方、支硎(xíng)，皆胜地也。而太湖汪洋[1]三万六千顷，七十二峰沉浸其间，则海内之奇观矣。

　　余同年[2]友魏君用晦为吴县，未及三年，以高第[3]召入为给事中。君之为县有惠爱，百姓扳(pān)留之不能得，而君亦不忍于其民，由是好事

　　吴县、长洲二县，在（吴郡）郡治所在地，（二县）划界而治。郡的西边各座山，都在吴县境内。其中最高的，是穹窿山、阳山、邓尉山、西脊山、铜井山。而灵岩山，春秋时吴国的旧宫殿就在这里，（那里）还有西施的遗迹。像虎丘、剑池以及天平、尚方、支硎等处，都是风景名胜之地。太湖浩浩渺渺，面积三万六千顷，七十二峰隐伏沉浸其中，是海内奇观。

　　我的同年好友魏用晦任吴县县令，不到三年，因为考绩列入优等被朝廷召入京城任给事中。魏君任吴县县令有恩于民，（离任时，）百姓（设法）挽留未能成功，而魏君也不忍心离开他的百姓，因此好事者画了

---

1. 汪洋：水宽大无边的样子。
2. 同年：古时在科举考试中同科考中的人互称为同年。
3. 高第：此处指官吏考绩列入优等。第，等第。

者绘《吴山图》以为赠。

夫令之于民诚重矣。令诚贤也，其地之山川草木亦被其泽而有荣也；令诚不贤也，其地之山川草木亦被其殃而有辱也。君于吴之山川，盖增重矣。异时吾民将择胜于岩峦[luán]之间，尸祝[1]于浮屠、老子之宫也，固宜。而君则亦既去矣，何复惓惓[quán][2]于此山哉？昔苏子瞻称韩魏公去黄州四十余年而思之不忘，至以为思黄州诗，子瞻为黄人刻之于石。然后知贤者于其所至，不独使其人之不忍忘而已，亦不能自忘于其人也。

君今去县已三年矣，一日与余同在内庭，出示此图，展玩太息，因命余记之。噫[yǐ]！君之于吾吴，有情如此，如之何而使吾民能忘之也？

《吴山图》来作为赠礼（送给他）。

县令对于百姓确实是非常重要的。县令如果贤明，那么当地的山川草木也蒙其恩泽而享有荣耀；县令如果不贤明，那么当地的山川草木也会遭到他的祸殃而蒙受耻辱。魏君对于吴县的山川，可以说是增添光彩了。将来我们吴人将会在青山秀岩间挑选一块名胜宝地，在佛寺或道观里祭祀他，这本来是应该的。然而魏君已经离开了（吴县），为什么还对这些山深切地眷恋呢？从前苏东坡称赞韩琦离开黄州四十多年还念念不忘黄州，以至于写下了怀念黄州的诗歌，苏东坡为黄州人把这首诗刻在石碑上。这样以后知道贤能的人对于他所到的地方，不单单会使那儿的人民不忍心忘记他，也使自己不能忘记那儿的人民。

现在魏君离开吴县已经三年了，一天与我同在内庭，拿出这幅图来展示，一边欣赏，一边叹息，于是让我写一篇文章记下这件事。唉！魏君对于我乡吴县，感情是如此深厚，又怎样能使我们吴县百姓忘记他呢？

---

1. 尸祝：指祭祀，古时祭祀的神主称尸，掌管祭礼的人称祝。
2. 惓惓：同"拳拳"，诚恳深切的意思。

赏　析

　　第一段先以两县并提，衬托出诸山在吴，自然转入遍举吴山。文字简洁，但句法错落多变，行文摇曳生姿，连用"皆""最"等词，加强语气，有群峦重叠、异峰突起之感。忽又转写太湖水多，突出山水映衬，蔚为奇观。虽未写图，而图美自现，独具匠心，不露痕迹。第二段写赠图事由。客观记述朝廷考评和百姓的反应，既引出赠图之事，也带出赞美的正题。第三段先点出县官重要，正反对比，说山川草木也受其恩泽。再说魏君让吴山更美，与开头照应，议论和写景相配，展现政绩。又以"而"字转入魏君也爱吴山，承上启下，引古人为参照来说明，以名相为比，褒奖极高。第四段写魏君展玩此图，请求作记，既交代作文起因，也证实魏君不忘。叹语与反问作结，再点明并非偶然。突出赞美，也与前文照应。全文没有一处直接记述魏君德政，通过层层深入地描写相互思念之情来达到颂扬的意图。前后勾连紧密，结构严谨。娓娓说来，风格清新自然。

成　语

　　惓惓之忱：恳切、真实的心意。

阅江楼记

宋 濂

【题 解】

阅江楼是明太祖朱元璋在南京狮子山上所建的一座楼台，宋濂奉命作文，是一篇"应制"文章。因需要歌颂帝王功德，故而写得典雅庄重；因不能自由写景抒情，故而容易写得呆板。本文以歌功颂德为主旨，也加入了君王励精图治的箴规。结构比较巧妙，言语简洁，写景、叙事和议论穿插得比较自然，具有宽大舒展的气势。

金陵[1]为帝王之州，自六朝[2]迄于南唐，类皆偏据一方，无以应山川之王气。逮我皇帝[3]，定鼎[4]于兹，始足以当之。由是声教所暨，罔间[5]朔南，存神穆清[6]，与天同体，虽一豫一游，亦可为天下后世法。京城之西北，有狮子山，自卢龙蜿蜒而来，长江如虹贯，蟠绕其下。上以其地雄胜，诏建楼于巅，与民同游观之乐，遂锡[7]嘉名为"阅江"云。

金陵是帝王的住处，从六朝至于南唐，大抵都是偏安一隅，无法与山川（所呈现）的帝王之气相适应。直到我朝皇帝在这里建国定都，才完全可以与它相称。从此，圣朝声威教化所到之地，不分北方和南方，心神所注，有如清风化育万物，与宇宙天体融为一体，即使是一次娱乐一次巡游，也可以成为天下后世的榜样。京城的西北方有一座狮子山，它从卢龙山蜿蜒曲折地伸展过来，长江如彩虹横贯，盘绕于它的山麓。皇上因为此地形势雄伟壮观，就下旨在山顶建楼，和老百姓共同享受游玩观景之乐，并给此楼赐一美名叫"阅江"。

1. 金陵：江南江宁府，今江苏南京。
2. 六朝：指三国的吴、东晋、南朝的宋、齐、梁、陈，都建都建康（南京）。
3. 皇帝：指明太祖朱元璋。
4. 定鼎：传说夏禹铸九鼎以象征九州。古代都以鼎为传国之宝置于国都，后称定都或建立王朝为定鼎。
5. 罔间：不分，无间隔。
6. 穆清：《诗经·大雅·烝民》："穆如清风。"指陶冶人的性情，像清和的风化育万物。这里用来歌颂帝王。穆，美。
7. 锡：赐。

登览之顷，万象森列，千载之秘，一旦轩露[1]，岂非天造地设，以俟大一统之君，而开千万世之伟观者欤？当风日清美，法驾[2]幸临，升其崇椒，凭阑遥瞩，必悠然而动遐思。见江汉之朝宗[3]，诸侯之述职，城池之高深，关隘之严固，必曰："此朕栉风沐雨[4]，战胜攻取之所致也。中夏之广，益思有以保之。"见波涛之浩荡，风帆之上下，番舶接迹而来庭，蛮琛联肩而入贡，必曰："此朕德绥[5]威服，罩及内外之所及也。四陲之远，益思有以柔之。"见两岸之间、四郊之上，耕人有炙肤皲足之烦，农女有捋桑行馌[6]之勤，必曰："此朕拔诸水火，而登于衽席[7]者也。万方之民，益思有以安之。"触类而思，不一而足。臣知斯

当登楼游览的一刹那间，景色万千便繁密地呈现眼前，千年的奥秘，顿时显露出来，这难道不是天地神灵有意安排，以等待统一天下的圣明君主，从而展现千世万代的宏伟奇观吗？在风和日丽的时候，皇上御驾亲临，登上山顶，倚着栏杆远望，心中必然会悠闲地产生深远的思想。看见长江、汉水滚滚东流奔向大海，四方诸侯到京城报告工作，那城墙和护城河又高又深，关隘坚固，（皇上）必定会说："这是我沐风栉雨，战胜攻取才获得的啊。（想到）华夏大地辽阔，更加思考怎样长久平安地保护它。"看到波涛浩浩荡荡，帆船来来往往，外国航船相继前来朝见，各邦使者携带珍宝竞相进献，（皇上）必定会说："这是我以恩德感化，以威力慑服，（影响）波及国内外才达到的。（想到）边远四方的民族，更要思考怎样长久地怀柔抚慰他们。"看见长江两岸之间，四方郊野之上，农夫们有夏日冒着炎热、冬天手足冻裂的辛劳，农家女有采桑养蚕、田头送饭的劳累，（皇帝）必定会说："这是我把他们从水火之中拯救出来，使他们能安稳地睡在枕席之上。（想到）四面八方的百姓，更要思考怎样长久地使他们安居乐业。"联系到相类的事物展开想象，不可一一列举。我知道这座高楼的建造，是皇上用来调

1. 轩露：开畅显露。
2. 法驾：皇帝的车驾。
3. 朝宗：原指诸侯朝见天子。这里借指江河入海。
4. 栉风沐雨：成语，风梳发，雨洗头。形容奔波劳苦。栉，梳头。
5. 德绥：用道德安抚。
6. 行馌：为田里耕作的农夫送饭。
7. 衽席：床上的席子。意谓有寝息之所，借指太平的日子。

楼之建，皇上所以发舒精神，因物兴感（xīng），无不寓其致治之思，奚止阅夫（fú）长江而已哉！

彼临春、结绮（qǐ）[1]，非不华矣；齐云、落星，非不高矣。不过乐（lè）管弦之淫响，藏（zhāng）燕、赵之艳姬，一旋踵间而感慨系之，臣不知其为何说也。虽然，长江发源岷（mín）山，委蛇（wēi yí）[2]七千余里而入海，白涌碧翻。六朝之时，往往倚之为天堑。今则南北一家，视为安流，无所事乎战争矣。然则果谁之力欤（yú）？逢掖（yè）[3]之士，有登斯楼而阅斯江者，当思圣德如天，荡荡难名，与神禹疏凿之功同一罔（wǎng）极。忠君报上之心，其有不油然而兴耶（yé）？

臣不敏，奉旨撰（zhuàn）记。欲上推宵旰（gàn）[4]图治之功者，勒（lè）诸贞珉（mín）[5]。他若留连光景之辞，皆略而不陈，惧亵（xiè）也。

剂精神，由眼前的景致引起感慨，无不寄托着皇上治理天下的思想，哪里只是观赏长江的景色就完了呢！

那临春阁和结绮阁，并不是不华丽；齐云观和落星楼，也并不是不高大。（可那些）不过是演奏管弦发出的淫乐，隐藏燕、赵之地艳丽女子（的场所），因此转瞬间（就烟消云散）人们的感慨就随之而生了，我不知道该怎么解释这些啊。虽然是这样，长江从岷山发源，曲折盘旋七千余里，汇入大海，白浪滚滚，碧波翻卷。六朝的时候，往往倚仗它成为天然的屏障。今天是南北统一为一个国家，人们把它视作平静的江流，而不再用于战争。既然这样，那么当真是谁的力量呢？那些穿着宽袖衣服的儒生，有登上这座楼观览长江的，应当回想皇上的恩德浩荡如天，广阔高远，难以形容，同大禹疏导洪水的功绩一样无边无际。忠君报国之心，难道不会油然而生吗？

我不聪慧，奉圣旨撰写此文。想往上推求皇上昼夜辛劳、励精图治的功德，把它铭刻在美玉般的碑石上。至于其他如流连风光美景的言辞，都省略不再叙述，唯恐轻慢了建造这座楼的本意。

---

1. 临春、结绮：与"齐云、落星"都是古楼名。
2. 委蛇：亦作"逶迤"，连绵曲折。
3. 逢掖：古代读书人穿的一种袖子宽大的衣服。
4. 宵旰：即"宵衣旰食"，意谓天未明即穿衣起身，傍晚才进食，比喻勤于政务。
5. 贞珉：即贞石，碑石的美称。

赏　析

　　第一段先从"帝王之州"说起，一抑一扬，"无以应"与"足以当"呼应，以历代衬大明，为下面描写作铺垫。"由是"转入进一步阐明文旨，为全文描写定下基调。第二段起句以反问开拓文意，逗引下文三见三思，"思"为关键。"见"字领起三个排比，以江水为线索，先近后远，有顺序、有层次。前今后古，借古警世，言短意长，繁简适度，很有章法，笔笔在歌颂，笔笔又在讽谏，内蕴丰富。最后转到议论兴建目的，内容不免粉饰，但寄寓劝勉，升华了思想。第三段先由回顾陈迹，带出感慨。古今对比，由"今则"一转，折回赞颂。反问作结，增强语势。第四段说明写此文的宗旨。"宵旰图治"既是歌颂也是箴规。结句补叙写作意图，启迪思考。全文结构严谨，大处着眼，小处落墨，扣准"江"字为线索，事理穿插，转接自如。铺陈排比，骈散兼行，用词典雅，错落有致。

成　语

　　天造地设：事物自然形成，合乎理想，不必再加工。

　　栉风沐雨：即"沐风栉雨"。风梳发，雨洗头，形容奔波的辛劳。

　　炙肤皲足：皮肤晒焦，足部冻裂。形容农民耕作的辛苦。

　　感慨系之：有所感触，慨叹不已。

　　宵衣旰食：指天不亮就穿衣起床，天黑了才吃饭。旧时用来称颂帝王勤于政事。

司马迁·记人

伯夷列传

《史记》

【题 解】

司马迁写人物列传不仅是记录历史，也是表彰历史人物的品格风范。《伯夷列传》是列传的第一篇，"让国"之举风格尤其高尚。但历史人物的遭遇也让司马迁大胆怀疑"善恶终有报"等说法。这篇传记主要不是叙述，而是以传主事迹为媒介，联想纵横，又杂引经传，进行议论，表达司马迁对人的命运的思索和对现实的不满。

夫学者载籍[1]极博，犹考信于六艺[2]。《诗》《书》虽缺，然虞、夏之文可知也。尧将逊位，让于虞舜，舜、禹之间，岳牧[3]咸荐，乃试之于位，典职[4]数十年，功用既兴，然后授政，示天下重器。王者大统，传天下若斯之难也。而说者[5]曰，尧让天下于许由[6]，许由不受，耻之逃隐。

求学的人看过的书籍极为广博，还是要从六艺去核实材料的可靠性。《诗经》《尚书》虽然残缺，但虞、夏的文篇还是可以知道的。唐尧将要退位，（把帝位）禅让给虞舜，从舜到禹，四岳和九牧都一致推荐，才放在一定位置上试任官职，管理政务几十年，功绩已经显示，然后授给政权，表明天下是最贵重的宝器。帝王是天下的主宰，把天下传交给人是这样难啊。然而诸子杂记里说，尧要把天下让给许由，许由不肯接受，以此为耻辱而逃走隐居起来。到了夏朝，有卞

---

1. 载籍：书籍，泛指各种图书资料。
2. 六艺：即儒家的《诗》《书》《礼》《易》《乐》《春秋》六部经书。
3. 岳牧：即四岳、九牧。传说中四方诸侯之首及九州行政长官。
4. 典职：管理政务。
5. 说者：指诸子杂记。
6. 许由：字武仲，传说中尧时的隐士。相传尧要让位于他，他拒不接受，逃隐到颍水之北，箕山（今河南登封县南）之上。

及夏之时，有卞随、务光¹者。此何以称焉？太史公曰：余登箕山，其上盖有许由冢云。孔子序列古之仁圣贤人，如吴太伯、伯夷之伦详矣。余以所闻由、光义至高，其文辞不少概见²，何哉？

孔子曰："伯夷、叔齐，不念旧恶，怨是用希³。""求仁得仁，又何怨乎？"余悲伯夷之意，睹轶诗⁴可异焉。其传⁵曰：伯夷、叔齐，孤竹君⁶之二子也。父欲立叔齐，及父卒，叔齐让伯夷。伯夷曰："父命也。"遂逃去。叔齐亦不肯立而逃之。国人立其中子。于是伯夷、叔齐闻西伯昌善养老⁷，"盍往归焉！"及至，西伯卒，武王载木主⁸，号为

随、务光这样的隐者。这是根据什么而说的呢？太史公说：我登上箕山，那上面据说有许由的坟墓。孔子按次序评述古代的仁人、圣人和贤士，像吴太伯、伯夷之类，是很详细的。我所听说的许由、务光德义很高尚，但有关他们的文字连少许概略的记载也见不到，这是为什么呢？

孔子说："伯夷、叔齐，不记旧仇，因此少有怨恨。""追求仁德就得到了仁德，又怨恨什么呢？"我为伯夷的心意而悲叹，读他们散佚的诗感到惊异。他们的传记上说：伯夷、叔齐，是孤竹君的两个儿子。父亲想立叔齐为国君，等到父亲死后，叔齐让伯夷（继承王位）。伯夷说："这是父亲的命令。"就逃走了。叔齐也不肯继承王位而逃走了。国人只好立了孤竹君的二儿子为君。在这时伯夷、叔齐听说西伯姬昌能很好地奉养老者，（心想）："何不去投奔他呢？"等到了（那里），西伯已经死了，他的儿子武王用车载着姬昌的灵牌，尊其为文王，向东攻伐商纣。伯

---

1. 卞随、务光：《庄子·让王》中虚构的人物。据说商汤灭桀后，想把天下让给他们，他们不接受而逃。
2. 不少概见：一点也见不到。少，少许。概，概略。
3. 怨是用希：语出《论语·公冶长》，即"用是怨希"。用，因为。是，此。希，同"稀"。
4. 轶诗：散佚而未编入《诗经》中的诗歌，指下文的《采薇》诗。
5. 传：指《韩诗外传》及《吕氏春秋》等书的记载。
6. 孤竹君：孤竹国国君，姓墨胎。孤竹，商时诸侯国名，在今河北卢龙县南。
7. 西伯昌：即周文王姬昌，商末为西伯，是西方诸侯首领。养老：收养老人，即招贤纳士之意。
8. 武王：即周文王之子姬发。 木主：木制灵牌。文王死后，武王载其父之灵牌伐纣，以示谨遵父命，行父之志。

文王，东伐纣[1]。伯夷、叔齐叩马[2]而谏曰："父死不葬，爰[3]及干戈，可谓孝乎？以臣弑君，可谓仁乎？"左右欲兵[4]之，太公[5]曰："此义人也。"扶而去之。武王已平殷乱，天下宗周[6]，而伯夷、叔齐耻之，义不食周粟，隐于首阳山[7]，采薇而食之。及饿且死，作歌。其辞曰："登彼西山兮，采其薇矣。以暴易暴兮，不知其非矣。神农、虞、夏忽焉没兮，我安适归矣？于嗟徂[8]兮，命之衰矣！"遂饿死于首阳山。由此观之，怨邪非邪？

或曰："天道无亲[9]，常与[10]善人。"若伯夷、叔齐，可谓善人者非邪？积仁絜[11]行如此而饿死！且

夷、叔齐拉住（武王的）马进谏说："父亲死了不去埋葬，就动起干戈来，可以说是孝吗？以臣子的身份去杀害君主，可以说是仁吗？"左右的人想用兵器杀死他俩，姜太公说："这两个人是义士啊！"（把他们）搀扶起来，让他们走了。武王平定了商纣之乱后，天下都归顺了周王室，但伯夷、叔齐以此为耻辱，坚持大义不吃周朝的粮食，隐居在首阳山，采野菜充饥。待到饿得将要死了的时候，作了一首歌。歌词说："登上那座首阳山啊，采食山上的野菜。用暴虐代替暴虐啊，还不知道自己的错误。神农、虞舜、夏禹这样的圣君都转眼消失了，我能回到哪里去呢？哎呀，我要死去了啊，命运衰薄啊！"终于饿死在首阳山。由此看来，他们到底是有怨恨呢，还是没有怨恨呢？

有的人说："上天是没有偏私的，（却）常常帮助仁善的人。"像伯夷、叔齐，可以称作善人呢，还是不算善人呢？他们积累仁

---

1. 纣：商代最后一位帝王。
2. 叩马：勒住马。"叩"，同"扣"。
3. 爰：于是，就。
4. 兵：用兵器杀人。
5. 太公：即姜尚，字子牙，辅佐周武王伐纣，建立周朝。
6. 宗周：以周王朝为天下宗主，意即归顺周朝。
7. 首阳山：说法不一。一说即今山西省芮城县的雷首山。一说即今河南省偃师区的首阳山。
8. 于嗟：感叹词。于，同"吁"。徂：同"殂"，死。
9. 亲：亲近，偏向。
10. 与：帮助。
11. 絜：同"洁"。

七十子[1]之徒，仲尼独荐颜渊[2]为好学。然回也屡空[3]，糟糠不厌[4]，而卒蚤夭[5]。天之报施[6]善人，其何如哉？盗跖日杀不辜[7]，肝人之肉[8]，暴戾恣睢[9]，聚党[10]数千人，横行天下，竟以寿终，是遵何德[11]哉？此其尤大彰明较著[12]者也。若至近世，操行不轨[13]，专犯忌讳，而终身逸乐，富厚累世不绝；或择地而蹈之，时然后出言，行不由径，非公正不发愤，而遇祸灾者，不可胜数也。余甚惑焉，傥[14]所谓天道，是邪非邪？

子曰："道不同，不相为谋。"亦各从其志也。故曰："富贵如可求，

德、品行高洁，却这样饿死！七十位弟子当中，孔子唯独推举颜渊是好学的人。但是颜渊常常遭受困厄，连吃糟糠都吃不饱，终于早早地夭亡了。上天报答给善人的，又怎么样呢？盗跖每天都杀害无辜的人，吃人的心肝，残暴放纵，聚集了几千个同伙，横行天下，竟然寿终正寝，这是遵行什么样的道德呢？这些都是特别重大而显著的例子。如果说到近世，有的人操守品行不端正，专门违法犯禁，但终身安逸快乐，财产富厚，历经几代都用不完；有的人选好了地方才落步，有了时机才说话，不走邪路，不是公正的事情不努力去做，反而遭受的祸害，没法数完。我非常困惑，如果这就是所谓的天道，（那么它究竟是）对的呢，还是不对的呢？

孔子说："主张不同，就无法一起谋划。"也是各自依照自己的志向罢了。所以（孔子）说："富贵如能求得的话，即使做持

1. 七十子：指孔门弟子。相传孔子门下弟子三千，才德出众者七十二人。此举其整数为"七十"。
2. 颜渊：颜回，字子渊，孔子的弟子。孔子认为他最好学。
3. 空：穷困，困厄。
4. 厌：同"餍"，饱。
5. 蚤夭：早死。颜渊死时年仅三十二岁。蚤，同"早"。夭，夭折。
6. 报施：报答，酬谢。
7. 不辜：无辜，无罪之人。
8. 肝人之肉：吃人的心肝。事见《庄子·盗跖》篇，《庄子》多寓言，并非真实。日本泷川资言《史记会注考证》说："肝，疑当作脍。"脍，把肉切成细丝。
9. 恣睢：放任胡为。
10. 党：同伙。
11. 遵何德：犹言"干了什么好事"。
12. 较著：显著。较，同"皎"，明。
13. 不轨：不端，不走正道。
14. 傥：同"倘"，假若，或者。

虽执鞭[1]之士，吾亦为之。如不可求，从吾所好。""岁寒，然后知松柏之后凋。"举世混浊，清士乃见[2]。岂以其重若彼[3]，其轻若此[4]哉？

"君子疾没世[5]而名不称焉。"贾子[6]曰："贪夫徇财[7]，烈士[8]徇名，夸者[9]死权，众庶冯生[10]。"同明相照，同类相求。"云从龙，风从虎，圣人作而万物睹。"

伯夷、叔齐虽贤，得夫子而名益彰；颜渊虽笃学，附骥尾[11]而行益显。岩穴之士[12]，趋舍有时[13]，若此类[14]名埋灭而不称，悲夫！闾巷[15]之人，

鞭驾车的人，我也愿意干。如果富贵不可以求得，那就按照我所喜好的去做。""岁月到了寒冷的季节，才知道松柏是最后凋零的。"整个世道都混浊的时候，高洁之士便显现了出来。难道是因为他们把道德看得那么重，或将富贵看得如此轻吗？

"君子最怕死后名声不被传扬。"贾谊说："贪婪的人为财而死，有志功业的人为名节而献身，贪恋权势的人为争权而亡，一般的老百姓则只贪求生存。"同样明亮的东西就互相辉映，同样种类的事物会彼此应求。"云随龙而生，风随虎而起，圣人出现，天下万物皆会一并出现。"

伯夷、叔齐虽然贤德，（也是因为）得到孔子的赞扬而名声更加显扬；颜渊虽然好学，（也是因为）追随孔子之后，德行才愈加显露。山野隐士，出仕和退隐都有一定时机，像这样的人，大抵声名湮没而不受称道，

---

1. 执鞭：持鞭驾车。指干低贱的事情。

2. 清士：高洁的人。见：同"现"，显现。

3. 其重若彼：指伯夷等人品行如此高洁。

4. 其轻若此：指伯夷等人处境如此悲惨。

5. 没世：死。

6. 贾子：贾谊（公元前 200 年—公元前 168 年），汉初著名的文学家、政治家。下文引自贾谊《鹏鸟赋》。

7. 徇财：为财而死。徇，同"殉"。

8. 烈士：指坚贞不屈的刚强之士。

9. 夸者：好矜夸、好作威作福之人。

10. 众庶：老百姓。冯生：贪生。冯，同"凭"，仗恃，这里引申为看重。

11. 附骥尾：蚊虻附在千里马的尾巴上也可以行千里。比喻普通人受到名人的提携。骥，千里马。

12. 岩穴之士：隐居山野的人，即隐士。

13. 趋舍：行止。趋，进取，这里也可指出仕。舍，退让，也指退隐。有时：依据时机。

14. 类：大抵。

15. 闾巷：即里巷。泛指民间。

欲砥行^{dǐ}¹ 立名者，非附青云之士²，恶^{wū}³ 能施^{yì}⁴ 于后世哉！

太可悲啊！民间百姓，想要磨砺德行而树立名声的，（如果）不依附德高望重的人，怎么能流传到后世呢？

---

1. 砥行：磨砺行为，修养道德。
2. 青云之士：名望、地位极高的人。
3. 恶：哪里。
4. 施：延续。

赏　析

　　《伯夷列传》没有单独的赞。对于伯夷、叔齐的事迹，主要不是叙述，而是通过议论阐述观点，是传赞合一，格局、写法独特。首先用尧舜禅让的艰难作陪衬，引出卞随、务光，再质疑他们为何不如伯夷等知名？一波三折，步步深入，并留下悬念。其次由孔子所下的"至死无怨"的结论，开始叙述伯夷、叔齐的生平，并由事实说明他们对自己的信念没能实行是有"怨"的。进而说到"天道公正，为善有报"，列举大量事实予以否定。最后，又由孔子坚守自己内心的主张，指出得不到宣扬，这样做还是无人知晓。回应开头疑问，暗示为人作传的目的，又抒发不得志、不为人知的个人感慨。以上内容之间似断又连，反复插入引用，带出多个话题，又没有具体结论，纵横联系，思绪万千，又飘忽不定。这是作者不断融入自己对现实的多方面怨愤之后形成的写作风格。

成　语

　　暴戾恣睢：暴戾，残暴凶狠。恣睢，放肆，横暴。形容凶恶残暴，任意胡为。

　　道不同不相为谋：比喻实现理想的道路有很多。现也比喻意见或志趣不同的人就无法共事。

　　松柏后凋：比喻有志之士在艰险的环境中奋斗到最后。

　　附骥尾：附着在千里马的尾巴上。比喻仰仗别人而成名。常作谦辞。

管晏列传

《史记》

【题 解】

　　管仲、晏子功业显赫，可写之事众多。司马迁却"是以不论，论其轶事"，概述两人生平时，插入鲍叔、越石父、御之妻三段，并以议论贯通上下篇使其成为一个整体。司马迁以"知己"为全文核心，抒发对举贤任能的向往之情，是源自自己遭受的冷遇、疏远乃至迫害。另外，司马迁评价人物时不遵循传统，有自己的判断，能反映历史的实际。

　　管仲[1]夷吾者，颍上人也。少时常与鲍叔牙游[2]，鲍叔知其贤。管仲贫困，常欺鲍叔，鲍叔终善遇之，不以为言。已而鲍叔事齐公子小白[3]，管仲事公子纠[4]。及小白立为桓公，公子纠死，管仲囚焉。鲍叔遂进[5]管仲。管仲既用，任政于齐，齐桓公以霸，九合诸侯，一匡[6]天下，管仲之谋也。

　　管仲，名夷吾，颍上人。年轻时经常与鲍叔牙交往，鲍叔牙知道他有贤才。管仲家境贫困，常占鲍叔牙的便宜，鲍叔牙始终善待他，不因此说些什么。不久鲍叔牙侍奉齐国公子小白，管仲侍奉公子纠。等到小白被立为齐桓公，公子纠被杀，管仲也被囚禁。鲍叔牙于是（向齐桓公）推荐管仲。管仲被起用以后，在齐国掌管政事，齐桓公因此而称霸，多次会集诸侯，完全使天下安宁，都是管仲的计谋。

---

1. 管仲：名夷吾，春秋初期政治家。他由鲍叔牙推荐，被齐桓公任命为卿，并尊称其为"仲父"，曾辅佐齐桓公成就霸业。
2. 鲍叔牙：春秋时齐国大夫。游：交游，来往。
3. 公子小白：即后来的齐桓公，名小白，齐襄公之弟。公元前 685 年至公元前 643 年在位。
4. 公子纠：齐襄公之弟。襄公被杀后，与小白（齐桓公）争夺君位，失败后被杀。
5. 进：引荐。
6. 匡：正。

管仲曰："吾始困时，尝与鲍叔贾，分财利多自与，鲍叔不以我为贪，知我贫也。吾尝为鲍叔谋事而更穷困，鲍叔不以我为愚，知时有利不利也。吾尝三仕三见[1]逐于君，鲍叔不以我为不肖，知我不遭时也。吾尝三战三走，鲍叔不以我为怯，知我有老母也。公子纠败，召忽[2]死之，吾幽囚受辱，鲍叔不以我为无耻，知我不羞小节而耻功名不显于天下也。生我者父母，知我者鲍子也。"

鲍叔既进管仲，以身下之[3]，子孙世禄于齐，有封邑者十余世，常为名大夫。天下不多[4]管仲之贤而多鲍叔能知人也。

管仲既任政相齐，以区区之齐在海滨，通货[5]积财，富国强兵，与俗同好恶。故其称曰："仓廪实而

管仲说："当初我贫困的时候，曾经和鲍叔牙一起做生意，分财产盈利时（总是）多分给自己，鲍叔牙不认为我贪财，知道我家中贫穷。我曾经替鲍叔牙谋划事情却使他更加穷困，鲍叔牙不认为我愚笨，知道时机有利和不利。我曾经三次做官、三次被免职，鲍叔牙不认为我没有才能，知道我没有遇上好时机。我曾经三次打仗、三次战败逃跑，鲍叔牙不认为我胆小，知道我有老母。公子纠失败，召忽为他而死，我遭到囚禁受到侮辱，鲍叔牙不认为我不知羞耻，知道我不为小节感到羞耻而以功名没有显扬于天下为耻。生我的是父母，但了解我的是鲍叔牙啊！"

鲍叔牙推荐管仲以后，自己甘心位居管仲之下，他的子孙世世代代在齐国享受俸禄，十几代人有封地，常常是著名的大夫。天下人不称赞管仲的贤能却称赞鲍叔牙能够识别人才。

管仲执掌政事担任齐相后，凭借小小齐国在海滨（的有利条件），流通货物，积蓄财产，使国家殷富、军队强大，与老百姓同好恶。所以他说："粮仓满了，才能使百姓知

---

1. 见：被。
2. 召忽：齐人，与管仲共事公子纠。公子纠死，召忽自杀。
3. 以身下之：位居管仲之下。
4. 多：称道，赞美。
5. 通货：交换商货。

知礼节,衣食足而知荣辱,上服度[1]则六亲固。"四维[2]不张,国乃灭亡。""下令如流水之源,令顺民心。"故论卑而易行。俗之所欲,因而予之;俗之所否,因而去之。其为政也,善因祸而为福,转败而为功。贵轻重[3],慎权衡[4]。桓公实怒少姬(shào),南袭蔡[5],管仲因而伐楚,责包茅[6]不入贡于周室。桓公实北征山戎(róng)[7],而管仲因而令燕修召公(shào)之政。于柯(kē)之会,桓公欲背曹沫之约(mò)[8],管仲因而信之,诸侯由是归齐。故曰:"知与之为取,政之宝也。"

管仲富拟[9]于公室,有三归[10]、

道礼节;衣食富足了,才能使老百姓懂得荣辱;国君行事合乎法度,才能使六亲关系坚固。""礼义廉耻不发扬光大,国家就要灭亡。""下达政令就像流水的源头,政令要顺乎民心。"所以政论平易浅近而易于推行。老百姓想获得的,就顺应民心给予;老百姓反对的,就顺应民意废除。管仲掌理政事,善于将灾祸变为吉祥,把失败转为成功。重视事情的轻急缓重,谨慎地权衡利害得失。齐桓公实际上是恼恨少姬,南下攻打蔡国,管仲趁势讨伐楚国,指责楚国没有向周王室进贡包茅。齐桓公实际上是北上讨伐山戎,而管仲趁势责令燕国实行召公的善政。在柯地(与鲁国)会盟,齐桓公想违背与曹沫的盟约,(不想归还侵占的鲁国土地,)管仲趁势使桓公树立信义,(让他信守盟约,)诸侯因此都归服齐国。所以说:"懂得给予就是为了获取,这是治理政事的法宝啊。"

管仲的财富与王侯可以相比,有三归,

---

1. 服度:遵礼守法。

2. 四维:指礼、义、廉、耻。维,纲纪。

3. 轻重:货币。这里应指重视事情的轻重缓急。一说,《管子·轻重》详细论述关于调节商品、货币流通和控制物价的理论,轻重指经济。

4. 权衡:本指秤,此处指利害得失。

5. 桓公实怒少姬,南袭蔡:齐桓公二十九年(公元前657年),齐桓公和夫人少姬戏于船中,少姬晃荡船只,惊吓了齐桓公,齐桓公发怒,将少姬送回蔡国。后蔡国将少姬另嫁,齐桓公恼怒,于是在三十九年(公元前647年)攻打蔡。少姬,齐桓公最年轻的姬妾,姓蔡。蔡,国名,在今河南上蔡、安徽凤台一带。

6. 包茅:古代祭祀时,用裹束着的青茅过滤酒渣,故称青茅为包茅。

7. 北征山戎:齐桓公二十三年(公元前663年),山戎攻打燕,齐桓公为救燕而攻打山戎。山戎,古族名,又称北戎,春秋时分布在今河北北部一带。

8. 曹沫之约:齐桓公五年(公元前681年),齐桓公与鲁庄公在柯地会盟时,鲁人曹沫以匕首挟持齐桓公,来逼其退还侵占的鲁地,齐桓公答允。

9. 拟:相比,相似。

10. 三归:各家说法不一。一说是指交纳给诸侯的市租。一说是台名。一说是三姓女,古称妇女出嫁为归,所以三归就是三个妻子。

反坫[1]，齐人不以为侈。管仲卒，齐国遵其政，常强于诸侯。

后百余年而有晏子焉。

晏平仲婴者，莱之夷维人也。事齐灵公、庄公、景公，以节俭力行重于齐。既相齐，食不重肉，妾不衣帛。其在朝，君语及之，即危言；语不及之，即危行。国有道，即顺命；无道，即衡命。以此三世显名于诸侯。

越石父[2]贤，在缧绁[3]中。晏子出，遭之途，解左骖[4]赎之，载归。弗谢，入闺，久之。越石父请绝。晏子戄然，摄衣冠谢[5]曰："婴虽不仁，免子于厄，何子求绝之速也？"石父曰："不然。吾闻君子诎于不知己而信[6]于知己者。方吾在缧绁中，彼不

（管仲死）后一百多年，（齐国又）有了个晏子。

晏平仲，名婴，莱国夷维人。侍奉齐灵公、齐庄公、齐景公，因为节俭力行被齐国人敬重。（晏子）担任齐相后，吃饭不吃两道肉菜，小妾不穿丝绸衣服。他在朝廷上，国君询问他，就直言相告；不询问他，他就公正地去处理。国君清明，就遵循国君命令办事；国君混乱，就权衡利害得失后再办事。凭借这些，在齐灵公、齐庄公、齐景公三朝，他的名声显赫于诸侯之中。

越石父是贤人，被囚禁。晏子外出，在路上遇见他，解下马车左边的马将越石父赎了出来，载着他回到家中。晏子没有向越石父告辞，就进了内室，很久不出来。越石父请求与晏子绝交。晏子很震惊，整理好衣冠道歉说："我虽然没有仁德，但把您从困境中救出，您为什么这么快就要与我绝交呢？"越石父说："不是这样。我听说君子在不了解自己的人那里会受到委屈，而在了解自己的人那里就会自由伸展。当我被囚禁时，那些人

---

1. 反坫：周代诸侯宴会时，正堂两旁设置的放空酒杯的土筑平台叫坫，诸侯互相敬酒后，将酒杯反置在坫上。这是诸侯之间的礼节。
2. 越石父：齐国贤人。
3. 缧绁：捆绑犯人的绳索。引申为囚禁、监牢。
4. 骖：古代驾在车两旁的马。
5. 谢：认错，道歉。
6. 诎：同"屈"，委屈。　信：同"伸"，伸展。

知我也。夫子既已感寤[1]而赎我,是知己;知己而无礼,固不如在缧绁之中。"晏子于是延[2]入为上客。

晏子为齐相,出,其御[3]之妻从门间而窥其夫。其夫为相御,拥大盖,策驷马[4],意气扬扬,甚自得也。既而归,其妻请去。夫问其故,妻曰:"晏子长不满六尺,身相齐国,名显诸侯。今者妾观其出,志念深矣,常有以自下[5]者。今子长八尺,乃为人仆御,然子之意自以为足,妾是以求去也。"其后夫自抑损[6]。晏子怪而问之,御以实对。晏子荐以为大夫。

太史公曰:吾读管氏《牧民》《山高》《乘马》《轻重》《九府》,及《晏子春秋》,详哉其言之也。既见其著书,欲观其行事,故次[7]其

是不了解我。您既然了解我而把我赎出来,这就是我的知己;是我的知己却不按礼节对待我,确实不如在监牢中。"晏子于是将他请进屋,奉为上宾。

晏子担任齐相,一次外出,他的车夫的妻子从门缝间偷看她的丈夫。她的丈夫替宰相驾车,支着大车盖,赶着驾车的四匹马,意气昂扬,十分自得。(车夫)回家以后,他的妻子请求离去。车夫问她什么缘故,妻子说:"晏子身高不满六尺,身任齐国宰相,名声显赫于诸侯。今天我看见他出门,思虑深远,常常表现出谦和的样子。现在你身高八尺,却给别人当仆从和车夫,而你的心意却自以为满足,所以我要求离去。"从此以后,她的丈夫就变得克制谦逊。晏子感到奇怪,就问他,车夫如实回答。晏子推荐他做了大夫。

太史公说:我阅读了管仲的《牧民》《山高》《乘马》《轻重》《九府》,以及《晏子春秋》,这些书中都说得很详细。读了他们的著作后,还想了解他们所作所为,所以编

---

1. 感寤:即"感悟",此意为理解。
2. 延:请。
3. 御:驾驶车马。这里指驾车的人。
4. 驷马:拉同一辆车的四匹马。
5. 自下:甘居人下。指态度谦和。
6. 抑损:克制,谦逊。
7. 次:编次,编写。

传。至其书，世多有之，是以不论，论其轶事。管仲世所谓贤臣，然孔子小之。岂以为周道衰微，桓公既贤，而不勉之至王，乃称霸哉？语曰："将顺其美，匡救[1]其恶，故上下能相亲也。"岂管仲之谓乎？方晏子伏庄公尸哭之，成礼然后去，岂所谓"见义不为，无勇"者邪？至其谏说，犯君之颜，此所谓"进思尽忠，退思补过"者哉！假令晏子而在，余虽为之执鞭，所忻慕[2]焉。

写了他们的传记。至于他们的著作，世上多能看到，所以不再论述，只讲述他们的轶事。管仲是世人所说的贤臣，但孔子认为他是小器。难道认为周朝王道衰微，齐桓公既然贤明，而管仲不勉励他实现王道，却辅佐他称霸吗？古语说："能顺势助成君子的美德，能扶正补救君子的过失，君臣就能亲密无间。"难道说的就是管仲吗？当时晏子伏在齐庄公尸体上痛哭，完成君臣礼节后才离开，难道这就是所说的"见义不做就是没有勇气"的人吗？至于他的进言劝谏，触犯君主的面子，这就是所说的"在朝为官就想着竭尽忠心，退居乡野就想着弥补过失"的人啊！假如晏子还活着，我即使替他执鞭赶车，也是我所高兴和羡慕的事。

1. 匡救，扶正补救。
2. 忻慕：高兴、羡慕。忻，同"欣"，心喜。

赏 析

　　两人合传，写法有同有异，变化多端。第一段概括他们的历史地位，作为传记的总纲。然后转入对具体事实的陈述，实证总纲，善用概括，思路清晰。写政治家，不写他们施政，而以轶事刻画人物精神风貌，是以小见大，又是避熟就冷，人弃我取。叙述管仲生平，以议论为主，主要引用管仲自白或《管子》言论；讲述晏子事迹，以叙事见长，故事情节生动，引人入胜。写管仲、晏子，附带写鲍叔牙、越石父，是正面侧面相互结合。写夫妻两人，一轻一重、一宾一主，也各不相同。写管仲、晏子任齐相，前者详后者略，是详略互见。写管仲，点出其富裕；写晏子，点出其节俭，形成正反相互映衬。赞扬管仲的功业，不隐晦他的人格缺陷，指出客观原因，给予理解和宽容的态度。称颂晏子的人格魅力，没有过分渲染他的历史功绩。写作视角多维，价值观念开放、灵活。

成　语

节俭力行：指生活俭朴，又肯努力躬行。

食不重肉：吃饭不用两道肉食。指饮食节俭。同"食不兼肉"。

危言危行：说正直的话，做正直的事。

意气扬扬：形容自满自得的样子。在句子中可充当谓语、定语、状语，含褒义，也作"意气洋洋"。

缧绁之苦：指牢狱之苦。

犯颜直谏：敢于冒犯尊长或皇上的威严而极力相劝。含有褒义。一般作谓语、定语。

滑稽列传

《史记》

【题 解】

司马迁在《滑稽列传》开头说儒家的六经在政治上发挥了多方面的作用，但是天道广阔，难以穷尽，在谈笑之间以含蓄微妙的语言点出事物的要害，在国家政治生活中也发挥了特殊作用。这就解释了他为那些被君主看作倡优的人立传的目的。选录的三则淳于髡的故事，展现了另一种阐述观点说服对方的交流表达方式。

孔子曰："六艺[1]于治一也。《礼》以节人，《乐》以发和，《书》以导事，《诗》以达意，《易》以神化，《春秋》以道[2]义。"太史公曰：天道恢恢，岂不大哉！谈言微中，亦可以解纷。

淳于髡[3]者，齐之赘婿[4]也。长不满七尺，滑稽[5]多辩，数使诸侯，未尝屈辱。齐威王之时，喜隐，好为淫乐长夜之饮，沉湎不治，委政卿大夫。百官荒乱，诸侯并侵，国且危

孔子说："六艺对于治理国家的作用是一样的。《礼》用来节制人的行为，《乐》用来抒发情感的和谐，《书》用来记述史事，《诗》用来表达思想，《易》是用来表现事物的变化，《春秋》用来阐明天下的义理。"太史公说：天道广阔无边，难道不宏大吗！谈话含蓄微妙而中肯，也可以排除纷扰解决问题。

淳于髡是齐国人的赘婿。他身高不满七尺，但诙谐善辩，多次出使诸侯，从未受过屈辱。齐威王在位时，喜好隐语，又喜好毫无节制地享乐和通宵达旦地饮酒，沉溺于酒色之中而不理朝政，将政事交托给卿大夫。于是百官政事荒废混乱，诸侯都来侵犯，国家即将灭亡，就在朝暮之间，但左右的大臣没

---

1. 六艺：《礼》《乐》《书》《诗》《易》和《春秋》六部儒家经典。
2. 道：阐明。
3. 淳于髡：淳于是复姓，源于周初至春秋的淳于国（今山东安丘县东北）。髡，人名。齐国的大夫。
4. 赘婿：旧时男子到女家结婚，称赘婿。所生子女要从母姓。
5. 滑稽：言辩敏捷，善说是非，引人发笑。

亡，在于旦暮，左右莫敢谏。淳于髡(chún kūn)说之以隐曰："国中有大鸟，止王之庭，三年不蜚[1]（fēi）又不鸣，王知此鸟何也？"王曰："此鸟不蜚则已，一蜚冲天；不鸣则已，一鸣惊人。"于是乃朝(cháo)诸县令长[2]（zhǎng）七十二人，赏一人，诛一人，奋兵而出。诸侯振惊，皆还(huán)齐侵地。威行三十六年。语在《田完世家》中。

威王八年，楚大发兵加齐。齐王使淳于髡之赵请救兵，赍[3]（jǐ）金百斤，车马十驷。淳于髡仰天大笑，冠缨索绝。王曰："先生少(shǎo)之乎？"髡曰："何敢！"王曰："笑岂有说乎？"髡曰："今者，臣从东方来，见道旁有穰田[4]（ráng）者，操一豚蹄（tún），酒一盂（yú），而祝曰：'瓯窭满篝[5]（ōu lóu ... gōu），污邪[6]（xié）满车，五谷蕃熟，穰穰[7]（fán）满家。'臣见

有谁敢进谏。淳于髡就用隐语来劝谏齐威王道："国都中有一只大鸟，栖息在大王的宫廷中，三年不飞也不叫，大王知道这只鸟为什么这样吗？"齐威王说："这只鸟不飞则罢，一飞便直冲云天；不鸣叫则罢，一鸣叫便震惊世人。"于是齐威王就召集了各县的长官七十二人，当众封赏一人，杀死一人，振奋士气，出兵作战。诸侯大为震惊，都归还了所侵占的齐国土地。（齐威王的）声威持续了三十六年。这件事记载在《田完世家》中。

齐威王八年，楚国发兵大举侵犯齐国。齐威王派淳于髡到赵国请求救兵，让他带黄铜百斤和四匹马驾的车十辆（作为赠礼）。淳于髡仰天大笑，把帽子上的缨带全绷断了。齐威王说："先生认为礼物太少了吗？"淳于髡说："怎么敢！"齐威王说："大笑难道有什么说法？"淳于髡说："今天我从东方来，看见路边有一个在祭土地祈求丰收的人，他手拿一只猪蹄和一壶酒，祷告说：'狭小的高坡上收成满笼，低洼的田地里谷物满车，让五谷茂盛成熟，多得堆满我的家中。'

---

1. 蜚：同"飞"。
2. 县令长：战国至秦汉时一县的行政长官。人口万户以上的大县长官称令，万户以下的小县长官称长。
3. 赍：用礼物送人。
4. 穰田：古代祭祀谷神、土地神的仪式，用来祈求农事丰收。
5. 瓯窭：狭小的高地。篝：竹笼。
6. 污邪：水洼地。
7. 穰穰：多，这里指谷类丰盛。

其所持者狭而所欲者奢,故笑之。"于是齐威王乃益赍黄金千镒[1],白璧十双,车马百驷。髡辞而行,至赵。赵王与之精兵十万,革车[2]千乘。楚闻之,夜引兵而去。

威王大说[3],置酒后宫,召髡赐之酒。问曰:"先生能饮几何而醉?"对曰:"臣饮一斗亦醉,一石[4]亦醉。"威王曰:"先生饮一斗而醉,恶能饮一石哉!其说可得闻乎?"髡曰:"赐酒大王之前,执法[5]在傍,御史[6]在后,髡恐惧俯伏而饮,不过一斗径醉矣。若亲有严客,髡䩉韝鞠䠶,侍酒于前,时赐余沥,奉觞[7]上寿,数起,饮不过二斗径醉矣。若朋友交游,久不相见,卒然相睹,欢然道故,私情相语,饮可五六斗径醉矣。若乃州间之会,男女杂

我见他拿出的东西很少而想要得到的东西却很多,所以笑话他。"于是齐威王就又增加了黄金千镒,白璧十对,四匹马驾的车百辆。淳于髡告辞出发,来到赵国。赵王给他精兵十万,大战车一千辆。楚国听到这个消息,连夜领兵离去了。

齐威王大喜,在后宫摆设酒宴,召来淳于髡,赏给他酒喝。齐威王问淳于髡:"先生能喝多少酒才会醉?"淳于髡回答说:"我喝一斗酒也醉,喝一石酒也醉。"齐威王说:"先生喝一斗酒就醉,怎么能喝一石酒呢!这里面的道理能说给我听吗?"淳于髡说:"我在大王面前喝您赏赐的酒,执法的官员站在身旁,御史站在身后,我心情恐惧低着头喝酒,不过一斗就醉了。如果我的父亲有尊贵的客人,我束好衣袖,弯身跽坐,在席前侍奉他们饮酒,有时他们赏些残酒给我,我便举杯祝寿,这样反复几次,喝不过二斗就醉了。如果是朋友交游,有很长时间没有见面了,突然间相见,欢快地谈起往事,互相倾诉衷情,这样可以喝五六斗就醉了。如果是乡间集会,男的女的混杂着坐在一起,彼此

---

1. 镒:古代重量单位,一镒为二十两。
2. 革车:一种战车,也称重车,一乘车有甲士步兵七十五人。
3. 说:同"悦",高兴。
4. 石:古代重量单位,十斗为一石。
5. 执法:这里指执行酒令的令官。
6. 御史:秦以前的御史为史官,汉代御史也有掌纠察、治狱的。司马迁所指应该是掌管监察的官员。
7. 奉觞:捧着酒杯。

坐,行酒稽留,六博投壶¹,相引为曹²,握手无罚,目眙³不禁,前有堕珥,后有遗簪,髡窃乐此,饮可八斗而醉二参⁴。日暮酒阑⁵,合尊促坐⁶,男女同席,履舄⁷交错,杯盘狼藉,堂上烛灭,主人留髡而送客,罗襦⁸襟解,微闻芗泽⁹,当此之时,髡心最欢,能饮一石。故曰酒极则乱,乐极则悲。万事尽然,言不可极,极之而衰。"以讽谏焉。齐王曰:"善!"乃罢长夜之饮,以髡为诸侯主客。宗室置酒,髡尝在侧。

敬酒,喝喝停停,玩六博、投壶的游戏,互相招呼着称兄道弟,和(妇女)握握手不会受处罚,瞪眼直视(妇女)也不受禁止,眼前有掉落的耳饰,身后有丢失的发簪,我暗自喜爱这种场合,可以喝八斗酒而只有二三分醉意。到了傍晚酒宴将散,大家端着酒杯相挨而坐,男女同席,鞋子互相错杂,酒杯菜盘纵横散乱,堂上的蜡烛熄灭了,主人留下我,把客人都送走,(那陪酒的女子)把罗衫的衣襟解开了,(我)能微微闻到一股香气,这种时候,我心中最为欢喜,能喝下一石酒。所以说,酒喝得太多了就会乱性,行乐太过分了就会引起悲哀。万事都是这样,就是说不能到极点,到了极点就走向衰亡。"用(这些话)委婉地劝谏齐威王。齐威王说:"很好!"就停止了通夜宴饮,让淳于髡担任接待诸侯的主客。每逢齐国宗室举行宴会,淳于髡也常常在旁边作陪。

---

1. 六博:一种行棋赌博的游戏。两人对局,各执黑白棋六子。投壶:宴饮时的一种游戏。用箭投入一定距离外的酒壶,以投中多少定胜负,负者罚酒。
2. 相引为曹:意思是客人自愿组合参与游戏。曹,辈。
3. 眙:直视。
4. 醉二参:有二三分醉意。参,同"三"。
5. 酒阑:宴饮将结束。阑,尽。
6. 合尊促坐:指将剩余的酒并在一起,促膝而坐。
7. 舄:木底的鞋。
8. 襦:短衣。
9. 芗泽:香气。芗,同"香"。

赏　析

三个故事各有特色。第一个以隐语劝谏齐威王罢长夜之饮，励精图治。所用隐语有调侃意味，也包含着尊重和期待。第二个以农夫穰祭为喻，要求提高出使规格，有讽刺意味。第三个劝威王不要饮酒过度，采用欲擒故纵、由谐入庄的手法。三次讽谏都准确掌握了讽谏对象的心理状态和客观形势的特点，因势利导，有的放矢。齐威王喜欢隐语，淳于髡就投其所好。齐威王求救兵心切，他就巧作比喻，进行辛辣的讽刺。威王为他设宴庆功，他就以饮酒为题大肆渲染。这些故事既表现了淳于髡的幽默、机智、随机应变，用婉转的讽喻或反话进行规劝的才能，也展示了他关心国家命运的拳拳之情。其中讲述饮酒的一段话，从一斗、二斗说到五六斗，再到八斗、一石，安排得错落有致，描写得绘声绘色，句法多变，韵散参杂，如同行云流水。比喻新奇浅近，寓意深刻明白，人物形象鲜明生动。

成　语

一飞冲天：指鸟儿展翅一飞，直冲云霄。比喻平时没有特殊表现，一下做出了惊人的成绩。

不鸣则已，一鸣惊人：比喻平时没有突出的表现，一下子做出惊人的成绩。

杯盘狼藉：桌上的杯盘放得乱七八糟，形容宴饮已毕或将毕时的情景。

柳宗元·山水美文

愚溪诗序

柳宗元

【题 解】

　　柳宗元被贬永州时，为其所作《八愚诗》写了序，说明他命名其为"愚"的原因。通篇"愚"字达二十六次，比起柳宗元的其他游记来，不平之情更为激越。当时，立志改革弊政的人都以"违理""悖事"为罪名而遭到贬斥，美和丑、智和愚全被颠倒，因此作者把所居之溪命名为"愚溪"，借以抒发其愤懑不平的情绪。

　　灌水[1]之阳有溪焉，东流入于潇水[2]。或曰："冉氏尝居也，故姓是溪为冉溪。"或曰："可以染也，名之以其能，故谓之染溪。"余以愚触罪[3]，谪潇水上，爱是溪，入二三里，得其尤绝者家焉[4]。古有愚公谷[5]，今余家是溪，而名莫能定，土之居者犹断断然，不可以不更也，故更之为愚溪。

　　灌水的北面有一条溪流，向东流注入潇水。有人说："因为有姓冉的人家曾经居住在这里，所以用其姓氏把这条溪水命名为冉溪。"有人说："（这条溪的水）可以用来染布，以它的用途给它命名，所以叫它染溪。"我因为愚昧无知而犯了罪，被贬谪到潇水边上，钟爱这条溪水，（沿溪水）走进去二三里，找到一个风景特别好的地方定居在那里。古代有一个愚公谷，如今我住在这条溪边，而溪水的名字一直未定下来，当地的居民还（为它究竟该叫冉溪还是染溪）争论不休，看来不可以不更改，所以改称它叫愚溪。

1. 灌水：湘江的支流，源出广西灌阳西南，北流经全州注入湘江。
2. 潇水：湘江的一个支流，因源出潇山，故称潇水。与灌水都在当时的永州境内。
3. 触罪：指作者参加王叔文变法改革运动，失败后被贬为永州司马一事。
4. 家焉：在这里安家。家，作动词用。下文"家是溪"同此解。
5. 愚公谷：今山东临淄西。据刘向《说苑·政理》记载，齐桓公外出打猎，进入一山谷，见一老翁，便问那山谷叫什么名字。老翁说："叫愚公谷。"齐桓公问："为什么叫愚公谷？"老翁说："因为我叫愚公，所以就给它起了这个名字。"

愚溪之上，买小丘，为愚丘。自愚丘东北行六十步，得泉焉，又买居之，为愚泉。愚泉凡六穴，皆出山下平地，盖上出也。合流屈曲而南，为愚沟。遂负土累石，塞其隘(sè)(ài)，为愚池。愚池之东为愚堂，其南为愚亭，池之中为愚岛。嘉木异石错置，皆山水之奇者，以余故，咸以愚辱焉。

夫水，智者乐[1](yào)也。今是溪独见辱于愚，何哉？盖其流甚下，不可以灌溉(gài)，又峻急，多坻石[2](chí)，大舟不可入也；幽邃(suì)浅狭，蛟龙不屑，不能兴云雨。无以利世，而适类于余，然则虽辱而愚之，可也。

宁武子[3]"邦无道则愚"，智而为愚者也；颜子[4]"终日不违如愚"(ruì)，睿而为愚者也。皆不得为真愚。今余

（我）在愚溪边上买了一个小山丘，取名愚丘。从愚丘向东北走六十步，发现一处泉水，又买下来以为己有，把它叫作愚泉。愚泉总共有六个泉眼，泉水都涌出于山丘下面的平地，它们都是向上涌出的。（出自不同泉眼的）泉水汇合以后弯弯曲曲地向南流去，我称之为愚沟。于是运土堆石，堵住水沟狭窄的地方，积成一个愚池。愚池的东面建了愚堂，南面盖起愚亭，愚池当中是愚岛。美好的树木和怪异的石头交错陈列，这些都是自然山水中的奇异之景，因为我的缘故，（它们）都屈辱地蒙受了"愚"的名号。

流水，是聪明智慧的人所喜爱的。现在这条溪水却独独被愚字玷辱，为什么呢？因为它的水位很低，不能用来灌溉，水流又很湍急，凸出水面的石块很多，大船驶不进去；（溪身）幽深浅狭，蛟龙也不屑一顾，（因为）不能（在浅水中）兴云作雨。（这条溪）无法利于世人；却正好和我相似，既然如此，那么即使用愚字来玷辱它，也是可以的。

宁武子"在国家混乱、政治黑暗的时候愚笨无知"，是聪明但佯装为愚笨的人；颜回"整天不发表不同见解，好像很愚笨"，是明智而看上去愚笨的人。（他们）都不是真正

---

1. 乐：喜欢、爱好。出自《论语·雍也》："仁者乐山，智者乐水。"
2. 坻石：凸出水面的石头。
3. 宁武子：名俞，春秋时卫国大夫，"武"是他的谥号。《论语·公冶长》中孔子说："宁武子，邦有道则知，邦无道则愚。其知可及也，其愚不可及也。"说他"邦无道则愚"，是说他在盛世的时候能表现出自己的聪明才智，在乱世的时候却显得愚昧无知。
4. 颜子：名回，孔子学生。《论语·为政》中孔子说："吾与回言终日，不违，如愚。退而省其私，亦足以发，回也不愚。"意思是说，孔子与颜回说话，颜回从来不发表和孔子不同的见解，好像愚人一样。可是过后考察他私下的言行，发现他不但完全理解孔子的话，而且能有所发挥，所以说"回也不愚"。

遭有道[1]，而违于理，悖于事，故凡为愚者莫我若[2]也。夫然，则天下莫能争是溪，余得专而名焉。

溪虽莫利于世，而善鉴万类，清莹秀澈，锵鸣金石[3]，能使愚者喜笑眷慕，乐而不能去也。余虽不合于俗，亦颇以文墨自慰，漱涤[4]万物，牢笼[5]百态，而无所避之。以愚辞歌愚溪，则茫然而不违，昏然而同归，超鸿蒙[6]，混希夷[7]，寂寥而莫我知也。于是作《八愚诗》，记于溪石上。

的愚笨。现在我遇上政治清明的时代，（所作所为）却违背常理，有悖于事态，所以愚人当中也没有比我更愚蠢的了。既然如此，那么天下的人没有谁能够和我争夺这条溪水，我得以独占它并且（以"愚"）给它命名了。

这条溪水虽然对世人没有什么益处，却善于照彻万物，洁净明亮秀丽澄澈，水流能发出金石般悦耳的声音，能够让愚笨的人欢喜发笑、眷恋爱慕，感到快乐而流连忘返。我虽然与世俗不相合，也颇能用写作诗文来宽慰自己，（我所描写的）万事万物如用水洗涤过一样的（鲜明生动），包罗事物的千姿百态，让它们无处可以逃避（都呈现在我的笔端）。用我愚拙的文辞来歌颂愚溪，便觉得茫茫然与愚溪合而为一，昏昏然与愚溪融为一体，超越天地尘世，融入空虚寂静之中，在寂寥空阔中达到了忘我的境地。于是创作了《八愚诗》，刻在溪边的石壁上。

---

1. 有道：指政治清明安定的时代。
2. 莫我若：否定句宾语前置，"莫若我"。
3. 锵鸣金石：水声像金石一样铿锵作响。锵，金石撞击声。金石，用金属、石头制成的钟、磬一类的乐器。
4. 漱涤：洗涤。这里形容描写的万事万物如同洗过一样鲜明生动。
5. 牢笼：这里是动词，包罗，概括。
6. 超鸿蒙：指超越天地尘世。鸿蒙，指宇宙形成以前的混沌状态。语出《庄子·在宥》："云将东游，过扶摇之枝，而适遭鸿蒙。"
7. 混希夷：指与自然混同，物我不分。希夷，虚寂玄妙的境界。语出《老子》："视之不见名曰夷，听之不闻名曰希，抟之不得名曰微。此三者，不可致诘，故混而为一。"这是道家所指的一种形神俱忘、空虚无我的境界。

赏　析

　　第一段写"愚溪"得名经过，先说位置，再说原名争执，很像考据。因"余愚"命名，引"愚公谷"作典故，煞有介事。第二段逐处铺排周边景色，再点出"以余故"得名。第三段笔锋一转，从对面切入，由"智"到"愚"，分析特点，概括为"无以利世""适类于余"。感慨大发，做实"比""兴"的主旨。第四段集中写自己"愚"，用宁武子和颜回作陪衬。第五段在前文铺垫之上，文气由"抑"转"扬"，分别写溪美人乐，自己"不合俗"而"无所避"，溪与己同归化境。通篇以"愚"为线索，写景而两面俱到，精神和景色合一，借景寓意，借题发挥，善于寄托，侧重抒情，一个"愚"字点缀成文，是反语，是牢骚。从萌芽到积蓄到铺排到确认到宣泄，前后照应，从"不愚"到"愚"，再到"不愚"，层层转换，融叙事、写景、议论、抒情为一体，旁引曲取，横说竖说，结构严谨妥帖，文意婉曲而意味深长。

成　语

　　清莹秀澈：清洁光亮、秀丽澄澈。

钴鉧潭西小丘记

柳宗元

【题解】

柳宗元被贬到永州后，流连山水，写下了不少优美的山水游记。本文是《永州八记》之一，对小丘作了极其生动的描写，又感慨小丘被人遗弃的遭遇。小丘的秀美和不被人重视，正是作者自己怀才不遇和遭遇不幸的写照。将诗歌寄托抒情的精神与山水游记的写法结合，既在山水中寻求精神寄托，舒缓政治苦闷，又在山水中抒发了个人不幸的怨愤抑郁之情。

得西山[1]后八日，寻[2]山口西北道二百步，又得钴鉧潭[3]。西二十五步，当湍而浚者为鱼梁[4]。梁之上有丘焉，生竹树。其石之突怒偃蹇，负土而出，争为奇状者，殆不可数。其嵚然相累而下者，若牛马之饮于溪；其冲然角列[5]而上者，若熊罴之登于山。

丘之小不能一亩，可以笼而有之。问其主，曰："唐氏之弃地，货

找到西山后的第八天，沿着山口向西北行走两百步，又发现了钴鉧潭。向西走二十五步，正当水深流急的地方是一道拦水坝。坝上有一个小丘，生长着竹子和树木。小丘上的石头骤然突起，兀然高耸，顶起泥土出来，争相形成奇异形状的，几乎不可计数。那些倾斜重叠俯向下面的，好像牛马在小溪中喝水；那些高耸突出、如兽角斜列往上冲的，好像熊罴在登山。

这小丘小得不到一亩，（简直）可以用一个笼子就能把它全部装下来。我打听它的主人是谁，有人说："这是唐家舍弃的，

---

1. 西山：在永州（今湖南零陵）城西。
2. 寻：介词，沿着。
3. 钴鉧潭：因潭的形状像熨斗而得名。钴鉧，熨斗。
4. 鱼梁：水中的小土堰，中间留有缺口放置捕鱼工具。
5. 角列：突出成行。

而不售[1]。"问其价，曰："止四百。"余怜而售之。李深源、元克己[2]时同游，皆大喜，出自意外。即更取器用，铲刈秽草，伐去恶木，烈火而焚之。嘉木立，美竹露，奇石显。由其中以望，则山之高，云之浮，溪之流，鸟兽之遨游，举熙熙然回巧献技，以效兹丘之下。枕席而卧，则清泠之状与目谋[3]，瀯瀯之声与耳谋[4]，悠然而虚者与神谋，渊然而静者与心谋。不匝旬而得异地者二[5]，虽古好事之士，或未能至焉。

噫！以兹丘之胜，致之沣、镐、鄠、杜[6]，则贵游之士争买者，日增千金而愈不可得。今弃是州也，农夫渔父过而陋[7]之，价四百，连岁不能售。而我与深源、克己独喜得之，

想卖但没有卖出去。"问这小丘的价钱，说："只要四百钱。"我很怜爱它就买了它。李深源、元克己这时和我一起游览，都非常高兴，（以为是）出乎意料之外（的收获）。（我们）就轮流拿着镰刀、锄头，铲除荒秽的败草，砍伐去除贱劣的杂树，燃起大火把它们烧掉。（于是）好看的树木挺立着，漂亮的竹子显露着，奇巧的石头也显现出来了。从其中（向周边）眺望，只见山是高高的，云在飘浮，溪水在流动，鸟兽在飞翔奔走，全都和谐快乐地在小丘之下运用技巧，呈献绝技。铺枕设席躺卧下来，水流清明澄澈的样子与目光相迎，水流回旋的声音与耳朵相触，悠远开阔的境界与精神融合，深邃幽静的氛围与心灵融合。不满十天，就得到了两处风景奇异的地方，即使是古代爱好山水的人，或许也未必能够遇到吧。

唉！凭这个山丘的优美风景，放到沣、镐、鄠、杜等地，那么爱好游乐的人为了争着买到它，即使日增千金，也买不到。现在它被弃置在这永州，农夫和渔父经过时也会瞧不上它，价格只有四百钱，却接连数年都不能售出。而我和李深源、元克己独独欣喜地找

---

1. 售：买。
2. 李深源、元克己：作者友人，生平不详。
3. 与目谋：与眼睛相接触。谋，合，接触。
4. 瀯瀯：溪水流动的样子。谋：合。
5. 不匝旬：不满十天。匝，经过一周。旬，十天。　得异地者二：得到两处奇境。一指西山，一指钴鉧潭及潭西的小丘。
6. 致：搬到，放到。　沣、镐、鄠、杜：现在陕西西安周边的四个地方，都是当时豪门贵族聚居的名胜之地。杜，杜曲，在陕西西安东南。
7. 陋：形容词的意动用法，认为不好，瞧不上，轻视。

是其果有遭乎！书于石，所以贺兹丘之遭也。

到它，这难道果真有机缘巧合吗！（我将发现小山丘的经过）写在石碑上，用来庆贺小丘碰上了好运气。

赏　析

全文先写小丘，再写买丘，再写修治，再写游赏，最后写由小丘生发的感慨。先写小丘所在，方位词语准确，空间概念清晰，简明平常，中规中矩。转入对景物描写，比喻新颖，对静态无生命的山石，作动态有灵性的描写。再写购买、修治，叙述有序。又转入对景色描写，染上了观赏者的主观感情色彩，拟人手法让景物都活了起来。叙述观赏感受，物我交融。第三段以"噫"字发端，用抑扬笔法，写位置不同遭遇不同，写得跌宕起伏，其实寄寓了作者遭贬受挫和怀才不遇的感慨。本文将写景和抒情紧密结合，寄情于景，借景抒情，达到了情景交融的境界，景物描写和作者心境相应和。笔法多变而细腻，叙事用寻常之笔，使文风自然，写景用出奇之笔，使文章精彩，二者不可偏废。又如"怜"字，埋下感慨的伏笔，"喜"字为"贺"字铺垫等。

成　语

出乎意外：超出意想、预料之外。

小石城山记

柳宗元

【题解】

　　本文是《永州八记》最后一篇，记述了小石城山奇异的景致，并质疑造物主的有无，表现出作者对于天命的怀疑。《永州八记》是柳宗元借山水吐胸中之气，每篇所写景物，都是作者某一遭遇的隐喻、某一方面精神的写照、某一情绪的流露。本文所思则具有终极指向，代表了作者的总结性思考，特别沉重。

　　自西山道口径北，逾黄茅岭而下，有二道。其一西出，寻之无所得；其一少北而东，不过四十丈，土断而川分，有积石横当其垠。其上为睥睨梁欐[1]之形，其旁出堡坞[2]，有若门焉。窥之正黑，投以小石，洞然有水声，其响之激越，良久乃已。环之可上，望甚远，无土壤而生嘉树美箭[3]，益奇而坚，其疏数偃仰，类智者所施设也。

　　噫！吾疑造物者之有无久矣。及是，愈以为诚有。又怪其不为之

　　从西山道口一直朝北走，越过黄茅岭往下走，有两条路。一条道通向西边，沿着它走，什么也没有发现；一条道稍稍偏北又向东，不过四十丈远，山势突然断裂，流水也被石山分开，一个由积石构成的小山岗横向挡在河岸边。石山顶部的形状像城墙和房屋的栋梁，旁边凸出的一块好像堡垒，有（一个洞）像门。（往洞里）看去一片漆黑，把一块小石头投进去，清清楚楚有水的响声，那声音高亢嘹亮，好久才停止。环绕着山道可以上山，（站在山顶上可以）望得很远。（山上）没有土壤，却生长着嘉树美竹，（这些植物显得）格外奇特而坚实，它们疏密相宜，起伏有致，好像是聪明的人精心布置的。

　　哎！我怀疑造物主的有无已经很久了。等到看见这一切，越发认为（造物者）

---

1. 睥睨：城上短墙，又称女墙。梁欐：房屋的大梁。
2. 堡坞：这里指堡坞形的石头。堡，小城。坞，防卫用的障蔽小屋。
3. 美箭：美竹。

于中州¹，而列是夷狄²，更千百年不得一售其伎³，是固劳而无用。神者傥⁴不宜如是，则其果无乎？或曰："以慰夫贤而辱于此者。"或曰："其气之灵，不为伟人，而独为是物。故楚之南少人而多石。"是二者，余未信之。

确实是有的。但又奇怪他不将这些奇异的风景安置在（人烟稠密的）中原地区，却将其放置在这片（荒凉僻远的）夷狄之地，即使经过千百年（这些山水都）不能展现它们的优美风景（给人们欣赏），这确实是花费了力气却没有效用的。造化神明倘若不应该这样做，那么难道果然没有（神灵）吗？有人说："这是用来安慰那些蒙受屈辱被贬到此的贤人的。"有人说："这个地方的灵气没能造就出伟人，而独独造就这些景物。所以楚地的南部少有杰出的人物，而多有奇异的石头。"这两种说法，我都不相信。

1. 中州：指黄河中下游一带文化发达地区。
2. 夷狄：古代称东方少数民族为夷，称北方少数民族为狄。这里泛指远离中州的边远地区。
3. 伎：同"技"，技艺。
4. 傥：倘若。

赏 析

　　一段写景，一段议论，以景领情，层次清楚。第一段写景，以游踪为叙述脉络，描写沿途所见，从位置、形状、环境、植被多方面写山的"奇""瑰玮"，喻指作者杰出思想和超凡才能。而植被更是引发"类智者所施设也"的感叹，带出下文。第二段围绕"造物者之有无"的疑问，"愈以为诚有""则其果无乎"两句表现了作者内心的矛盾，其实是对自己才华和遭遇不匹配的感慨，表现了内心的郁勃愁思和愤激情绪。对两个"或曰"所作的两种宽解，以"余未信之"收尾，坚决否定，表明了不肯乐天安命、不愿屈从命运的思想，意味含蓄深长。全文情感纠结，情思变幻。借景抒情，把内心深处的想法，通过对山水的记述，含蓄、曲折地表现出来。善于抓住事物的特征，准确、逼真地加以描绘，写景状物都扣住"城"字，突出"奇"字。

成 语

　　劳而无功：指付出了劳动，却没有收到功效；形容无效的劳动。

欧阳修·怀人忆往

释秘演诗集序

欧阳修

【题 解】

　　本文是欧阳修为诗僧秘演的诗集写的序。当时欧阳修回京任职，而石延年去世不久，秘演远行，序中有赠别之意。全文略写秘演身份、诗作，侧重写秘演的磊落之气，感叹他终不为世用、憔悴以老的人生遭际。这与欧阳修重视创作中人的主体作用有关，也与他经历半生坎坷盛衰浮沉后对人生际遇的理解有关。

予少（shào）以进士游京师[1]，因得尽交当世之贤豪。然犹以谓国家臣一四海[2]，休兵革[3]，养息天下以无事[4]者四十年，而智谋雄伟非常之士，无所用其能者，往往伏而不出，山林屠贩[5]，必有老死而世莫见者，欲从而求之不可得。

其后得吾亡友石曼卿[6]。曼卿为

我年轻时凭进士的身份游历京城，因而能够遍交当时的贤士豪杰。然而我还是认为，朝廷统一四海臣服，战争止息，百姓休养生息以至天下太平的日子长达四十年，而有智有谋、有雄才大略的不寻常之人，没有地方可发挥他们的才能，就往往隐藏着不出来，或隐居山林或从事屠宰贩运货物，他们中一定有老病至死而不被世人发现的，我想去那里寻访他们，却没有遇见。

后来遇到了我故去的老友石曼卿。曼卿

1. 京师：京城。这里指北宋都城汴京（今河南开封）。
2. 以谓：以为。臣一：臣服统一。四海：指全国各地。古人认为中国处在四海之中，所以有这个说法。
3. 兵革：代指战争。兵，兵器。革，作战用的甲盾。
4. 养息天下：让天下百姓休养生息。无事：指无兵革之事。
5. 山林屠贩：指隐居山林者和做屠夫、商贩的隐士。
6. 石曼卿：名延年（994—1041年），字曼卿。原籍幽州（今北京一带），后迁至宋城（今河南商丘）人。北宋文学家。屡举进士不第，真宗时为大理寺丞。喜剧饮，人称"酒仙"。与欧阳修交厚。他死后，欧阳修作《石曼卿墓表》和《祭石曼卿文》。

人，廓然有大志。时人不能用其材，曼卿亦不屈以求合。无所放[1]其意，则往往从布衣野老[2]，酣嬉淋漓[3]，颠倒[4]而不厌。予疑所谓伏而不见者，庶几狎[5]（xiá）而得之，故尝[6]喜从曼卿游，欲因以阴[7]求天下奇士。

浮屠秘演[8]者，与曼卿交最久，亦能遗外[9]世俗，以气节自高。二人欢然无所间[10]。曼卿隐于酒，秘演隐于浮屠，皆奇男子也。然喜为歌诗以自娱。当其极饮大醉，歌吟笑呼，以适[11]天下之乐，何其壮也！一时贤士，皆愿从其游，予亦时至其室。十年之间，秘演北渡河[12]，东之济、郓[13]（yùn），

的为人，胸怀开阔而又有大志。当时的人不能任用他的才能，而曼卿也不肯委屈自己来迁就别人的意志。他无处抒发自己的胸怀，就常常同平民百姓、村野老人一起，痛饮嬉戏恣意尽兴，直至神志模糊、七倒八歪也不满足。我猜想所谓隐伏而不露面的人，或许会在亲密的交往中发现，所以我曾经喜欢与石曼卿交游，想借此在暗中访求天下的奇士。

和尚秘演，与曼卿结交的时间最长，也能够超脱世俗，以气节自重。他们两人相处融洽没有隔阂。曼卿隐居在酒肆，秘演隐居在寺庙，（两人）都是奇男子。然而他喜欢写诗歌来自寻乐趣。每当他开怀畅饮酩酊大醉时，就唱歌吟诗、又笑又叫，以享受天下最大的快乐，这是多么豪迈啊！当时的贤士，都愿意与他交游，我也经常到他的屋里去。十年之间，秘演北渡黄河，东至济州、郓州，

---

1. 放：抒发。
2. 布衣：平民百姓。野老：乡村老人。
3. 酣嬉淋漓：指尽情喝酒游玩。
4. 颠倒：酒醉后精神恍惚，身体七倒八歪。
5. 庶几：大概，也许。 狎：亲近、亲密、亲热而且态度随便。引申为无拘无束。
6. 尝：同"常"。
7. 阴：私下，暗地里。
8. 浮屠：也作浮图。梵文佛陀的音译。这里指和尚。 秘演：生平不详。《宋史·艺文志》载《释秘演诗集序》二卷。《宋诗纪事》卷九十一录秘演诗三首。本文题目称"释秘演"。
9. 遗外：超脱，指抛开世俗的功名富贵。遗，抛弃。外，远离。
10. 间：距离，隔阂。
11. 适：达到，享受。
12. 河：黄河。
13. 济：济州。治所在巨野，今山东巨野南。 郓：郓州。治所在须昌，今山东东平西北。

无所合，困而归。曼卿已死，秘演亦老病。嗟夫！二人者，予乃见其盛衰，则予亦将老矣。

夫曼卿诗辞清绝，尤称秘演之作，以为雅健有诗人之意。秘演状貌雄杰，其胸中浩然，既习于佛，无所用，独其诗可行于世，而懒不自惜。已老，胠其橐[1]，尚得三四百篇，皆可喜者。

曼卿死，秘演漠然无所向。闻东南多山水，其巅崖崛峍[2]，江涛汹涌，甚可壮也，遂欲往游焉。足以知其老而志在也。于其将行，为叙其诗，因道其盛时以悲其衰。

没有找到志趣投合的朋友，困顿而归。（这时）曼卿已经死了，秘演也年老多病了。唉！这两个人，我竟目睹了他们的兴盛和衰落，那么我自己也快老了啊！

曼卿的诗清妙绝伦，（可他）尤其称赞秘演的诗作，认为它清雅遒健有诗人的意趣。秘演的相貌雄伟杰出，胸有浩然之气，做和尚后，没有施展才能的机会，仅有诗能在世上流传，他却懒散，不爱惜自己的作品。老了之后，打开装诗稿的口袋，还能找到三四百篇，都是令人喜爱的作品。

曼卿死后，秘演茫然不知往何处去。（他）听说东南一带多山水（胜景），那里的山峰高峻陡峭，江水波涛汹涌，是非常壮观的，便想到那儿去游玩。（这就）足以说明他人虽老了而志向尚存。在他即将启程的时候，我为他的诗集作序，借此讲说秘演盛年时的情景并悲叹他的衰老。

1. 胠其橐：打开箱箧。胠，打开。橐，袋子，引申为箱箧。
2. 巅崖：山峰和山崖。崛峍：高峻陡峭。

赏 析

先以自己结交天下之士的愿望为暗线，烘托气氛，铺垫感慨。再写石延年以引出秘演，依次记叙合、离、集诗、出游，逐渐铺展开来。以石的人格映衬秘演的气节，石的落拓照应秘演的失意，石的话代为评赞，文笔简要精妙，评断得当。写秘演离京的感伤是对共同好友的怀念，想象东南山水景象，其实是象征秘演内心的浩然和落寞。结尾交代作序的背景，以"盛衰"收合全文。始终将两人绾在一起，以宾主陪衬夹叙，以"奇"字为骨，由"盛""衰"生情，层层铺垫，互为映衬，相得益彰。浓烈的感情投注其间，感慨深沉，沉郁低回。行文如云气往来，空蒙缭绕，委婉曲折而章法紧严，过渡衔接自然，句句伏笔呼应，无一字多余，结尾意境深远。语言平淡又多变化，写纵酒狂饮，语言明白流畅；写衰败，语气舒缓沉郁，表现了摇曳多姿、情韵悠长的"六一风神"。

成 语

酣嬉淋漓：形容恣意嬉戏，至于极点。

梅圣俞诗集序

欧阳修

> ## 【题 解】
>
> 　　欧阳修和梅圣俞志同道合，对他的诗非常赞赏和喜爱。梅诗初次结集，他写下本文的主体部分。梅病逝，他亲为整理，并续完此序。文中概括了许多优秀诗人创作与生活的关系，提出"穷而后工"论定梅圣俞其人其诗，充溢着深切的同情和无限惋惜。语句平易舒缓中而包孕深情，流露出的是面对人生微茫难知的命运的深长叹息。

　　予闻世谓诗人少达而多穷[1]，夫岂然哉[2]？盖世所传诗者，多出于古穷人之辞也。凡士之蕴其所有[3]而不得施于世者，多喜自放于山巅水涯之外，见虫鱼草木、风云鸟兽之状类，往往探其奇怪，内有忧思感愤之郁[4]积，其兴于怨刺[5]，以道羁臣[6]寡妇之所叹，而写人情之难言，盖愈穷则愈工。然则非诗之能穷人，殆穷者而后工也。

　　我听世人说诗人很少显达，大多困穷失志，难道真是这样吗？大概因为世间所流传的诗歌，多数是出于古代穷困不得志诗人的文辞。大凡怀有理想、才华而又不能施展于当世的士人，大多喜欢让自己放浪于山巅水畔（这种尘世）之外的地方，看见虫鱼草木、风云鸟兽的形状与种类，往往探究它们的奇特怪异之处，他们内心郁积着忧思和愤慨，就会寄兴于诗歌的怨恨讽刺之中，来表达宦游外地的官吏和（孤守空房的）寡妇的慨叹，抒写人们难以说出的情怀，（大致说来）诗人境遇愈是困顿，写出的诗就越精巧。既然这样，那么并不是写诗能使人困顿，恐怕是诗人处于困境之后，诗才会写得好。

---

1. 达：显达。穷：与"达"相反，穷困不得志。
2. 夫岂然哉：难道真是这样吗？夫，句首助词。
3. 蕴其所有：有才华、有抱负。蕴，蓄积。
4. 郁：压抑，使不得舒散。
5. 兴于怨刺：产生怨恨、讽刺的念头。《汉书·礼乐志》："周道始缺，怨刺之诗起。"
6. 羁臣：就是"羁旅之臣"，宦游或贬谪在异乡做官的人。

予友梅圣俞[1]，少以荫补为吏[2]，累举进士，辄抑于有司[3]。困于州县[4]凡十余年，年今[5]五十，犹从辟书[6]，为人之佐[7]，郁其所蓄不得奋见于事业。其家宛陵[8]，幼习于诗，自为童子，出语已惊其长老[9]；既长，学乎六经仁义之说，其为文章，简古纯粹，不求苟说[10]于世，世之人徒知其诗而已。然时无贤愚，语诗者必求之圣俞。圣俞亦自以其不得志者，乐于诗而发之。故其平生所作，于诗尤多。世既知之矣，而未有荐于上者。昔王文康[11]公尝见而叹曰："二百年无此作矣！"虽知之深，

我的朋友梅圣俞，年轻时因承受祖先恩荫而得官，几次被推荐参加进士考试，总是受到主考官的压制。困顿于州县（做小官）共计十多年，年近五十，还得接受招聘去做别人的僚属。压抑着胸中怀藏的才能智慧，不能在事业中充分展现出来。他的老家在宛陵，从小练习写诗，自从孩童时起，写出的诗已使长辈们惊叹；长大后，又学习六经中仁义的学说，他写的文章，简朴古雅，纯正精粹，不以苟且迎合的态度去讨取世人的欢心，世人仅仅知道他的诗罢了。然而，当代不论贤士愚人，只要是谈论诗歌都必然会向圣俞去请教。圣俞也乐意将他不得志的心情，在诗作中抒发出来。所以他平生所写的作品，在诗歌方面尤其多。世人既知道他的诗名，却没有人推荐给朝廷。从前王文康公读过他的作品，曾赞叹说："二百年来没有出现

---

1. 梅圣俞：梅尧臣，字圣俞，宣州宣城（今安徽宣城）人，宋代著名诗人。

2. 荫补为吏：靠祖先的功勋而得官。梅尧臣荫袭他叔父梅询的官爵，出任河南主簿。荫，指子孙因前辈有功，享受恩典而被赐以官爵。补，指官员有缺额，选人授职。

3. 辄：总是。 抑于有司：被主考官压制。有司，负有专责的官吏，这里指主考官。抑，压抑，压制。

4. 困于州县：指只在州县做小官。梅尧臣做过三任主簿，一任知县。

5. 今：这里是"即""即将""快要"的意思，为"现在"的引申义。

6. 辟书：招聘文书。庆历八年（1048年），梅尧臣四十七岁，应晏殊召赴签书陈州镇任安军节度判官。以后嘉祐二年（1057年），梅尧臣五十六岁时，欧阳修知贡举，曾辟梅为参详官。

7. 佐：辅佐，指僚属。

8. 宛陵：宣城的旧县名，今安徽宣城。

9. 长老：年老的人，长辈。

10. 说：同"悦"，高兴。

11. 王文康：就是王曙，字晦叔，河南人，谥号"文康"。宋仁宗时任宰相。

亦不果[1]荐也。若使其幸得用于朝廷，作为"雅""颂"[2]，以歌咏大宋之功德，荐之清庙[3]，而追商、周、鲁《颂》之作者，岂不伟欤！奈何使其老不得志而为穷者之诗，乃徒发于虫鱼物类、羁愁感叹之言？世徒喜其工，不知其穷之久而将老也，可不惜哉！

圣俞诗既多，不自收拾。其妻之兄子谢景初[4]，惧其多而易失也，取其自洛阳至于吴兴[5]以来所作，次为十卷。予尝嗜圣俞诗，而患不能尽得之，遽喜谢氏之能类次[6]也，辄序而藏之。其后十五年，圣俞以疾卒于京师，余既哭而铭之[7]，因索于其家，得其遗稿千余篇，并旧所藏，掇其尤者[8]六百七十七篇，为一十五

这样的作品了！"虽然对梅圣俞深表赏识，也终究没有推荐（他）。假如他有幸被朝廷任用，写出"雅""颂"（一类的诗歌），来歌颂大宋王朝的功德，把它奉献在宗庙，以追随《商颂》《周颂》《鲁颂》的作者，难道不是很了不起吗！怎么让他到老还不能实现理想，仍写些不得志的诗篇，徒然写些吟咏虫鱼微物、抒发羁愁感叹的言辞？世人只是喜爱他诗歌的工巧，却不知道他穷困潦倒已经很久，而且快衰老了，这难道不可惜吗？

圣俞的诗很多，不肯自己整理。他妻兄的儿子谢景初，担心他作品数量很多容易散失，把他从洛阳到吴兴这段时间所作的诗歌，编为十卷。我曾酷爱圣俞的诗，而遗憾不能全部得到，（现在）谢氏能将它分类编排，我顿时感到高兴，就写了这篇序，并把它收藏起来。以后过了十五年，圣俞因病死在京城，我痛哭之后给他写了墓志铭，趁便向他的家人索求（他的作品），得到他的遗稿一千多篇，合并先前所收藏的诗集，选取其中特别优秀的诗作六百七十七篇，编成十五

1.果：终于，到底，意思是成为事实。
2."雅""颂"：《诗经》中"雅""颂"一类的作品。这里指歌颂盛德宏业的诗作。
3.荐：奉献。清庙：宗庙。
4.谢景初：字师厚，富阳（今属浙江）人。
5.吴兴：今浙江湖州。梅尧臣曾先后居住在洛阳、吴兴两地。
6.遽：骤然，顿时，立刻。类次：分类编排。类，分类。次，编排。
7.铭之：替他作了一篇墓志铭。欧阳修有《梅圣俞墓志铭》。铭，动词，作墓志铭。
8.掇：拾取，摘取。尤者：特别出色的作品。

卷。呜呼！吾于圣俞诗，论之详矣，故不复云。

卷。哎！我对圣俞的诗作，已经评论得很细了，所以不再重复。

赏　析

　　第一段先引一论调，反问顿挫，隐含否定。"盖"字领起一句奠基，"凡"字总起点题，论述深广。"穷……工……"一句统摄全文，影射梅圣俞，是灵魂所在。第二段写其人其诗"穷""工""穷而工"。用时间词概括"穷之久"。以"辄抑""困于""犹从"等词透露不平与同情。"郁其"句照应首段，上结下启。写诗"工"，有点有面，多角度反映。有概写以见广度；有特写以见深度。以"未有荐""不果荐"兴发感慨；以"若使"句虚设期望，反写愤叹；以"奈何"句陡转，实写现实，一扬一抑，无奈惋惜；最后以"工""穷""惜"三字总束，文情妙绝。末两段写编诗情况，表达倾慕哀痛。动词运用准确生动，一往情深。本文夹叙夹议，转换衔接自然。议论精辟，"穷""工"二字，往复议论，发出无限感慨。语言平易简洁，感情深厚。布局上，开门立论，反复照应，题旨鲜明。

成　语

　　穷而后工：旧时认为文人越是穷困不得志，诗文就写得越好。

泷　冈　阡　表 [1]
<small>shuǎng　　qiān</small>

欧阳修

【题 解】

　　欧阳修四岁父亲去世，六十年后为其父写墓表。通过回忆母亲的叙说来记述父亲德行对家人的影响，把自己能身居高位视为上天对德行深厚却身世不达的父亲的回报，以自己能光宗耀祖来告慰先人在天之灵，赞颂而不近阿谀，庄重而不失亲切。既写出了对父亲德行的景仰和深情缅怀，也传达了淳厚的天伦感情。

　　呜呼！惟我皇考崇公 [2]，卜吉于泷冈 [3] 之六十年，其子修始克表于其阡 [4]，非敢缓也，盖有待也。

　　修不幸，生四岁而孤 [5]。太夫人 [6] 守节自誓，居贫自力于衣食，以长以教 [7]，俾至于成人。太夫人告之曰："汝父为吏廉而好施与 [8]，喜宾

　　唉！我先父崇公，选择吉日在泷冈安葬的六十年之后，他的儿子欧阳修才能够在墓前撰表立碑，这并非敢故意拖延，而是因为有所期待啊。

　　我很不幸，生下来才四岁就失去了父亲。母亲立志守节，家境贫寒，亲自操持衣食，一边抚养我一边教育我，使我一直到长大成人。母亲告诉我说："你父亲为官清廉，又乐意帮助别人，喜欢结交宾客，他的俸禄

1. 阡表：也叫"墓表"，这里指刻在墓碑上表彰逝者的文章。
2. 惟：发语词，无实义。　皇考：旧时对亡父的敬称。父死曰"考"，母死曰"妣"。"皇"是尊称。崇公：欧阳修的父亲欧阳观死后追封崇国公。
3. 卜吉：占卜选择墓地。　泷冈：在今江西永丰的凤凰山上。欧阳观死于大中祥符三年（1010 年），次年葬于泷冈。
4. 克：能。　表于其阡：指在墓前竖立墓碑。表，墓碑，这里作动词，修造墓碑。阡，墓道。
5. 孤：幼年丧父叫作孤。
6. 太夫人：指欧阳修的母亲。古代列侯之妻称夫人，列侯死，子称其母为太夫人。
7. 以长以教：一边抚养（欧阳修）一边教育他。以……以，一边……一边，表示两个并列。
8. 吏：低级官吏称吏。欧阳观生前只做过几任州、县的推官、判官等辅佐官，故称"吏"。廉而好施与：欧阳修《七贤画序》云："某为儿童时，先妣尝谓某曰：'吾归汝家时，极贫，汝父为吏至廉，又于物无所嗜，惟喜宾客，不计其家有无以具酒食。在绵州三年，他人皆多买蜀物以归，汝父不营一物，而俸禄待宾客亦无余。'"施与，以资财帮助别人。

客，其俸禄虽薄，常不使有余，曰："毋以是为我累。"故其亡也，无一瓦之覆、一垄之植以庇[1]而为生，吾何恃而能自守耶？吾于汝父，知其一二，以有待于汝也。自吾为汝家妇，不及事吾姑[2]，然知汝父之能养也。汝孤而幼，吾不能知汝之必有立，然知汝父之必将有后也。吾之始归[3]也，汝父免于母丧[4]方逾年。岁时祭祀，则必涕泣曰："祭而丰，不如养之薄也。"间御[5]酒食，则又涕泣曰："昔常不足，而今有余，其何及也！"吾始一二见之，以为新免于丧适然[6]耳。既而其后常然，至其终身未尝不然。吾虽不及事姑，而以此知汝父之能养也。汝父为吏，尝夜烛治官书[7]，屡废[8]而叹。吾问

虽少，还常常不肯有积余，他说：'不要因为这些财物使我受累。'所以他死的时候，（家中）没有一处房屋、一块田地可以依托来维持生计，我凭什么能够守节呢？我对你的父亲，约略有所了解，因而对你有所期望啊。自从我成了你家的媳妇，没赶上侍奉婆婆，然而我知道你父亲是能够孝顺父母的。你当初没了父亲年纪又小，我不知道你日后事业必定有成，然而我知道你父亲必定会有好的后代。我刚嫁来时，你父亲脱去祖母的丧服才一年多。逢年过节时祭祀，你父亲一定哭着说：'身后祭品丰盛，不如生前微薄奉养。'偶尔用些酒菜，就又哭着说：'以前常常钱不够，而今有了剩余，可是怎么来得及（奉养父母）了！'我开始时见了一两次，以为他新近脱了丧服才偶尔这样的。然而他后来经常这样，直到去世也没有不是这样。我虽然没能侍奉婆婆，却因此知道你父亲是很孝顺父母的。你父亲做官时，曾深夜秉烛处理案卷，多次停下叹息。我问他，他

---

1. 垄：田埂。庇：庇护。

2. 姑：媳妇对婆婆的称呼。

3. 始归：刚出嫁。归，古代称女子出嫁。

4. 免于母丧：指母亲死后，守丧期满。旧时父母去世，儿子须谢绝人事，做官的解除职务，在家守丧。免，期满。

5. 间：间或，偶尔。御：进用。

6. 适然：方才这样。

7. 官书：官府的文书。这里指有关刑狱的公文。

8. 废：停止。

之,则曰:'此死狱也,我求其生不得尔。'吾曰:'生可求乎?'曰:'求其生而不得,则死者与我皆无恨也。矧^{shěn}¹求而有得耶?以其有得,则知不求而死者有恨也。夫常求其生,犹失之死,而世常求其死也。'回顾乳者抱汝而立于旁。因指而叹曰:'术者谓我岁行在戌²将死,使其言然,吾不及见儿之立也,后当以我语告之。'其平居³教他子弟,常用此语。吾耳熟焉,故能详也。其施于外事,吾不能知。其居于家,无所矜饰⁴,而所为如此,是真发于中⁵者耶!呜呼!其心厚于仁者耶!此吾知汝父之必将有后也。汝其勉之。夫养不必丰,要⁶于孝;利虽不得博于物⁷,要其心之厚于仁。吾不

回答说:'这是一件判死刑的案子,我想为他找一条生路,却找不到啊。'我说:'生路可以找到吗?'你父亲说:'我想为他找一条生路却办不到,那么死者和我就都没有遗憾了。况且确实有时是能够找到生路的呢?因为能够找到生路,所以知道不为他寻求生路而死的人是有遗憾的。我常这样为死囚们寻求生路,他们还不免要被处死,何况世间的官吏常常要他们死呢!'你父亲回头看见奶妈抱着你立在旁边。就指着你叹息道:'算命的人说我将死于岁星运行到戌的那年,假如他的话应验,我就见不到儿子成人这一天了,日后你要把我的话告诉他。'你父亲平时教导其他子弟,也常常用这些话。我耳朵里听熟了,所以能记得详细。他在外面做的事,我没法知道。他住在家时,没有一点做作虚伪,所做的事都是这样,这是真正发自内心的呀!唉!他的心地是那样仁厚!因此我知道你父亲必定会有很好的后代。你一定要勉励自己啊!奉养长辈不一定要很丰厚,重要的是要孝顺;恩惠和好处虽然不能遍及每个人,重要的是要心地仁厚。我没有能力

---

1. 矧:况且,何况。

2. 术者:占卜算命的人。　岁行在戌:指木星运行到戌年。岁,岁星,就是木星。古人认为,木星十二年绕天一周,因此把木星运行的轨道十二等分,配上十二地支,用来纪年。欧阳观死于宋真宗大中祥符三年(1010年)庚戌,与算命者的话巧合。

3. 平居:平时,平日。

4. 矜饰:夸张修饰。

5. 中:内心。

6. 要:关键。

7. 博于物:普及于物。

能教汝，此汝父之志也。"修泣而志之不敢忘。

先公少孤力学，咸平三年进士及第，为道州判官[1]，泗、绵二州推官[2]，又为泰州[3]判官，享年五十有九，葬沙溪[4]之泷冈。太夫人姓郑氏，考讳德仪[5]，世为江南名族。太夫人恭俭仁爱而有礼，初封福昌县太君[6]，进封乐安、安康、彭城[7]三郡太君。自其家少微时[8]，治其家以俭约，其后常不使过之，曰："吾儿不能苟合于世，俭薄所以居患难也。"其后修贬夷陵[9]，太夫人言笑自若[10]，曰："汝家故贫贱也，吾处之有

教育你，这是你父亲的志向。"我流着眼泪记下这些话，不敢遗忘。

先父少年时死了父亲却勤奋学习，咸平三年考取进士，做过道州判官，泗州、绵州二州的推官，又做过泰州判官，享年五十九岁，葬在沙溪的泷冈。先母姓郑，她的父亲名德仪，世代都是江南有名的大族。先母恭敬节俭、仁厚慈爱而又注重礼节，起初被封为福昌县太君，后又进封乐安、安康、彭城三郡的太君。从我家早年贫困时起，先母就节俭持家，此后便不许越过这个标准，她说："我儿在世上不能无原则地附和，节约俭朴是用来使你度过患难日子。"后来修被贬官到夷陵，先母谈笑自如，说："你家本来就贫困，我

---

1. 道州：治所在今湖南道县。 判官：是州府长官的僚属，掌管文书事务。
2. 泗、绵：泗州治所在今安徽泗县，绵州治所在今四川绵阳。 推官：与判官一样为州府长官僚属，掌管审案、刑狱事务。
3. 泰州：治所在今江苏泰州。
4. 沙溪：地名，在江西永丰凤凰山北，是欧阳修的家乡。
5. 考讳德仪：欧阳修之母的父亲名叫德仪。讳，生时曰"名"，死后曰"讳"。古时对帝王将相或尊长不敢直呼其名，叫避讳。因而也用"讳"字指称他们的名字。
6. 福昌县：在今河南宜阳一带。 太君：旧时官吏母亲的封号，分别有国太夫人、郡太君。按，宋制，朝廷卿、监和地方上知州等官的母亲封县太君；朝廷侍郎、学士和地方观察、留后等官的母亲封郡太君。
7. 乐安：治所在今山东惠民。 安康：郡属今陕西。 彭城：治所在今江苏徐州。 乐安、安康、彭城均为古郡名，这些郡在宋代已不存在。因此，"县太君"和"郡太君"不是实封其地，而是名义上的赠封而已。
8. 少微时：早年贫贱时。
9. 夷陵：县名。今湖北宜昌。宋仁宗景祐三年（1036年），范仲淹因反对保守派吕夷简而被贬官，欧阳修为之抗争，写信斥责谏官高若讷，遂被贬为夷陵（今湖北宜昌）县令，其母曾随行。
10. 自若：如常。

素¹矣。汝能安之，吾亦安矣。"

自先公之亡二十年，修始得禄²而养。又十有二年，列官于朝³，始得赠封其亲。又十年，修为龙图阁直学士⁴、尚书吏部郎中⁵，留守南京⁶。太夫人以疾终于官舍，享年七十有二。又八年，修以非才入副枢密⁷，遂参政事⁸。又七年而罢。自登二府⁹，天子推恩，褒其三世。盖自嘉祐¹⁰以来，逢国大庆，必加宠锡¹¹。皇曾祖府君¹²，累赠金紫光禄

早已过习惯了。你能够安心，我也就安心了。"

自从先父逝世后二十年，我才得到俸禄能够奉养母亲。又过了十二年，我在朝廷中做官，这才能使父母得到封赠。又过了十年，我任龙图阁直学士、尚书吏部郎中，留守南京。（这一年）先母因病在官舍逝世，享年七十二岁。又过了八年，我以平庸的才能进了枢密院做副使，于是任参知政事。又过了七年才解职。自从我进入（中书省和枢密院）二府之后，天子推广恩泽，褒奖我的三世先人。自从嘉祐年间以来，每逢国家大庆，一定特加赏赐。先曾祖父，累赠为金紫光禄

---

1. 素：向来。这里的意思是习惯。

2. 得禄：进入仕途，获取俸禄，这里指欧阳修于宋仁宗天圣八年（1030年）考取进士，后授将仕郎、试秘书省校书郎、充西京留守推官。距其父去世（1010年）恰好二十年。

3. 列官于朝：欧阳修于宋仁宗康定元年（1040年）被召回京，历任馆阁校勘、太子中允。庆历元年（1041年），祀南郊，加骑都尉，改集贤校理。封赠事可能就是在这年。

4. 龙图阁直学士：宋代加给侍从官的一种荣誉头衔。龙图阁是保管皇帝御书和典籍的地方，设有学士、直学士、待制、直阁等官，这些官衔，多是加给皇帝侍从官的荣誉头衔。直学士，初入值馆阁，称直学士，品位仅次于学士。宋仁宗皇祐元年（1049年）八月欧阳修官此职。

5. 尚书吏部郎中：宋代尚书省吏部设郎中若干人，掌官员的任免、赠封等事。尚书，指尚书省，下统吏、户、礼、兵、刑、工六部。吏部郎中，吏部，掌管全国官吏的任免、考课、升降、调动等事务，长官为吏部尚书，下设郎中四人，各司其职。欧阳修于皇祐二年（1050年）十月任此职。

6. 留守南京：宋真宗时，升宋州（今河南商丘）为应天府，建为南京，治所在今河南商丘。宋代的南京应天府、西京河南府、北京大名府各置留守一人，以知府兼任。皇祐二年，欧阳修以龙图阁直学士知应天府兼南京留守司事，转吏部郎中，加轻骑都尉。

7. 入副枢密：进入朝廷担任枢密副使。宋代的枢密院掌管全国的军事。副枢密，又称枢密副使或同知枢密院事，是中央最高军事机关的副长官。宋仁宗嘉祐五年（1060年），欧阳修任枢密副使。

8. 参政事：就是参知政事，是实际上的副宰相。欧阳修于宋仁宗嘉祐六年（1061年）拜参知政事，于宋英宗治平四年（1067年）被罢免。

9. 二府：宋制，中书省和枢密院分掌政务和军事，号称"二府"。

10. 嘉祐：宋仁宗的年号。

11. 宠锡：特别赏赐。锡，同"赐"，赏赐。

12. 皇：尊称。府君：子孙对祖先的敬称。作者之曾祖，名彬。

大夫、太师、中书令 [1]；曾祖妣 [2]，累封楚国太夫人；皇祖府君 [3]，累赠金紫光禄大夫、太师、中书令兼尚书令 [4]；祖妣，累封吴国太夫人；皇考崇公，累赠金紫光禄大夫、太师、中书令兼尚书令；皇妣，累封越国太夫人。今上初郊 [5]，皇考赐爵为崇国公，太夫人进号魏国。

于是小子修泣而言曰："呜呼！为善无不报，而迟速有时，此理之常也。惟我祖考，积善成德，宜享其隆。虽不克有于其躬 [6]，而赐爵受封，显荣褒大，实有三朝之锡命 [7]。是足以表见 [8] 于后世，而庇赖 [9] 其子孙矣。"乃列其世谱，具刻于

大夫、太师、中书令；先曾祖母，累封为楚国太夫人；先祖父，累赠为金紫光禄大夫、太师、中书令兼尚书令；先祖母，累封吴国太夫人；先父崇公，累赠为金紫光禄大夫、太师、中书令兼尚书令；先母，累封为越国太夫人。当今皇上即位初次郊祀典礼，又赠先父为崇国公，先母进号为魏国太夫人。

于是我哭着说道："唉！做善事没有不受报答的，但是时间有早有晚，这是常理。我的祖先，积累善行而成仁德，应当享受丰厚的报答。他们虽然不能在活着的时候亲自享有，但身后受赐爵位接受封赠，显扬荣光嘉奖大德，确实享有三朝的赏赐诏命。这就足以（使他们的德行）表现于后世，并庇荫于他们的子孙了。"于是我列出世代的族谱，

---

1. 累赠：累加的最后封赠。 金紫：金章紫绶。 光禄大夫：战国时置中大夫，汉武帝时改光禄大夫，负责顾问应对。在宋代为文职阶官称号，是散官，正三品，加金章紫绶的，称金紫光禄大夫。 太师，官名。始设于周朝，为辅佐国君的官。后世以太师、太傅、太保为三公。宋承唐制，三公均为封赠官名，以示恩宠，并无实职。中书令：中书省长官，唐时为宰相，宋代为封赠之官。

2. 曾祖妣：指已故的曾祖母。

3. 皇祖府君：指作者的祖父，名偃。

4. 尚书令：宋代赠官。班次在中书令之上。

5. 今上：当今皇上，指宋神宗赵顼。 初郊：初次在郊外举行祭天之礼。郊，郊祀，祭天。宋神宗于熙宁元年（1068 年）登基，同年十一月首次举行祭天大典。

6. 躬：身体。引申为亲自、自身。

7. 三朝：指宋仁宗、宋英宗、宋神宗三朝。 锡命：指皇帝赐封的诏书。锡，同"赐"，赐予。

8. 见：同"现"。

9. 庇赖：护佑。

碑。既又载我皇考崇公之遗训，太夫人之所以教而有待于修者，并揭于阡 [1]。俾知夫小子修之德薄能鲜，遭时窃位 [2]，而幸全大节，不辱其先者，其来有自。

熙宁三年 [3]，岁次庚戌，四月辛酉朔 [4]，十有五日乙亥 [5]，男推诚、保德、崇仁、翊戴功臣 [6]，观文殿学士 [7]，特进 [8]，行兵部尚书 [9]，知青州军州事 [10]，兼管内劝农使 [11]，充京东路安

一一刻在碑上。然后又记载先父崇公的遗训，先母用来教诲我并期望于我的话，一并在墓道上揭示出来。使人们知道我道德浅薄又少才能，不过幸逢时机窃居高位，而能够保全大节，不致辱没先人，这是有来由的。

熙宁三年，岁星至于庚戌，四月初一辛酉，十五日乙亥，儿子推诚、保德、崇仁、翊戴功臣，观文殿学士，特进，行兵部尚书，知青州军州事兼管内劝农使，充京东东路安抚

1. 揭：记载。阡：墓道。
2. 遭时窃位：作者自谦之词，是说并无才德却幸逢时机而侥幸做了大官。
3. 熙宁三年：1070 年，该年干支为庚戌。熙宁，宋神宗的年号（1068—1077 年）。
4. 辛酉朔：辛酉是这年四月初一日的干支。朔，农历每月初一。
5. 乙亥：是这年四月十五日的干支。
6. 男：儿子对父母的自称。 推诚、保德、崇仁、翊戴功臣：宋帝赐予欧阳修的美名。推诚、保德、崇仁、翊戴，这些是宋代君主赐给臣属的褒奖之词，也就是欧阳修获得的功臣号。功臣，是朝廷赐予的荣誉头衔，作为对文武臣僚的嘉奖。
7. 观文殿学士：职名，宋代为优礼大臣而赠的荣誉官衔，宋朝制度，免去宰相后才授此官职。诸殿学士为皇帝侍从顾问，虽无实权，但地位很高。
8. 特进：散官阶。汉时列侯中有特殊地位的授特进。宋代为文职散官的第二级，相当于正二品。
9. 行兵部尚书：大官兼任小官称行某官。兵部尚书，尚书省兵部长官，本官阶，表示俸禄品级，为正三品。兵部为六部之一，掌军事，尚书为其长官。行，兼。宋代兼任低职称行。
10. 知青州军州事：宋制，朝臣为知州，号"权知军州事"，管理州一级地方行政兼管军事，简称"知事"。青州，治所在今山东益都。
11. 内劝农使：官名，掌劝励农桑事宜。宋制以知州兼任。

抚使[1]，上柱国[2]，乐安郡开国公[3]，食邑[4]四千三百户，食实封[5]一千二百户，修表。

使，上柱国，乐安郡开国公，食邑四千三百户，实际封的食邑一千二百户，欧阳修撰写此表。

---

1. 京东路：辖今河南、山东、江苏一带。宋代分全国行政区域为十五路，下设州、县。熙宁七年（1074年），分京东路为京东东路、京东西路。路，宋代行政区划名称。 安抚使：官名，路的军政长官。多为知州兼任。知青州军州事、兼管内劝农使、充京东东路安抚使，这些职务是"差遣"，是表示实际履行的职责。

2. 上柱国：勋名，战国时楚国开始设置，唐以后为勋官的称号，作酬赏勤劳之用，是宋代勋官十二级中的最高一级。

3. 乐安郡：古代郡国名，始设于东汉，在山东境内，隋初废。 开国公：爵位，宋代赐予臣下的十二级中的第六级爵位，封爵同时授"食邑"。

4. 食邑：亦称"采邑""封地"。食邑制始于周朝，封地内所收租税为食邑者的俸禄。

5. 食实封：指实际封给的食邑。宋制，食邑自二百户至一万户，食实封自一百户至一千户，有时可以特加。但这些在宋代只是一种褒奖的名誉，与春秋时代的诸侯真的享受几千户、几万户租税的情况不同。以上是作者当时拥有的所有官职和封爵。

赏 析

全文结构严谨，首尾贯通，环环相连，丝丝入扣。第一段交代写作原因，"有待"二字统摄全文，贯串始终。第二、第三、第四段借其母口中的"知"字缅怀往事，说明其父之"能养"和"必将有后"，使"有待"二字落到实处。末两段补叙作者仕途历官，详载年数，与篇首"六十年"呼应。本文采取了避实就虚、以虚求实、以虚衬实的写法，从背面和侧面落笔，因母显父，以父扬母，详略得当，明暗交叉，互衬互托，次序井然，不枝不蔓，融为一体。本文精心筛选，仔细剪裁其父三方面德行事迹，分别用典型概括、抽丝剥茧、一波三折三种方法，娓娓道来。善于选取细节和言语体现人物的精神风貌，点出父母的深切期望，以人物间真切的情感，真实的行为代替空泛的溢美之词。全文言辞清新质朴、舒徐有致、简易平实，态度谦恭平和，实事求是，情真意切，如话家常。

成 语

耳熟能详：指听得多了，能够很清楚、很详细地复述出来。

苏轼·亭台杂记

喜雨亭记

苏 轼

【题 解】

喜雨亭是苏轼在凤翔府任签书判官第二年修造的一座亭子。本文记述了喜雨亭命名的缘由和人们久旱逢雨后的喜悦心情，表现出作者重民重农和与民同乐的思想。对雨和亭关系的记述，对喜雨之情的阐发，将"民为政本"的大道理，铺叙得极有层次。重民重农是苏轼一贯的政治主张，此文发自内心，写得十分自然。

亭以雨名，志喜也。古者有喜，则以名物，示不忘也。周公得禾[1]，以名其书；汉武得鼎[2]，以名其年；叔孙胜敌[3]，以名其子。其喜之大小不齐，其示不忘一也。

予至扶风[4]之明年，始治官舍，为亭于堂之北，而凿池其南，引流种树，以为休息之所。是岁之春，

亭子用"雨"来命名，是（为了）纪念（及时下雨的）欢乐。古人有了喜庆的事，就用它来命名事物，表示永不忘记。周公得到嘉禾，就用它作为他的书名；汉武帝得到宝鼎，就用它作为自己的年号；叔孙得臣战胜北狄，就用（北狄首领的名字）作为自己儿子的名字。这些喜事，虽然大小不同，但用它来表示永不忘记是一致的。

我到扶风府的第二年，开始建造官府房舍，在正堂的北面建了一座亭子，并在亭子的南边开凿了一口池塘，引来流水，种植树木，把它作为休息的场所。这年春天，在岐

---

1. 周公得禾：传说周成王曾赐父叔父周公异株合穗的谷子，为此，周公写下了《嘉禾》一文。此文已佚，《尚书》仅存其篇名。
2. 汉武得鼎：据《史记·孝武本纪》，汉武帝刘彻在汾水得一鼎，于是改年号为元鼎。
3. 叔孙胜敌：叔孙，指叔孙得臣，春秋时鲁国人。叔孙得臣战胜了长狄，俘虏长狄首领侨如，就以"侨如"作为他儿子的名字。
4. 扶风：就是凤翔府，治所在今陕西凤翔。苏轼曾于宋仁宗嘉祐六年（1061 年）任凤翔签判。

雨麦于岐山[1]之阳，其占为有年[2]。既而弥月[3]不雨，民方以为忧。越三月，乙卯乃雨，甲子又雨，民以为未足。丁卯大雨，三日乃止。官吏相与庆于庭，商贾相与歌于市，农夫相与忭于野。忧者以喜，病者以愈，而吾亭适成。

于是举酒于亭上，以属客[4]而告之，曰："五日不雨可乎？"曰："五日不雨则无麦。""十日不雨可乎？"曰："十日不雨则无禾。""无麦无禾，岁且荐饥[5]，狱讼繁兴而盗贼滋炽[6]。则吾与二三子，虽欲优游以乐于此亭，其可得耶？今天不遗斯民，始旱而赐之以雨，使吾与二三子得相与优游而乐于此亭者，皆雨之赐也。其又可忘耶？"

既以名亭，又从而歌之，曰：

山的南面下了麦雨，占卜说是一个丰收年。随后整整一个月没有下雨，老百姓正在为此担忧。过了三月，四月的乙卯日才下了雨，甲子日又下了雨，老百姓认为还没有下足。丁卯日天降大雨，连下三天才停。官吏们在厅堂上互相庆贺，商人们在集市上一同歌唱，农民们在田野里一起欢笑。忧愁的人因此而高兴，患病的人因此而痊愈，而我的亭子也恰好在这时候建成了。

我于是在亭子上（摆上酒席），举起酒杯敬酒，并对他们说："（再过）五天不下雨可以吗？"大家说："五天再不下雨，就没有麦子了。""过十天不下雨可以吗？"大家说："过十天不下雨就没有谷子了。""没有麦子，没有稻谷，就会连年饥荒，诉讼案件会增多，而强盗、窃贼会愈加猖獗。那么，我与诸位即使想悠游自在地在这个亭子里聚会欢乐，难道能做得到吗？现在苍天不遗弃这里的百姓，刚显旱象，就赐给了雨，使我能够与诸位一起在这个亭子里悠游自在地玩乐，这都是雨的赐予啊。这又怎么能够忘记呢？"

给亭子命名之后，又接着作歌，歌词

1.雨麦：下麦雨。雨，用作动词。岐山：在凤翔东北。

2.有年：指丰收年。

3.弥月：整月。弥，满。

4.属客：举酒劝客。属，同"嘱"。

5.荐饥：连年饥荒。荐，同"洊"，接连，屡次。

6.滋炽：增多而势盛。

"使天而雨珠，寒者不得以为襦[1]；使天而雨玉，饥者不得以为粟。一雨三日，伊[2]谁之力？民曰太守。太守不有，归之天子。天子曰不然，归之造物[3]。造物不自以为功，归之太空。太空冥冥[4]，不可得而名。吾以名吾亭。"

说："假如上天降下珠宝，受冻的人不能用它来做短袄；假如上天降下美玉，挨饿的人不能把它当作粮食。一场大雨连下三天，这是谁的力量啊？百姓说是太守。太守认为没有（这个功劳），把它归功于皇帝。皇帝也说不是这样，把它归功于造物主。造物主又不认为是自己的功劳，而把它归功于太空。太空深远缥缈，不可能给它命名。我用'喜雨'来命名我的亭子。"

---

1. 襦：短袄，这里指各种衣服。
2. 伊：语助词，无实义。
3. 造物：造物主，就是天。古时认为万物都是天造的，所以称天为"造物"。
4. 冥冥：深远的样子。

赏　析

　　本文不重描写景物，化实为虚，全就"喜""雨""亭"三字，先写命名的理由，再写命名的含义。第一段点出全篇题旨。引古为证，解释做法，更点出"喜"，烘托渲染喜雨之情；第二段写雨前雨后情形，是全篇关键。交代"亭"和"雨"的关系，命名顺理成章；第三段寓议论于谈话，点出"雨"的社会民生意义；第四段作歌抒发难以名状的喜悦。雨珠、雨玉的假设，照应上文，充满辩证精神。全文以命名起，以命名结，各段从不同方面、角度，反复抒写喜雨之情，读来回环往复，有唱叹之致。三"忘"八"名"三"民"，尤其十五个"雨"字，每处写法都不同。文思波澜起伏，行文回荡曲折，虚写、实写，有许多转折，扬中有抑，抑在扬中，收放开合，舒卷自如，意脉相连，灵动洒脱。语言精练、优美、生动，有排偶，有反诘，散在全篇，句式不同，错落有致，匀称规整，节奏鲜明。

超然台记

苏 轼

> **【题 解】**
>
> 苏轼从杭州到密州任职，修复了密州一座残破的楼台，其弟苏辙取名为"超然"。苏轼就写了本文，说明其"超然物外，无往不乐"的思想。王安石变法带来激烈的新旧党争。苏轼经历了政治上的失意，使他产生了摆脱得失、另寻人生寄托的想法。他自称随遇而安，乐在其中，这种"乐"含有改变生活态度、重寻生命乐趣的思路。

凡物皆有可观。苟有可观，皆有可乐。非必怪奇伟丽者也，餔糟啜醨[1]，皆可以醉，果蔬草木，皆可以饱。推此类也，吾安往而不乐？

夫所为求福而辞祸者，以福可喜而祸可悲也。人之所欲无穷，而物之可以足吾欲者有尽。美恶之辨战于中，而去取之择交乎前，则可乐者常少，而可悲者常多。是谓求祸而辞福。夫求祸而辞福，岂人之情也哉？物有以盖之矣。彼游于物之内，而不游于物之外。物非有大

世上所有的事物都有值得观赏的地方。只要值得观赏，就都会使人得到快乐。不一定怪异、稀奇、雄伟、瑰丽才这样的，食酒糟、饮淡酒，都可以使人醉倒，瓜果蔬菜、野草树皮，也都可以果腹。以此类推，我们到哪里会感到不快乐呢？

那些为了寻求幸福而躲避祸患的人，是因为幸福令人高兴而祸患使人悲哀。人的欲望没有止境，但能够满足我们欲望的东西却是有限的。对美好、丑恶的辨别常在心中斗争，而放弃和获取的选择在眼前交替出现，那么可以使人快乐的常常就很少，可以使人悲哀的常常很多。这就叫作求取祸患而舍弃幸福。求取祸患而舍弃幸福，哪里是人之常情呢？其实是被外物遮蔽的缘故。他处在事物的里面，却不能超脱在事物之外。外物本身并没有大小之别，从它的内部来看，

---

1. 餔：吃。糟：酒渣。啜：喝，同"歠（chuò）"。醨：淡酒。《楚辞·渔父》："众人皆醉，何不餔其糟而歠其醨。"

小也，自其内而观之，未有不高且大者也。彼挟其高大以临我，则我常眩乱反复，如隙中之观斗，又乌[1]知胜负之所在？是以美恶横生，而忧乐出焉，可不大哀乎！

予自钱塘移守胶西[2]，释舟楫之安，而服[3]车马之劳；去雕墙之美，而庇采椽之居[4]；背湖山之观，而行桑麻之野。始至之日，岁比不登[5]，盗贼满野，狱讼充斥，而斋厨[6]索然，日食杞菊[7]，人固疑予之不乐也。处之期年，而貌加丰，发之白者日以反黑。予既乐其风俗之淳，而其吏民亦安予之拙也。于是治其园囿[8]，洁其庭宇，伐安丘、高密[9]之木，以修补破败，为苟完之计。而园之北，因城以为台者旧矣，稍葺而

没有不既高又大的。它挟持着高大之势向下俯视我们，就使我们常常头晕目眩犹豫反复，好像从缝隙中观看别人争斗，又怎能明白胜负的原因呢？因此，美好与邪恶就交错产生，忧愁和喜乐夹杂出现，那可不是极大的悲哀吗？！

我从钱塘调任密州知府后，失去了江河乘船的安逸，而适应了车马颠簸的辛苦；离开雕墙画栋华丽的住宅，而栖身于粗木建造的陋室；远离赏心悦目的湖光山色，而奔走在种植桑麻的荒郊僻野。刚到的时候，庄稼连年歉收，盗贼遍地，诉讼案件繁多，而厨房里也是空荡荡的，每天只吃些枸杞、菊花之类的野菜，人们自然会疑虑我不会有什么快乐了。在这里住了一年，我的面容却更丰腴，白头发也一天天变黑了。我已经很喜欢这里淳朴的风土人情，这里的佐吏和百姓，也习惯我的笨拙了。于是我便整修园林菜圃，清扫庭舍屋宇，砍伐安丘、高密山的树木，用来修补破损之处，作为暂时安居养生的住所。在园子的北边，靠着城墙建造的高台已经破旧了，就略加修理，使它焕然一新。

---

1. 乌：何，怎么。
2. 钱塘：县名，今杭州。 胶西：指山东胶河以西地区。这里指密州，治所在今山东诸城。
3. 服：承受，这里有"适应"的意思。
4. 采椽之居：指简陋的房屋。采，柞木，是一种质地坚硬的树木。
5. 岁比：连年。比，连续，多次。 登：庄稼成熟。
6. 斋厨：厨房。
7. 杞菊：枸杞和菊花。嫩苗都可食。这里泛指野菜。
8. 园囿：养植花木蔬菜的园地。
9. 安丘、高密：是当时密州的两个县。分别在今山东潍县南和东胶县西北。

新之。时相与登览，放意肆志焉。南望马耳、常山¹，出没隐见，若近若远，庶几有隐君子乎？而其东则庐山²，秦人卢敖³之所从遁也。西望穆陵⁴，隐然如城郭，师尚父、齐威公之遗烈⁵犹有存者。北俯潍水⁶，慨然太息⁷，思淮阴⁸之功，而吊其不终。台高而安，深而明，夏凉而冬温，雨雪之朝，风月之夕，予未尝不在，客未尝不从。撷园蔬，取池鱼，酿秫酒⁹，瀹脱粟¹⁰而食之，曰："乐哉！游乎！"

方是时，予弟子由¹¹，适在济南，闻而赋之¹²，且名其台曰"超然"。

我时常和友人一起登台，放眼远眺，舒展情怀。从台上向南望去，马耳山、常山在云雾中忽隐忽现，若近若远，也许隐居着德才兼备的君子吧！而在高台东面就是庐山，那是秦时人卢敖隐居的地方。向西眺望穆陵关，隐隐约约像一座城郭，当年姜太公、齐桓公留下的赫赫功业，在这里还保存着遗迹。向北俯瞰潍水，不由感慨万千，大为叹息，追思淮阴侯的战功，悼惜他竟然没有得到善终的下场。台子既高又稳固，既深广又明亮，冬暖夏凉，下雨落雪的清晨，风清月明的夜晚，我没有不来这里的，客人也没有不跟着我一起来的。（我们）采摘园里的蔬菜，捕捞池中的鲜鱼，酿了高粱米酒，煮了糙米饭，大家一边吃一边赞叹："多么快活的游乐啊！"

这个时候，我的弟弟子由恰好在济南做官，听说这件事，写了一篇赋，并且给这个台子取名"超然"。用来表现我无论到哪里

---

1. 马耳、常山：是今山东诸城南边的两座山。

2. 庐山：在今山东诸城南三十里。本名故山，因卢敖而得名，不是现在的江西庐山。

3. 卢敖：燕国人，秦始皇时博士。秦始皇命其入海求仙药，不得，逃到故山隐居。

4. 穆陵：关名，在今山东临朐东南大岘山上。春秋时为齐国南境，山谷峻狭，素有"齐南天险"之称。

5. 师尚父：吕尚，就是姜太公。商末周初人，曾辅周文王、周武王灭商，建立周王朝。被尊称为师尚父，封于齐。齐威公：就是齐桓公，齐国国君，春秋五霸之一。遗烈：前辈留下的功业。

6. 潍水：就是现在的潍河。源自山东箕屋山，流经诸城、高密等地。汉将韩信破齐，楚使龙且来救，韩信在潍水两岸破龙且军二十万。

7. 太息：叹息。

8. 淮阴：指西汉淮阴侯韩信。淮阴人，曾辅佐刘邦有功，封为楚王，后有人告其谋反，被降为淮阴侯。公元前196年，被吕后以叛逆罪诛杀。

9. 秫酒：黄米酒。秫，黏性谷物的通称。

10. 脱粟：脱去皮壳，未曾精制的糙米。

11. 子由：苏辙，字子由，苏轼的弟弟，当时在齐州（今济南）做官。

12. 闻而赋之：苏辙作有《超然台赋》，见《栾城集》卷十七。

以见予之无所往而不乐者，盖游于
物之外也。

都不会不快乐的原因，大概是由于我能超然
于物外吧。

赏　析

　　第一段统领全篇，凌空而来，一语道破题旨。由"皆可乐"想到"安往而不乐"，
"凡物"二字开篇，隐指下文，"乐"字为全文定调；第二段由"乐"字转到"哀"字，
从反面议论人性欲求无穷必定带来痛苦，为下文伏下"游于物外"一句。一正一反
互相补充，揭示了"超然"与"乐"的关系，为下文叙述情事作了铺垫；第三段
顺势转入记事，以杭州对比密州生活，突出"乐"在其中，具体呈现超然物外的
情状，从正面展现旷达情怀；第四段由大到小具体到超然台，描写景象和起居饮食，
继续写"乐"，照应前文，其中感慨古人功业时失落隐痛一闪而过；第五段交代命
名来由，结尾点题，画龙点睛，总结全文。结句照应开头，气势高昂，旋即结束，
文气贯通饱满，令人回味无穷。全文由理入事，由事及景，再以理收尾，逐层推进，
荡出兜回，指向"超然"。文思温润有余，说理透彻。

成　语

　　餔糟啜醨：吃酒糟，喝薄酒。指追求一醉。亦比喻屈志从俗，随波逐流。亦
比喻文字优美，令人陶醉。同"餔糟歠醨"。
　　岁比不登：农业连年歉收。同"比年不登"。比，屡屡，频频。

凌虚台记

苏 轼

【题 解】

苏轼的上司扶风太守陈公弼为登高远眺建了凌虚台，并请苏轼为此写篇文章。初入仕途的苏轼由土台的兴建联系到古往今来废兴成毁的历史，指出"废兴成毁，相寻于无穷"，不可骄傲自满，要"超越"这些虚空，探求可以永久依靠的东西。这种毫不满足、勇于探求的精神，体现了对生活积极乐观的态度和对理想的执着追求。

国于南山[1]之下，宜若起居饮食与山接也。四方之山，莫高于终南；而都邑之丽[2]山者，莫近于扶风[3]。以至近求最高，其势必得，而太守之居，未尝知有山焉。虽非事之所以损益，而物理有不当然者。此凌虚之所为筑也。

方其未筑也，太守陈公杖履道遥于其下，见山之出于林木之上者，累累如人之旅行于墙外而见其髻也，曰："是必有异。"使工凿其

在终南山下面建城，应该起居饮食都和山接近。四周的山，没有比终南山更高的；而紧靠着终南山的城邑，没有比扶风更近的。从距离（山）最近的城邑去寻求最高的山，那形势是一定能寻到的，可是太守居住的地方，却不曾感觉到有山呢。虽说事实不会因此而有所影响，但情理是不该这样的。这就是凌虚台修筑的原因。

当凌虚台还没有建造的时候，太守陈公在那下面悠闲自得地扶杖漫步，看到高出林木之上的山峰，重叠连接，就像行人走在墙外而只见他们的发髻，便说："这里一定有奇特的景色。"于是就派工匠在山前开凿

---

1. 国：指都城。这里作动词，建都城。 南山：终南山，在今陕西西安南。
2. 都邑：泛指一般城市。大的叫都，小的叫邑。 丽：依附，靠着。
3. 扶风：在今陕西凤翔。

前为方池，以其土筑台，高出于屋之檐而止。然后人之至于其上者，恍然不知台之高，而以为山之踊跃奋迅而出也。公曰："是宜名凌虚。"以告其从事[1]苏轼，而求文以为记。

轼复于公曰："物之废兴成毁，不可得而知也。昔者荒草野田，霜露之所蒙翳，狐虺之所窜伏。方是时，岂知有凌虚[2]台耶？废兴成毁，相寻[3]于无穷，则台之复为荒草野田，皆不可知也。尝试与公登台而望，其东则秦穆之祈年、橐泉[4]也，其南则汉武之长杨、五柞[5]，而其北则隋之仁寿[6]、唐之九成也。计其一时之盛，宏杰诡丽，坚固而不可动者，岂特百倍于台而已哉！然而数世之后，欲求其仿佛[7]，而破瓦颓垣

一口方形的池塘，用挖出的泥土筑起一座亭台，（土台筑到）高出屋檐就停止了。然后登上高台的人，恍惚之间不知道是因为土台高耸（而看到了群峰），反而以为那些山峦是突然间跳出来的。陈公说："这座高台应该命名为凌虚台。"（他）把（这个意思）告诉了他的佐吏苏轼，并请他写文章来记述它。

苏轼回复陈公说："事物的衰废与兴盛，成功与毁坏，是无法预测到的。从前这里是荒草野地，是霜露覆盖遮蔽的地方，是狐狸毒蛇逃窜藏身的场所。在那个时候，哪里会料到有凌虚台呢？事物的衰废与兴盛，成功与毁坏，相互交替循环以至无穷，那么这座高台又重新变成荒草野田，都是无法预知的。我曾经和您登台远眺，它的东面是秦穆公的祈年宫、橐泉宫，南面是汉武帝的长杨宫、五柞宫，而北面是隋朝的仁寿宫、唐朝的九成宫。估量它们当年的兴盛状况，结构宏伟奇丽，坚固而不可动摇的，难道只比凌虚台强过一百倍吗！但是，几个世代之后，要想找到它们的大概样子，连破碎的瓦砾和

1. 从事：宋代以前的官名，是高级官员的下属官员。当时苏轼在凤翔府任大理评事签判，是陈希亮的下属。
2. 凌虚：升越天空之意。
3. 相寻：相互循环。寻，同"循"，连续不断。
4. 秦穆：就是秦穆公，春秋五霸之一。 祈年、橐泉：春秋时秦国的两座宫殿名。相传分别为秦惠公、秦孝公所造，秦穆公的墓就在这两宫附近。
5. 长杨、五柞：汉代宫殿名。
6. 仁寿：隋文帝时所建宫殿。唐贞观五年（631 年）改名为九成宫。
7. 仿佛：大致面貌。

无复存者,既已化为禾黍荆棘丘墟陇[1]亩矣,而况于此台欤!夫台犹不足恃以长久,而况于人事之得丧、忽往而忽来者欤?而或者欲以夸世而自足,则过矣。盖世有足恃者,而不在乎台之存亡也。"既以言于公,退而为之记。

倒塌的垣墙都不再存在了,已经变成长满庄稼的田地和荆棘丛生的荒丘,更何况这座台呢!这座台尚且不能依靠(坚固)而长久存在,何况是人事的得失、忽去忽来呢?如果有人想要以(高台)夸耀于世而自我满足,那就错了。世上是有足以依靠的东西的,但并不在于台的存在或消失。"我将这些话对陈公说后,回来就写了这篇记文。

---

1. 陇:同"垄"。

赏 析

第一段写太守不知有终南山,这是说明兴建凌虚台的背景;第二段写太守注意到山景,为了更好地观看而兴建凌虚台,台不高但山景呈现出来了。交代了兴建的起因、经过和得名;第三段作者由凌虚台的兴建,宕开笔锋,想到周边的古迹,再转回到凌虚台,再转入人事得失,自然得出结论,即这些都不足恃,不值得夸耀。一抑再一扬,指出真正不朽的应该在别的地方。然后引而不发,最后两句带过,结束了全文。首段叙事,次段描写,末段议论,并且错杂并用。叙事与议论交织,描写夹杂叙事,议论又与景物描写交叉叙述,将其虚虚实实、水乳交融地糅合在一起。议论文字写得貌似游离,实连意脉。自总体到个别、自古及今、自物而人事,都是在随势生发,借题发挥,在诠释"凌虚"的深意时,有的放矢,由此及彼,往复取势,做足了"凌虚"的文章。议论收放自如,章法潇洒飘逸。

同题异构

后出师表

诸葛亮

【题 解】

诸葛亮率军驻汉中，准备北伐。当时朝廷内部有对北伐能否取胜的怀疑和反对北伐的意见。诸葛亮临行前再次上表，从义、时、势三个方面，尤其是通过分析蜀汉所面临的形势，阐明了不能不北伐的原因，用以力排众议，坚定后主刘禅的决心。诸葛亮对北伐胜利并不是说有绝对的把握，这更表现了他鞠躬尽瘁，死而后已的精神。

先帝虑汉、贼[1]不两立，王业不偏安[2]，故托臣以讨贼也。以先帝之明，量臣之才，固知臣伐贼才弱敌强也；然不伐贼，王业亦亡，惟坐而待亡，孰与[3]伐之？是故托臣而弗疑也。臣受命之日，寝不安席，食不甘味，思惟北征，宜先入南[4]，故五

先帝考虑汉和逆贼不可并存，王业不能偏处一隅而自安，所以把讨伐曹贼（的任务）托付给我。凭先帝的明察，量度我的才干，本来就知道我去讨伐曹贼，是我的才能薄弱而敌人的势力强大；但是不讨伐曹贼，王业也是要衰亡的，（与其）坐而待毙，何如去讨伐他们呢？因此，毫无疑虑地（把讨贼兴汉的大业）托付给我了。我自受命之时起，就每日睡不安稳，食无滋味，思虑北伐中原，应该先平定南方，所以五月率兵渡过泸

---

1. 先帝：指刘备。　汉：指蜀汉。　贼：指曹魏。
2. 王业：指复兴汉室、统一中国的事业。　偏安：指封建王朝失去中原而苟安于仅存的部分领土。这里指蜀汉仅据益州之地，偏处于蜀地一隅，未能统一。
3. 孰与：何如，表示抉择，倾向肯定后一种（偏指一方）。
4. 入南：指诸葛亮深入南中，平定四郡事。

月渡泸[1]，深入不毛[2]，并日而食[3]。臣非不自惜也，顾[4]王业不可偏安于蜀都[5]，故冒危难以奉先帝之遗意，而议者谓为非计[6]。今贼适疲于西[7]，又务于东[8]，兵法乘劳[9]，此进趋[10]之时也。谨陈其事如左[11]：

高帝明并日月[12]，谋臣渊深[13]，然涉险被创[14]，危然后安。今陛下未及高帝，谋臣不如良、平[15]，而欲以长策取胜，坐定天下，此臣之未解[16]

水，深入不生草木的荒凉之地，两天只吃一日的军粮。臣下不是不爱惜自己，只是看到汉王室的大业不可能偏处于蜀都，所以甘冒危险艰难来实现先帝的遗愿，可是议论的人说（伐魏）不是正确的决策。当前曹贼恰好在西线疲于（对付边县的叛乱），在东线又要竭力（去应付孙吴的进攻），按兵法应当趁敌疲劳之时出击，现正是赶快进攻的好时机。我恭敬郑重地把对这事的看法陈述如下：

汉高帝的明智可以和日月争光，谋臣见识广博、谋略深远，但还是要历经艰险，受创伤，遭遇危难然后才得以安定。如今陛下及不上高祖皇帝，谋臣也不如张良、陈平，而想要用长远之计来取胜，坐等着平定天下，

1. 泸：泸水，就是金沙江。

2. 不毛：不长树木和庄稼的地区，指未开发的荒凉地区。

3. 并日而食：两天只吃一天的饭。

4. 顾：只是，但。

5. 蜀都：这里指蜀汉之境。

6. 议者：指当时蜀国中对出师北伐持不同意见的官吏。 非计：不是上策。

7. 疲于西：指建兴六年（228 年）诸葛亮初出祁山，曹魏西部的南安、天水、安定三郡叛变归蜀，魏国朝野震恐。

8. 务于东：指建兴六年（228 年）魏大司马曹休攻吴，在魏、吴边境的石亭被东吴大将陆逊打败。务，致力于。这里指战事。

9. 兵法乘劳：兵书上说要趁敌人疲惫时去进攻。乘，趁机。劳，劳顿，疲惫。

10. 进趋：赶快进兵。

11. 如左：相当于"如下"，古代书写从右往左，上文在右，下文在左。

12. 高帝：汉高祖刘邦。 明并日月：聪明智慧可比日月。明，英明。并，比。

13. 渊深：指学识广博，计谋高深莫测。

14. 涉险被创：楚汉战争期间，刘邦数被楚军围困；高帝四年（公元前 203 年）在广武山被项羽的伏兵射伤胸部。汉朝初建立时，刘邦又先后率兵讨伐各地叛乱，公元前 200 年为韩王信所勾结的匈奴兵困于平城；公元前 195 年讨淮南王英布时，为流矢所伤。被创，受创伤。

15. 良、平：张良和陈平，均为汉高祖的著名谋士。

16. 未解：不能理解。胡三省认为，"解"应读作"懈"，未解，即未敢懈怠之意。两说皆可通。

一也。刘繇、王朗[1]各据州郡，论安言计，动引圣人，群疑满腹，众难[2]塞胸，今岁不战，明年不征，使孙策坐大[3]，遂并江东[4]，此臣之未解二也。曹操智计殊绝[5]于人，其用兵也，仿佛孙、吴[6]，然困于南阳[7]，险于乌巢[8]，危于祁连[9]，逼于黎阳[10]，几败北山[11]，殆死潼关[12]，然后伪定[13]一时尔，况臣才弱，而欲以不危而定

这是臣下未敢懈怠的第一点。刘繇、王朗各自占据州郡，谈论安定天下的计策，动辄引用古代圣贤之言，大家疑虑满腹，畏首畏尾，各种非议充塞胸中，今年不出战，明年不出征，让孙策自然而然地强大起来，终于并吞了江东，这是臣下未敢懈怠的第二点。曹操的智谋心计远远高过常人，他用兵作战，好像孙子、吴起，然而也曾在南阳被困，在乌巢遇险，在祁连遭难，在黎阳被逼，几乎败于北山，几乎死在潼关，然后才取得了暂时的稳定，何况我才能微弱，而想不冒危难而安定

1. 刘繇：字正礼，汉末扬州刺史。扬州州治寿春被袁术占领后，因畏惮袁术，不敢赴州所。后南渡长江到曲阿（今江苏丹阳）抵拒袁术。孙策渡江攻击，又弃军而逃，退保豫章，后为豪强笮融所杀。王朗：字景兴，汉末为会稽太守，孙策渡江略地，朗举兵与孙策战，兵败投降，后为曹操所征召，仕于魏。

2. 难：非议。

3. 孙策：孙权的长兄。父孙坚死后，借用袁术的兵力，兼并江南地区，为孙吴政权的建立打下了基础，后遇刺身亡。坐大：自然地强大起来。

4. 江东：长江中下游地区。

5. 殊绝：极度超出的意思。

6. 孙：指孙武，中国历史上著名军事家，著有《孙子兵法》十三篇。吴：指吴起，战国时大将，兵书《吴子》传说是他所著。

7. 南阳：东汉郡名。治所在宛城（今河南南阳）。建安二年（197年），曹操进军宛城攻击张绣，曾被流矢击中，长子曹昂战死，曹军大败。

8. 乌巢：在今河南延津东南。建安五年（200年），袁绍重兵攻曹操，兵临官渡（今河南中牟东北），在乌巢聚积大量军粮，准备与曹操相持。当时曹军粮少兵疲，幸曹操率奇兵夜袭乌巢，继而在官渡大破袁军，才转危为安。

9. 祁连：似指邺（今河北磁县）附近的祁山。建安九年（204年）曹操围邺，袁绍少子袁尚败守祁山，曹操两次打败他，又率军包围邺城，差点被袁将审配的伏兵射中。

10. 黎阳：今河南浚县东北。曹操在黎阳救过袁绍之子袁谭，次年曹操攻邺，而袁谭随之相逼，掠取甘陵等地。

11. 北山：在今甘肃境内。建安二十四年（219年），曹操大将夏侯渊为蜀军所杀，曹操从长安出斜谷，与刘备争汉中，运粮经北山，被蜀将赵云袭击，曹军损失巨大。

12. 潼关：古代军事要地，处于陕西、山西、河南三省要冲。建安十六年（211年），曹操西征马超、韩遂于潼关，在黄河边与马超相遇，曹操避入舟中，马超骑兵沿河追射，矢如雨下。

13. 伪定：诸葛亮以蜀汉为正统，所以指曹魏为"伪"。这句意思是，曹操经历了许多危险，然后才得僭称国号于一时罢了。

之，此臣之未解三也。曹操五攻昌霸[1]不下，四越巢湖[2]不成，任用李服[3]而李服图之，委任夏侯[4]而夏侯败亡。先帝每称操为能，犹有此失，况臣驽下，何能必胜？此臣之未解四也。自臣到汉中[5]，中间期年[6]耳，然丧赵云、阳群[7]、马玉、阎芝、丁立、白寿、刘郃、邓铜等及曲长、屯将[8]七十余人，突将无前賨叟、青羌散骑、武骑[9]一千余人，此皆数十年之内所纠合四方之精锐，非一州之所有；若复数年，则损三分之二也，当何以图敌？此臣之未解五也。

今民穷兵疲，而事[10]不可息；事不可

天下，这是臣下未敢懈怠的第三点。曹操五次攻打昌霸而未攻下，四次越渡巢湖都未成功，任用李服而李服却图谋杀害他，委用夏侯渊，而夏侯渊却战败身亡。先帝常常称赞曹操是一个有才能的人，可还有这些失误，何况臣下才能低下，怎能必定取胜呢？这是臣下未敢懈怠的第四点。自从我（带兵）到汉中地区，至今只有一周年罢了，可是已丧失了赵云、阳群、马玉、阎芝、丁立、白寿、刘郃、邓铜等将领以及部曲将官、屯兵将官七十余人，（还有）冲锋在前的勇士及賨叟、青羌率领的散骑、武骑等一千余人，这些都是几十年内从四方集结起来的精锐力量，不是我蜀地一州所能拥有的；如果再过几年，就会损失三分之二了，那时当用什么去对付敌人？这是臣下未敢懈怠的第五点。现在百姓贫困，兵士疲惫，但战事不可能停息；战事不可

---

1. 昌霸：东海昌霸，又称昌狶。建安四年（199 年），刘备袭取徐州，东海昌霸叛曹，依附刘备，曹操屡攻不下，后命于禁击杀之。
2. 巢湖：在今安徽。魏以合肥为重镇，相邻的巢湖与吴接界，当时孙权常遣兵围合肥，曹操屡次从巢湖进击孙权，多无功而返。
3. 李服：就是王服。建安四年（199 年），汉献帝的亲信车骑将军董承带了密诏，与将军吴子兰、王服和刘备等计划杀害曹操，建安五年（200 年）春计划泄露，曹操捕杀董承、王服等人。
4. 夏侯：曹魏大将夏侯渊。曹操让夏侯渊留守汉中，建安二十四年（219 年）被刘备大将黄忠杀于阳平定军山（今陕西沔县东南）。
5. 汉中：汉代郡名，因汉水上流的沔水流经而得名。
6. 期年：一周年。诸葛亮以建兴五年（227 年）率军北驻汉中，至此时已一年多。
7. 赵云、阳群：都是蜀汉名将。
8. 曲长：部曲中的将官。屯将：屯兵的将官。曲和屯，都是军队的编制单位。
9. 突将：冲锋将士。无前：先锋将士。賨叟、青羌：蜀军中的两种西南少数民族将士。散骑、武骑：都是骑兵分部的名称。
10. 事：指战事。

息，则住与行劳费正等[1]，而不及早图之，欲以一州之地与贼持久，此臣之未解六也。

夫难平[2]者，事也。昔先帝败军于楚[3]，当此时，曹操拊[4]手，谓天下已定。然后先帝东连吴、越[5]，西取巴、蜀[6]，举兵北征，夏侯授首[7]，此操之失计而汉事将成也。然后吴更违盟，关羽[8]毁败，秭归蹉跌[9]，曹丕称帝[10]。凡事如是，难可逆料。臣鞠躬尽力，死而后已，至于成败利钝[11]，非臣之明所能逆睹[12]也。

不能停息，那么防守和进攻所消耗的劳力和费用实际上是相等的，如果不趁早图谋征讨敌人，想用一州之地来跟曹贼长久相持，这是臣下未敢懈怠的第六点。

所有事情中最难于判断的，是战事。当初先帝在楚地兵败，那时候，曹操（得意地）拍手，以为天下已经平定了。但是，后来先帝东面联合孙吴，西面取得了巴蜀之地，出兵北伐，夏侯渊被杀，这是曹操没算计到的，复兴汉室的大业将要成功。但是，后来孙吴又违背盟约，关羽战败身亡，先帝又在秭归遭到挫败，而曹丕称帝。凡事都是这样，难以预料。我只有恭敬效劳，竭尽全力，到死方休罢了，至于复兴大业究竟是成功是失败，是顺利还是受挫折，不是我的眼光所能够预见的。

---

1. 劳费：劳力和费用。　正等：正好相等。

2. 平：同"评"，评断，衡量。这里是预测的意思。

3. 败军于楚：指建安十三年（208年），刘备兵败于当阳长坂坡一事。当阳属古楚地。

4. 拊：击，拍，意思是拍手称快。

5. 东连吴、越：指建安十三年（208年），刘备联合江东孙吴在赤壁之战破曹兵事。吴国包括古吴、越两国地。

6. 西取巴、蜀：指建安十六年（211年），刘备率军入益州，建安十九年（214年）攻下成都，益州牧刘璋投降，刘备取得巴蜀地区。

7. 授首：交出头颅。这里指蜀将黄忠于阳平关定军山击杀夏侯渊一事。

8. 关羽：蜀将。建安二十四年（219年）孙权用吕蒙计袭取荆州，击杀关羽父子。

9. 秭归：在今湖北宜昌北。指章武二年（222年），刘备因孙权背弃盟约，袭取荆州，杀害关羽，亲自率兵伐吴，在秭归为吴军所败。　蹉跌：失足跌倒，比喻失败。

10. 曹丕称帝：汉献帝延康元年（220年），曹操之子曹丕废去汉献帝，称尊号，自立为魏文帝。

11. 利钝：顺利或困难。

12. 逆睹：预见，预料。

赏 析

本文以"汉、贼不两立，王业不偏安"开头，先从道义上，然后从形势和时机等方面，指出正因为敌强己弱，所以不征伐就是"坐而待亡"，论述了乘时伐魏的必要性和迫切性。然后针对朝中反对北伐的意见，以"议者谓为非计"作为开头，列出自己的六个疑问，阐述北伐的六个依据，涉及一系列相互对立的关系：坐定与涉险，攻与守，胜与败。作者援引西汉以来大量史实，并密切结合蜀汉的实际情况，具有很强的说服力。都以"未解"收尾，只作反问，不下结论，运用反语是不想正面直接说出来。说是六"未解"，有的借事说理，有的直抒己见，抑扬顿挫，反复辩论，看似平列，其实意思由浅入深，一气贯注。诸葛亮虽知成败难料，但仍公而忘私，不畏艰难，结尾以"鞠躬尽力，死而后已"自勉，呼应上文"受命"。文章思路连贯，条理清楚，情真词切，激励人心。

成 语

寝不安席：睡觉不能安于枕席。形容心事重重。

食不甘味：吃东西都觉得没有味道。形容忧虑烦躁或忙碌劳累的样子。甘味，感到味道好。

并日而食：两天才吃到一天的饭。意思是行军艰苦，不能按时进食。现在也形容生活穷困。

鞠躬尽力：恭敬谨慎，勤勤恳恳，尽心竭力，奉献一切。尽力，竭尽劳苦。

死而后已：意思是死了以后才罢手。形容为完成一种责任而奋斗终生。

后赤壁赋

苏 轼

【题 解】

作者三个月后再游赤壁，已是初冬景色。作者描绘了冬夜的江岸，渲染山间的凄凉，写独自登高引起的悲戚，用白鹤道士的梦境收尾。文中独往独来的自我形象是他在现实人生中不畏艰险的象征，而身在高峰绝顶的恐惧，又折射出他面对现实的坎坷，孤立无助时的凄凉与寂寞。知音道士只能相会于梦境，抒写了他内心的孤独与苍凉。

是岁十月之望[1]，步自雪堂[2]，将归于临皋[3]。二客从予，过黄泥之坂[4]。霜露既降，木叶[5]尽脱，人影在地，仰见明月，顾而乐之，行歌[6]相答。已而[7]叹曰："有客无酒，有酒无肴。月白风清，如此良夜何[8]！"客曰："今者薄暮[9]，举网得鱼，巨口

这年十月十五日，我从雪堂走出，将要回到临皋亭去。两位客人跟随我，经过黄泥坂。这时霜露已经降下，树叶全部凋落，人影倒映在地，抬头望见明月，环顾四周心里非常快乐，我们边走边唱相互应答。一会儿，我感叹说："有客却没有酒，有酒却没有菜。月色皎洁清风习习，我们怎样度过这个美好的夜晚呢！"客人说："今天傍晚，撒网捕到一

---

1. 是岁：指作《前赤壁赋》的这一年，就是宋神宗元丰五年（1082 年）。望：旧历每月十五日。
2. 雪堂：是苏轼被贬到黄州做团练副使时，在黄冈城外东坡所筑的自住厅堂。因在雪天落成，并且四壁绘有雪景，故名。"东坡居士"之号也因此而来。
3. 临皋：亭名。在今湖北黄冈南长江旁。苏轼家住在这里。
4. 黄泥之坂：就是"黄泥坂"，山坡名，是从雪堂到临皋的必经之路。坂，山坡。
5. 木叶：树叶。木，本来是木本植物的总名，"乔木""灌木"的"木"都是用的这个意思。后来多用"木"称"木材"，而用本义是"树立"的"树"作木本植物的总名。
6. 行歌：边走边唱。
7. 已而：过了一会儿。
8. 如此良夜何：拿这个良夜怎么办？意思是如何度过这个美好的夜晚。
9. 薄暮：傍晚。薄，迫近。

细鳞,状如松江之鲈[lú][1]。顾安所[2]得酒乎?"归而谋诸妇[3]。妇曰:"我有斗酒[dǒu],藏之久矣,以待子不时之需[4]。"

于是携酒与鱼,复游[5]于赤壁之下。江流有声,断岸[6]千尺,山高月小,水落石出。曾日月之几何[céng][jǐ][7],而江山不可复识矣!予乃摄衣[shè][8]而上,履巉岩[chán][9],披蒙茸[10],踞虎豹[jù][11],登虬龙[qiú][12],攀栖鹘之危巢[hú][13],俯冯夷之幽宫[14]。盖[15]二客不能从焉。划然长啸[xiāo],草木震动,山鸣谷应,风起水涌。予亦悄然而悲,肃然而恐,凛乎[qiǎo][lǐn][16]其不

条鱼,嘴大鳞细,形状就像松江的鲈鱼。但是从什么地方去弄到酒呢?"(我)回家和妻子商量此事。妻子说:"我有一斗酒,已存了很久,用来等待你说不定什么时候会出现的需要。"

就这样带着酒和鱼,我们再次到赤壁下游玩。长江的流水发出声响,陡峭的江岸高耸千尺,山峦很高月亮很小,水位下降礁石露出。才相隔了几天,江上的景色却不能再辨认出来了。我就撩起衣裳上岸,踏着险峻的山岩,拨开稠密纷繁的山草,蹲坐在形似虎豹的山石上,攀着像虬龙一样弯曲的古木,手扳着鹘鸟栖宿的高巢,俯视水神冯夷的深宫。这时两位客人已不能跟着我上来了。我高声长啸,草木也被震动,高山共鸣深谷回应,风吹起来,浪涌起来。我也不禁寂寞悲哀,紧张恐惧,感到害怕而不敢停留了。我

---

1. 松江之鲈:松江(流经今江苏和上海一带)盛产的四鳃鲈,长仅五六寸,味极鲜美。松江,今属上海。
2. 顾:但是,可是。安所:从什么地方。
3. 谋诸妇:和妻子商量这事。诸,兼词,"之于"的合音。
4. 子:您。古时对男子的尊称或通称。不时之需:随时的需要。
5. 复游:这年七月苏轼曾游过赤壁,见《前赤壁赋》,这次是再度游览。
6. 断岸:陡峭的江岸。断,阻断,有"齐"的意思,这里形容山壁峭立的样子。
7. 曾日月之几何:才隔了几天。曾,才,刚刚。
8. 摄衣:撩起衣服。
9. 巉岩:险峻的山石。
10. 披:分开。蒙茸:草木繁盛的样子。
11. 踞虎豹:蹲坐在形似虎豹的(山石)上。
12. 登虬龙:攀着像虬龙一样弯曲的(古木)。虬龙,古代传说中一种有角的小龙。
13. 栖:宿息。鹘:一种凶猛的鸟。危巢:高高的鸟巢。
14. 冯夷:传说中的水神。幽宫:深宫。
15. 盖:连接词,有提起下文的作用。
16. 凛乎:害怕的样子。

可留也。反[1]而登舟，放乎中流[2]，听其所止而休焉。时夜将半，四顾寂寥(liáo)。适有孤鹤，横江东来，翅如车轮，玄裳缟衣(gǎo)(jiá)[3]，戛然[4]长鸣，掠(luè)予舟而西也。

须臾(yú)[5]客去，予亦就睡。梦一道士，羽衣蹁跹(pián xiān)[6]，过临皋之下，揖予[7]而言曰："赤壁之游乐乎？"问其姓名，俛(fǔ)[8]而不答。呜呼噫嘻(yī)[9]！我知之矣！"畴昔(chóu)[10]之夜，飞鸣而过我者，非子也耶(yé)？"道士顾[11]笑，予亦惊寤(wù)[12]。开户视之，不见其处。

又返回岸边，登上小船，放船到江心，随它漂流到哪里，就在哪里停泊下来。这时已快到半夜，四下环顾寂静无声。正好有一只孤独的鹤鸟，横穿长江从东面飞来，翅膀像车轮一般大，黑裙白衣，戛然拖长声音叫着，擦过我们的船向西飞去。

不久客人离去，我也入睡了。梦见一位道士，穿着鸟羽制成的衣服，飘然轻快，来到临皋亭下，向我拱手作揖说："赤壁的游玩快乐吗？"我问他的姓名，他低头不答。哎呀！我知道了！"昨天夜里，飞叫着经过我船的，不就是您吗？"道士回头笑了起来，我也被惊醒了。开门一看，却看不到他在什么地方了。

---

1. 反：同"返"，返回。
2. 中流：指江心。
3. 玄：黑色。 裳：下裙。 缟：白色丝织品。 衣：上衣。
4. 戛然：形容鹤尖声高叫的声音。
5. 须臾：片刻。
6. 羽衣：用羽毛制成的衣服。后称道士所穿的衣服为羽衣。这里的道士是鹤化成的，穿"羽衣"更确切。 蹁跹：飘然轻快的样子。
7. 揖予：向我拱手施礼。
8. 俛：同"俯"。
9. 呜呼噫嘻：感叹词。
10. 畴昔：往昔，从前。这里指昨日。畴，语助词，无实在意义。
11. 顾：回头看。
12. 寤：睡醒。

赏 析

按游前、游中和游后分为三段。第一段交代时间、行程、同游人等。景物描写渲染了冬天的萧索，"乐"为下文的"悲"埋下伏笔。第二段略写水中游，详写岸上游。意象鲜明，富有画意，平仄交替，富有乐感。用多个动词从不同角度描绘山岩奇险，暗喻仕途坎坷。动态写景，展现气势。飞过的孤鹤陡生波澜，暗喻身无所寄的惆怅，也为下文伏笔。第三段梦见道士照应上文，以"无所见"作结。本文景物描写细致入微，善于突出景物特征，渲染环境气氛，给人以清新之感。描写中透露出观察的视角，令人身临其境。通篇多用排偶，铿锵有致，行文流畅自然，韵字后均以虚字作尾，文情并茂，如诗如画。善于化实为虚，运用想象、梦境等手法，通过奇妙联想寄托情思，把内心的复杂情感化为可感的形象。

成 语

不时之需：说不定什么时候会出现的需要。

山高月小：形容夜景的气势。

水落石出：原指水落下去，水底的石头就露出来，比喻事情的真相完全显露出来。

风起水涌：大风刮起，水波汹涌。

六国论

苏 辙

【题 解】

本文是苏辙《进论》中的一篇，属于提前写好用于科举考试上交的答卷。分析了六国先后被灭的历史，指出六国诸侯目光短浅，胸无韬略，不能联合一致，共同对敌以致先后灭亡。这是在宋王朝面临辽和西夏威胁的形势下提出来的，主张积极抗敌。从六国内部寻找其灭亡的原因，具有一定的针对性和现实意义。

尝读六国世家[1]，窃怪天下之诸侯[2]以五倍之地，十倍之众，发愤西向，以攻山西[3]千里之秦，而不免于灭亡。常为之深思远虑，以为必有可以自安之计。盖未尝不咎[4]其当时之士虑患之疏而见利之浅，且不知天下之势也。

夫秦之所与诸侯争天下者，不在齐、楚、燕、赵也，而在韩、魏之郊[5]。诸侯之所与秦争天下者，不在

我曾经阅读《史记》中的六国世家，私下感到奇怪的是，天下的诸侯用五倍于秦国的土地，十倍于秦国的人口，发愤向西进兵，去攻打崤山以西方圆千里的秦国，却不能免于灭亡。我常常对这个问题作认真深入的思考，认为一定有可以使六国保全自己的计策。因此我未尝不责怪当时六国那些谋士，在考虑祸患时是那般疏忽大意，图谋利益时是那么目光短浅，而且不知晓天下的形势。

秦国与诸侯争夺天下的地方，不在齐、楚、燕、赵，而是在韩、魏的国土。诸侯与秦国争夺天下的地方，也不在齐、楚、燕、赵，而是

---

1. 六国世家：指《史记》中记载的齐、楚、燕、赵、韩、魏六个诸侯国事迹的部分。世家是《史记》中传记的一种体裁，主要叙述世袭封国的诸侯的事迹。
2. 窃：私下。用作表示个人意见的谦辞。 天下之诸侯：指秦以外的六国诸侯。
3. 山西：古地区名。战国至秦汉时期，通称崤山（在今河南西部）或华山以西的地区为山西。这里指崤山以西，秦国地处崤山以西。
4. 咎：怪罪。
5. 郊：与下文"韩、魏之野"的"野"同义，泛指国土。

齐、楚、燕、赵也，而在韩、魏之野。秦之有韩、魏，譬如人之有腹心之疾也。韩、魏塞秦之冲¹，而蔽山东之诸侯²，故夫天下之所重者，莫如韩、魏也。昔者范雎³用于秦而收韩，商鞅⁴用于秦而收魏。昭王⁵未得韩、魏之心，而出兵以攻齐之刚、寿⁶，而范雎以为忧，然则秦之所忌者可见矣。

秦之用兵于燕、赵，秦之危事也。越韩过魏而攻人之国都，燕、赵拒之于前，而韩、魏乘之于后，此危道也。而秦之攻燕、赵，未尝有韩、魏之忧，则韩、魏之附秦故也。夫韩、魏诸侯之障，而使秦人得出入于其间，此岂知天下之势耶？委区

在韩、魏的领地。秦国（旁边）有韩国、魏国，就好像人有心腹之患。韩、魏两国挡住了秦国（东出）的交通要道，蔽护着崤山以东的各个诸侯国，所以全天下最重要的地区，没有比得上韩、魏两国的。从前范雎被秦国重用时，就建议收服韩国，商鞅被秦国重用时，就提出收服魏国。秦昭王没有得到韩、魏的归顺，却出兵攻打齐国的刚、寿地区，范雎就认为这是值得担忧的，那么秦国顾忌的事情就可以看出来了。

秦国对燕、赵用兵，是秦国的一件危险的事。因为穿越韩国经过魏国而去攻打他人的国都，燕国、赵国将会在前面抵抗，而韩国、魏国又会乘机在后面攻打，这是一条危险的道路。然而秦国攻打燕国、赵国，不曾有韩、魏袭击的忧虑，这是因为韩、魏都已归附了秦国的缘故。韩国和魏国，是各诸侯国的屏障，却让秦国人能够往来其间，这难道是明白天下的形势吗？丢下小小的韩、魏，用

---

1. 塞：阻塞，挡住。 冲：交通要道。
2. 山东之诸侯：指齐、楚、燕、赵四个诸侯国，下文"东诸侯"与此相同。山东，指崤山以东地区，与上文"山西"相对。
3. 范雎：战国时魏国人。曾游说秦昭王，被任为秦相，向秦昭王提出"远交近攻"的战略，先取韩国，再逐步吞并其他五国，使秦国强大起来。
4. 商鞅：战国时卫国人。姓公孙，名鞅，入秦后，辅佐秦孝公变法，奠定了秦国富强的基础。曾建议孝公伐魏，并用计战胜了魏军，俘获了魏公子卬（áng）。因功封于商（今陕西商县东南），号商君，又称商鞅。
5. 昭王：就是秦昭王。
6. 刚、寿：齐地。秦昭王三十七年（公元前270年），秦攻齐，取齐邑刚、寿。刚，今山东宁阳东北。寿，今山东东平西南。

区[1]之韩、魏，以当强虎狼之秦，彼安得不折[2]而入于秦哉？韩、魏折而入于秦，然后秦人得通其兵于东诸侯，而使天下遍受其祸。

夫韩、魏不能独当秦，而天下之诸侯藉(jiè)之以蔽其西，故莫如厚韩亲魏以摈(bìn)[3]秦。秦人不敢逾韩、魏以窥(kuī)[4]齐、楚、燕、赵之国，而齐、楚、燕、赵之国，因得以自完[5]于其间矣。以四无事之国，佐当寇(kòu)[6]之韩、魏，使韩、魏无东顾之忧，而为天下出身[7]以当秦兵。以二国委[8]秦，而四国休息于内，以阴助其急，若此可以应(yìng)夫(fú)无穷，彼秦者将何为哉？不知出此，而乃贪疆场尺寸[9]之利，背盟败约，以自相屠(tú)灭。秦兵未出，而天下诸

它们去抵挡虎狼一样凶猛的秦国，它们怎能不受挫折而落入秦国手中呢？韩、魏受了挫折而落入秦国手中，然后秦国人就能够在东方各诸侯国家通行无阻地用兵，从而使天下各国遍受它的祸害。

韩、魏不能独自抵挡秦国，然而天下的诸侯要凭借韩、魏来作为他们西方的屏障，所以不如优待韩国、亲近魏国来排斥秦国。秦国人不敢越过韩、魏来窥伺齐、楚、燕、赵等国，因而齐、楚、燕、赵等国就能凭借这种形势来保全自己了。用四个没有战事的国家，来帮助面对敌寇的韩、魏，使韩、魏没有东顾之忧，而为天下的诸侯挺身而出抵挡秦兵。让两个国家来对付秦国，而另外四国在后方休养生息，在暗中帮助两国解除危急，像这样就可以应付一切情况，那秦国还能有什么作为呢？不知道运用这个策略，却贪图边界上的一点点利益，背弃、毁坏盟约，以至于自相残杀。秦国的军队还未出动，而天下

1. 委：丢弃，放弃。区区：形容小。
2. 折：折服，屈服。
3. 摈：排斥；抛弃。
4. 窥：窥伺，窥探，等待时机。
5. 完：全，这里指保全国家的完整。
6. 寇：敌寇。这里指秦国。
7. 出身：挺身而出。
8. 委：对付。
9. 疆场：疆界，边界。场，田界，疆界。尺寸：形容数量很少。

侯已自困矣。至于秦人得伺其隙^{sì}[1]，以取其国，可不悲哉！

的诸侯已经自己陷入困境了。以致秦国人能够等待时机，来夺取他们的国家，能不令人悲叹吗！

---

1. 隙：空子，时机。

赏　析

　　第一段从自己阅读史籍说起，陈述自己的读书思考。"窃怪"二字用得婉转、谦逊，表示只是个人意见。陈述历史，为之设想，指出症结。后一句为下文伏笔，可谓细针密线。第二段基于地理形势分三层正反论述，最后集于一点。用反复重叠的句式强调争夺焦点，并以范雎、商鞅为证。再对比假设和史实指出历史发展趋势的原因。第三段承接上文，提出取胜的办法，并指出导致失败的深层原因，呼应开头。本文立论，从一个很平实的角度切入，紧扣六国的不团结，从正反两面反复论证韩魏向背的关键作用，徐徐展开，最后形成很有启发性的看法。议论纵横，言之成理，持之有故，语言明快。发端于寻常之中，而终之以深刻之论，正是淡泊之文的妙境。"腹心之患""强虎狼"比喻生动有力，精练传神。行文一气流转，虚实欹正兼备，巧妙自然，语言平实畅达。

成　语

　　深思远虑：谋划周密，考虑长远。指计划周到，具有远见。

　　腹心之疾：也说腹心之患。比喻要害处的祸患。腹心，比喻要害处。疾，疾患。

　　背盟败约：背叛誓言，撕毁盟约。

骈四骊六

为徐敬业讨武曌檄^{zhào xí} ¹

骆宾王

【题 解】

　　徐敬业带头起兵反抗武则天，骆宾王为他写了这篇檄文。檄文为了孤立、声讨武后，争取众人的支持，采用了抑扬的手法，对武后的政治面目和私生活都进行了无情的揭露，列为罪状公之于众，而描绘徐敬业一方大义凛然、气壮山河、赏功罚罪、充满必胜的信心。末尾一段更是有声有色，动之以情，晓之以理，很有号召力。

　　伪²临朝^{cháo}武氏者，性非和顺，地³实寒微。昔充太宗下陈⁴，曾以更衣^{gēng}入侍^{5 shì}。洎乎^{jì}晚节⁶，秽乱^{huì}春宫⁷。潜隐先帝之私，阴图后房之嬖^{bì 8}。入门见

　　窃据帝位的武氏，生性不和善温顺，出身实在寒微低贱。过去充作太宗皇帝的才人，曾因为侍奉皇帝更衣的机会获得宠幸。等到后来，又在太子宫中荒淫秽乱。（削发为尼）隐藏先帝（对她）的宠幸，（蓄发还俗）暗地里图谋皇帝后宫的宠爱。（后妃）

---

1. 武曌：武则天。唐太宗时入宫为"才人"，唐太宗死后，削发为尼。唐高宗时被召为嫔妃，并立为皇后，开始参与朝政。唐中宗继位，以皇太后身份临朝听政。不久废中宗，立睿宗。不久又废睿宗，自称"圣神皇帝"，改国号为周。 檄：檄文。指古代用于晓谕、征召、声讨等的文书。特指声讨敌人或叛逆的文书。

2. 伪：非法的，表示不为正统所承认的意思。

3. 地：门第。

4. 下陈：堂下。古人宾主相馈赠礼物、陈列在堂下，称为"下陈"。因此，古代统治者充实于府库、内宫的财物、姜婢，亦称"下陈"。这里指姬妾，借指武则天曾充当过唐太宗的才人。

5. 更衣入侍：据说汉武帝遇歌女卫子夫，卫子夫因替武帝更衣而得宠幸，成为皇后。

6. 洎：介词。等到……时候。晚节：这里指后来。

7. 春宫：亦称东宫，是太子居住的地方。此指当时太子、后来的唐高宗李治。这里是说武则天在唐高宗未即位时就与他发生了暧昧关系。

8. 嬖：宠爱。

嫉，蛾眉不肯让人；掩袖工谗[1]，狐媚偏能惑主。践元后于翚翟[2]，陷吾君于聚麀[3]。加以虺[4]蜴为心，豺狼成性。近狎邪僻，残害忠良；杀姊屠兄，弑君鸩母[5]。人神之所同嫉，天地之所不容。犹复包藏祸心，窥窃神器[6]。君之爱子，幽之于别宫；贼之宗盟，委之以重任。呜呼！霍子孟[7]之不作，朱虚侯[8]之已亡。燕啄皇孙[9]，知汉祚之将尽；龙漦[10]帝后，识夏庭之遽衰。

入宫就遭到她的嫉妒，不肯在美貌上逊色他人；她掩袖作态善进谗言，狐媚伎俩偏能迷惑君主。登上皇后的宝座，使我们的君主陷入败坏人伦的境地。加以她心肠狠辣如毒蛇蜥蜴，性情凶暴如豺狼。亲近奸邪小人，残害忠臣良才；杀姊屠兄，弑君鸩母。真是人神共愤，天地不容。她还暗藏阴谋之心，企图夺取皇位。皇帝宠爱的儿子，被她幽禁在别宫；武氏的宗族，她却委以重任。哎！霍光（那样忠心耿耿的大臣）不能再起，刘章那样（能够诛杀外戚的皇族）也已销声匿迹。（现今的情势，）（就像）赵飞燕屠杀皇孙，凭此可知汉朝国运将尽；（就像）龙涎变成的女子做了皇后，凭此可知夏朝天下将要衰亡。

1. 掩袖工谗：像郑袖教人掩袖那样善于进谗言害人。这里以郑袖借指武则天。《战国策》记载：楚怀王夫人郑袖对楚王所爱的美女说："楚王喜欢你的美貌，但讨厌你的鼻子，以后见到楚王，要掩住你的鼻子。"美女照办，楚王因而发怒，割去了美女的鼻子。这里借此暗指武则天曾偷偷杀害亲生女儿，而嫁祸于王皇后，使皇后失宠的事（见《新唐书·后妃传》）。
2. 翚翟：野鸡。唐代皇后的礼服上有翚翟图饰。
3. 聚麀：两头公鹿共有一匹母鹿。麀，母鹿。语出《礼记·曲礼上》："夫惟禽兽无礼，故父子聚麀。"这句意谓武则天原是唐太宗的姬妾，现在当上了唐高宗的皇后，使高宗乱伦。
4. 虺：一种毒蛇。
5. 弑君鸩母：谋杀君王、毒死母亲。其实史书中并无武后谋杀唐高宗和毒死母亲的记载。弑，臣下杀死君王。鸩，传说中的一种鸟，用其羽毛浸酒能毒死人。
6. 神器：帝位。
7. 霍子孟：霍光，字子孟，汉武帝死，他辅佐幼帝昭帝，昭帝死，又立昌邑王，后因其乱政而废之，扶立宣帝。
8. 朱虚侯：刘章，封朱虚侯。汉高祖死，吕氏家族总揽朝政，刘章等大臣消灭诸吕，迎立文帝。
9. 燕啄皇孙：《汉书·五行志》记载：汉成帝时有童谣说："燕飞来，啄皇孙。"赵飞燕入宫为皇后，因无子而妒杀了许多皇子，汉成帝因此无子嗣。不久，王莽篡政，西汉灭亡。这里借汉朝故事，指斥武则天先后废杀太子李忠、李弘、李贤，致使唐室倾危。
10. 龙漦：龙的涎沫。传说夏帝曾将两条自称是褒地二君的龙的涎沫收藏起来。周厉王末年，龙涎流出，一宫女遇上后怀孕生下一女即褒姒。褒姒后来成为周幽王宠妃，并导致周朝灭亡。

敬业皇唐旧臣,公侯冢^{zhǒng}子[1]。奉先君[2]之成业,荷^{hè}本朝^{cháo}之厚恩。宋微子[3]之兴^{xīng}悲,良[4]有以也;袁君山[5]之流涕,岂徒然哉!是用气愤风云,志安社稷。因天下之失望,顺宇内之推心[6],爰^{yuán}举义旗,以清妖孽^{niè}。南连百越,北尽三河,铁骑^{qí}成群,玉轴相接。海陵红粟^{mǐ}[7],仓储之积靡穷;江浦^{pǔ}黄旗,匡复之功何远。班声动而北风起,剑气冲而南斗^{dǒu}平。暗呜^{yìn wū}则山岳崩颓^{bēng tuí},叱咤^{chì zhà}则风云变色。以此制敌,何敌不摧!以此图功,何功不克!

公等或居汉地,或叶周亲,或膺重寄于话言^{yīng zhòng},或受顾命于宣室[8]。言犹在耳,忠岂忘心!一抔之土[9]^{póu}未

我徐敬业是大唐的老臣,公侯的嫡长子。继承先辈建立的功业,承受本朝的厚恩。宋微子路过殷墟古都而大兴悲叹,的确事出有因;袁安上朝时痛哭流涕,怎会无缘无故!因此正可使风云愤怒,壮志可使社稷安定。利用天下对武氏的失望,顺应海内之人的推戴之心,于是举起义旗,用来清除奸邪。南到百越,北至三河,兵马成群,战车相接。海陵红色的陈米,仓库累积的粮食无穷无尽;江浦黄色的义旗招展,匡复天下的功业哪里还遥远。骏马嘶鸣如北风骤起,剑气冲天似与南斗齐平。将士怒气填胸,能使山峰崩裂,厉声叱咤,可令风云变色。用这样的军队来制服敌人,什么样的敌人不会被摧毁!用这样的军队建功立业,什么样的功业不能完成!

诸位有的享有国家的封地,有的是皇室宗亲,有的在外肩负使命,有的在朝廷接到皇上临终重托。(先帝)那些话还在耳畔,(臣子)心中哪能忘记忠诚!先帝陵墓

---

1. 冢子:嫡长子。
2. 先君:指徐敬业的祖父徐世勣(李勣)、父亲李震。
3. 宋微子:西周宋国国君。子姓,名启,殷纣王的庶兄,封于宋,故称。
4. 良:确实、真的。
5. 袁君山:即袁安,东汉汝南(今属河南)人。和帝时,见天子幼弱,外戚专权,暗自呜咽流泪。
6. 推心:指为人心所推重。
7. 红粟:米因久藏发酵而变成红色。
8. 宣室:汉宫中有宣室殿,是皇帝斋戒的地方,汉文帝曾在此召见并咨问贾谊,后借指皇帝郑重召问大臣之处。
9. 一抔之土:指坟墓。此指唐高宗去世不久,他坟上的土还没有干。抔,以手捧持。

干,六尺之孤[1]何托?倘能转祸为福,送往事居,共立勤王之勋,无废大君之命,凡诸爵赏,同指山河。若其眷恋穷城,徘徊歧路,坐昧先几之兆,必贻后至之诛。请看今日之域中,竟是谁家之天下!

的封土还没干透,幼小的孤儿能托付给谁?如果能够转祸为福,送别先帝,辅佐新君,一起立下挽救王业的功勋,不背弃先帝的遗命,那么一切封爵赏赐都与诸位同受,可以指着泰山、黄河(立下此誓)。如果留恋自己孤立无援的城池,还在歧路上犹豫不决,因而不明已经微露的征兆,一定(会因丢失时机)遭受失败的责罚。请大家看看今天的四海之内,究竟是谁家的天下!

1.六尺之孤:未成年的孤儿。此指唐中宗李显。

赏　析

　　全文阐述起兵讨伐,理由充足,层次章法严整,段落分明。第一段声讨武则天的罪恶,包含三层:第一层写其人品低劣及昔日发迹的不可告人;第二层写其罪恶滔天;第三层写今日情势危急。综上数层,使人唏嘘感叹,义愤填膺。然后由抑到扬,形容军威之盛,极渲染之能事,以鼓舞人心。再晓谕海内,以大义动之,赏罚驱之。最后"请看今日之域中,竟是谁家之天下",使全篇气势上升到最高点。无论叙事、说理,都充满感情色彩,爱憎褒贬熔铸其中,挥洒自如,文笔畅达,气势磅礴,具有震撼心魄的力量。开头"伪临朝武氏者"六字,语气鄙视。然后判定其人品,历数其淫乱失节,语气厌恶轻蔑。"潜隐""阴图"等词直斥对方,"入门见嫉"一句句式尤其警策。通篇骈四俪六,句式整饬,略显错综。对仗工整自然。用典贴切而不生硬,辞采华丽而俊逸清新。

成　语

　　豺狼成性:意思是凶残的野兽。像豺狼一样凶恶残暴成了习性。形容为人残暴。

　　人神共愤:意思是人和神都愤恨。形容民愤极大。

　　天地不容:天地所不能容纳。指大逆不道、罪孽深重的人与事。天地,天地之间,人世间。容,宽容。

　　一抔之土:意思是一抔黄土,借指坟墓。

滕王阁序

王勃

【题　解】

　　王勃赴交趾省亲途中路过南昌，遇到阎公在滕王阁大宴宾客，受邀与会并综合当时情境，发挥骈文的特点，按照赠序的体裁，写了这篇记叙盛会美景的社交之作，同时抒发了自己怀才不遇的悲凉感情和不甘失败的上进心理。这正是他才华横溢却不得志遭遇的真实反映，表现出一个奋发向上又受到压抑的青年的内心痛苦和创伤。

　　南昌故郡，洪都新府。星分翼轸[1]，地接衡庐。襟三江而带[2]五湖，控蛮荆而引瓯越。物华天宝，龙光射牛斗之墟[3]；人杰地灵，徐孺下陈蕃之榻[4]。雄州雾列，俊彩星驰。台隍枕夷夏之交，宾主尽东南之美[5]。都督阎公之雅望，棨戟[6]遥临；宇文新州之懿范，襜帷暂驻。

　　南昌是过去的豫章郡，又是新设的洪州都督府治所。它在翼宿和轸宿的分野，地域连接着衡山和庐山。以三江为衣襟，以五湖为腰带，控制着荆楚，牵引着东越。此地物产丰美是自然珍宝，宝剑的光芒曾直射斗牛二星之间；人才辈出是因为土地灵秀，只有徐孺子才能令陈蕃专设床榻。雄伟的州城如云雾般紧凑排列，杰出的人才如流星交相飞驰。城池处于蛮夷与华夏交界之地，座上宾主都是东南之地的英才。有着崇高名望的阎都督，带着仪仗远道来此；有着高尚风范的宇文刺史，乘着车辆暂时驻临。趁十天一次

---

1. 翼轸：星宿名。古人用二十八星宿的位置来划分地面上相应的区域。
2. 襟：以……为襟。因豫章在三江上游，如衣之襟，故称。　带：以……为带。五湖在豫章周围，如衣束身，故称。
3. 龙光射牛斗之墟：据《晋书·张华传》，张华见牛、斗二星之间有紫气，便问精通天象的雷焕，雷焕说这是由于丰城有宝剑的精气上通于天的缘故。丰城属洪城。
4. 徐孺下陈蕃之榻：徐稚，字孺子，南昌人，东汉名士。据《后汉书·徐稚传》，豫章太守陈蕃素不待客，只有徐稚来才招待，并特为他设一榻，以示尊敬。
5. 东南之美：泛指各地的英雄才俊。《诗经·尔雅·释地》："东南之美者，有会稽之竹箭焉……西南之美者，有华山之金石焉。"会稽就是今天的绍兴，后用"东箭南金"泛指各地的英雄才俊。
6. 棨戟：有衣套的戟，用作官吏出行时的仪仗。

十旬休暇¹，胜友如云；千里逢迎，高朋满座。腾蛟起凤，孟学士之词宗；紫电清霜，王将军之武库。家君作宰²，路出名区；童子³何知，躬逢胜饯。

时维⁴九月，序属三秋。潦水尽而寒潭清，烟光凝而暮山紫。俨骖騑⁵于上路，访风景于崇阿；临帝子之长洲，得仙人之旧馆。

层峦耸翠，上出重霄；飞阁流丹⁶，下临无地。鹤汀凫渚，穷岛屿之萦回；桂殿兰宫，列冈峦之体势。披绣闼⁷，俯雕甍⁸，山原旷其盈视，川泽盱其骇瞩。闾阎扑地，钟鸣鼎食之家；舸舰迷津，青雀黄龙之舳。虹销雨霁，彩彻云衢。落霞与孤鹜齐飞，秋水共长天一色。渔舟唱晚，

的休假，才德出众的友人在这里云集；迎接千里之远的客人，高贵的宾客坐满席位。文章的辞采如蛟龙腾空、凤凰飞起，那是文坛宗主孟学士；紫电和清霜这样的宝剑，出自王将军的武库里。我的父亲担任县令，（我前往探望）路过这著名的地方；我年少无知，却亲身遇到这场盛大的宴会。

时间恰值九月，节序正当秋季。积水退尽，寒潭清澈，天空中烟光凝聚，晚霞把高山映紫。我驾驶车马在大路上行走，到高山上寻访风景；来到这帝王之子居住的沙洲，登上仙人曾经住过的楼阁。

层层山峦一片苍翠，向上直冲云霄；高耸的阁宇丹漆鲜艳欲滴，俯身张望不见地面。白鹤、野兔嬉戏的沙洲，极尽曲折萦回之致；桂树、木兰修成的宫殿，列成山峰起伏之貌。打开精美的阁门，俯视雕花的屋脊，山岭平原辽远开阔尽入眼底，河流与湖泊令人瞠目惊奇。房屋遍地，都是鸣钟列鼎的富贵人家；船舰塞满渡口，船舳涂满青雀黄龙的华美纹饰。彩虹消退，雨过天晴，彩霞布满天空。落霞与野鸭并肩飞翔，秋水和天空连为一色。傍晚渔舟上的歌声，遍布于彭蠡湖边；

1.十旬休暇：唐制，十日为一旬，遇旬日则官员休沐，称为"旬休"。
2.家君作宰：王勃的父亲当时在交趾任职。
3.童子：王勃自指。当时王勃年仅二十六岁，故称。
4.维：在。又说此字为语气词，不译。
5.骖騑：驾车的马，左称骖，右称騑。
6.飞阁流丹：飞檐涂饰红漆。有版本为"飞阁翔丹"。流丹，朱红的漆彩鲜艳欲滴。
7.绣闼：绘饰华美的门。
8.雕甍：雕饰华美的屋脊。

响穷[1]彭蠡之滨；雁阵惊寒，声断衡阳之浦。

遥吟俯畅，逸兴遄飞。爽籁发而清风生，纤歌凝而白云遏[2]。睢园[3]绿竹，气凌彭泽[4]之樽；邺水[5]朱华，光照临川[6]之笔。四美具，二难并。穷睇眄[7]于中天，极娱游于暇日。天高地迥，觉宇宙[8]之无穷；兴尽悲来，识盈虚[9]之有数。望长安于日下，指吴会于云间。地势极而南溟深，天柱高而北辰远。关山难越，谁悲失路之人？萍水相逢，尽是他乡之客。怀帝阍[10]而不见，奉宣室[11]以何年？

呜呼！时运不齐，命途多舛。

寒风中雁群的惊叫，回荡在衡阳水畔。

登高望远，胸怀顿时舒畅，超逸的兴致迅速升起。爽朗的排箫吹奏，声如清风扬起；悠扬的歌声凝结不散，白云也为之停驻。今日盛宴置身长满绿竹的睢园，大家酒量也胜过陶渊明；如同面对邺城的荷花，来宾文才可媲美谢灵运。良辰、美景、赏心、乐事，四美齐备；贤主与嘉宾，二难并得。大家尽情观赏天地间的美景，趁着闲暇的日子痛快游乐。天高地远，发觉宇宙无穷无尽；乐尽哀来，认识到万物的消长兴衰都有定数。远望夕阳西下之处的长安，指点云雾缭绕中的吴会。地势低倾，南海深邈；天柱山高，北极星远。关隘山岭难以飞越，谁来同情迷路之人？今天偶然相逢聚在一起的，都是旅居异乡之客。怀念朝廷，不能朝见，像贾谊般在宣室受召，要等到哪年？

唉！时机运气不同，人生命运坎坷。冯

---

1. 穷：穷尽，引申为"直到"。

2. 白云遏：形容音响优美，能驻行云。《列子·汤问》："薛谭学讴于秦青，未穷青之技，自谓尽之，遂辞归。秦青弗止。饯于郊衢，抚节悲歌，声振林木，响遏行云。"

3. 睢园：汉梁孝王在睢水旁修建的竹园，他常与文人在此聚会。

4. 彭泽：指东晋诗人陶渊明，他曾做过彭泽令。

5. 邺水：邺是曹魏兴起的地方，曹氏父子常在此招集文人聚会。当时诗人经常写到这里的荷花。

6. 临川：指南朝诗人谢灵运，他曾做过临川内史。

7. 睇眄：斜视。这里作目光上下左右浏览讲。

8. 宇宙：喻指天地。《淮南子·原道训》高诱注："四方上下曰'宇'，古往今来曰'宙'。"

9. 盈虚：消长，指变化。

10. 帝阍：天帝的守门人。屈原《离骚》："吾令帝阍开关兮，倚阊阖而望予。"此处借指皇帝的宫门。

11. 奉宣室：代指入朝做官。贾谊迁谪长沙四年后，汉文帝复召他回长安，于宣室中问鬼神之事。宣室，汉未央宫正殿，为皇帝召见大臣议事之处。

冯唐[1]易老,李广[2]难封。屈贾谊[3]于长沙,非无圣主;窜梁鸿[4]于海曲,岂乏明时?所赖君子安贫,达人知命。老当益壮,宁知白首之心;穷且益坚,不坠青云之志。酌贪泉而觉爽,处涸辙以犹欢。北海虽赊,扶摇可接;东隅已逝,桑榆非晚[5]。孟尝高洁,空怀报国之心;阮籍猖狂,岂效穷途之哭?

勃,三尺微命[6],一介书生。无路请缨,等终军[7]之弱冠;有怀投笔[8],慕宗悫[9]之长风。舍簪笏于百龄[10],奉晨昏于万里。非谢家之宝树[11],接孟氏之芳邻[12]。他日趋庭,叨陪鲤对[13];

唐容易老去,李广难得封侯。贾谊被贬到长沙,不是因为没有圣明君主;梁鸿逃遁至海边,难道不遇昌明的时代?好在君子安于贫困,通达的人理解天命无常。年龄虽老,志气却更加豪壮,怎知白发人的雄心?处境困窘,志向却更加坚定,不可改变凌云向上的气节。即使喝下贪泉水,心志依然爽豁;即使身处干涸的车辙中,依然心情欢乐。北海虽远,乘着旋风便可到达;朝阳已逝,珍惜晚景也为时不晚。孟尝君品行高洁,空怀报国之心;阮籍行为狂放,难道要学习他为无路可走而痛哭?

我王勃,只是衣带三尺的微官,一个小小的书生。与终军一样正值弱冠之年,却没有请缨报国的门路;倾慕宗悫的远大抱负,有投笔从戎的壮志。现在放弃做官的打算,到万里之外早晚服侍父母。本非谢家宝树般出众的子弟,却有幸交结到孟子邻居般贤能的宾客。他日见到父亲,一定像孔鲤那样接

1. 冯唐:西汉人,以孝著名。到老了还是个职位很低的郎官。
2. 李广:西汉名将,匈奴畏称其为"飞将军",与匈奴大小七十余战,但终身未得封侯。
3. 屈:委屈,指大材小用。这里是使动用法,即"使……屈"。 贾谊:西汉著名政论家,曾任博士、太中大夫,后被贬为长沙王的太傅。
4. 窜:放逐,被迫出走,"使……被放逐"。 梁鸿:东汉人,因受汉章帝猜忌,曾隐名埋姓于齐鲁一带。
5. 桑榆非晚:成语,指发愤图强,晚年并不太晚。桑榆,指日落处,表示晚年。
6. 三尺:衣带下垂的长度,指幼小。古时服饰制度规定束在腰间的绅的长度,因地位不同而有所区别,士规定为三尺。古人称成人为"七尺之躯",称不大懂事的小孩儿为"三尺童儿"。 微命:即"一命",周朝官阶制度是从一命到九命,一命是最低级的官职。
7. 终军:西汉人。二十多岁时曾请缨抓回南越王。
8. 投笔:指弃文从武。《后汉书·班超传》说班超先在官府抄文书,后掷笔于地,要"立功异域,以取封侯"。
9. 宗悫:南朝宋人,年轻时有"愿乘长风破万里浪"的志向。
10. 簪笏:古代官员用的冠簪、手版。 百龄:百年,一生。
11. 谢家之宝树:东晋谢安曾称其侄谢玄是"吾家之宝树"。见《晋书·谢安传》。
12. 孟氏之芳邻:传说孟母为了找好邻居曾三次搬家,以使孟子有一个好的成长环境。
13. 鲤对:孔子曾在儿子孔鲤走过庭前时对他进行教育。见《论语·季氏》。

今晨捧袂（mèi），喜托龙门。杨意[1]不逢，抚凌云而自惜；锺（zhōng）期[2]既遇，奏流水以何惭？

呜呼！胜地不常，盛筵（yán）难再。兰亭已矣，梓（zǐ）泽丘墟。临别赠言，幸承恩于伟饯（jiàn）；登高作赋，是所望于群公。敢竭鄙（jié bǐ）诚，恭疏短引。一言均赋，四韵俱成[3]：

滕王高阁临江渚（zhǔ），

佩玉鸣鸾罢歌舞（luán）。

画栋朝（zhāo）飞南浦（pǔ）云，

朱帘暮卷西山雨。

闲云潭影日悠悠，

物换星移几度秋。

阁中帝子今何在？

槛（jiàn）外长江空自流。

受教诲；今天见到阎公，高兴得仿佛跃上了龙门。我（过去）没能遇到杨得意那样的举荐之人，只能抚拭佳作自我惋惜；（今天却）遇到了锺子期一样的知音，弹奏《高山流水》又有什么羞惭？

唉！名胜之地不能常游，盛大的宴会难以再遇。兰亭集会已经过去，金谷园沦为废墟。临别赠言，有幸在这盛大饯别宴会上受到主人的恩宠；（至于）登上高阁吟咏诗篇，只能寄希望于各位嘉宾。我冒昧尽自己的心意，恭敬地写下这篇序文。请大家都赋一首诗，都写成四韵八句的格式。我的一首四韵的诗已经写成了：

高高的滕王阁耸立在江渚，佩玉声鸾铃声停止了歌舞。画栋雕梁早晨飞过南浦的云，朱红帘幕晚上卷起西山雨雾。闲暇的云潭中日影晃晃悠悠，景物变换星斗转移几度春秋。阁中的皇子啊如今在哪里？槛外的赣江水啊空自奔流！

---

1. 杨意：即杨得意，汉武帝时宫廷狗监。司马相如便是由他引荐的。

2. 锺期：锺子期，琴师伯牙的知音。

3. 一言均赋，四韵俱成：这两句是对众宾客的要求。意思是，请大家都赋一首诗，都写成四韵八句的格式。一言均赋，"均赋一言"的倒装。赋，创作。一言，一首诗。四韵俱成，"俱成四韵"的倒装。俱，都。四韵，四个韵，即八句。这两句历来有异说，《古代散文选》（中册）注：[一言均赋，四韵俱成]一说请众宾作诗，大家都作，我的一首四韵的诗已经写成了。四韵，诗以两语为一韵，这里指他的《滕王阁》诗。均，俱，都是"都"的意思。《考正古文观止》注：一言均赋，谓再申一言以均此意而综结之。 四韵俱成：诗两句为一韵，谓八句俱成。译文是："再申一言以结束上面的意思，就此在末尾作成了一首四韵八句的小诗。"

赏 析

这篇序结构严谨、紧凑。从天、地说到宾、主，是起手；由阎公到宾客，到自己与会，是入题；从楼阁到山水，是写景；从逸兴到可乐，是叙事；再荡开一笔，从壮到悲到不遇，是感慨；从众人到自己勉励一番，是收束；从盛衰不常到感慨，是结尾。全文布局精巧，步步衔接，步步断开，承接转折，开合宾主，起伏照应，呼应衬托，无不精妙。前后情景交融，意境开阔，借人咏志，充实感人。全文作为典型的骈体文，四六句、前后句对偶工整。讲究平仄声韵，读来流畅，节律感强。《滕王阁序》继承六朝文赋辞采华美、典故丰富与情绪慷慨悲壮相融合的风格，又有初唐人特有的一种宇宙意识。所表现的人生情调，总体说是高昂奋发，感慨而不悲伤。遣词造句，华丽与清新兼具，形象而富于感染力。白描写景，也多绝妙好词，如"落霞与孤鹜齐飞，秋水共长天一色"。

成 语

物华天宝：各种珍贵的宝物。物华，万物的精华。天宝，天然的宝物。

人杰地灵：也说地灵人杰。指杰出的人物出生或到过的地方成为名胜之地。杰，杰出。灵，好。

千里逢迎：意思指迎接远客；谓到处奉承；说话和做事故意迎合别人的心意，含贬义。

高朋满座：高贵的朋友坐满了席位。形容宾客很多。

钟鸣鼎食：击钟列鼎而食，形容贵族的豪华排场。钟，古代乐器。鼎，古代炊器。

天高地迥：形容极其高远。迥，远。

萍水相逢：比喻本不相识的人偶然相遇。萍，浮萍，生于水面，随水漂泊，聚散不定。

命途多舛：命运充满不顺。指一生坎坷，屡受挫折。舛，不顺，不幸。

老当益壮：年纪虽老而斗志更坚，干劲更大。当，应该。益，更加。

穷且益坚：意思是处境越穷困，意志应当越坚定。穷，穷困。益，更加。

桑榆非晚：意思指发愤图强，晚年并不晚。桑榆，指日落处，表示晚年。

春夜宴桃李园序

李 白

【题解】

李白生动地记述了自己和众弟在春夜聚会的情景，抒发了作者当时的欢快心情。作者因受道家思想的影响，文中流露出"浮生若梦，为欢几何"的感伤情绪，但全文写得气象豪迈，境界开阔，潇洒自然。这既是源于作者热爱生活、热爱自然的人生态度，又是源自一个诗人的浪漫和飘逸，也因此本文能给人们以丰富的启发。

夫天地者，万物之逆旅[1]；光阴者，百代之过客。而浮生若梦，为欢几何？古人秉烛夜游[2]，良有以[3]也。况阳春召我以烟景，大块假我以文章[4]。会桃李之芳园，序天伦[5]之乐事。群季[6]俊秀，皆为惠连[7]；吾人咏歌，独惭康乐[8]。幽赏未已，高谈转清。开琼筵以坐花，飞羽觞[9]而醉

天地是万物的旅馆，光阴是百代的过客。漂浮无定的人生就像做梦一般，能有多少时间寻求欢乐？古人举着蜡烛在夜间游玩，的确是有原因的呀。何况和暖的春天用美景召唤我，大自然又把绚丽的文采赐予我们（欣赏）。我们聚会在种满桃李的花园里，叙说兄弟之间的乐事。诸弟才华俊逸，个个都如谢惠连；我吟咏歌唱，独自（以为）不如谢灵运而感到惭愧。欣赏幽静的美景还未结束，高妙的言谈已转入清雅的话题。举办筵席，坐在花间，酒杯交飞，醉于月下。没有

---

1. 逆旅：旅舍。逆，迎接。旅，远行的人。
2. 秉烛夜游：《古诗十九首》有"昼短苦夜长，何不秉烛游"之句，意思是人生短暂，应及时行乐。秉，同"炳"，点燃。
3. 有以：有原因。以，因由，道理。
4. 假：借，这里是提供、赐予的意思。 文章：这里指绚丽的文采。古代以青与赤相配合为文，赤与白相配合为章。
5. 天伦：指父子、兄弟等亲属关系。这里专指兄弟。
6. 群季：诸弟。古人以伯、仲、叔、季作为兄弟间的排行，季指同辈排行中最小的。所以季代指弟。
7. 惠连：谢惠连，南朝文学家，与族兄谢灵运并称"大小谢"。
8. 康乐：谢灵运，袭封康乐侯。
9. 羽觞：一种双耳酒杯。

月。不有佳作，何伸雅怀？如诗不成，罚依金谷酒数[1]。

好诗佳作，怎能抒发高雅的情怀？若有人赋诗不成，要依照金谷园宴会的标准罚酒三杯。

---

1. 金谷酒数：西晋石崇在金谷园宴请宾客，坐中不能赋诗的，罚酒三杯。此用金谷酒数，指宴会上的罚酒之数。

赏 析

　　全文主旨是"为欢几何"，内容是春夜宴，写法采用"缘题生发"，从"夜""春"字生出波澜。一开头就说到天地光阴和人生短暂，发出许多异想，见识超群，将这场寻常欢宴置于终极关怀的主题下，看出及时行乐者不妨夜游，于是带出题中"夜"来，再以"况"字转出"春"来。阳春有烟景，大块借文章，所以桃李园之宴应尽兴。寄情诗酒是及时行乐，于是最后以诗酒作结。结尾很随意。本来宴会的高潮在于赋诗，但文章不接下去写，悠然搁笔，引人想象，仿佛欢宴仍在进行，人们正在吟诗。题分好几层——夜、春、桃李园之宴，文章都写到了，而且一句一转、一转一意，高度凝练，气象万千。"烟景""幽赏""醉月"，都扣住"夜"字，体贴精细。精彩的骈偶句式，使文章更加生色。阳春"召我"，大块"假我"，花是"坐花"，月是"醉月"，字句俊逸奇特。

成 语

　　天伦之乐：泛指家庭的乐趣。天伦，旧指父子、兄弟等亲属关系。

　　金谷酒数：这里是说如果宴会中的某人写不出诗来，就要按照古代金谷园的规矩罚酒三觞。金谷，园名，晋石崇于金谷涧（在今河南洛阳西北）中所筑，他常在这里宴请宾客。其《金谷诗序》："遂各赋诗，以叙中怀。或不能者，罚酒三斗。"后泛指宴会上罚酒三杯的常例。